复旦大学出版专业教材系列

文字纠错 3000例

Wenzi Jiucuo 3000 Li

林骧华 编著

復旦大學出版社

编写说明

（一）

本书系"复旦大学出版专业教材系列"的第二种，适用于高等院校编辑专业或出版专业的实践训练课程，也可供出版单位和媒体培训编校人员。

全书分作两个部分。第一部分"纠错练习"编集 30 个训练（测试）单元，每个单元列出 100 道练习（测试）题，共计 3 000 题。每道练习（测试）题都含有内容或文字差错。第二部分是对应第一部分各单元的"参考答案"，包括一些必要的分析和纠错的理由，其中"差错性质"用黑方括号【　】表示，"参考答案和分析"用宋体字排印，"更正句子"用楷体字排印。

这些用于练习（测试）的"原生态"例题，全部原样采自出版物（书籍、报纸、刊物）或准出版物（终审校样），前者来源于我的日常阅读或编校质量检查工作，后者是我在编辑终审工作中采集的案例。

编著这本案例教材的目的，是希望从实际需要出发，通过大量练习，有助于提高出版界和媒体从业人员的审稿能力和编辑专业水平。假如这本教材能产生实际效用的话，也希望能引起语文教师和各类写作者对准确使用文字的兴趣。

一般教科书的理论和教条具有一般性质的指导意义，而纠错实例属于案例型教学，它能使学生或编校人员在训练中认识到自身文字基础的薄弱、在博学知识等方面的差距，并以此转化为对加强文字基础与追求渊博知识的热情。通过系统训练，提高坚持文字准确性和规范性的自觉意识，并使之成为习惯，必将使人受益无穷。

本书除了可用于课堂教学之外，也可用于出版单位测试编校人员业务水平，或用于文字学习爱好者的自测。每单元的 100 个例句，可以看作 100 道测试题。由于各个例句中存在的差错分别有一处到几处不等，一部分例句除了硬伤的文字差错之外，还有语句不通顺或句式不当的情况，或者有知识性错误，故以纠正全部差错为做对一道题，计得 1 分。用它们做测试时，至少要做 3 个以上的单元，以平均得分作为衡量成绩的标准。做得越多，对成绩的评估就越精确。与一般学习、考试的概念不同的是，由于"编辑"和"出版"这个行业的特殊性，应该设定平均得分 80～89 分为"及格"，90～94 分为"良好"，95～100 分为"优秀"。

第二部分提供的答案仅供读者参考。由于语言文字本身的丰富性和复杂性，有些参考答案可能会引起不同意见，渴望有识之士共同参与探讨。

（二）

细究起来，对出版物上出现的文字差错大致上可以厘清以下一些概念。

书稿文字差错的种类大致上可以分为：(1) 文字性错误，包括错别字和标点符号错误；

(2)知识性(包括学术性)错误,这一类差错现在日见增多;(3)政治性错误,包括各种错误的观点,但因不是本教材的主题,所以只选用了少量例子。

错别字的种类主要包括:(1)错字;(2)别字;(3)异体字;(4)不规范字。

文字性差错种类繁多,五花八门。例如:错别字;标点符号错误;衍字;脱字;遣词冗赘;同义反复;引语错误;关联词错误;概念错误;史实错误;外文错误;成语错误;逻辑错误;语法(词法、句法)错误;知识性(学术性)错误;翻译错误;简繁体不统一;等等。

产生文字性差错的原因有:(1)由书写者错误知识(包括专门知识错误、常识性错误)导致;(2)书写者对文字的记忆错误;(3)书写时产生的错误,包括笔误;(4)电脑输入文字错误,包括同音错字、近形错字、衍字、脱字;(5)抄书(引用文字)错讹,或者粗疏地从网络粘贴、下载,以讹传讹。

在铅字排版时代,作者手写文稿,出版单位严格执行三审三校制度,出版物上的文字差错比较少。在每一个书写者(尤其是每日在书写的书写者)的笔下,3 000个常用汉字中的每一个字都会经过千百次反复书写,正确的字形、正确的遣词造句达到娴熟的程度而深刻地留在书写者的记忆中。在如今的键盘时代,书写者越来越依赖电脑字库,只需从字库提供的同音字或近形字中选择自己要写的那一个字,就完成了"书写"。由此,书写者对汉字的字形,甚至对字和词表达的含义都逐渐模糊了记忆,导致文字错误越来越多,而书写者把握文字的能力越来越弱,形成文字差错泛滥的局面。

普遍的"键盘时代"从上世纪90年代开始。我本人从1995年开始使用电脑制作文稿,以便在交稿时向出版单位提供文本的电子文档。但是,我至今仍然坚持先用笔书写,然后再将书稿输入电脑。这样做的优点在于,既保持了每日仍在大脑中不断加深对文字的记忆,又能在输入电脑时经过一道"修改文字"并纠正差错的程序。当文稿打印成纸质书稿或校样后,书写者理应仔细校读,以防键盘输入文字时产生的差错,可惜现在的许多书写者不耐烦做这件事了。

(三)

我们大多数人(同样指大多数作者)在语言文字的习得过程中会惯于写一些错字或别字(其中有些是由于文字规范变化过程中造成的),连一些著名的作家、学者也不例外。由于个人知识结构的缺陷,就是"大作家""大学者"也难免会有知识性错误。在本书定稿之时,我不得不说的一句话是:这3 000句例句的作者中,不乏教授、博导、著名作家、著名学者。同时,油然而生的另一句话是:在真理面前人人平等,在文字错误面前也是人人平等。

值得重视的是,一部分作者在写作时率性随意或者粗枝大叶地组织文字,缺乏对文字的敬畏态度,或者至少是对待文字不认真。有些作者(同时也包括编辑)或者欠缺语言文字基础,或者写作或审稿态度不严谨,或者知识浅薄,或者观点偏激,或者兼而有之。这些都是造成文字差错的重要原因。从道理上讲,文章中的每一个字、每一个标点符号都有可能出于各种原因而产生种种差错——我们在编辑实践或阅读活动中发现的情况也确实如此,本教材中的3 000句例句可以为此佐证。

例句中的一些"低级错误",出现在本书的单句案例中时会比较明显(也因为已经知道每一句例句中都有差错),容易被识别,但是在某一本书的某一个页面上,差错躲在一行行文字中时,却往往会被忽略。相当一部分例句的差错并非单纯错一两个字,而是知识性差错,但因其传播错误知识,所以更为可怕。本书中少量收录的政治性错误例句,为的是起警醒作用。同一个错别字(词)在不同的作者笔下出现,则在"参考答案"中标明"系常见错误"。有些分析和判断属于"吹毛求疵",但"疵"毕竟也应该被视作差错。

现在的许多(非常之多)写作者不懂书面语同口语之间的差别。须知一部分口语的习惯表达不等于规范的文字表述,许多衍字、脱字、语序颠倒等现象即源于此。

句读错误中乱用标点符号,是现在的写作者常犯的差错。这说明写作者在基础教育阶段未能学会和掌握标点符号的准确用法,为此,写作者和编辑工作者都应该先学好《标点符号用法》(中华人民共和国国家标准)。

量词错误也是最常见的文字差错之一。用"个"取代其他一切量词,是当下写作者的通病,同样显示了语文基础的欠缺。"的""得""地"三个字使用混乱的情况屡见不鲜。有些句子、有些词组作为一定的修辞手法可以倒装,但有时会造成歧义,容易导致误解,因此成为语法错误。有些错误在这 3 000 句例句中反复出现,正说明在当今写作中这类错误的普遍性。尽管有相当大的一部分错别字只是人们在用电脑键盘输入文字时由眼睛和手指的失误引起的,但毕竟错误已经产生,无由解释。

从某种角度说,写作是自由的,但是文字应当甚至必须是规范的,这是人际准确沟通的需要,也是文化传播的需要。在互联网的"狂欢"中,文字越来越乱,而这文字乱象反过来使写作者失却准绳。最后,鲁鱼亥豕,以错为对,习以为常。

(四)

复旦大学出版社的首任社长兼总编辑、已故的李龙牧教授曾经说过,出现文字差错,作者和编辑"要么是不懂,要么是不认真"。二选一,谁也无法逃避这句批评的话。此话虽然严厉,却是让人不得不承认的事实。

守护文字是语言文字工作者的职责。但是,除了遵守关于语言文字的国家法规之外,我更愿意作者们在写作时、编辑们在审稿时带有一种理念——扎根于中国文化基因的汉字、基本语法、表达逻辑、文字美感,是语言的生命,它们的准确性是构成语言文字规范的基本原则,也应该体现为我们在使用文字时的一种追求。

一个人的文字能力和水平能显现他的修养和素质,为使自己不断得到提高,我们应该永远在学习。这是我编写本教材的初衷,愿我们大家志同道合。

林骧华

2017 年 6 月 16 日

复旦大学

Contents

目录

第一部分　纠错练习

　　第一单元　/　1
　　第二单元　/　9
　　第三单元　/　17
　　第四单元　/　25
　　第五单元　/　33
　　第六单元　/　41
　　第七单元　/　49
　　第八单元　/　57
　　第九单元　/　66
　　第十单元　/　75
　　第十一单元　/　83
　　第十二单元　/　92
　　第十三单元　/　101
　　第十四单元　/　109
　　第十五单元　/　118
　　第十六单元　/　127
　　第十七单元　/　136
　　第十八单元　/　145
　　第十九单元　/　154
　　第二十单元　/　163
　　第二十一单元　/　172
　　第二十二单元　/　181
　　第二十三单元　/　190
　　第二十四单元　/　199
　　第二十五单元　/　208
　　第二十六单元　/　215
　　第二十七单元　/　223
　　第二十八单元　/　231

第二十九单元　／　240

第三十单元　／　248

第二部分　参考答案

第一单元　／　257

第二单元　／　263

第三单元　／　268

第四单元　／　274

第五单元　／　279

第六单元　／　284

第七单元　／　289

第八单元　／　294

第九单元　／　299

第十单元　／　305

第十一单元　／　310

第十二单元　／　315

第十三单元　／　321

第十四单元　／　326

第十五单元　／　333

第十六单元　／　339

第十七单元　／　346

第十八单元　／　352

第十九单元　／　358

第二十单元　／　364

第二十一单元　／　370

第二十二单元　／　376

第二十三单元　／　383

第二十四单元　／　388

第二十五单元　／　394

第二十六单元　／　399

第二十七单元　／　405

第二十八单元　／　410

第二十九单元　／　416

第三十单元　／　422

第一部分　纠错练习

第一单元

 仔细审读下列各句例句,找出其中存在的各类差错,并纠正这些差错:

1. 有一种说法,我记不太清楚了,好像是歌德说的,"女性带领人类飞升"。

2. 十九世纪末到二十世纪初,即清末民初时期,王纲解纽,新学西来,推移激荡。

3. 1918年,曼德施塔姆与契卡特工发生冲突,被迫前往克里米亚和高加索等地,还先后被红、白双方的军队所逮捕,二十年代初始返莫斯科。

4. 法西斯艺术无一例外地歌颂服从,赞扬盲目,毁灭自由、个性、创造,和美化死亡。

5. 这里,大约是因为她在68年学生运动中,瞥见了二十世纪上半叶极权主义运动中群众的不祥的阴影吧?

6. 全体俄国人民能以组成该民族的每个个人为由国家官僚主义为代表的所谓的集体利益而正当地被牺牲。

7. 其实她的系列文章厉害得多,发表的时间也早得多,只是身微言轻,没有引起注意罢了。

8. 人类的英雄崇拜大约起源于神祇膜拜,经过黑暗的中世纪,文艺复兴运动把人从神的领地中解放出来。

9. 最高指示说:"革命不是请客吃饭,不是做文章,不是绘画绣花;革命是造反,是暴动,是一个阶级推翻另一个阶级的暴烈的行动。"

10. 这样,这位年届 26 岁的牧师,便走到了民权运动的前台。

11. 1922 年,这些信件曾经以单行本的形式在巴黎出版;可是在国内,直到 1988 年,也即苏联行将解体的时候才公开发表,这其间,经过了整整近 70 个年头。

12. 他指出,世界上没有一个国家的侦察委员会的作用是同作出判决的权力,尤其是作出死亡判决的权力联在一起的。

13. 惟有一种行当可以升提生命的价值,她就是死刑。

14. 1935 年 4 月,他在奥地利的慕尼克大学演讲,呼吁大学生独立思考,倾听良心的声音,不要被蛊惑。

15. 因此,世代以来,思想者被当作异端而遭到迫害是当然的事情,尽管他们并不喜欢镣铐,黑牢,和火刑柱。

16. 《国际歌》在工人运动中流行一时,对于共产国家中每个识字的公民,都会像熟悉领袖一样熟悉它。

17. 在灯光下,我读《楚辞》,读《野草》,读《多余的话》;也读《太阳城》,读《波拿巴的雾月十八日》、《草叶集》和《林肯传》……

18. 大约是 96 年吧,我在编辑部里接到黄河从宾馆打来的电话。

19. 但她仍然工作,入院仍然工作,直至停止呼息。

20. 我知道,他们纪念他,并非因为他曾经有过尊贵的名份。

21. 他们使用的铁锹、鹤咀锄、捞网之类于我毫无用处。

22. 许多康有为的追随者遭到逮捕、监禁、革职和流放,谭嗣同等 6 位青年维新分子,所谓"六君子"被处死,血溅菜市口。

23. 有人分析说,维新派改革所牵涉的面太大,甚或指责说不讲策略,操之过急,这些都不是根本原因。

24. 被山东巡抚尊为"义和团"的大批拳民,打着"扶清灭洋"的口号,进入京津,滥杀传教士和教民,以至使用洋物如纸烟、火柴者,外国使馆和外交人民受到严重威胁。

25. 慈禧再次挟持光绪逃往西安,创下中国统治史上,同朝皇帝在外敌面前两度逃离京都的记录。

26. 满清王朝的最后十年,在教育、军事、经济文化方面,比起自强运动和戊戌维新阶段毕竟有了相当的进步。

27. 无论在速度、范围和持久性方面,是直到当时为止的近代世界史上所无以伦比的。

28. 不过,应当看到,所以这些都是直接出于一般统治者减负维稳方面的考虑。

29. 课目新增中外历史、地理、外语以至其他自然科学如数学、物理、化学等。

30. 他的观点,得到哥伦比亚哲学博士陈之迈的赞同。

31. 这样,一个号称"无产阶级文化大革命"的运动,就像一枚重磅炸弹,于1966年通过一出历史剧突然引爆了。

32. 历史学家范文澜受了中央文革组长康生、陈伯达批评后,立即写信给刘大年。

33. 在各级组织的领导岗位上,他们克尽职守,由于他们的声望和成就,而被吸纳到政协或别的具有政治影响力的地方。

34. 中国的文学批评家大抵接受过秘书训练,总是惯于将一些复杂的现象,作出简明规范的分类,如"伤痕文学"、"改革文学"。

35. 至如史邦卿之《咏燕》,刘龙洲之《咏指足》,纵工摹绘,已落言诠。

36. 至二十世纪末,伟大的诗人很少有人提及,影响渐渐式微;而以技术见称的大诗人以致次等的诗人,却占据了中心位置。

37. 郁达夫写"多余人",自我暴露,惊世骇俗;卢隐、淦女士、丁玲写现代女性,或激越,或感伤,都是前所未有的。

38. 在他的茅屋中,他给我讲"萧葭苍苍,白露为霜",给我讲"郑伯克段于鄢",给我讲"大江东去",也给我讲"红了樱桃,绿了芭蕉"。

39. 托夫勒所称的"三次浪潮",同时冲击着神州大地,正反两面同时呈现,奇迹和问题交织在一起。

40. 89年以后,中国知识分子迅速犬儒化,在作家中间,"去政治化"倾向抬头。

41. 诗人安东尼乌·费拉雷写道:"我生活在恐惧之中,当我写作和说话时,我害怕,甚至在我窃窃自语,在沉默或思考时,也感到恐惧。"

42. 杨振雄、杨振言的《大江袍》我也是情有独钟。此外,还有蒋月泉的《庵堂认母》,严雪亭的《杨乃武与小白菜》,蒋云仙的《啼笑因缘》……我的很多历史知识都是从这些戏曲中来的。

43. 这种方式的国际文化交流十分特殊,作为一段故实,在翻译出版史上时应当列作专章介绍的。

44. 对此,索尔仁尼琴深有体会,说:"地下作家一个强有力的优越性在于他的笔是自由的:地下作家既不用想像书刊检查官,也不用想像编辑大人,他的面前除了材料没有他物,除了真理,再也没有什么在他头上回荡。"

45. 鹿虔扆《临江仙》云:"烟月不知人事改,夜兰还照深宫。藕花相向野塘中,暗伤亡国,清露泣香红。"

46. 因此,要求思想一致,加强意识形态控制是势所至的事。

47. 五年后,《动物庄园》和《1984》一起以超过60种文字出版,并卖出了4千万册。

48. 一个不可思的事实是:正是革命,造就了一个罪恶的世界,荒谬的世界。

49. 这件事情虽然是处理错了,但还不属于所惯于称道的"冤案"范围。

第一单元

50. 这种丸药对敏感而懦弱的知识分子的诱惑力,显然远远超过工人、农民和一般市民。

51. 马内阿认为,他曾经生活过的国家罗马尼亚存在着一个"新的民族主义——社会主义政权"。

52. 上世纪八十年代,罗马尼亚曾经推行过"新民主",政府让一些"敢讲话"的精英批评施政,使政府机构看上去更为民主。

53. 一位名叫扬—帕拉夫的青年学生,以自焚点燃"布拉格之春"的反抗烈火。

54. 纳粹主义是"民族社会主义"的德文缩写音译。

55. 也许,我们会质疑此间到底有多少可靠的成份。

56. 最近他们又推出了一套新的教材,该套系列教材有6册书组成。

57. Fish and chips is a very famous food.(鱼和薯条是一种出名的食品。)

58. 锅庄是藏语的村庄。

59. 新疆的羊毛地毯、丝毯和丝羽地毯为不少博物馆所收藏,如英国伦敦的维多利亚、美国的阿拉比亚博物馆、德国法兰克福手工艺博物馆等,作为珍品供人们欣赏。

60. 元宵是一种糯米粉制成、含有甜馅的小圆饺子。

61. 李四光是中国地质力学创始人。据他女儿讲述,他是蒙古人。

62. 书末有"鸣谢"。这里的每个感谢都各有其因。

63. 艾德玛和哈夫特认为"玄学"是一个误导性术语,最好是称呼其为伴随道教经典《庄子》和《易经》的普遍可获得出现的儒家思想的再造。

64. 然而李白遵循的是中国艺术中一种非常长久的传统:对酒精的喜好,甚至根据杜甫的说法,他是"酒中仙"。

65. 在最初试图为他们的行为辩护后,在之后接近四十年时间里,台湾官方简单地否认1947年的血案从来不曾发生。

66. 历史到了一个新的转折时期。1979年,中国大陆也在解冻。

67. 据说有一位美国人、一位德国人、日本人和一位中国人一道参观水族馆,美国人常常会发出感叹:"Terrific!"赞美鱼硕大优美的体型;德国人是详细了解水温和鱼的习性;日本人是考察鱼缸的质地和成本;中国人则想知道所观赏的鱼是否能吃。这一传闻的可信度姑且不论,但不同文化的反应的确不同。

68. 马尔姆克亚曾用语料库分析安德森的作品《豌豆上的公主》。

69. 中国作为当今世界幅员辽阔人口众多的一个大国,历史上曾经有过"中央帝国(Middle Kingdom)"之称号。

70. 复兴之路弥坚,更需要我们筚路蓝缕,以启山林。

71. 1991年园林学大师陈人周(梓翁)为喻老之专著《艺文随笔》作序,赞许他的诗。

72. 复旦大学教师陈国栋,爱画水墨虾,把画的作品请喻老题诗,喻老将掖后进,不辞辛苦,一一题诗,新意迭出,无一雷同。

73. 截止到2010年10月31日16:00共有3 110条相关新闻。

74. 这一争议之激烈,甚至导致了他与合其长期合作的媒体《南方都市报》的关系破裂。

75. 我们下乡目睹竹农对着满山断竹,放声痛哭。

76. 那家伙去搞羊毛,结果回来时自己身上的羊毛被剪光了。

77. 子曰:"饭疏食饮水,曲肱而枕之,乐亦在其中矣。不义而富且归,与我如浮云"。

78. "我与父亲不相见已二年余了,我最不能忘的是他的背影。"(朱自清《背影》)

79. 在明清(The Ming Dynasties)期间,茶馆遍布全国。

80. 语境还有着数量不可计数的其他特征,但这些特征并不是以彼此独立的方式变化的。

81. 古哈1987年在美国加州伯克利分校获得机械工程方面的硕士学位。

82. "多重语境系统"所涉及的典型性文献,有葵翁奇利亚的论文《语境性推理》,以及他和女人工智能专家琪亚拉·吉迪妮合写的论文《局域模型语义学,或语境性推理＝局域性＋兼容性》。

83. 小山词之最著者,如此词之"落花"二句。及《鹧鸪天》之"舞低杨柳楼心月,歌尽桃花扇底风"。又"今宵剩把银釭照,犹恐相逢是梦中"。

84. 之所以这种模块之间的竞争很可能是存在的,则得缘于如下推论。

85. 但对于如何放松这种限制,他却未给出算法水平上的确切说明。

86. 你大可泡上一杯普洱茶,安守在电脑旁边,静待系统自己随机实现这些可能性中的这个或者那个。

87. 无论是麦卡锡的方案,以及克拉克的方案,都无法有力地处理心理预设对于语境判断的影响。

88. 我觉得他活那么大年纪的时候,是很在意诺贝尔奖的时候。因为二十世纪六十年代以前,我们还知道有海明威、苏格纳这些作家得奖。但是到了六十年代,我们几乎就看不到一个大师。

89. 他们又是在天主教国家,所以婚姻在英国好像比别的国家的人显得更郑重一点。

90. 它就写在他常用来写小说的还未用过的单行稿纸上。

91. 用道家的说法是"无为而为",也就是不战而胜,你根本就不知道什么时候他就变成了胜者。

92. 比如其他世界各国的大作家,像托尔斯泰、法国的巴米塞、美国的梅勒等等。

93. 远离战争,远离战场,这时亨利心里浮起了老朋友们的回忆。

94. 那么一本小书当时在中国的发行就有两百万册。类似这种规模的题材曾经在欧洲非常盛行。

95. 可能是最初读《洛丽塔》很失望的原因,在后来看到纳博科夫的小说的时候反倒放平了,觉得他不过就是一个先用俄语写作后用英语写作的小说家,我们用汉语写作,他姓纳,我姓马。

96. 经济系教授陈观烈是美国留学生,学过凯恩斯理论;政治系教授胡其安是英国留学生,研究西方政治理论与文官制度。

97. 当时全校学生总数为二千三百零一人,每周旷课人数达四百四十四人次,占总人数的百分之二十至百分之二十五。

98. 2004 年 8 月,《余墨集》刊行。家师陆先生此后的文章,我都努力在第一时间存档。一晃眼,就到了 2008 年底。以这 4.25 年的蓄积,加上先前未收录的《新牛津,新英语》等 3 篇,便有了这《余墨二集》。

99. 外文系有伍蠡甫先生主编《西方文论选》、历史系则有周予同先生主编《中国历史文论选》,等等。

100. 你要寻找很多很多的文献,你得有很翔实的资料,来说明梵语跟欧洲语言有很多相通之处,然后论证印欧原来是同一个语系,跟蒙藏是不一样的。我们属于蒙藏语系。由于语系的不一样,所以系谱论也是很有趣的。

第二单元

 仔细审读下列各句例句,找出其中存在的各类差错,并纠正这些差错:

1. 在阶级斗争年年讲、月月讲、天天讲的日子里,复旦党委提出了"向老蔡学习"的口号,将青年技工蔡祖泉树为学校的标兵,提升为物理学教授,在全校掀起了学老蔡运动,意在向知识分子指明方向。

2. 领导上大概想多用劳动来改造我这个"走白专道路"的知识分子,所以我的大部分时间都在建筑工地上渡过。

3. 文中还引用了毛泽东于1939年12月21日在延安各界庆祝斯大林六十寿辰大会上的讲话:"马克思主义的道理千头万绪,归根到底,就是一句话:'造反有理'……根据这个道理,于是就反抗,就斗争,就干社会主义。"这个讲话没有收入《毛泽东选集》,不是延安过来的人,是不会知道的,这也可见这些红卫兵的背景。

4. 于是,由上海括起来的夺权之风,马上就席卷全国。

5. 于是乎我的"三反"(即反党、反毛主席、反毛泽东思想之谓)也就定谳了。

6. 当时我要调阅一本《野瘦曝言》,图书馆的人说这是黄色小说,不能阅读。

7. 黄埔一期的共产党将领徐向前与陈庚,在1949年建制之后,分别被授予元帅和大将之衔。

8. 从乡村走出去的精英,或致仕,或求学,或经商,而回乡的乡贤,以自己的经验、学识、专长、技艺、财富以及文化修养参与农村建设和治理。

9. 改革开放后,我奉派去美国考察教育,初次听到学生称老师为"Boos"。

10. （文章标题：）宜家创使人英瓦尔：装穷的世界首富

11. 体育比赛可以为你所喜爱的一方叫好,但不要辱骂另一方。

12. 别人在讲话时不要随便打断对方。

13. 饮料等食物吃完之后不随便乱丢,分类整理好再丢到垃圾桶。

14. 希腊小岛上的气候宜人,达利侵淫其中,在深刻反思亚历山大城市生活经历的同时,"医治好了精神创伤,重塑了自我的完整性。

15. 过去与现在溶合在一个统一的时空体叙述之中。

16. 小说最后对达雷尔对焚烧公司文件室之后将要发生的事情未作明确交待。

17. 辛弃疾在废退时也"读陶渊明诗不能去手"(《鹧鸪天》词序),并自云"暮年不赋短长词,和得渊明数首诗"(《瑞鹧鸪》),"更拟停云君去,细和陶诗"(《婆罗门引》),借其和诗并未传世。

18. 在借鉴前人研究的基础上,他对达雷尔重奏小说创作的渊源、类型、阶段和主题予以系统梳理,期间涉及文化批评、接受美学批评、叙事学批评、后殖民批评和文学伦理学批评等诸多批评视角。

19. 凯克文斯基认为达雷尔以历史古城为隐喻揭示了暗藏之后的人类神话。

20. 这就是在对黎凡特元素的夸张描写中体现出的"准东方主义"(pseudo-orientalisms)和殖民主义色彩。

21. 这种生活经历具有一定的治疗功效,籍此通过冥想和写作为自己赢得了自我认知和自我成熟的机会。

22. 他的小说拥有大量的读者群,众多文学批评家们对这部作品不吝笔墨大加评论。

23. 随着他的第一部小说的出版,他已在欧美文学届享誉盛名。

第二单元

24. 这些作品中所描写的人类间和谐的性爱代表了超越资本主义成规陋习与腐朽道德观的力量。

25. 现当代英国文学充斥着怀旧的情怀,对过去神话的迷恋情节,尤其对已经消失已久的兄弟之情倍感亲切。

26. 沙漠里的风能像吹灭蜡烛的火焰一样将人的足迹吹的一干二净。

27. 这部关于亚历山大城居民的小说实际上是一副亚历山大城的肖像画。

28. 达利从卡瓦菲题为《那城》的诗歌中读到下面的句子并深受启发,"如今无论我目光转向何方 / 我生命中那黑色毁灭的影子总会映入我的眼帘"。达利的文学引用可被看作达利由于情绪的一种隐喻。

29. 同居女友的死揭示了主人公为所持的有性无爱的现代社会爱情观所付出的高额代价。

30. "给德米特里厄斯发封电报,告诉他萨拜娜今晚在我的臂弯里安静的死去拉。"

31. 这与克里奥佩特拉占有安东尼而令他无暇顾忌国事,并因此导致他兵败后自杀的结果相似。

32. 与此同时,为了能更好的思考,我们必须忽略整体而只专注于从整体中分离出来的那个被思考的物体。

33. 在光线昏暗的水果店里,他坐在那儿吃着罐头盒里的橄榄,通过镜子反射看到外面街上下起了蒙蒙小雨。

34. 后现代经验来自本体论上的不确定性。世界与自我都失去了统一性、连续性和实在的意义。

35. 写在上面的字虽然可被神奇般得清干净,但纸的表面总会残留原初写作的迹象。

36. 在复写文本中,先前文本中的人物以新的小说身份出现。

37. 后现代语境下,人物的自我已变为叙述的自我,在于他者的对话交流中"被故事化"、被建构。

38. 萨特在《存在与虚无》中提出：自我是他者注视下的客体的观点。

39. 如他所说："我想国人无法理解这种现象"，为了找到自我他决定离开英国——这个充满清教徒主义的国家。

40. 更为重要的是小说中另外两名具有艺术家潜质的主人公济慈和达利从普斯沃登身上体会出创作与生活之间的辩证关系，而成为真正的作家。

41. 戏剧中的埃及艳后克里奥佩特拉化身为小说中的犹太女主人公贾斯汀。

42. 平日里少言寡语的纳洛兹起初惊恐于会场的宏大场面而感到紧张、麻木，然而瞬时间他仿佛受到萨满教醍醐灌顶般地激励。

43. 在此背景下纳洛兹领导反抗英国殖民主义的具有民族主义和宗教色彩的"十字军东征"(religious crusade)不为埃及政府所容忍。

44. 因为他们的个人反抗还没有上升到集体的层面，所以不具备摧毁公司以致资本主义科技文化的强大力量。

45. 小说中，新婚之际的菲利克斯面对隆重、奢华的婚庆景象不无感叹的说："不是我在说话，我不过是我身处文化的代言人罢了。"

46. 赫伯里切特更是将达雷尔看作宣扬殖民主义文化、政治的外交"骗子"，《苦柠檬》是他招摇撞骗的把戏之一。

47. 国外学者还指出，在意识到战后因殖民地相继独立，大英帝国势力日渐萎缩的情况下达雷尔更加致力于促进英国殖民文化对东方的渗透，试图以此维系大英文化帝国。

48. 他于1935年和1952年先后自我流放于希腊科孚岛和英属塞浦路斯，两次流放期间为躲避二战硝烟曾回到英国，暂居埃及开罗和亚历山大。

49. 希腊人的这种感情远比泛希腊情绪强烈的多。

50. 书评介绍说："中国作家莫言以三部重量级小说闻名于西方，包括《红高粱》（也是一部具有突破性的同名电影的灵感来源）、《天堂蒜薹之歌》和《酒国》。他的主题是残忍的、怪诞的，简直让人难以接受（吃人是一个受欢迎的主题）。〔Chinese writer Mo Yan is best known in the West for three powerful novels, Red Sorghum (inspiration for

the groundbreaking film of the same name), The Garlic Ballads and The Republic of Wine. His themes can be brutal, grotesque and, literary, difficult to stomach (cannibalism is a favored motif).]

51. 诺贝尔评奖委员会在公布这一结果时给其的评语是"通过魔幻现实主义将民间故事、历史与当代社会融合在一起"("with hallucinatory realism merges folk tales, history and the contemporary")。

52. 图书业的产值从1820年估计的250美元增至1840年的550万。

53. 19世纪上半叶50年间,美国分别在1817、1837、1857年经历了3次重大的经济危机。

54. 以美国独立战争为背景,为不同政治观点而打的内战最终会有结果。

55. 奥斯丁一生没有遇上达西那样德才兼备的男人,汤姆·莱夫罗伊遵从家令娶了伦敦的富小姐,某位在巴思海滨和奥斯丁投缘的先生还未来得及向她求婚就离开了人世,出于友谊奥斯丁接受了哈里斯·比格——维瑟的求婚。

56. 凯瑟琳·比彻在美国教育史具有重要的低位。

57. 先说说当年的功课之一:游行。那时每晚8点钟有档节目,叫做全国人民广播电台联播,校广播站自然必须转播。

58. 乌蒡之忆,蟋蚌之声,我却还不想就此搁笔噤声,因我记着革命导师中排行老三的列宁的教导:忘记意味着背叛。

59. 由短文倒数第四句话可知乔姆斯基对于人类学习语言的能力的观点是这是我们天生的一样东西。

60. 自助产业是建立在讲消极思想转变为积极思想的理念之上的。

61. 西方的"美术史"(history of arts)这个概念是在18世纪才出现的,18世纪初英国的收藏家约拿单·理查森(Jonathan Richardson)就使用了history of arts这个词汇。

62. 有一年我到浙江诸暨,在新建的中国历朝美女馆前水塘边,看到了菖蒲,和我记忆里端午的菖蒲不一样。

63. 站在厨房里摘菜,苋菜果然芳华迟暮,摘摘剩下一小把。

64. 相比于现代食品的涂脂抹粉,传统绿豆糕卖相欠奉。绿豆糕干敷敷的,吃到你嘴巴里没有润泽感。

65. 施叔青有个小说,大概叫《窑变》,说的一对中产阶级中年男女情感事务。

66. 当然,江村归旌德,这个江村女人要不是江村成为旅游景点,估计也就能烧给家里男人孩子烧个家常菜。

67. 越是水温越高,炒米越软,沸水泡出的炒米,用句家乡话,有人说滑达达地好吃。

68. 因为太少吃,但是跟猪八戒吞人生果一样,也一直没有弄清楚世上美味的真正味道。

69. 香菜是个美人,和粉嫩水灵的小青菜相比,且是个资深美人,从二八佳人到半老徐娘,从姿容婉转倒余韵绵绵。

70. 江南香菜非中国人所说的香菜,此菜只有江南乡间才有。

71. 小时读《西游》,很不明白沙僧为什么要遭那么大的罪:他不过失手打碎了玻璃盏,被玉帝"打了八百,贬下界来"还不够,竟然"又教七日一次,将飞剑来穿我胸胁百余下方回"!

72. 在童年,我们认为世界上所有的粽子都是外婆包出来的两三两一只的三角形大粽子。

73. 他的心愿,也只不过是一种很本份的期望。

74. 白干子的另外一大用途是煮干丝,这是淮扬明点。

75. 这里面的学问就大了去了,涉及到家族遗传,涉及到知识产权,涉及到古方秘制。

76. 油条在饱餐了空气中的水份之后,渐渐由松脆到柔软,由干酥到潮湿。

77. 我们那会哪知道计较好赖,有的吃有的穿,这个年还有什么不心满意足的?

78. 对我们而言,有母亲张罗着过年,心里是塌实的。那就什么也别说了,我们就等着过年吧。

第二单元

79. 韬光隐晦，敛了锋芒和棱角，多了恬淡之气。

80. 这个时候的水和泥都是冰冷的，远远看去踩藕人的身影像冬天寂寥大地上慢慢游走的几个标点符号，有一种郑重的敬意。

81. 沐浴干净的荸荠，终于当得起水八仙这个名头。和其他七仙慈姑、芡实、菱角、茭白、莼菜、水芹一样，是江南画家们入画的小物件。

82. 荸荠是素的，素的彻头彻尾，荸荠入画也是清淡的文人气息田园风情。

83. 董小宛的生活成本很低，贡献很大，该女同志性价比很高，和豆腐乳有的一比。

84. 我深刻记得张伯昌这个名字，因为当时收音机里梅兰芳大侃《岳飞传》，里面有个奸臣就叫张邦昌，我们简直乐坏了，一路过张伯昌家门口就大叫张邦昌。

85. 抬头打量，虽然楼上楼下，但是店面门脸很小，几口大钢筋锅就在门口。

86. 说什么关关雎鸠在河之洲，那都是吃饱了的人整出来的文章，仓廪实然后知礼仪。老话没有错。

87. 看上去无欲无求的闲，无滋无味的闲，宁静以致远淡薄以明志的闲。

88. 永忆江湖归白发欲回天地入扁舟也是要在功成名就请君暂上凌烟阁若个书生万户侯之后，没有之前，之后的一切毫无意义。

89. 经历是一个人的财富，但是也使一个人的世故、成见、油滑。

90. 据说诗经一共考证出25种野菜，哪里是思无邪的咏叹，简直就是一座远古野菜种植园。

91. 野菜，这宅心仁厚的女子，耕田绩布暖老温贫，现在，已经不需要它来普渡众生，却依然葆有淡泊的品性和清洁的风骨。

92. 这个春天错过了一个老师的追悼会，那天上午坐在办公室里，安静的喝一杯茶，安静的回忆起他总是在办公室里推荐他喝的好茶，宛在眼前。

93. 寻常人家的孩子自小就没有着力细节培养，长大后独自打拼，更是裹腹远重于品味。

94. 所有在菜市场里不慌不忙精挑细选的奶奶们和经验老道眼神雪亮的菜贩们每天都会上演 PK 大戏。

95. 吃饭，只是为了不饿，而吃什么，吃的营养，吃的健康，乃至吃的愉悦，这些都是仓促岁月里从未顾及的。

96. 豆沙红是古董里面比较常见的一种颜色，经过了时间与风尘的洗礼，豆沙红呈现出深沉丰富而又内敛。我想像是上好的重磅真丝或巧克力，绵密里透着股子滋润。

97. 提起茶，好象人人都有一肚子话想说，却不是词不达意就是话不投机。

98. 所以童年时代，我们兄妹三吃得都没有什么品位，三餐混个肚儿圆而已。

99. 还有学者分析认为："网络民族主义的产生可以追溯到 20 世纪前期，1993 年北京申奥失败合同年的'银河号事件'掀起新民族主义的第一次浪潮。"

100. 岳飞是中国南宋将军。他抵抗金人的入侵，被中国人视为民族英雄。

第三单元

 仔细审读下列各句例句,找出其中存在的各类差错,并纠正这些差错:

1. 此处"从属"或许当作"从来",但若把"从属"理解为"从来属于",也可以勉强讲通。

2. 笔者认为,谋求优生学计划的主要原因是对于优秀的种子被劣等的种子所驱除的"逆选择的原理"感到愤怒(anxiety)之故。

3. 如此大的城市投入以"反饥饿反内战"为口号,以交通大学、同济大学发生牺牲学生的高潮下,愤怒的学生队伍游行到外白渡桥路苏州河路的英国驻沪领事馆门口示威。

4. 1953 年,我接受去皖北六安县金寨独立大队辅导美术宣传技艺。

5. 有时人们甚至从一些历史通俗小说中攫取信息,而这些小说恰恰是不能被称作"历史"的。

6. 李钟馨曾经积极帮助过日本傀儡国满洲关东军。

7. 面对令人胆战心惊的大屠杀,方孝孺坦然处之,当他亲眼目睹弟弟方孝友被处死,禁不住泪如雨下。弟弟咏诗安慰:阿兄何必泪潸潸,取义成仁在此间。华表柱头千载后,旅魂依旧到家山。

8. 1953 年朝鲜半岛签订停战协定后好像要松口气,却又立马兴师动众地搞起了"大跃进"。

9. 毛泽东在 1963 年提倡开展"社会主义教育运动",希望可以借此培植支持自己的"红卫兵"势力。

10. 卡扎菲在1977年发行的《蓝皮书》(The Green Book)中倡导排斥资本主义和共产主义的伊斯兰式社会主义。

11. "朝鲜共产党"是1925年4月17日在汉城成立的共产主义运动团体,并非现在意义上的朝鲜共产党。

12. 1978年以前,对工厂生产中劳资关系的社会主义处理方式不同于西方的工资制劳动,没有资本间竞争和基于技能的劳动力间竞争,只有严格计划下基于政治分工的部门生产。

13. 起初,徐阶与严嵩同事,下级官员的贿赂馈赠,虽然没有严嵩那么多,数量也不少,他都照单全收,不敢拒绝。

14. 马克思和恩格斯创立的科学社会主义理论体系主要有三大理论来源。首先是产生于19世纪初,以黑格尔(1770—1831)和费尔巴哈(1804—1872)两人为代表的德国古典哲学。

15. 1965年11月10日,上海《文汇报》发表王洪文的批评文章《评新编历史剧〈海瑞罢官〉》(以下称"王文")。

16. 有了这笔款子,邵洵美将时代书局迁到北四川路、南京路口,以很快的速度出版了一批他认为是进步的书籍。

17. 作者点评了多部当代长篇小说,其中包括下文所分析的霍达的《穆斯林的婚礼》。

18. 它写了上海的历史与传统积淀而成的胡同文化。

19. 作为近现代(modern)制度的国民文学(national literature)无疑是国民国家(nation-state)形成的主要机制。

20. 他的文章里提到钟书和、陈代熙、崔鬼等等许多文化界的名人。

21. 旧石器时代的第一把石刀,有可能在河北阳原县泥河湾找到。因为泥河湾是人类始祖第一个"家"。

22. 再如抗日战争中麦新写的《大刀歌》:"大刀向鬼子们的头上砍去,抗战的一天来到了……"歌声犹如抗日救亡的冲锋号,呼唤抗日军民英勇杀敌。

23. 故歌曰:"断竹、断竹,飞土逐肉。"

24. 《三国演义》二十回:"曹操讨天子宝雕弓,金鈚(pi 化学元素)剑,扣满一箭,正中鹿背。"

25. 下工夫阅读、练习、思考,慢慢领悟,坚持下来,会有功到垂成的一天。

26. 废贝行钱,在秦始皇时代。

27. 读古代诗文,往往要出现"月相"。……北周王褒诗:"谁弦如半璧,初魄似娥媚。"娥媚也是月相。

28. 到新石器时代,用火的遗迹就多了,如半坡遗址、松泽文化遗址等地,都有火的痕迹。

29. 白有衍生出许多双音词:如雪白、银白、锌白、乳白、粉白、葱白、灰白、月白、鱼肚白等。

30. 《左传》的意思是熏为香草,与臭草放在一起,即使过了十年,也还会有臭味。

31. 秀也常用来形容拔尖人物。如新秀、状元秀、明星秀等。

32. 鸡在生物学上属鸟纲,鸡形目,雉科。家鸡为家禽六畜之一。鸡也可比大材小用:"宁为鸡口,不为牛后。"

33. 西班牙作家塞万提斯,在战争中左手致残,被海盗劫持五年。五年囚禁,又流离七载,更遭诬陷,三次入狱。在临死前写成著名剧作《堂·吉诃德》。他的生命历程何等崎岖,他一生苦难,何等深重。

34. 狗的功用不小,但语言中贬义词不少。似乎毁誉不公,褒贬不允。如狗东西,狗奴才,狗仗人势,狗马声色,狗头军师,狗血喷头。还有狗胆包天,狗尾续貂,狗嘴里吐不出象牙等等。

35. 这说明研究者所占有的资料不同或是见仁见智不同,结论也不同,这可以讨论。

36. 诗文中常常遇上一些草,如果不识,就会影响对诗文的理解。如读《诗》"采采苯苢,薄言采之"、"采采卷耳卷,不盈倾筐",其中苯苢就是车前子,卷耳就是苍耳子,应该认得。

37. 一九五一年国家出版总署公布了《标点符号使用法》,其中有句号、问号、叹号、逗号、顿号、分号七种;标号有引号、括号、破折号、省略号、着重号、书名号、专名号七种。

38. 非洲的乞力马拉罗峰,海拔5 963米,位于坦桑尼亚、肯尼亚之间;神农架神农顶原称无名顶,为华中第一高峰,传为神农塔梯上天的地方,海拔3 105米。

39. 1996年7月1日《新民晚报》报导,印度北方一只恶狼被打死,这只狼在两个月时间内,咬死18名儿童,都在7岁以下。何等惨烈,可见其"戾"。

40. 带有"雪"结构的字,也有除义。如扫帚的帚,彗心的彗。彗星也就是扫帚星。……雪鸡生于雪域的野鸡,非白色。

41. 汤可敬《说文解字今译》,岳楚书社。

42. 沛县射戟台有副对联这样说:"一弦飞矢鸣画戟,十万雄兵御征衣。"

43. 乱石崩云,惊涛拍案,卷起千堆雪。
    孤帆远景碧空尽,唯见长江天际流。
    早知潮有信,嫁于弄潮儿。

44. 江苏常熟有个尚湖,姜尚(姜太公)曾隐居在那里,故名尚湖。吴县太湖东,有孔子澹台灭明名字命名的澹台湖。鄱阳为我国最大的淡水湖,它是世界上著名的候鸟越冬区。

45. 榉亦有胡桃科的举柳,其木如柳。

46. 碰头潮是当潮水被沙滩截为两段,而后越过沙滩,再度交汇,这时潮头如乍起的悬空瀑布,高达数千米而后回落。

47. 清中期以来的红木家具,多为黄檀。有称交趾黄檀,黄檀也称红酸枝。叶如枣树,高达8—30米,开白花。木柴紫褐或黑褐色。

48. 如九寨沟珍珠滩瀑布,该瀑布面由华钙组成,在阳光照射下,晶莹发光,有如明珠闪烁,撩人眼目。

49. 六千年的崧泽先民是上海人的祖先,在崧泽遗址中发现了人工培植的籼稻和粳稻的谷粒,证明了青浦地区的先民在距今六千年左右已掌握了水稻种植技术。

50. 至元十四年(1277年)华亭县升为松江府后,松江水道改名为吴淞江。

51. 据明嘉靖《上海县志》记载,青龙于唐天宝五年(746年)置镇,至唐天宝长庆年间(821—824年)青龙镇已十分繁荣,海船辐辏,商贾云集,报德寺又添建了七级八面砖木结构的青龙塔。

52. 南宋咸谆三年(1267年)开始设置上海镇,元代升格为上海县,一跃成为江南名邑。

53. 浸信会是美国浸礼会于清同治二十年(1873年)在华成立的教会组织,总部设在上海。

54. 1883年8月1日起每日供水50加仑的杨树浦水厂,通过江西路水塔,连续不断地向租界居民供水。

55. 在园区的河岸边铺上木地作为板观景带。

56. 国际青年酒店位于南苏州路1307号,原是1933年杜月笙建造的粮食仓库。

57. 而辛亥革命的武昌起义只是摧毁这头巨大骆驼的最后一根稻草。

58. "城头变换大王旗",各种舶来的思想流派在中国现代思想文化舞台上均如匆匆过客。

59. 人民迅速发现解放之后国民党进行了一场财富大掠夺。

60. 近代以后,研究毛泽东思想的文献已很多。

61. 远至世界范围来审阅,革命无疑是一种带有彻底的社会否定性力量的展示过程,其本质就是拆除掉多余的社会机制,并力图使大众的思维简单化。

62. 中国古代的战神或武神系列也是五花八门、多姿多彩,有孙悟空、杨戬、二郎神等。

63. 在长达3年时间的国内解放战争中,有一些国民党将领起义投向人民怀抱。

64. 新中国成立后,文化偶像独归鲁迅,然而,女性的文化偶像仍是空缺,样板戏则不失时机地填补了这个空白。阿庆嫂、柯湘、方海珍、江水英诸多女性的文化英雄陆续出台。

65. 尤其是改革开放以来,已故著名作家、翻译家傅雷就是反对运动员崇高待遇的代表人物。

66. 以人类学的角度考量,健全人的理想生存状态应当逼近一只野生环境中豹子的生活境遇,精通玩乐与奔跑,豪饮与追逐,踢球与交欢,并借以达到了人生价值的极致,只有心身有缺陷的人才会在诸如阅读之类的游戏中寻找生存困境的繁冗答案。

67. 人类作为唯一依赖宗教生活才可以生存的地球生物,他们对宗教的依赖性仍然是强烈的。

68. 人需要追求强者感应,而厌弃怜悯弱者。

69. 竞技为日渐非自然化和危机化的人类的精神和肉体提供一种可靠而高效的救援和维护体系。

70. 上海影城在长宁区新华路上,是国内和东南亚最大的影城。

71. 这些石刻画像假如把它们有系统地搜集起来,几乎可以成为一部绣像的汉代史。

72. "第四堵墙"是戏剧术语,指挂幕帘的这一层空间。

73. 你被优视网的阿喀琉斯脚踵踢了一脚。

74. 但是,我们知道,德先生、赛先生是五四新文化运动供奉的大菩萨,这两尊大菩萨没有怀疑的余地,所以所需扬弃、否定者,只能是中国传统文化。

75. 明帝以后,至公元后1世纪(汉和帝时)犍陀罗古建筑中始见佛像雕刻,是为造像之始,盖深受希腊影响者也。

76. 唐人封演曾记载,《峄山刻石》原石一直竖于峄山之上,后来被魏太武帝曹操让人推倒了。

77. 杜甫离开成都,并没有放弃草堂。……留一子守浣花旧业……留下来的可能是宗文、宗武以外的另一子,或是舍弟杜占。

78. 东汉延续四百年,到汉献帝的时候灭亡。

79. 我们或许需要重新回到马克思著名的短论"雾月十八"中。

80. 美国国家心理健康研究所主任汤姆·英塞尔在纽约泰晤士报声称,麦克林的研究开启了神经科学的大门。

81. 笛卡尔在文艺复兴早期并不能将他自己从教会传统中区分开来。

82. 无论它们在医疗精神病学上如何定义,两者仍是不同的。

83. 时评是一种西医扎针,可以立竿见影。

84. 之后,白崇禧部队起义投诚共产党。

85. 他引用的文献有:战国韩非著陈奇猷释《韩非子集释》,汉司马迁《史记》卷六,汉班固《汉书》卷二五,唐孔颖达正义《尚书正义》,宋赵明诚《金石录》卷一三。

86. 世界大航海家犹太人哥伦布发现新大陆后,返回英国,女王为他摆宴庆功。

87. 司马迁记载:这年春天,天才军事家骠骑将军霍去病带领万骑出陇西,过焉支山千余里,击匈奴,得胡首房万八千余级,破得休屠王祭天金人。

88. 此时可能也是男女生说声拜拜的时候,因为他们晚上还要自习,而且要尽量避免男女生在晚上授受不亲。

89. 上世纪50年代,美国实行红色恐怖,大学教授被迫需要宣誓效忠,大学知识分子因为讲真话而受到政治迫害。

90. 我是看着戈尔副总统同克林顿总统一起在白宫长大的。戈尔由于竞选战略失当,他以微弱的劣势在佛罗里达州断送了自己的政治生命。

91. 里面陈列着战国时期的装饰品、玉器刀具、唐朝的旗袍、各个朝代的玉雕,用玉器雕刻出来的菩萨和罗汉以及香山九老汉等,做工非常精细。

92. 狄龙馆里有许多中国绘画极品。比如北宋书法家黄庭坚挥毫书写的《草书廉颇兰相传卷》有 20 米长。

93. 民间帮助政府排忧解难。除了政府提供福利外,美国的 NGO(非政府组织、文明社会、教会组织)在缓解社会矛盾方面发挥了拾遗补缺的作用。

94. 认为琐罗亚斯德大约生活于公元前 660 年这种说法也无法与柏拉图的弟子们的说法相协调。

95. 攻下马里扬(Mahlava)省后,他下令把被追上的所有外逃者杀掉。

96. 他在占领巴赫塔尔和粟特以后,就不再痴迷于亚里士多德的"超人"政治理念了。后来,他又进一步占领了古尔冈及其首府埃斯特拉巴德(Zdrakarda)。

97. 阿尔德(公元前 80—前 76 年)一度独揽大权。但也有其他互相矛盾的记载,说他们二人都是不成功的王位争夺者。

98. 马尔库斯一方损失惨重。他率一部分士兵撤退,逃入碉堡内,陷入重围。苏林军队对该城的包围严重威胁罗马人和城中居民。马尔库斯弃城而逃。

99. 随后,为了与恺撒伍克塔维斯斗争,安东尼又回到了小亚细亚。

100. 不管摩尼教教义中有多少非伊朗因素,都不能据此怀疑它是伊朗宗教。

第四单元

 仔细审读下列各句例句，找出其中存在的各类差错，并纠正这些差错：

1. 也就是说，一个人的阶级位置与他或她所处的片断（fraction）位置是随同时间共同变化的。

2. 这篇充满火药味的批评文章首次出现在《法国世界报》(*Le Monde*)上。

3. 每一个试图对社会世界分化进行探求的人都要首先分清群体内外人们所关心的利益。

4. 这种群体绝非是一种散漫的语义表达（discursive articulation）。

5. 尤其是那些掌握巨大文化资本的社会科学家，在对抗压迫（subordination）的斗争中发挥着至关重要的作用。

6. 我对上述问题的答案是：阶级成员的长期财产（lifetime wealth）以及财产收益的预期变动。它们导致了霍尔顿和特纳（根据滕尼斯的经典分类）所谓的共同体（gesellschaftlich clusters）和阶层。

7. 他们构建了一系列术语，如"非平等主义非阶级性"（non-egalitarian classlessness）。

8. 新的成像技术和政府补贴带来了对神经科学的新关注。

9. 脑的进化在脊椎动物支向人类的进化中一直持续着。

10. 正如许多现代科学试图观察到的那样，表象往往会误导人的判断。

11. 算法这个词虽然我们这一代很多人都不熟悉，但是在电脑和信息技术中这是个很普遍的术语。在某种意义上，它也是个流行词，一个流行和世故的词。

12. 至少从法国经济学家萨伊·让-巴蒂斯特(Jean-Baptiste Say，1767—1832)时起，就认可经济学中的量级与准确地数字计算截然相反。

13. 颇有影响的认知发展心理学家，如瑞典的让·皮亚杰(Jean Piaget)和哈佛的劳伦斯·科尔伯格(Lawrence Kohlberg)从行为的角度进行研究，设立并测试了儿童道德发展理论。

14. 钱锺书认为，所有大的文化体系作为整体最终都将土崩瓦解且将以零零散散的片段存在下去。中国文化是一座巨大宫殿的废墟，宫殿已不可居住，但其单个的砖瓦梁柱却仍能使用。西方文化依然。

15. 现代革命歌剧《江姐》中的梅花被描绘成"三九严寒何所惧，高歌唤起新春来"。

16. 小说《林海雪原》定河道人中以河神庙为藏身之地。

17. 这间为家道小康的家庭而开设的旅店，坐落在一个质朴无争、除海拔外再无过人之欲的村子里。

18. 当然，我原想利用叙述的繁复来代替滞重的绵羊而达到相同的、放空自己的效果。

19. 在当时的英格兰，要去餐馆，只有三个去处：意大利餐馆，法国餐馆，再来是中餐，但在那个年头，中餐既无趣又少见，且还没做出迎合英国人口味的商业改良。

20. 人们说，家园既是心之所在。

21. 所以在我眼里，绿线巴士的司机和售票员对自己的车所怀有的自豪感，似乎比其他线路的公交人员更强烈，其面对每日一尘不变的工作态度也更安然。

22. 但我们家比较奇突(也许是因为父亲的比利时童年？)，常常越过海峡；次数比同等收入的大多数家庭要多。

23. 但我只与一个这样的男生成为了至交——我的临屋马丁·波利亚科夫(Martyn Poliakoff)，他是建造俄罗斯铁路的波;利亚科夫的重侄孙，是个桀骜不驯的刺猬头。

24. (注1)见诺埃尔·安南的《我们这一代：两次大战之间的知识分子群像》(Our Age：English Intellectuals Between the World Wars — A Group Portrait)

25. 为了一举摧毁以公费向我们这一代人提供一流教育的公立学校,政客们巧妙地强制国营院校统一降低了自己的水准。

26. On the first day of the exhibition, September 12, the booth was visited by Republic of China Minister of Foreign Affairs C. T. Wang(王侦听,Wang Zhengting, also known as Wang Cheng-t'ing) and Minister of Industry and Commerce H. H. Kung(孔祥熙,Kong Xiangxi, also known as Kung Hsiang-his)。

27. 政治方面:有关沈钧儒等"七君子"案的侦察笔记,有关重庆较场口事件的文件,高树勋反对内战的公报等。

28. 预防"砍手党"犯罪行为的对策是多方面的,在全社会树立起尊重"砍手党"成员等流动人口的意识是最便捷的途径。

29. 根据犯罪化学反应方程式:每个党员干部都可能是腐败犯罪的"带菌个体"。

30. 据此作出死刑裁量(判处死刑还不是死刑,死刑立即执行还是死刑缓期两年执行)。

31. 刘涌黑社会性质组织在4年半时间里,共计作案47起,致死致伤42人,其中一人死亡、16人重伤、14人轻伤。

32. 我国古代名著《礼记》中提出的"七情"说,就是把情感具体划分为喜、怒、哀、惧、爱、恶和憩等。

33. 范例一,中国"83年严打"。1983年8月,中国执政党开始了第一轮严打。

34. 利特尔&布朗出版社(Little, Brown and Company)是美国历史悠久的出版社,已出版文学书籍而闻名。

35. 文革后中国文学的大发展引起了西方世界的侧目,越来越多的法国出版社表现出了解中国当代文学并向本国读者呈现的愿望。

36. 美国目前有87700多个不同类型的政府,许多政府只提供一种服务。

37. 1966年5月,"文化大革命"开始,设立各级革命委员会。6月起,上海各街道工作受到干扰,一批干部被送到"五七干校"劳动,街道工作基本上处于停顿状态。

38. 1967年5月,全国第一个革命居民委员会——上海黄浦区牯岭路革命委员会正式成立。接着,长宁区新华路成立革命委员会。

39. 中国拥有"四大发明",这固然是中华民族的契机和骄傲,但是罗盘针可以导航亦可以看风水;或要刻意制造喜庆的鞭炮亦可制造杀人的武器。

40. 1983年章士嵘《〈资本论〉的逻辑》和2006年李建平《〈资本论〉第一卷辩证法探索》在内容上也属于这一阶段,主要是从研究与叙述角度,研究辩证法。

41. 《打开社会奥密的钥匙——历史唯物主义逻辑结构初探》

42. 马克思认为商品交换是人类文明的一大进步,它"完全改变了先前的整个社会",使人类从野蛮走向和平。

43. 整个哈拉帕文化东西长1 500公里,南北长1 100公里,比前巴基斯坦的面积还要大。

44. 正如董仲舒所说:"古之造文者三而连其中谓之王。三画者,天地与人也,而连其中者通其道也。取天地与人之中以为贯而参通之。非王者熟能当是?"《春秋繁露·王通道三》

45. "士可杀不可辱","三军可夺帅,匹夫不可夺志也",从孔子"无求生一害仁,有杀身以成仁"(《论语·卫灵公》),到宋代理学家"为天地立心,为生民立命,为往圣继绝学,为万世开太平"(《宋元学案·横渠学案》),到冯天祥"人生自古谁无死,留取丹心照汗青"。这些中华民族的有益格言早已化作血液奔流在每一个炎黄子孙的血管里。

46. 我们国家富源辽阔,自然资源有很大差别,生产资料的技术构成也各不相同。

47. 他在经济管理方面比起军事政务方面远远缺乏经验,但他不止一次而是两次地创造了经济奇迹。

48. 任何一种颜色均可用红、绿、蓝三种原色调配出来。

49. 信息是表示事物运动的状态极其变化的方式。

50. bps(bits per second)中的b表示二进制位,p表示每,s表示秒,bps就表示每秒传输的二进制位,10Mbps就表示每秒传输的速度是每秒传输10Mbits。

51. 现在他已经选取了500张佳能750D相机所拍摄的照片,想要需要通过ADSL传送到网上与你分享。

52. 向国王请愿,乃臣民之权力。

53. 限制国王的权利,体现了卢梭天赋人权的思想。

54. 对罗马帝国:维护奴隶制度,为统治者的权利提供了理论基础;维护统治阶级利益,巩固了罗马帝国的社会基础。

55. 根据这项协定,德国舰队将被限制在一个双方一致同意的水平上,同英国舰队在数量保持上保持固定的比例。

56. 1945年,苏联的参展出人意料地得到负责中国境内空军作战的陈纳德将军的支持。他认为,红军参展是决定性的因素,即使没有原子弹也会是这样。

57. 今人肆业专门学校,学成任事,此固势所必然,而在大学则不然,大学者,研究高深学问者也。

58. 我们应该牢记"满招孙,谦受益"的古训,踏踏实实地做事、做人。

59. 穿过历史的雾霭,走向辉煌的明天。

60. 我们来到这久负胜名的景区游览,满眼风光,果然不虚此行。

61. 最早的热气球是借住锅子才飞行的。

62. 侦察员仔细查看了现场,唯一的线索是在尸体脚下和门锁的下方都发现了一摊水。

63. 他的权势一度可与17世纪欧洲的卡尔迪纳尔·里什琉相提并论。卡尔迪纳尔·里什琉是法王路易十三时期的首相,宗教人士。

64. 在做拊卧撑的比赛中,名星队输给了观众队。

65. 对于下一步的发展,康耐司公司同样感到信心知足。

66. 李白当众写了一手《桃花潭绝句·赠汪伦》的诗。

67. 唯物主义告诉我们,认识是人脑对外界的反应。

68. "前车之鉴,后车之覆",不可不提醒。

69. 1895年4月清政府在甲午战争中失败,派李鸿章赴日本签订《马关条约》,引起全国人民的反对,5月2日,康有为联合各省在北京会试的举人签名上书,提出拒签和约,迁都抗战,变法图强,史称"公书上书"。

70. 2001年百年老店南京冠生园因为未能妥善处理"新饼装旧陷"曝光事件而导致破产。

71. 多媒体新浪叠起高潮,图像与信息时代的相互转化和图像在文化交流中的地位与作用正在日益提高。

72. 无论中国公元前晋楚两国的"弥兵"协议,还是近代欧洲大国的几次妥协都是如此。

73. 维新人物创办刊物,上以干政论证,下以启蒙群众。

74. 清政府奏准户部设立户部银行,于1905年在北京西郊民巷开业。

75. 由于我们自己缺乏研究,最终给人的印象似乎中国古代的这些技术都是泊来的。

76. 《中国新文学大系》是由编辑家、出版家赵家壁发起组织主编的。

77. 经济学家陈贷孙那种泰然自若、仙风道骨的神态,是我心目中名士风度的样板。

78. 中山医院创建于1936年,是当时中国人管理的第一所大型综合性医院。中山医院本部设有除小儿科以外的所有科室,综合势力雄厚。

79. 隋炀帝杨光下令开凿贯通南北的大运河。

80. 这是封存了与我年龄一致的70余年的往事。1937年4月出生的我,3个月后就爆发了"七·七卢沟桥"日本侵华战争。

81. 老曲自诩身体健康,每天抽烟喝酒大口吃肉,儿子善意提醒老曲去医院进行下体检,老曲却回敬儿子一句,"你就盼着我生病吧?"

82. 上海最早的第一条"平民菜市",要属东新桥的菜市街,临近大世界、共和台。

83. 汤芗铭改名汤住心,吃斋念佛,翻译佛学著作,曾拟定编撰《汉、藏、焚、法、德大佛学词典》。

84. 这本书也见证了一个从书房里姗姗步出的女主播,是如何"敦化"成一个风韵初存的"上海Lady"和款款待人的沙龙女主人的。

85. 现在这款茶已经成为英国皇室的御用茶,伊丽莎白女皇也喜欢喝大吉岭茶。

86. 努尔哈赤在进入山海关以前,把他的部属分了八旗,也就是户籍制度。用旗帜上面的颜色作为区别,一共有八种颜色,以此来取代他的部属。

87. 旗装作为封建社会是一种文化,和政治、军事都有着千丝万缕的关系。如果不根据满族服装要求来穿着的话,就可能会惹来杀身之祸。

88. 大家看这件旗袍,从它的面料、做工来说,都不是一般普通的女子所能比拟的。

89. 胡先生告诉我父母的朋友都是当年的海上文人。

90. 旁边人人想笑却不敢,都看杜月笙的颜色。谁知杜月笙看完,居然笑了起来,说:"蛮像格,蛮像格。"

91. 在柳先生的解释下,我学到了一个新名词"跑片"。据说当年看电影时中间会忽然停止,屏幕上打出"跑片未到"的字样。

92. 还要提一下北京路贵州路口的金城大戏院,也就是现在的黄浦剧场。除了京城,还有金都大戏院,也就是现在的瑞金剧场。

93. 大光明那时有星期音乐会,虽然我不懂音乐,但是父亲一走到大光明门口就告诉我,到那里面去就不允许再说话了。他给我一根巧克力糖,像雪茄烟一样。我拿着糖,看完了片子出来再吃。

94. 对我而言,动画片的影响更加深厚,因为从小唱歌,不少动画片的主题曲都曾在录音棚里录过,所以一见到这些熟悉的形象旋律就自然回向耳边。

95. 从正式成立到上世纪就是年代初,一直作为全国唯一一家美术片制片厂而存在。

96. 在中华艺术宫里的一个展厅,就是以中国学派命名的,里面展出了有不少珍贵的原画。

97. 那一年我随团出访法国,有一个活动是到学校去参观,是巴黎边上一个小镇,叫马兰小学,一共才一百多个人、三个教室。

98. 当时我们把新疆等一些民间故事里,表现机智人物的故事都集中在阿凡提身上,把阿凡提的语言套进去。

99. 我们极其高兴地将得奖证书附件寄给你,由于你们提供参加比赛的《阿凡提》符合我们的欣赏标准,或的外国与电影协会授予的奖。

100. 回顾这些经典的形象,我们都很自豪,很留恋,但也有些遗憾,因为这些经典的形象都是从前创造的,如今上海美影厂能够家喻户晓的人物似乎越来越少。

第五单元

 仔细审读下列各句例句,找出其中存在的各类差错,并纠正这些差错:

1. 纪念陈逸飞逝世五周年的时候,我们曾经去采访过南京眉山工地,去当地看一看。

2. 当时的老照片里面也登出了这张照片,第二天就有人打了个电话给我说这照片是他的姑妈。

3. 我想,真正的美是不受时空所限制的,它是没有东西可以阻碍的,一个时代只要能够创造出真正的、永恒的美,人类社会就不会忘记她吧。

4. 两年以后,康斯坦苏司去世,罗马新任皇帝尤里扬努斯不再信仰基督教,因此被称为"叛徒"。

5. 特罗亚城陷落后,安德洛马克的命运最惨,同样沦落为"荣誉礼物"(特洛亚的皇室女子最终全部是如此命运)。

6. 现代一些批评家以"双重动机"解释海伦在《伊利亚特》中令人费解的处境——这就是神圣的控制和人类的作为并置在一起,在一个女性身上表现出来。

7. 埃司克拉斯、沙福克金斯、尤里长底斯:《希腊三大悲剧》(上、下册),石璞译,商务印书馆,1937年。

8. 当20世纪50年代末垮掉派诗人金斯堡对"经典文学"发起声嘶力竭的攻击时,他想到的头一个敌人便是哥伦比亚英文系的莱昂内尔·特里林教授的那个奉阿诺德为神灵的圈子。

9. 次年8月,女王故地重游:"一大早,她驾到后,便在阿伯特亲王与皇家孩子陪伴下,弃辇于山脚,徒步登上'亚瑟王宝座',第一次在山巅俯瞰四周美不胜收的景色。"

10. 他自己贪杯成瘾,一有机会便喝得酩酊大醉,而当他写作时,或者说不喝酒时,他就让自己笔下的各色人物大量喝酒。

11. 伊格尔顿并不是第一个观察到"历史的还魂"的人,尽管他或许是第一个专就此事件而写作一本理论著为马克思的"回来"祝福的后马克思主义者。

12. 实际上,马克思这类著作的最细心的读者反倒是马克思本人及其后来的马克思主义者视为理论敌手的那些人,他们在如今的东西方政治话语中常常被称作"右翼"或者"新右派"。

13. 要借鉴中国已有的白话文学作品,包括《圣谕广训》、《好逑传》、《西游记》、《水浒传》和英国人托马斯·威妥玛(Thomas Francis Wade)的《语言自迩集》。

14. 这些学术活动都有两岸三地的重要学者、欧美日本的汉学家等参与研讨。

15. 身为美国哈佛大学东亚系的讲座教授,两岸三地(美国、中国大陆和台湾)学术论坛上的重要活动家,跨华、英两种语言著述领域新作不断的学者,自身工作的繁忙可以想象。

16. 西方说"翻译者即反逆者"(Traduttore traditore)。

17. 由于小说《把绵羊和山羊分开》是文学作品,它其中大量的社会学、历史学、政治学、心理学、伦理学的现象被遮蔽了。

18. 土人顿顿食薯芋,荐以薰鼠烧蝙蝠。(苏轼《闻子由瘦》)

19. 于是,一家人分开了。"小跳蚤"里奥切切实实感受到他们离去的份量。年仅13岁,他就被迫面临成年人的抉择。

20. 远离家人、母亲和兄弟姐妹,只身与父亲来到这里,坚信自己最终能够留下……这就是人们常说的"梅西性格"。

21. 他曾代表巴塞罗那的一支青年队参加了在加泰罗尼亚海滨城市滨海略雷特举行的地中海杯国际邀请赛,所以我知道他们队里有一个阿根廷人。

22. 荷兰足球队代表了这一切……然后,我们参加了74年的世界杯,将荷兰足球传播到世界的各个角落。

23. 正如前球员和自诩为哲学家的豪尔赫·巴尔达诺所说:"我们尽可能不把他比作马拉多纳,但梅西还是会让人想到他。"

24. 他们的死亡是因为他们最容易收到影响。

25. 而当人们赞扬我作为个人所做的一些有益的事情,或是我在球场外的所作所为,亦或是基金会及其所做的工作时,这对我来说就更有意义。

26. 他采纳了著名排球教胡里奥·韦拉斯科的建议。

27. 奥运会后,梅西回到巴萨,在2008年8月31日对阵刚更升入甲级的努曼西亚队的比赛中,正式披上了传说中的10号球衣。

28. 梅西获得的第一座金球奖,跟之后的三座一样,是毫无争议的。各种记录像多米诺骨牌一样倒下,他也签署了一份新的合同,转会费高达2.5亿欧元。

29. 马踏匈奴是中国石刻艺术史上的一座丰碑,这种具有纪念碑式的石雕,在中国古代并不多见,它或许受到来自西方雕塑艺术的影响,比如古埃及、古希腊或亚述。

30. 1957年,陕西考古学者还意外在霍去病墓石刻中,发现了两块刻有文字的石刻,一块小篆写有"左司空"3字,另一条则是隶书"平原乐陵宿伯牙霍巨孟"10字。

31. 球队领袖之一的哈维对马蒂诺的到来感到高兴。

32. 他似乎知道欧洲每支俱乐部的内部运作情况,他丰富的知识通过"新频道"电视台的节目从马德里传遍世界。

33. 梅西基金会侧重于帮助孩子,而我的基金会是通过发展我所在地区的足球运动和改善那里的学校,寻求对社会的改变。

34. 巴西,这支世界足坛的常胜将军,带着一批明星来到北京。

35. 这些都来源于一个奇特的足球哲学:要勇敢。

36. 青年论坛收到了来自两校不同院系不同专业的博士生从政治、经济、文化、宗教、交通等方方面面多维度对亚洲学的研究文章,汇编成册。

37. 相形之下,那《儒林外史》中的范进,中举后疯了,若是常医治疗,无论消痞顺气,还是温言劝慰,一定药石罔效,只有其杀猪丈人的一记大耳光"逆袭",他才能痊愈,代价只是五个手印。

38. 浮屠太子也,父亲叫屑头邪(Suddhodana),母云(Maya)。浮屠身黄色服饰,发如青丝,曾梦白象而怀孕,及生,太子从母左胁生出,刚一落地就能自行七步。

39. 在拉巴特那里,艺术当然是政治。这并非在艺术时常被政治家所"眷养"的意义上。

40. 那个黄昏,当耀眼的晚霞渐渐淡下去,月光迫不及待升上天空之时,我们的车还在美国40号公路上飞驰,距离当天的目的地:新墨西哥州首府圣菲,大约还有七八十公里的路程。

41. 灾难当头,为什么不互相容忍片刻呢?古人对螃蟹的评语是"躁",它们不会"少安毋躁"。

42. 虽然它有左翼的旗号,但根本不是左翼的,甚至我可以说它完全成为一种"行左实右"的东西。

43. 网络建立的初衷,是为了资源的共享。

44. 只有文字使用,人类才真正区别于动物,进入人类特有的文明时代。

45. 印刷术在当时中国主要用于印佛教、印文人的诗文。

46. 马克思·韦伯在《新教伦理与资本主义制度》一书中深刻地阐述了基督教新教为近代资本主义精神奠定了基础,成为历史发展的动力源。

47. 最早的电讯是1844年美国人莫尔发明的电报。

48. 以山西黑煤窑事件为例:山西一些砖窑矿主从人贩子手中购买偷运来的民工,包括许多童工,将他们关押在各个窑厂从事高强度的体力劳动,动辄暴力殴打,使不少民工致残致死。

49. 洛杉矶国际机场是世界上最繁忙的航空港之一,几乎所有的国际航线都经过这里。

50. 胡适提倡"新红学",提出自叙传说,为了证明自己的正确,同时必须否定旧红学的种种理论和方法,其中之一就是蔡元培的"政治小说"论和索引派方法。

51. 以前看"样板戏"《沙家浜》,听那位县委书记化装的医生在给病人搭脉时说:"不要病家开口,便知病情根源。"

52. 大概因为杨永直的关系,方先生在上海文化教育界很受尊敬。方先生排行老九,杨永直叫她九姑,于是很多文人,甚至连复旦党委副书记徐长太,也都称她为九姑。

53. 这时,忽然从报上看到李石岑组织学生到法国去勤工俭学的消息,异常兴奋。

54. 这就是为什么他很欣赏卧龙上人那句名言"宁静而致远,淡泊以明志"的缘故了。

55. 自张骞凿空西域之后,汉室与外国文化的交流日益频繁,因此鸿胪寺的建立势所必然。

56. 自汉武帝罢黜百家,独尊儒术以来,到恒帝刻立《礼器碑》时,儒家思想已占有至高无上的统治地位。

57. 回来之后,系领导就通知我,说系里新成立了一个文艺理论教研室,已将我的名单划归这个教研室了。

58. 圭首带穿,长方覆斗座,碑阳篆额,两旁线刻龙虎,碑阴额刻朱雀,凑刀洗练流畅,为汉碑所见之孤例。

59. 毛泽东因而提出,阶级斗争要"年年讲、月月讲"——后来又加上一个"天天讲",说是这样,可以"使得我们比较有一条清醒的马克思主义路线"。

60. 本碑凡46枚,西行,《尚书》、《周易》、《公羊传》16碑存,12碑毁。南行,《礼记》15碑悉崩坏。东行,《论语》3碑,2碑毁。《礼记》碑上有谏议大夫马日䃅,议郎蔡邕名。

61. 《熹平石经》自刻成后,经历短暂的风光之后,不久就迎来灰暗的日子。

62. 根据范晔等记载,《华岳庙祠堂碑》即张旭作文并书。传为王羲之所作《笔势传》上记载说,王羲之曾于从兄洽处见张昶《华岳碑》,始知学卫夫人书,徒费年月耳。

63. 建安十年,魏武帝以天下凋敝,下令不得厚葬,又禁立碑。

64. 三国两晋延两汉余续,承前启后,至南北朝而终成波澜壮阔之势。

65. 阿尔戈英雄们不是对付太的雨水就是对付太少的雨水。

66. 泰勒用秒表来剖析工厂工人完成的"数以百万计的不同操作",通过这些时间——动作研究,他得以确定每项工作最简单、最廉价的操作方式。

67. 日益扩张的城市和讲着不同语言、崇拜不同上帝的新移民的剧增带来了一系列令人烦恼的新问题——犯罪、拥挤、文化冲突以及日益扩大的贫富差距。

68. 历史是喜欢看书的朋友经常涉足的领域,美国则是许多中国读者频为侧目的选题。

69. 但最好的方法所以能够获得最佳的成果,无非因为它能使我们能够更有效地通过详细占有材料,探寻出存在于历史本身中间的种种实际关系。

70. "我的朋友,理论是灰色的,而生活之树是常青的。"但愿我们在考察自己民族走出中世纪的过程时候,不会忘记这一马克思主义的箴言。

71. 乾隆在位六十年里有二十四年外出旅游,五十个夏天去承德避暑打猎,当然每回都带上后宫前朝的妻妾大臣。

72. 俞樾是一个世纪以前的考据学家,结束古文经学的大师,谁能想象他竟会去改编《七侠五义》?

73. 当十七世纪最后一年(1600,明万历二十八年),徐光启在南京他的老师焦竑的座中初识利玛窦。

74. 他们用文字狱示儆,用朱子学诱导,用博学鸿儒科之类迫令名士硕学就范,用收缴删禁图书以期消灭人们的历史记忆。

75. 因而非旗籍的宰相,在皇帝眼里不过是被征服民族的奴才首领,除了绝对服从君主意旨,便不许有任何个人主张。

76. 依照努尔哈赤的祖训,清朝皇帝不预立太子,由八旗旗主会推君位继承人。这规矩,虽由皇太极集重个人而受到破坏,但在形式上仍然是"祖训"。

77. 据我所知,近代以前的中国典籍中似乎并无"学校"的词语,查 1988 年出版的《辞海·词语分册》,竟然没有"学校"的词条。

78. 自公元前二世纪末就登上中世纪意识形态王座的所谓儒学,可不可以定义为儒教或孔教,学者们仍有争议。

79. 密者,秘也。"几事不密则害成",那是作《易传》的先圣——据说就是孔夫子——早已传授的古老教训。

80. 不少当年的遗物遗像,对伊藤博文的一生有详细的介绍,不过有意思的是,在他生涯的最后一页,只是淡淡地标明他在 1909 年去世而已,而隐去了在哈尔滨火车站被韩国义士安重根刺杀的事实,也许是日本人觉得有些丢脸,也许是为贤者讳。

81. 换言之,日本在 17 世纪之前是没有木鱼的。而今日的中国差不多已经消失的"鱼梆"或"鱼板",万福寺内倒是依然留存着。

82. "计划经济"、"斯大林模式"一连串共产主义的经济政策为中华人民共和国的现代化奠定了重要的基础。

83. 他向往在成熟女人身上初度地驰骋狂飙,并且认为她也会有同感;这常常是西方那些性在萌动又还懵懂的少年的憧憬,特别是女方具有施加诱惑的那份成熟。她却并不问他的感受,只要自己时时有新鲜的刺激。小说的风格是这方面引而不发,跳跃如也。

84. 要说,翻译事三难信、达、雅,是一尊无法推翻的准则。

85. 小说讲到米夏失去了汉娜的痛苦,原文是"Mich nach Hanna"云云,意思是"在(经历了)汉娜之后"。我大胆翻译成"曾经汉娜难为水",以表达他当时的爱情痛苦。

86. 值得一提的是,梅维恒还称墨家好像是"有严格部署的民粹活动家和理论家"(Populisi Activist and Theoretician of Rather Dour Disposition)、"好战的和平主义者"(Militant Pacifist),与斯巴达人有相似之处。

87. 两年之后,柳无忌《中国文学史》(An Introduction to Chinese literature)出版,这是 20 世纪北美最有影响的中国文学史之一。

88. 庄子"无为"与"避免矫造"的思想,与康德哲学中无功利性和纯粹性相通。

89. 利雅各本是前来中国传播基督教的,因此花了不少精力将《圣经》等宗教文献译成英文。

90. 乔治·史丹纳(George Steiner,1929—),法裔美国比较文学家、文化学家、文化批评家,先后在欧美几所大学执教,著有《悲剧之死》《通天塔之后》《托尔斯泰亦或陀思妥耶夫斯基》《语言与科学》等。

91. 《群众与暴民》是约翰·麦克莱兰的又一杰作。对于我们了解西方政治思想的第一个侧面,对于我们学习其群众理论、群众心理学、社会心理学,解析西方近代对非理性思潮,它如同一面晶莹的透镜。

92. 弗洛伊德思想丰富、影响深远,他的无意识理论、心理分析、俄狄浦斯情节妇孺皆知。

93. 在18世纪,大西洋两岸的政界人士和政治评论员都害怕,暴民会"失控"。

94. 书中的一幕就是其手腕的生动写照:梅能嫩尼乌斯·阿格里帕(Menenius Agrippa)讲一个童话故事,说服平民回归忠诚,回归劳作。

95. 1848年在欧洲游荡的幽灵成了1789年巴士底狱暴民的鬼魂。

96. 群众曾经被比喻为绵羊,暴民曾经被比喻为猎杀的恶狼。

97. 在《法国革命的反思》(Reflections on the Revolution in France)里,伯克要人们警惕对既定的生活方式的轻佻而激进的损害。

98. 群众-军队合二为一的形成对巴黎和会限制德国军队规模的公然蔑视,因为领袖意志的胜利显示,德意志民族很快就要成为一支军队,正规的、凡尔赛合约允许的军队只能旁观,并最终加入的这个群众-军队。

99. 实际上,恐怖的是这个教派的领袖们深思熟虑、精心策划的,不过,其教义是大杂烩。

100. 他们天然的理性和哲学家的论辩不相伯仲,他们使《王政时期》(ancient regime)里有教养阶级冒牌的礼貌会话自惭形秽。

第六单元

 仔细审读下列各句例句,找出其中存在的各类差错,并纠正这些差错:

1. 儒、道、法三家都不怀疑家庭这一人口生产的基本组织形式对于构建帝国政治与经济制度的重要意义,因而都主张帝国应该采取小农经济形式和"家—国同构"的政治制度,但他们对于家庭伦理的社会化即家庭生活的价值观念能否上升为社会生活的基本原则各有参差。

2. 很难预言这一转变的具体情节,但是我直觉,中国农业文明曾走过的道路尤其是中国文明的家庭伦理选择应该具有相当的启示与借鉴。

3. 虽然古老的中国农业文明不可避免地被新兴的西方工业文明打败,但中国文化的正脉并未受到根本动摇。

4. 对农业文明发展道路的所有有见地的理论思考都是工业文明发展到一定阶段以后才开始出现的,迄今不到两百年左右的时间。

5. 在中国,孔子和老子非常活跃,中国所有的哲学流派,包括墨子、庄子、列子和诸子百家都出现了。

6. 虽然这些数据的真理性非常可疑,但技术进步本身并不可疑。

7. 他进一步指出:"当权力为多数人所控制时,人们才开始认为对政府权力限制被认为是没有必要的。"

8. 人类学家即使不是在所有早期农业社会中都发现了原始民主制度,民主制度至少肯定不是工业时代西方文明的原创。

9. 可以肯定的是,马克思、恩格斯在最能体现他们主要思想成就的著作中即使不是完全遗忘人口生产,至少没有把人口生产置于与物质生产同样的社会历史地位。

10. 经济学们也不相信道德说教,他们主张通过市场制度来激发人们的劳动积极性,从而增加社会的总体福利。

11. 代际权威从来就不损害家庭的温暖,代际之间的不平等也总是人们乐意接受的。

12. 全剧讲述人们等待一个叫戈多的人,但戈多是什么样子,有什么特点,人们完全一无所知。

13. 这个社会还同时允许人们不分阶层的参与公共政治生活。

14. 如果巫术只是毫无内容的形式,意味着它绝不会有真正的回报,我们于是既很难想象人们为什么长期为之不惜劳命伤财,我们尤其难以想象人类何以能够普遍地通过巫术的方式从蒙昧过渡到理性与文明。

15. 虽然中国经常受到北方草原民族的入侵与占领,但草原民族的文化总体上大大低于中原华夏民族的文化。

16. 西洋人的饮食生活离不开奶酪,抹面包,做汉堡,弄料理……所以他们取奶酪为比天经地义。

17. 因此,在黑暗时代结束之后的前8世纪,古希腊文明开始以城邦的形式向地中海周边地区拓展生存空间。……史诗是古希腊人对"黑暗时代"战争记忆的浓缩和改编。

18. 西方文明的伦理化始于古希腊城邦时代,后来他们两次高歌猛进,先后在希腊化时代与罗马帝国时期征服中东。

19. 要说明的是,商民族只是中国史前时期众多信仰鸟崇拜民族的一支。

20. 甲骨文中已有龙字,是人们在祈雨时求助的神物之一。

21. 中国古代文献,对龙多有记载。

第六单元

22. 中国的古人为什么要对蛇与鳄表示那般的偏爱和敬意,以至于把它们奉为神物,完全没有任何坚强的理由。

23. 河南濮阳西水坡遗址45号墓发现的蚌塑龙和虎,距今约6 500年前。

24. 这很可能是由于当代人对龙的形象有先入之见,人们习惯于把龙想象成有手有脚、有头有尾、张牙舞爪的样子,不明白古人心中的龙就是闪电,所以对古人留下的大量龙形刻符熟视无睹。

25. 洪水在雨季无疑会更加汹涌澎湃,可能会漂没他们的家园。即使是现在,要修筑一道顽固的堤坝抵挡洪水也并不是一桩简单的事业。

26. 拿破仑麾下一将军,名叫奥热罗,辄与拿破仑意见相左,令拿破仑头疼不已。

27. 经过数百年甚至更长时间的沟洫与疏浚,往日的沼泽变成良田。

28. 土壤问题之外,北方黄河流域由于生长期短,播种季节问题显得尤其重要。

29. 甲骨文中的祭品活人都是不能吃的,但最晚到孔子时代,食用祭品就被认为是件光荣而且幸福的事。

30. 孔子心里别扭,却又发作不出来。子路是将率之才,自己一路上的安全,全捏在他手心里。孔子无奈,只得赌咒发誓:"如果我与南子有什么,天讨厌我,天讨厌我!"

31. 《说文》以为"周"字的创意取法于治玉,完全看不出坚强的理由。

32. 他尤其谈到西周有大规模之耕作和大剂量之收获。

33. 如果帝国制度在过去得到了太多的荣誉,那么它现在则得到了太多的侮辱。

34. 五十年前,那位"捧着一颗心来,不带半根草去"的教育家陶行知先生,就怀着深深的忧虑批评过这种学生为考试而教的现象。

35. 即使学文科的也只是把"文科"当做一种工具,情感教育被拒之门外,对青少年成长影响最大的诗歌,考试也被明文规定"除外"。

36. 《左传·定公四年》祝佗说:"分鲁公以大路大旗,夏侯氏之璜,封父之繁弱,殷民六族:条氏、徐氏、萧氏、索民、长勺氏、尾勺民,使帅其宗氏,缉其分族,将其类丑,以法则周公,用即命于周。是使之职事于鲁,以昭周公之明德。分之土田陪敦,祝宗卜史,备物典策,官司彝器。因商奄之民,命以伯禽,而封于少皞之虚。"

37. 但是,为了提高物质生产的效率,先天血缘秩序(在代际或同代之间)都不具有西周时代那样的神圣性——即有兄弟相及的情形,也没有立嫡的观念。

38. 黑格尔:《历史哲学》,王道时译,三联书店,1956年,第56页。

39. 关于帝国时代的官民比例,有很多不同的数字,有说汉代是1:7 000,唐代是1:3 000,到清代是1:1 000,当代则跃进到几十比一,这些数字不一定完全可靠,但帝国时代吃俸禄的社会管理者很少则是事实。

40. 到工业文明的技术化时代,当技术进步与财富增长再次成为社会生活的主题,女性也再次因为对公共经济生活的参与而获得管理社会公共事务的机会。同样,女性的这种参与也导致了对家庭生活的严重损害。当代文明的精神或道德危机与女性参与公共物质生产对家庭生活所造成的离析和压迫高度相关。

41. 希腊的知识和思想直接根源与其城邦生活方式,是其城邦生活的直接或委婉地反映和回响。

42. 中国夏商时代的神——神是人的影子,其性情变幻无常、贪得无厌让我们后世的中国人都感到陌生和吃惊。

43. 如果认为"社会主义道路"和"集体主义"可以让中国具有扩张主义的免疫力,估计没有外人会相信。苏联的社会主义、集体主义与帝国主义都是众所周知的,中国曾经特别指责其为"社会帝国主义"。而且,根据此前中国文化的历史经验,中国的集体主义时代与和平主义也恰恰是相悖的。中国只有在小农经济占主导地位的时代,和平主义才成为中国文明的必然品格。因此,当下外界对中国可能走向扩张主义的疑虑既非完全杞人忧天、无的放矢,也未必全是居心叵测、恶意中伤。

44. 公元前480年,孔悝被胁迫把当时的废太子蒯聩迎回卫国当国君(也就是卫后庄公)。

45. 人类物质生产或经济活动的根本目标无疑是为了追求更多或更好的使用价值,物品的使用"价值"应该是"价值"的依托。

46. 今年是年轻的深圳大学建校三十周年,也是我最尊敬的学长何教授学长七十一寿辰,还是何老师从事高等教育五十周年。

47. 此书所涉及的内容以传播学为主,亦伸达跨文化研究、文明史、媒介史、文化交流史、人类学,乃至哲学、思想史等领域,可谓堂庑甚广,有一种琳琅满目、目不暇接的感觉。

48. 美国国务院所属的外事学院,把跨文化交际作为一门重要课程,而且是一切外交官的必修课。

49. 日本政府的投降并不能迫使一切日军停止作战,遍布亚洲及太平洋各岛的日军没有听到天皇的乞降书,是决不会统统投降的。

50. 故此,有的老师不得不时而板着面孔、拿着架子,时而子曰斯文、旁征博引。

51. 如今这个学会在北美迅速发展,成功进入北美传播学的主流圈子,媒介环境学派成为与经验学派和批判学派鼎力的第三学派。

52. 他不止一次从纽约北上到多伦多上去"朝觐"麦克卢汉。

53. 本书介绍的古典学者还有:皮博蒂、吉帕斯基、勒努和卢特里奇均有不小成就。

54. 本书介绍的口头传统学者有:杰弗里·奥普兰研究南非口语民族科萨人的,约尔·谢尔彻研究巴拿马库里亚人的成年礼,约翰·威廉·约翰逊研究索马里的口头诗人。

55. 口头用语就必须要随时调整以适应变化中的世界。

56. 此外,各学科还普遍使用一些貌似中性的术语比如"前逻辑"、"前文字"、"无文字"的术语。

57. 他阐明技术垄断的危害,认为技术垄断对传统尤其是对印刷文化和文化素养的侵蚀。

58. 他追溯技术和人类文化敌友关系的消涨。

59. 社会学家的兴趣非常强烈、永无止境、不以为耻。

60. 社会走在我们身前,存在于我们身后。我们出生之前,社会已然存在,我们去世之后它将继续存在。

61. 经验科学必须要在预设的条件下运作。

62. 在对日军和日本本土的宣传中,我们应该说什么才能挽救美国士兵的生命,才能削弱他们战到最后一兵一卒的决心?

63. 想起一本书有题为"拯救历史"字样的,但拯救革命是为了活人,不是死人看的,书写革命须存"救赎"之心,或能从革命拯救历史。

64. 作者写他的所见所感,并无夸饰,让人感到一种无奈的衷愁。

65. 此文作于嘉靖初,据文中"今二十年矣"语上推,为弘治十五、六年,正是李、何等人在京倡言复古之时。

66. 李子乃大诧喜,拳其背日:"汝吴下阿蒙邪? 别数年而能诗能医能形家者流!"

67. 《牡丹亭记题词》中"第云理之所必无,安知情之所必有邪"之语,即显祖著名的情理论,与达观之间的论学有关。达观是个出家人。

68. 看来他倾心于其人格魅力,而从李贽那里却真正得到精神与情感的养料。不仅由于同属王门左派,思想上见得亲切,更主要的是读李氏言论"如获美剑",谓其言辞锋利,且如艺术品具有美学价值。

69. 对于回阳后的杜丽娘是被时间"收回"的问题,关键的细节是在柳梦梅要求成婚时,她回答说:"必待父母之命,媒妁之言"。这一世故的表现与杜丽娘在梦幻时代大异其趣。

70. 克伦威尔用武力颠覆了英国皇室,处决了查理一世。

71. 余一龙丙戌丁父忧,辛卯起补四川布政使司左布政使。

72. 封面题"宗谱(乾隆五拾年春五月吉日录)。

73. 1958年"合作化"运动时,村中有人将未完全熄火之灰烬放于该祠内,引起火灾。

第六单元

74. 按氏族之书,其来尚矣。自黄帝以至春秋,俱有名号统系。左邱明以为天子建德,因生赐姓,胙土命氏于诸侯,则以字为氏,以谥为族呈,亦如之周小史,定世系,辩昭穆,而受姓命氏日益繁。

75. 吾余氏自希隐府君以来,为世十九,为丁千余,簪绂之英,缝掖之士,世不乏人。

76. 至螟蛉他族,本乘律纪,但于中奉祀已久,受产有年者,若一概削除,大启事端,不得已分别而书注曰:"养子"。

77. 于是庆源村千百年来的居住人口总在八九百余人之间轻微波动,从未超过千人。

78. 然后是吃新年的第一个早餐:面条、粽子、茶叶蛋,任取所好。

79. 虽然傩面具由铜制改为彩绘木雕,但采用浅浮雕与镂刻相结合,用繁缛精巧鳞状刀法刻成的面具,同样带图腾余续的造型,充盈着朴拙的稚气。

80. 在 20 世纪二三十年代,"清源辉二私立小学"学生统一穿校服。学生毕业时,叫"童子军",要唱《童子军连歌》。

81. 凤山查氏之十九世伯东公,生有五子:公齐、公瞻、公度、公志、公道。其中,公度后裔迁彰睦;公瞻、公志无传;公齐发展为坞头派;公道发展为三、七、八房。公道是弟,公齐是兄,故公道的后裔一直尊重公齐的后裔。但齐公后裔一直人丁不旺,势单力薄,而道公后代则人丁兴旺,繁衍发达。可喜的是,"道"再怎样兴旺发达,始终坚持一条规则:"道不欺齐",且世代相传。有一年,齐公后裔找到了块好坟地,道公子孙要求同葬。

82. 另据婺源县公安局户政科统计,截止到 2009 年,婺源查氏人口总计 5 833 人。

83. 作者近三十年来先后写过五部"新闻学概论"方面的专著和教材,本书是他最新研究成果的结晶,许多内容、观点总结概括了不断进步着的新闻实践。本次修订主要包括:互联网与新媒体全部重写;增加新闻生产的内容;增补新闻媒介的传播效果;增加受众和媒体认知;增加互联网宣告精准营销,等等。

84. 无论是赞扬、还是批评,他们的真诚都让我感动。

85. 在 2003 年全国抗击 SARS(非典型肺炎)的斗争中,关于"非典"的病原和病源的报道,给予中国媒体极其深刻的经验教训。

86. 英国的哲学家约翰·斯亚伍特·穆勒对此作了最全面的阐述。

87. 要求政府采取措施,保证公众及时、全面了解政府的政策以及政策制定的目的。

88. "适者生存",进化论的这一著名论断恰好也是新闻选择传播工具演进过程的描述。

89. 报道是对可以查证的事实的客观论述。

90. 比如说,从1998年9月,面对席卷世界许多地区的金融危机,美国联邦储备委员会的举措会影响整个世界。

91. 这条消息都被世界各国报纸登在很醒目的位置上。长的不过500字,短的只有100字,但它也可以浓缩为一句话:1999年3月6日,华尔街股市道·琼斯指数突破万点大关。加上标点也只有30字,但已把事情讲清了。

92. 股市的消涨与消费的消涨有密切关系。

93. 这样的报道,不是孤立的、就事论事地反映一个新闻事件或社会问题。

94. 构成一个信息的各种要素必须齐备,一个决策所需要的信息必须周全。

95. 十二年寒窗,学生个个成了计划经济的产品,成了千人一面的"兰的卡",成了"长不大的孩子"。

96. 一是一,二是二,"可能"、"大概",对信息沟通是忌讳的字眼;"基本上"、"多数"、"少数"也要尽可能少用。最准确的语言是数学语言,在信息沟通中,一切凡是可以用数学语言来表达的都要用数学语言,而不是模糊的语言。

97. 毫无疑问,受众相信的人就不会怀疑他;受众怀疑的人就不会相信他。

98. 上海作协主席赵长天说:他们的作业,我实在做不来。

99. 于是,报纸正式成为一个资本主义企业,成为社会的一个新兴行业——新闻事业。

100. 宋征宗震怒,除蔡京留任,余皆革职问罪。

第七单元

 仔细审读下列各句例句,找出其中存在的各类差错,并纠正这些差错:

1. 欧拉尔的讲稿集结成书《泰纳论法国革命》(Taine, historien de la révolution Francaise, Paris, 1907)。

2. 在法庭上,他们不会否认混迹于群众里,不会解释如何卷入了群主的犯罪。

3. 浩浩荡荡的十字军是隐士彼得(Peter the Hermit)和圣彼得的伯纳丁(Bernadin de St Pierre)派遣的。

4. 勒邦说,现代世界(modern age)是群众的世界(Era of Crowds),他们相信这是真的。

5. 我说"类似于"国家的机构,因为即使最肤浅的霍布斯读者都意识到,即使人们自愿相聚,推选一位君主、一位立法者,而他的刀剑就是他的律令,那么,他们也不可能制定有约束力的法律。

6. 《禁闭》里有三个主人公,一个是相当英雄的胆小鬼,一个是女色情狂,另一个是同性恋,因而,在一个封闭的空间内,每一个人的存在都是其他人的彻底幻灭。

7. 对于道德和界限的摧毁如果不建立在责任的基础上,这种摧毁甚至比不上专治本身。

8. 如果一个男子,没有让一个女人感觉因为她的存在,而更喜欢自己,没有让她觉得自己,比独处的时候更敏感丰富,没有通过他作为介质,而确定她的隐晦个性和特质,并因此而认定是一种魅力……那么,她将不会爱上他。

9. 迪埃哥死后,纳迪娜在男人的床笫之间游荡。

10. 弹得一手好钢琴,对戏剧有极端的迷入的人,还有谁能够如此现代却又如此优雅呢?

11. 这是一个充满色彩,充满符号的过度,从语言、饮食、城市建筑、包装、游戏直至艺术。

12. 序幕出场的是这出戏的唯一演员(一个同样勤于思辩的人),对方迟迟未在挖虚拟世界出现。

13. 第一幕由此开始,充满假设:是不是对方有事? 或者身体不好? 或者系统除了问题? 我是不是应该离开? 如果离开信来了该怎么办?

14. 尽管理论的外衣可以随意地穿与脱,身体始终未变:是带有极端的罗兰·巴特的"趣味"的温暖实在——bourgeoisie 的生活方式、现象和迷惑,尽管,我们必须承认,对于这种大众化的趣味,罗兰·巴特是不与批评与讽刺的。

15. 是它们之间的断层变成了色情的文本引起的快感,就如同一种难以把握、不可能把握和纯属浪漫性的时刻,这正是放荡之任凭一是鲁莽之念在享受其乐时一边隔断系着他的绳索一边体味的时刻。

16. 所以,毫不夸张地说,公元前第二世纪的下半叶,真是一个星汉璀璨的时代。

17. 司马迁说:"余南登庐山,观禹疏九江。"《尚书·禹贡》提到"九江",但并没有说禹在这里治过水。所谓"禹疏九河",按本文原意是描写他在华北的活动。

18. 司马迁用以下这句著名的话来概括后一种人对待死的态度:"人固有一死。死有重于泰山,或轻于鸿毛。用之所趋异也。"

19. 但待血压逐渐平稳后,我又发现在着意鞭挞"老三届情节"时,《岁月》的作者其实并没有真确地反映出这一代人的典型心态。

20. 两位作者采用"趋稳定结构"概念来分析前近代中国社会,并据此阐释中国古人关于"天不变,道亦不变"的命题。中国社会"超稳定结构"的概念以及描写其行为的数学模型的推导,可以给我们很多有益的启发。

21. 有的娃跳着跳着不见了影儿,岸上面就有人焦急地喊他的名字,只是过了不多久,有一个声音从很远处传来,原来他被水底的暗流,一下子冲出十几米开外。

22. 跨专业带来的学习困难,亦或生源学习基础的薄弱、专业与工作岗位需求联系不紧密,以及专业设置自身职业导向性较弱等原因,成为学习者中止学习的助推因素。

第七单元

23. 在大规模的、开放性的远程教育实践中,学生中止学业的"辍学现象"始终是远教工作者十分关注的问题。多少年来,国际国内亦然。

24. 吴老对学生不易近人,从不摆教授架子,还亲自登门拜访学生家长。

25. 众所周知,鲁迅对外国新兴版画极其关注,他自己就收集了德国、法国、英国、俄国以及日本(浮士绘)的作品。

26. 《长生殿》讲述唐太宗与杨玉环的爱情悲剧,是昆剧中流传最广、影响最深的一出传统剧目。

27. 对金钱的欲望,是正常的;但是对金钱的欲望的欲望,如同《高老头》里的葛朗台那样,就不是正常的了。

28. 通过教师的详细解说和分析,使学生们明白了应该如何解答这个难题。

29. 试题编写过程中,充分注意到基础知识、基本技能、基本方法等方面的整合。

30. 法国思想家、史学家雷蒙·阿萨,在回答"什么是历史"时也有一段精当的论述。

31. 这种写法也许和思想史遥遥继承的史传文体与目录之学的传统有关,被称为中国最早的思想史著作之一的《明儒学案》、《宋元学案》就是传记加文选的写法。

32. 当地民间流传的俗语说:"汉代立庙,唐朝建,到了宋朝把庙迁。不论谁来坐皇帝,登基都不忘祖先。"

33. 从社会学传入中国到解放前,中国社会学界如陶孟如、李景汉、吴文藻、陈达、费孝通、张之毅等老一代社会学家,结合中国的社会和经济发展进行了大量的社会调查,在社会研究方法上积累了可供借鉴的许多经验,提供了丰富的案例。

34. 回国后,吴文藻先生受到燕京大学社会学系创始人步济的邀请来到燕大教学。

35. 1956年11月《文汇报》发表《评新编历史剧〈海瑞罢官〉》是"文化大革命"的导火线。

36. 在战事频仍的局势之下,社会秩序一片混乱,法制破坏殆尽,使一些人得以为所欲为,大烤其奸。

37. 当代中国社会科学的发展,始于19世纪末叶。一百多年的风风雨雨,它已经对我们的社会发展产生了深远的影响。

38. 众所周知,由于我国特殊的历史原因,社会科学数十年来陷于停滞不前的境地,意识形态为纲的学术研究指导方针一定程度上影响了社会科学的发展。好在改革开放的三十多年来,在老一辈社会科学工作者的引领以及新一代学者的努力下,一方面挖掘我们传统文化中的精萃,另一方面博采众长,吸收国外最前沿的知识、理论,中国社会科学得到了长足的发展。

39. "知识青年到农村去接受贫下中农的再教育,很有必要。要说服城里的干部和其他人,把自己初中、高中和大学毕业的子女送下去,来一个动员。各地农村的同志应当欢迎他们去。"——毛泽东,1968

40. 下乡的经历对于后毛泽东时代个人收入有什么影响?

41. 潘先生,男,51年生,现年58岁,初中文化,原港务局开船,曾下岗现退休,群众,已婚,家中共有3口人。

42. 形态开发阶段,在当年"宁要浦西一张床,不要浦东一套房"的氛围下,我们研究所发布的"49.7%的浦东人不愿迁到浦西"的统计结果竟成为当时的一条重要新闻。

43. 到了功能开发阶段,人们已不满足于已布好了"棋子"(形态)的棋盘了,已不满足于当年还缺乏"人气"、一到晚上浦东仍然"万户萧瑟鬼唱歌"的形态了,要激活已摆设好了的"棋盘",进行配套功能开发,不仅有新居高楼,还有相应的医院、交通、包括小孩入托等配套设施,进一步加强文化、教育、社区各方面的"联动"。

44. 祖国各地存在着许多语言。

45. 汉朝以前使用竹木简或帛做书材料,直到东汉(公元105年)蔡伦改进造纸术,这种纸叫"蔡候纸"。

46. 早在1934年1月27日毛泽东在《关注群众生活,注意生活方法》一文中强调:"我们不但要提出任务还要讲任务的方法,我们的任务是过河,但是没有桥或是没有船就不能过,不解决桥和船的问题,过河就是一句空话。不解决方法问题,任务也只是瞎说一顿。"又说:"一切工作,如果仅仅只是任务而不注重实践方法,那么,什么任务都不能实现的。"

第七单元

47. 日月穿梭,地荒天老,它们生在寻常田埂边,死于荒凉山坡上。微不足道,却心安理得。

48. 而一旦承认小说是要创造一个存在物,自己个人的经验便成了很大的限止。

49. 白天,母鸡在窝里下蛋,过了午夜,公鸡开始一日三遍的伺晨。

50. 人被分割在各自的位置上,好像螺丝钉安在齿轮上。

51. 诗的语言是诗的直接性和抒情性的体现者,因此,不能把它仅仅看作是艺术的工具,本身是带实质性的。

52. 诗的语言功能,主要是美学功能,总是力求最大限度地突出某部分言辞,或是言辞的某部分含意,总之不会司仪一般的面面俱到,反而"偏私"得很,是日常语言的自动化和规范化的一种反动。

53. 布莱克、叶芝、庞德、艾略特、史蒂文斯、奥登、兰波、波德莱尔、圣-琼-佩斯、荷尔德林、里尔克等等,都是大诗人。

54. 新大陆的马克·吐温、惠特曼、麦克维尔、德莱塞们完全摒弃了那个体面、胆怯的维多利亚时代,在一块没有传统的空白地上,建造起伟大的民族文学。

55. 金城大戏院(今黄浦剧院)座落在北京路贵州路口,金都大戏院(今瑞金剧场)在石门路延安路口。

56. 颜老师是中国第一批公费留学生,八十年代初就去到了纽约大学研习导演。

57. 本来,以合乎规范的文字讲说史事,且不乏陈腐的说教,应该没有什么魅力可言;出入意料的是,一时读者甚众,大有不读这本书便没有文化之概。

58. 祖母和外婆都是乡下人,而且居然是同乡。不过,一个在城南门外乡下,一个在城北门外乡下,如果不是因为我们兄弟,她们可能风马牛不相及。

59. 由于你们提供参加比赛的《阿凡提》符合我们的欣赏标准,获得外国与电影协会授予的奖。

60. 不读书不积累,就不可能有语文水平的真正提高,走捷径是空想,想用教数学的方法教语文,想通过弄懂"知识点"学语文,一言以蔽之,想"多、快、好、省",必然"步慢差费"。

第一部分　纠错练习

61. 中世纪的骑士军队使得封建社会组织不可避免地出现；随后其被雇佣军所替代，并在后来［始于奥兰治莫里斯（Maurice of Orange）］代之以纪律部队，导致了现代国家的建立。

62. 相反，立宪国家如果面临岌岌可危的国际环境，需要广泛动员国内资源，宪政则会遭到破坏，形成军事-官僚绝对主义（military-bureaucratic absolutism）。

63. 在许多国家，必须要兴建一个长久的提取式（extractive）政府，在给定的条件下，这意味着对等级会议以及其他宪政要素的破坏。

64. 这本著作是欧洲中心论的（Europocentric），但无意主张欧洲优越性，而仅表明我所做的动态分析限于该区域。

65. 无论是在兰尼米德（Runnymede）或是在其他地方，王室服从法律的原则被男爵们一再重申。

66. 除此以外，卡洛林王朝不过是简陋的家政政府（household government）。

67. 但是他的继任者金雀花王朝和安茹王朝则面临一个更为强大统一的男爵（baronage），他是关键平衡的另一端。

68. 至少在最初阶段，君主们热衷于召集集会，麦基文（MacIwain）注意到，很多君主认为议会将会成为将令人生厌的三级会议转变成皇家政策有效手段的机制。

69. 城镇害怕贵族们日益独立的力量，与帝国（Emperor）一同对抗虎视眈眈的侯爵们（princes）。

70. 第三个王室和贵族之间权力平衡的重要的结果包含了临时协议。

71. 个体地产被贡献给军事领主以换取有条件的占有以及，更为重要地，换取保护。

72. 为了对这些权利进行规定，并保障这些权利，产生了法律思维文集（corpus）。

73. 在13—15世纪，黑死病以及王室额外的税收要求带来了人口学上的变化。

74. 各种形式的地方政府应该进行区别：城镇、古代乡村政府、乡村公社、特许边境村庄，以及最重要的乡村贵族权力。

第七单元

75. 到了1450年，法兰克福（Frankfurt am Main）拥有18个委员会，管理军事、财政与司法。

76. 首先是领主和王室的权威热切地想要获得对资本主义这座有利可图的小岛（islands）的控制。

77. 贵族保留了对他们领主以及临近土地的行政控制。

78. 来自古代的帝国体系，罗马法拥有中央权威的内在基础：观点（concepts）、程序以及个人（individual）法庭都依赖于并直接指以侯爵（princes）为最高级的上诉与行政层级。

79. 卫戍部队是以国家产权为基础的、自给自足的军事殖民地（military colonies），由那些跟他们所保卫的宗族不同的其他宗族来掌控。

80. 在法国，菲利普·奥古斯都组建了一只雇佣军队征服顽固的附庸，扩展其王国疆域。

81. 英国的战役计划（battle plans）是让骑兵控制中场，而弓箭手从两翼包抄与对手厮杀。

82. 在阿金库尔战役中，步兵首次被部署为精工部队（offensive），并歼灭了法国的大部分力量。

83. 在瑞典和英格兰的凯尔特边境，条件恶劣的地形使骑士们在平地上更弱不经催。

84. 破坏封建军队上，步兵比火药起着更重要的作用。

85. 作战技术和战争的要素以三种主要的方式发生变化：卓越的火器、功能专业化以及新形势的防御工事。

86. 移动式加农炮在三十年代战争时期由瑞典人引入，他们第一次将其与个人兵团附加在一起（attached them to individual regiments）。

87. 仓促忙乱的封建骑兵变得训练有素，并精心地采取各种战术。龙骑士（dragoon）骑士侦察以及伞兵（skirmishers）得到了发展，进一步使军事组织变得复杂化。

88. 在接下来的一章里，在16世纪30年代（1630s）关于瑞典军事力量的上，笔者并不同意帕克的数据。

89. 征兵制度也会提供士兵，或者作为雇佣军的补偿（supplement），或是成为军队的主要力量。

90. 有学者曾经估计罗马军团的规模为30万。

91. 的确，等级会议的确是把这些问题摆在台面上的最佳时机。

92. 他们的一个做法就是特邀专家，组成评判委员会，判别有争议词语用法的正谬、清浊、高下、娴嬲。

93. 刘庆邦不是统摄全句的眼光，他只专注于局部。

94. 弟子曰："夫不肖人也，又恶能与国士之衣哉？"戎夷目："嗟夫！道其不济夫！"解衣与弟子，夜半而死，弟子遂活。

95. 上海是什么？四百年前的一个小小的、荒凉的渔村。

96. 在上海这样一个五方杂居的地方，急骤集中在此的居民们急需一种突破地方文化限止的大众的娱乐。

97. 二是"投文之苦"，漕船到达通州后，要到吏部云南司（依清代官制，由户部云南司监管漕粮）、仓院、粮厅等衙门投文报到，这需要交费，每船花费十两银，因文书由"保家"（交粮中间人）包送，"保家"又每船另索常例三两。

98. 湖南本是鱼米之乡，自古有"湖南熟，天下足"之谚，从来米价都是维持在每石二三千文之间，即使在发生水患的光绪三十二年，每石米的价钱亦不过四千余文。

99. 与之相反，现代社会则是一个去中心化的多辆社会，政府、市场、社会自组织，都是社会转动的轴柱之一，就如一个精密的机械手表，由许许多多各自转动又彼此联系的齿轮组成。

100. 一方是任人宰割的鱼肉，而掌握着生杀大权的另一方则是方所欲为的刀俎。

第八单元

 仔细审读下列各句例句，找出其中存在的各类差错，并纠正这些差错：

1. 更有益的，它使文学从此不再拘囿于小天地中，而是来到了广阔的世界大范围中。

2. 我父亲是半个票友，青年时代迷京剧，迷得神魂颠倒，一天到晚唱"杨延辉，坐宫院"自怨自叹，"我本是……"，其实，不久京、昆早就不景气了，现在很少人听，也不必悲观。

3. 世纪初的那场革故鼎新的文化运动，在引进诸多外来文化思潮与文字的同时，也将已在欧美成为一门专门学科的比较文学带入了中国，在中国大地上开始了有意识的比较文学历史，从而拉开了中国比较文学学科在中国发展的序幕。

4. 应该承认，在近代时期的前阶段（即19世纪末），不少学者或文人已经涉及了比较文学，他们在自己的论著中或译著的序跋中，多少有意无意地对中西文学作了比较。

5. 可见，这一时期的比较文学，人们只是以比较为手段，旨在通过比较，认识中国社会，唤起民众的觉醒，其终极目的不是为了文学本身。

6. 这七八年时间中，中国的比较文学以惊人的速度向全国范围发展蔓延，其队伍的人数与质素，研究的广度与深度，都大大超过此前任何一个时期，这使一向自诩"欧洲中心"论的西方学者，也不得不发出惊叹。

7. 一百年中，比较文学学科的主要课题之一，应该说是主要围绕文学关系做文章的，无论是欧美的西方，还是东亚的中国、日本，都概莫能外。

8. 毛文龙便率领部攻下金州，命部将张盘驻守，自己仍退回皮岛，使金州与皮岛互为犄角之势。

9. 本课题研究，得到一系列基金的资助。

10. 但是,为了在论证中"放对方一码",我们不妨假设这个值也是100%。

11. 无论他招不招,你招供总是对你更有利一点——所以,你总是选择向警方敞开心扉。

12. 很多人会不假思索地说,她更可能会是一位作为女权主义者的银行出纳,而不是一名银行出纳,因为整段故事的背景知识都在引导读者联想到她是一名女权主义者。

13. 然而,在自然界中,对很多诸较小概率事件下注的确会给下注者带来更多的收益。

14. 曾经,教育,唤醒人的生命,变化人的气质,开廓人的心胸,提升人的境界。

15. 我提到文化分成几个层次:第一个层次,让你看起来有文化。……通过教育,可以让人达到第二个境界,就是看起来有文化。第三就很高了,是真有文化。

16. 文化程度很高的可能变成圣人,文化程度很低的可能就是个小人。

17. 所以他讲的文武之道并没有掉在地上,没有变成一个固态的东西,变成一个纸张放在图书馆里,或者放在档案馆里,蒙满了灰尘,它在哪里呢? 在人。

18. "惟自孔子以后,而儒业始大变。孔子告子夏:'汝为君子儒,毋为小人儒。'"(《论语·雍也》)这是《论语》上的话,钱穆解释说:"可见儒业已先有。惟孔子欲其弟子为道义儒,勿仅为职业儒,其告子夏者即此意。"《孔子传》孔子希望自己的弟子将来都能担当道义,能够判断是非,而不仅仅是为了找一份职业。

19. "子钓而不纲,弋不射宿。"(《论语·述而》)我特别喜欢《论语》中这八个字,因为它体现一种文明,就是文明和实用之间,和功利之间的平衡。

20. 无怪乎后来当苏联文学解体后,王蒙曾感慨万千,书写了题为"苏联文学的'光明梦'"一文,借以抒发情怀。

21. 譬如,以茅台酒为基础的金融资产价格就很高,因为这是为公款消费所拉动,资金过多地向茅台酒领域汇聚并不利于国民经济健康有序发展。

22. 长诗《鲁克丽丝受辱记》,写了贞烈的罗马妇人鲁克丽丝在为暴君塔昆侮辱后,当众揭露了他的罪行,然后举刀自杀。

第八单元

23. 在中国的早期，远远先于孔子时代，朝廷中就没有史官，称为"太史公"。

24. 教徒例行教堂弥撒、跪拜，起到和忏悔等实践活动。

25. 虽然政权还有更迭，正是鲁迅诗中所说的"墙头变幻大王旗"，但是换汤不换药，旧瓶装新酒。

26. 他从李贺的二百三四十首诗中，发现错字、疑字五百多余。

27. 同时，他们公认宇宙中森罗万象皆有所本于是乎树立了"本质"（Substance）的观念，这在思想史上也是一个重要发现。

28. 美国的"新实在主义"和"批判实在主义"主要是一批青年哲学家。

29. 因为按照亚里士多德看法，哲学起于"惊异"，即起于问题，他的《形而上学》第三卷卷专门论述梳理了哲学之问题。

30. 至于"衰老期"的希腊哲学盖因社会政局纷乱，人们无心作纯粹哲学研究，"需要的只是实际生活的指南"。

31. 但要理解康德必须懂得17—18世纪的理性轮和经验论，懂得15—16世纪的文艺复兴、宗教改革和科学上的新宇宙说、乃至希腊哲学之根，而上述这些在他的《小史》中都有论述。

32. 从他在60年代发表的论文可以更明显地看到，学术研究完全被时代的政治所驱使。

33. 哲学的时代精神异化成弥漫于战场上空的烟硝，哲学家被戏剧化为京剧舞台上的脸谱。

34. 但是，以此为依据，企图抹杀"阉党"迫害东林的事实，为那些卖身投靠魏忠贤的"逆案中人"翻案，为阮大铖之流小小之徒张目，无论如何有悖于历史，也有悖于良心。

35. 以戏剧为例，情节发展、人物性格变化以及由情节和人物所引起的矛盾冲突的转呈起合、高潮出现等属于舞台演出时发生的一切故事便可能在我们的真实生活中、在我们的所有艺术中、在我们的神圣理想中也奇迹般地发生了。

36. 与此同时,读者在阅读过程中获得的快感和愉悦最终取决于在多大程度上读者发现自己在被观看、并且意识到自己早已是某一客观现实的一部分—或一成员。

37. 以人为本,是现代社会发展的题中应有之意,也是我们对人生真理坚持和发展的新体会、新认识,更是人类社会运动经历艰难曲折仍然拨乱反正、一往无前的新视野、新指针。

38. 著名戏剧家马连良,平常就很注重自己的形象。他从头到脚都体面打扮,还经常逛逛古玩市场,赏赏美食小吃,品品上等好茶。

39. 一个句子的思考与这个句子的真混淆起来,看来人们必须记住,正像当我们闭上眼睛,太阳不会消失一样,当我们不再思考一个句子是,它也不可能不再是真的。

40. 著名戏剧家梅兰芳在向一些老前辈学艺时,发现他们不仅在舞台上夺人眼球,在生活中也是蓬荜生辉。

41. 像中国五代时期李熠的诗词,俄国托尔斯泰表现贵族农奴主情感生活的小说,金刚这些作家作品的思想被认为是没落、颓废和保守的,但他们真实地表现了喜怒、悲欢、离合、沉浮等人类生活的普遍命题。

42. 鲁迅以《金瓶梅》《玉娇李》等"明之人情小说"为例说:"……大率为离合悲欢及发迹变态之事,间杂因果报应,而不甚言灵怪,又缘描摹世态,见其炎凉,故或亦谓之'世情书'也"。

43. 各种与人发生关系、能够引起人喜怒哀乐的古今中外之事都能够成为客体进入戏剧认知的领域:才子佳人、风花雪夜;宫廷政变、权力争斗;遗产风波、妻妾成群等。

44. 而她则不然,当下定人生的目标后,一方面循序渐进地进行学校申请并在高二阶段就过了所有的应试关。

45. 《占座》讲的是图书馆占座需要指责,但它延伸的故事不仅真实而且还让你难以辨别谁对谁错。

46. 乾隆四十五年(1780)八月,朝鲜庆祝乾隆皇帝万寿节使行团的正使朴明源,是英祖女儿和平翁主的丈夫,也就是当时朝鲜国王正祖的姑父。

47. 但宋老定对于有能力买进的土地发自内心的喜爱和迷恋,显然表明作家已将笔触触及到了农民参与、或拒绝革命的灵魂深处。

48. 在现代文学的某些作品中,性的本能常常被暗喻为人的生命,并通过这一本能的书写获得个体的觉醒,或者释放被压抑的政治情绪。

49. 等于是在守活寡的杏莉母亲慢慢注意到年轻力壮的长工王长锁,炽燃在女人心头的野性情火使她逾来逾大胆地进攻了。

50. 试想想《登记》等小说中对于美满的婚姻关系的描绘:"日子也过得,家里也和气,大人们都很平和,孩子有漂亮又正干,年纪也相当。"

51. 1626年,清太祖努尔哈赤去世,八子皇太极(1626—1643)即后金汉位。

52. 《红旗谱》之所以成为《红旗谱》,而不是《侠义谱》,很重要的一个原因,还在于这篇小说嫁接在高蠡暴动和保定二师学潮这样背景之上。

53. 辽阳白塔修建在高高的基座上,八面十三层,塔高71米。塔身八面都建有佛龛,龛内砖雕坐佛。塔身上雕刻着佛像,塔身上方写着"汉碧光流"四个字。

54. 明朝朝廷则任命曾在西北镇压李自成叛军的洪承畴担任总兵,甚至派出了守卫北京城的兵力合计十三万大军解救锦州城。

55. 庭中穹碑百余笏,多赵孟頫所书,亦有其弟世延及虞集笔。东西第一行碑,皆建黄瓦阁。上设鼓楼,东曰鳌音,西曰鲸音。

56. 城市对应着精神的堕落、动摇和呢呢哝哝的私人事务;乡村对应着蓬勃生长的新事物、自然纯净的人和坚定忠贞的精神。

57. 在巴金的小说《寒夜》中,注文宣受业于大学,充满了献身教育的理想,但抗日战争毁灭了他的美梦,乃至全家来到了"雾都重庆"后,深深陷入在日益加重的结核病以及妻子和母亲争吵的家庭不和的痛苦中。

58. 直至九一八事变发生、一二八事变发生,地处北方的保定,首先经受时代风云的洗礼。

59. 那么,爱玛·高德曼自己又是以怎样一种途径来理解中国革命的现状,认为分裂的中国要比统一的中国更可喜的呢?其头绪之一,便在于爱玛·高德曼于阿格妮丝·史沫特莱之间的往来书信中。

60. 这就是上海的大门外滩。船首先停靠在市区北部的码头上,旅客则乘坐一种叫做黄包车的人力车,或是轿车,渡过外白渡桥进入外滩。

61. 我和他过多的接触在我俩都退休以后。如果说他每出一本书就是一个脚印,他的每个脚印,我都看得清清楚楚。

62. 这就是为何《林海雪原》要花大量笔墨描写杨子荣打入虎穴后大块朵颐、大碗喝酒的洒脱生活。

63. 对《白毛女》来说,吸引观众的有时甚至只是杨白劳带回的门神、白面和给喜儿绑上的那一段红头绳。

64. 而对读者来说,他(她)在阅读理解过程中也有一个"叛逆"——按照自己的民族文化和传统的审美心态与习惯去解读翻译作品。

65. 应该承认,随着比较文学的不断深入发展,比较文化的问题自然而然会必然产生。

66. 对于中国来说,跨国度的比较研究,所牵涉的既有同质文化的对象,如中日、中印、中韩等,也有异质文化的对象,如中法、中英、中德、中意等。

67. 其一,涉足中西比较的人士来自社会各类人物,未必是纯文学研究者。

68. 林纾不仅做了狄更斯与司马迁的比较,还将狄更斯的小说《孝女耐儿传》《块肉余生述》分别同中国小说《红楼梦》《水浒传》作了比较。《孝女耐儿转》他写道:……。

69. 他最初在北非教授雄辩术,后来是在罗马帝国的中心,米兰,教授雄辩术,那时罗马帝国的皇帝就住在那里。

70. 他详尽研究了许多神祇和女神的威力与功能,以使他的读者相信,这些传说中的神祇并未使罗马人在物质上或道德上获益。

71. 奥古斯丁的看法并非完全不乐观;他显然认为罗马帝国在较好的时期里曾经取获得一些俗世的平安。

72. 也许在人类的思辨史上,社会这个概念还不曾经历过如此深刻的变化,或由于这个变化而开拓如此广阔的视野。

73. 根据一些更可行的定义,罗马算是某一类共和国,而且早期罗马人比后来的人把它治理的更好些。

74. 如果这是正确的理解,应译为"糟糕的欠债人",其意思是,异教神祇对给于他们的崇拜并没有用"拯救"作为回报。

75. 同样地,磨难的潮水会检验、净化好人,使好人变得更好,但是它会打跨、粉碎、冲走坏人。

76. 通常的情形是,对待这种人,我们总是犹豫不决,不敢去教育、劝戒,或在必要的时候,去纠正甚至斥责他们。

77. 两种人都受罚,倒不是因为他们都过着不道德的生活。而是因为他们都喜欢世俗的生活——诚然,这其中有程度的不同,但是在这喜欢这一点上他们是相同的。

78. 但是你们罗马人却在到处寻找剧院,涌进去,塞满它们,你们的行为比过去更加不负责任。

79. 由于幸运使你们腐败,厄运又不足以惩戒你们,你们在安逸中所想望的,不是国家的安康而是淫荡的自由。

80. 因为,在这个问题上同我们有分歧的,不是普通人而是倍受罗马人高度崇敬的哲学家。

81. 于是,我们在特伦斯中读到关于一个浪荡子的故事。

82. 西塞罗让那个摧毁迦太基的西庇阿说出他关于罗马国的想法,是在人们有不详的预感,觉得罗马很快就要因为腐败而堕落的时候。

83. 弗雷格一直强调的是,逻辑是去发现"是真"(discovering the laws of truth)的规律,而不是把某物看做是真(the laws of taking things to be true or of thinking)的规律。

84. 那些对邪恶的仪式报有好感的神祇是不值得正派人去崇拜的。用基督教的改革拒绝神祇的那些宗教仪式吧,就像你们用监察官的政令,拒绝给于演员公民尊严那样。

85. 因为,我们怎能设想这一光芒耀眼的元老院,以其完美无暇的正义,竟让罪恶发生?

86. 在这些他们讨论时经常运用的诗句中,有一点显而易见,他们所说的命运指的是之高的神。他们称这位神为朱庇特,而所有人的命运都由他来决定。

87. 如果我们用必然性意指那种绝不受人控制,而能够在人的意志反对它时自行其事的东西,比如死亡的必然性,那么,我们关于过有德行的生活或没有德性的生活的选择显然不受这种必然性的支配。

88. 考虑到人类的弱点,我们有权利甚至轻视尘世权力的巍巍颤颤的颠峰。

89. 这些恶精灵,鬼鬼祟祟地并且带着令人不可置信的敌意用这些观念填满恶人的头脑。他们有时公开地鼓惑人们的器官,并且利用撒谎的证人来支撑他们的观点。

90. 我们应该如何看待他对神学的划分,或者说对于神的论题的系统论述的划分呢?他把神学划分为三个种,第一种称为神话神学,第二种称为自然神学,第三种称为政治神学。

91. 另外,虽然他对这一点不甚了解,有关希伯来人习俗的真正性质,他还是颇为体面地把自己的看法,用朴素的语言作了补充说明。

92. 这也像说,摩西没有砸石块而水也没有真正地流出来(《出埃及记》17.6;《民数记》20.11),因为那个故事可以被解读为关于基督的一则寓言,就像那个使徒那样解读:"那磐石就是基督"(《哥林多前书》10.4)。

93. 那只蛇很适合这个任务,因为它的肉体既细小又滑溜,能够弯曲的爬行。

94. 而在另一方面,一旦一个戒律被公然违反的时候,人人都能看出那就是毁灭。

95. 许多沉重或困难的戒律加在人的身上,使人的服从更加坚韧,并且作为一个提醒,以便使人认识到,自愿的服务是好的。

96. 但是现在,我必须折返我的脚步,对俗世之城从亚伯拉罕时期以后的发展作更细节地描述。

97. 他们还说,墨丘利也生活在那个时期。墨丘利是阿特拉斯的外甥,是他女儿玛亚所生。

第八单元

98. 马其顿王国的亚历山大,其名号是"大",在一次迅速而令人目瞪口呆的武力炫耀中,征服了整个亚洲,事实上甚至几乎是整个世界。

99. 如果不考虑这一点,那么,尽管人际之间的关系总是充满普通的不幸和错误,人们还是会得到善良挚友间的真诚和互忠互爱这一最大的安慰。

100. 而当风暴突然来临时,海洋又是一番多么激动人心和可供观赏的景象——至少在不必担心惊涛骇浪袭击的海岸上进行观看时,情况是这样的。

第九单元

 仔细审读下列各句例句,找出其中存在的各类差错,并纠正这些差错:

1. 一首迷人的曲调这样唱道:"没有花香/,没有树高/,我是一棵无人知道的小草/;从不寂寞/,从不烦恼/,你看我的伙伴遍及天涯海角"。

2. 正如西方出现 homosexuality(同性恋)时"制造"了一个新词 guy 来称呼这些"分子",此刻在我们这块黄土地出现同一类社会现象时,不知何人也"制造"了这么一个新词"乐仔"。Guy 不见于正经的英语词典;"乐仔"也未入典,是不是从香港华语"引进"的呢?

3. "博士"在人名之后是一种学衔,现又改为职称。

4. 在香港人的寓所门前,看见这么一个倒挂的"福"字。问其意,即"福倒了",而倒→到(实则四声不同),就是"福到了"。

5. 激光唱片或唱盘,原文为 compact disc,直译不过是密封的圆盘。

6. 电视台的专栏"经济信息",这四个字本来是一个富有信息的词组,但在银屏上却被"压缩为商业广告——或类似商业广告的文字。

7. 他们还提出过"破坏就是创造"(destruction is also creation)这样的口号。

8. 在旧时代遇到灾难降临时,老太婆往往口中念念有词地反复喃着:"喃呒啊弥陀佛大慈大悲救苦救难南海观世音菩萨,喃呒啊弥陀佛……"

9. 沪语中也有一些类似的外来借词,例如"拉士卡"(last car,末班车),"派司"(pass,月票,通行证),"派对"(party,交际舞会),罨巴温(number one,第一)。

第九单元

10. 《上海公报》里有一句很著名的委婉表现法,它使用了"台湾海峡两边的同胞"这样的句子。

11. 如果你提到"超短裙"(mini-skirt,港译"迷你裙"),"摇摆舞"(rock roll),那就立刻吓破了胆——天呀!这是"黄色"的东西,"下流"的东西,通通给我滚开!

12. 沪语"打头",就是"洗头",决不是用棍子去撞击谁的脑袋。

13. 每年,我都会和本书所致献的玛格丽特一起,用十九世纪驿马车的速度,在法国走上一两回。

14. 配备完整悬架的新型马车,健壮的马匹,胆大心细、既能耐得住饥渴也能保障安全的驾驶员。

15. 而在奥弗涅的部分地区,居民在谈论"好人恺撒"(le bon César)的时候,浑然不知"老好人恺撒"曾折磨和屠杀他们的高卢祖先。

16. 讽刺的是,大革命之所以能够取得以平等主义改造法国的成功,一个不可或缺的重要因素是城市中产阶级力量的兴起。

17. 巴士底狱沦陷前的两个月,巴尔扎克老家图赖讷的宁静城镇上,以及奥弗涅地区家庭主妇们为了攒灯油钱聚拢做针线活的黑色玄武岩小屋内,难得地有了一个新话题。

18. 这样,法国国民的广大群众,便是由一些同名数相加形成的,好像一袋土豆是由袋中的一只只土豆所集成的那样。(马克思:《路易·波拿巴的雾月十八日》[The Eighteenth Brumaire of Louis-Napoléon])

19. 因此每逢星期五,人们会尽量避免从事各种劳动:开垦播种、收割作物、破土动工、建造新屋、交易买卖、添置家当、屠杀牲口、清理猪圈、挖掘墓穴、更换被单、清洗衣物、烘焙面包、出行远足、生育婴儿、肆意大笑等。

20. 从四世纪或五世纪起,教会就在不停清除及控制多神教根据地,有时甚至会虚构圣徒以取代原有的神。圣米内尔夫(Saint Minerve)取代了米尔内夫(Minerva),罗马战神玛尔斯(Mars)变成了圣马尔(Saint Mard)或圣莫里斯(Saint Maurice)。

21. 八年后的一八四〇年八月,拿破仑的侄子路易-拿破仑同样不幸沦为笑柄。

22. 乔治·德平(George Depping)：一七八四年五月十一日出生于德国明斯特，一八五三年九月六日逝世于法国巴黎。德国法籍历史学家。

23. 阿马布尔·塔斯蒂(Amable Tastu)：一七九八年八月三十一日出生于法国梅斯，一八八五年一月十日逝世于帕莱。法国女性文学作家。

24. 除了两次婚姻之外，又接纳了两位姨太，生下很多儿女。

25. 你的良心未死，你将如何做去？若照法律做是趋逐乡人，照公理做要酬报乡人出的苦力。所以这法律与公理不能相容并立的。

26. 据丁致聘编《中国近七十年来教育记事 1 册》介绍，成都外国语专门学校创办于 1913 年。本校于所谓"壬子癸丑学制"颁布后成立。

27. 受哲学界的逻辑实证主义影响，科学长期以来被认为近乎是外在事物的真实摹写，科学发现就应该是以"白描式"的语言来记述。

28. 客观现实完全可以通过语言这个载体得以精确的描述。

29. 也就是说，现实可以、并且应该是被直陈式的语言所描述。

30. 正是由于这个原因，直陈式语言一直被视作是再现客观现实的适当载体，因而在学术界获得了至高无上的地位。

31. 未知世界的探索者只能用我们已经熟悉、而且是相对具体的范畴来把抽象和捉摸不定的人类经验进行概念化。

32. 历来题跋书画文物，作者往往怀有偏见，随心臧否，或虚词赞饰，或澜言否定，名不符实，贻误后人。

33. 词汇变化只是词汇语法选择或措辞的一个方面：隐喻性的变化不单是发生在词汇层面，而是发生在词汇语法层面上。

34. 第一，语言学界和哲学界对隐喻更为全面的认识，隐喻研究逐渐超越了传统的修辞学窠臼。

35. 语法隐喻在科技语篇中的表现形式以及它们的概念功能、人际功能和语篇功能,凸现语法在人类经验构建和选择过程的重要影响。

36. 他并未寻着这一思路继续深入,却转而坚持认为,隐喻只应用于诗歌。

37. 这些传统隐喻理论学家们的观点可概括为下列公式:"甲就是乙"这个隐喻,其意思可以表述为"就某方面而言,甲就像乙"。

38. "语义"不仅仅指词的意义,而是指语言的全部意义,既由词汇表达,也由语法表达。

39. 语气(比如陈述语气)和功能(比如要求物品与服务)之间的重新映射就会在语言上便体现为语法隐喻,即语气隐喻。

40. 由于"每个语言的历史大都是去隐喻化的历史,即一开始的隐喻性的表达渐渐失去了隐喻特性,这一论断实际上应和了柏拉图的语言起源观。

41. 如果承认这些语词是隐喻性、而不接受某些语法结构的隐喻性,语言的隐喻性质研究势必难以得到全面的开展。

42. 在本章,我们非常粗线条地回顾了亚里士多德时代到当代的几个主要隐喻理论,这种梳理让我们清晰地看到了学术界对于隐喻研究出现的理论变迁。

43. 我们拒绝接受任何形式的还原论,因为还原论坚持认为,如果维持科学的认知性,科学语篇中的隐喻表达方式必须替代为直白性陈述。

44. 芦湖行馆是取非?六面轩窗生翠微;为恐啁啾惊法架,至今山鸟畏低飞。

45. 拿破仑率领大军远征俄罗斯,在莫斯科漫长而又酷寒的冬天打得一败涂地。

46. 加入丹麦王子汉姆莱特遇着这道高坎,保准他又会神情严肃,口中念念有词:to be or not to be, this is a question。

47. 世界潮流浩浩荡荡,变之则生,不变则亡。

48. 马克斯·韦伯做了一件了不起的大事,他写了《新教伦理与资本主义》,为新教徒挣钱做道德辩护,也实际是做道德制约。

49. 因此,我们把三亚学院学生更好地走向社会作为我们最重要的使命,若干年长时段是唯一的使命。

50. 对一所大学的制度而言,制度是否合理与优越,是从头到尾在大学组织的每一个时间与每一个空间位置上都在不断接受验证或挑战的。

51. 本套丛书的面世还仅仅只是一次启动,后面的工作还有许多。

52. 20世纪80年代以来在自由主义面对重重困难已经山河日下,成为不切实际、危险和幼稚的同义词,而使许多人已经避之唯恐不及的时候,他却仍然睥睨一切地站在公众的视野中,成为"最后的自由主义者"。

53. 其他一些被认为不属于最重要之列,可能也不属于次重要之列的人物,在当时知晓他们的人中间受到重视,但在其葬礼之后不到10年名字就逐渐褪色,再过十年就可能被完全遗忘。

54. 冷战结束、两极对抗格局瓦解,长和平渴望的萌生与受挫;全球统一大市场逐渐形成,经济全球化、区域经济一体化不断走向深入;……凡此种种构成了冷战结束后二十多年来最引人注目的景观。

55. 由于忽略了信息因素的变革性作用,传统的国际政治理论无法有效预测到国际格局的巨大变动:苏联崩溃、日本崛起、美国继续保持领先地位。

56. 《禁止网络盗版法案》(Stop Online Piracy Act)和《保护知识产权法案》(Preventing Real Online Threats to Economic Creativity and Theft of Intellectual Property Act,PROTECTIP Act)得到美国众多知识产权组织和国会议员的支持。

57. 他们重点关注一些阿拉伯语、波斯语以及乌尔都语(UrDu,巴基斯坦官方语言)的网站、博客及论坛。

58. 正如同马克思《在路易·波拿巴的雾月十八日》中所指出的,意识形态通过传统和教育的途径为个人所接受。

59. 在现代国家,"公民"(citizenship)首先是一个法律概念,凸显社会成员的权利和义务的平等性。……"公民"与"国民"(national people)不完全相同。

60. 中国自秦汉以来就形成了中央集权的专制主义的统治传统。

61. 在西方政治学词典中,"人民"(people)一词广义上被解释为国家主权的构成主体,与"国民"(nation)、"民族"(nation,Volk)同义。

62. 毛泽东早在1940年发表的《新民主宪政》一文中就指出:"宪政是什么呢?就是民主的政治。"

63. 王子,小王子,
　　　　为什么?
　　访客们都是路过
　　　　为何要,主人难过?
　　　　　　——王菲《寓言·阿修罗》

64. 纽约剧评人奖(又译纽约剧评界奖)设立于1935年,每年5月份,由纽约市的所有报刊杂志电视广播等传媒的戏剧评论家们评选颁发。这些媒体包括:娱乐周刊、纽约每日新闻、纽约邮报、新闻日报、纽约客、时代、纽约时代、今日美国、乡村之音、华尔街杂志等。

65. 美国史上轰轰烈烈的民权运动和权力运动为黑人文学发展提供了绝佳的土壤。

66. 黑人戏剧教和学不仅要放眼过去,更要着眼未来,要为从事戏剧事业的黑人寻找并建立新的教育方式。

67. 在这个过程中,基本黑人女性不算是同谋者,也是被玷污者、被动的顺从者。

68. 尽管这部戏剧不再像《羽毛》那样,参杂了许多关于黑人民间传统和神话的元素,但是从本质上说,该剧的故事情节还是围绕着黑人生存环境的变化而展开的。

68. 如同马尔科姆 X 对暴力的诉求一样,借助道格拉斯的题词和她塑造的戏剧人物间对话,汉斯伯雷为该剧定下了革命的基调。

69. 一夫多妻虽然被吹捧为强化激进群体的新手段,但实际上这种带有非洲传统色彩的婚配制度其实是对家庭和社区统一的极大破坏。

70. 她非常痛苦,希望借助非洲的伏毒教让丈夫回到自己的身边。

71. 上海圣约翰大学、北京协和医学院、四川华西协合大学、山东齐鲁大学等曾经授予相当于本科水平的医学博士学位。

72. 在中国古代官位体系中,学士高于博士,但是在西方学位制度中,博士却高于学士。如此颠鸾倒凤,显然不能被时人所理解。

73. 杜氏主试,向称极严,而论文之佳者,乃令其赞美不置。

74. 1949年后任上海中华工商专科学校教师、上海外语学院教师。

75. 艾振麟曾经撰写法文论文《中国的不动产租赁》(Louage d'immeubles en Chine),不知是否是其震旦大学博士论文。

76. 其创始人瑞士语言学家索绪尔(F. de. Saussure,1859—1913)曾认为语言学可以分为"内部语言学"和"外部语言学"两大类。

77. Sociolinguistics 这个学科名称最早见于美国学者 H. Currie 所写的论文 A Projections of Sociolinguistics：The Relationship of Speech to Social Status(1952年)。

78. 在上海开埠后不久还流行一"洋泾浜字"。

79. 例如凯尔特语有一种特殊的结构,即将现在时单数第三人称置于居首。

80. 据洪惟仁(1992)的研究,日本在台期间实施语言政策,可以分为三个时期。

81. 马克思在《1844年,经济学哲学手稿》中又指出,只有通过生产劳动,自然才表现它的创造物和它的现实性。

82. 孟德尔的"分离律"虽然揭示了豌豆杂交中其显性与隐性遗传性状在子二代中会呈现3∶1的分部规律。但引起这种3∶1现象的内在机制却不甚了解。

83. 科学定律的解释功能是指,能对自然事物或现象及其成因作出某种合理的解释或说明。

84. 在格罗斯曼看来,所有列宁身上的民主精神对于国家来说是多余的。

85. 格罗斯曼对历史的感悟浸透着强烈地对自由的渴望。

86. 在美国,他的作品被刊登在享有盛誉的杂志《纽约人》上。在此之前,俄裔作家中只有纳博科夫的作品才有过此项殊荣。

87. 因为苏联作家在极为特殊的政治——意识形态氛围之下形成的对历史进程问题的超乎寻常的关注,对20世纪苏联历史进程的表现一直是苏联文学当中颇为重要的话题。

88. 早在18—19世纪,西欧国家工业化进程中所导致的资源环境问题就开始引起广泛的关注与批评。

89. 2007年,中国的GDP占全球GDP的6%,但却消耗了全球15%的能源、54%的水泥和30%的铁矿石(Asian Development Bank,2012)。

90. 污染排放问题也成为公众健康、增长质量的重要制约。

91. 一般情况下,摩梭人中间一对年轻人如果彼此有情义,就会走婚。

92. 总体上,本书主体主要包括一个理论模型和三个实证分析以及一个规范分析与模型分析相结合的政策探讨。

93. 在内生增长框架下纳入技术进步的偏向性以考察偏向型技术创新对经济增长的影响以及偏向型技术创新对节能减排的作用机制。

94. 知识和技术源于厂商利润最大化的投资决策的努力,是完全内生的,知识、技术的数量与人们为其贡献的资源成比例。

95. 本书作者是伊朗著名历史学家德黑兰大学教授阿卜杜侯赛因扎林库伯(殁于2005年)。

96. 但是最终未能引起经济学家的足够重视,由于缺乏微观基础和没有与经济增长理论结合两个重要原因。

97. 他们利用美国1899—1960年的数据,他们证明技术进步更加有利于提高资本的边际产出,即1899—1960年美国的技术进步是偏向资本的。随后的一系列研究也发现类似的结论。

98. 由于数据不可得和计量方法本身存在的局限性决定了偏向型技术进步还需要进一步认识。

99. 技术进步有广义技术进步和狭义技术进步之分,本书的技术进步是指广义技术进步,包括科技创新、管理创新和制度创新等。

100. 按照马克思主义经济学的观点,经济增长方式主要有外延扩大再生产方式和内涵扩大再生产方式,我国经济学界直到1990年代一直延用这一理论概括。

第十单元

 仔细审读下列各句例句,找出其中存在的各类差错,并纠正这些差错:

1. 亚里士多德是逻辑的创始人,他建立了逻辑这门科学,并在探讨的过程中,提出了许多关于"真"的论述。

2. 伊朗维杰的迁徙者于公元前第一个千年的中叶在高原西部建立了伊朗雅利安帝国。

3. 这则铭文只能说明穆护既不属于波斯皇族,也不属于米底皇族。因此,在争夺王权时说高玛塔是穆护,这说明他们被看作是皇族之外的人。

4. 这件事说明,亚述的文化与文明并未从它的强盛局面中获得好处,文化与文明的发展。需要安稳和平的环境。

5. 居鲁士不仅得到马尔杜克宗教人士的支持和引导,甚至得到旅居巴比伦的犹太人和其他社会下层民众的欢迎。巴比伦的犹太人甚至把他的到来视为把他们救出苦海的耶和华降临。

6. 下一个神牛在他上台的第5年已经出生。他死后,直到大流士上台第4年,这个神牛尚在。那么,冈比西所杀的是哪一个神牛呢?

7. 希腊人控制了博斯普鲁斯海峡和达达尼尔海峡。他们在有关特格伊战争的史诗中所追求的目标现在实现了。

8. 法尔纳巴兹由于处理此事不利,被召回伊朗。

9. 此后很长一段时间,这个条约都被作为两国交往的基础,直到马其顿·菲利普斯当政,把希腊团结起来。

10. 伊朗的防务,特别是在小亚细亚的防务早已交给"金币射手"(以金币作为武器的射手)。

11. 所以,试图以寥寥数语——不管是"海纳百川"还是"崇洋排外"——来概括上海的性格,好像恰恰是最不符合上海人性格的一件事。

12. 在伊朗人的心目中,亚历山大弥留之际的社会状况混乱无序,帝国由不同民族的诸候统治。

13. 古达尔兹的下场隐藏在一些编造的故事之中。阿尔德(公元前 80—前 76 年)一度独揽大权。但也有其他互相矛盾的记载,说他们二人都是不成功的王位争夺者。

14. 但是,欧罗德国王与罗马国王克拉苏斯冲突的时期是一个新的时期。

15. 这位热恋着风情万种的埃及王后克莉奥佩特拉的罗马将军走上了战场。他很快占领了米底的阿塞拜疆。

16. 军乐悠扬,鞭爆喧闹,广西各界人士在桂林体育场召开欢送大会,欢送荣誉大队重上前线杀敌,到会民众多达万余人。

17. 桂林行营宣布:受伤俘虏中途毙命,照未毙俘虏给予同样嘉奖,只需经军长以上将领开具证明即可。

18. 邕龙邕钦邕宾各线,寇军出扰均遭我军痛击,水口关祠附近一带无寇军踪迹,寇军折大塘小董铁轨运钦下舰。

19. 1日,日机一架侦查都安。23日,日机两架闯入广西境内。27、28日两日,均有日机肆虐广西境内。

20. 桂林警备部召开会议注重防护空袭,严禁市民空袭时穿红白衣服,空袭紧急警报后不往避难所者将被处罚,空袭警报时乘机窃取财务者以匪盗论罪。

21. 粮食分店开幕后,桂林市米价大幅下跌,每担售价二百一十元。

22. 1991 年的形势显然更为严峻。老布什总统于 5 月 15 日布什宣布他将继续延长中国的最惠国待遇。

23. 尽管雷默有着在中国的长期生活经验,且该文对中国发展道路有关较为深入的观察,旨在超越"华盛顿共识"的视野来总结中国发展经验。

24. 所以当时决定请袁教授,希望教授校长,既能务实,但更要有理想、有高度。

25. 建设规划1996年,我们这个工程启动也就在这个时候。

26. 可以看到有的老师在办公室里面找学生谈话,也有的非常投入地上课,也有在自我地工作,也有在严谨地研究。

27. 2015年下半年所发生的欧洲难民危机也已经证明了我们当时的预测,欧洲伊斯兰的问题已经愈演愈烈,现在,伊斯兰的文明已经和欧洲的自由文明所交融、所碰撞。

28. 我认为现代国际政治问题中有一个最重要的就是信息。

29. 60多年前,毛泽东将中央机关有西柏坡这个中国革命的最后一个农村指挥部迁往北平比作"进京赶考"。

30. 然而,在1990年至2003年期间,出现了"教育产业化"和"教育大跃进"的现象,在此情况下,虽然扩大了教育规模,增加了教育机会,单页出现了日益严重的各种乱收费、高收费等损害教育品质和民生的混乱现象,使教育成为严重的问题领域。

31. 这样忽视上级命令,忽视节省一个铜片为着战争的意义,尤其于都的贪污浪费,还未有引起你们的警觉,不能不使我们视为惊奇的事!

32. 1949年3月23日中共离开西柏坡时,毛泽东说道:"今天是进京赶考的日子,进京赶考去!……"

33. 到处是乱扣帽子、乱打棍子、砸乱公检法等违纪违法行为。

34. 没有料到,一九六零年天灾更大了,人祸也来了。这人祸不是敌人造成的,而是我们自己造成的。

35. 这个监督除了人员监督,更重要的是制度监督。就像羊群,只有有狼存在的时候才能更健康,人也是如此,只有在制度的约束下,才能更好地进步。

36. 1972年,高效推行"推荐上大学"政策取代了文化考试,仅招收有两年以上实践锻炼的工农兵。

37. 井冈山时期,毛泽东曾受到两次政治打击,甚至由此失去了党的领导权。

38. 井冈山时期是有军委的,1929年1月朱毛红军下山后,一度取消了军委统由前委指挥。

39. 然而,"路曼曼其修远兮",中国梦的实现注定是一场漫长而又艰辛的旅途,崎岖坎坷或许也是不可避免之事,这是一种考验,是对党,对国家,更是对民族凝聚力的考验!

40. 从古希腊雅典的城邦民主到美国的新教徒所建立的《五月花号公约》,说明制度化发展已经到高级阶段。

41. 同样,《红岩》的人物深深印在老百姓的记忆深处,从小江姐小萝卜头的故事就耳熟能详,甫志高作为汉奸一直是反面教材。

42. 虽然他们现在随时有被铺并投入集中营的危险,但是他们仍然本着惊人的团体精神和坚定信念照旧开展革命工作。

43. 重读红岩后,除了敬佩,更多了思考。

44. 反之,也有甫志高,贪图安逸的生活,为私利背叛组织后接二连三地出卖战友。他的所作所为与其他优秀的共产党员相比,令人为之汗颜。

45. 在金钱的诱惑下,古代贪官信奉的是"十年清知府,十万雪花银"。

46. 但是秦始皇暴政,骄奢淫逸、横征暴敛、百姓疾苦,正是因其失了民心,失去了人民群众的支持,于是为人民群众所灭,秦不过两世而亡。

47. 严厉打击享乐主义,惩处违反官员,并进行长期抓,持续抓,而不仅只是抓一阵,导致反弹。

48. 不管是党内高层的重大腐败,还是基层干部从群众身上剥取的利益腐败,都要严加惩处,加大惩治腐败的力度。

49. 这两场横跨60多年的反腐斗争有力地遏制了党内的腐败现象,消除了影响国家长治久安的巨大隐患,极大地提高了共产党在广大人民群众中的威信。

50. 同时,毛主席把仅仅只争比作"赶考",具有极其深刻的内涵。

51. 历史上王朝都经历着兴盛——停滞——衰亡——取代的历程,这就是王朝兴亡的历史周期律。

52. 历史上的许多短命王朝,如秦朝和隋朝,分别只有15年和29年,真可谓其兴也浡焉,其亡也忽焉。

53. 土地革命开展之后,原来的多数共青团陆续恢复。

54. 1927年11月18日凌晨,一路革命军化装成卖柴、卖菜的老百姓、混进茶陵城。进城后,化装的展示解决了守护城门的敌兵,工农革命军旋即冲进城内。

55. 譬如对打地主的定义,有的地方二百亩以上算大地主,可是部分贫困的地区,几十亩就算大地主。

56. 何教授认为历史和根本的人性也许难以改变,文化和政治制度却有很强的可塑性,因此中华民族仍亟待确立一个道德体系,努力使这个体系至少能与这个国家的其它非凡成就相匹敌。

57. 即便是明清时期,西方的传教士大量进入中国,如雅各·德安科纳、马可·波罗等,他们除在中国传播基督教之外,也带来了西方文明。

58. 他于庚午年孟冬创作的《磴古松斜压阴苔老》的提款中写道:"戏拟大痴、山樵二家"。

59. 没有斧劈皴我们很难想象会有北方山的那种石质感和崇高感,没有细密的米点皴,我们也很难感受到江南山水的苍茫与秀气。

60. 研究者在文献回顾的过程中,主要使用统计资料分析、内容分析、历史比较分析等多种方法,结合前人研究者的经验,对于概念进行历史的探讨和现实的把握。

61. 另外,为了更好地设计问卷,在设计问题题肢和修改问卷的过程中,研究做了一共两场焦点小组座谈。

62. 中国对外传播面对受众是有智慧的、有辨别力的,能够在"观点的自由市场"中消费的群体。

63. 在华外国人对于电视的动机使用并不强烈,随着来到中国这样一个变化显著的环境,对于电视有意识的使用动机又普遍降低了。

64. 中国在洋务运动后发生的戊戌变法、辛亥革命,以至于1915年发生的新文化运动在一定意义上说,都是模仿西方现代化模式的结果。

65. 19世纪下半夜鼓吹改革的大部分中国人只关心用什么手段来制止欧洲人的侵略,并不惜一切代价来避免发生根本的变化。

66. 已经明确的第二点,是认清了封建军阀的长期统治也是障碍中国现代化的主要因素之一。

67. 希望帝国主义的列强援助中国国民革命,这种求救于敌的办法,不但失了国民革命领袖的面目,而且引导国民依赖外力,减杀国民独立自信之精神。

68. 社会学家米尔斯在他的《权利精英》(The Power Elite)一书中注意到"娱乐圈职业名流"阶层的崛起。

69. 本书将借用英国学者罗杰克对 celebrity 这一词汇的分类和说明来对中国当代的名流进行分类研究。

70. 有一篇引用了复旦大学教授的文章指出:"在过去,人们因为自己对社会的贡献和对党的忠诚而受到敬重,现在的中国,人越有钱,就越受到尊重。"

71. 榜上的名流大多是演员、运动员、歌手等文艺体育届人士。

72. 苏斯曼从大量自助式书籍(Self-help books)中找到了证据来说明普通人对个性的新兴趣,这种个性包括独特的个人特质和"赢得朋友和影响他人"的能力。

73. 美国社会学家克里斯托弗·拉什在他的著作《自恋的文化》中这样评论美国文化,他写道:"大众媒介对名流的推崇以及为名流营造的光环和荣耀,使美国成为遍布粉丝和影迷的国度。"

第十单元

74. 灰姑娘可以说是最有名的童话故事,有来自于世界各地超过 700 个版本的译文。

75. 身份塑造功能是名流文化的第二个功能。在西方,名流研究源自于明星的研究。

76. 这种全民性运动可以让同一内容在短时期内迅速普及到每一个,这种全民动员的力量是空前强大的,无论是成人还是儿童都不会落下。

77. 我们想到人民的利益,想到大多数人民的同科,我们为人民而死,就是死得其所。

78. 2000 年,中国媒体公司万科影视将前苏联作者奥斯特洛夫斯基的《钢铁是怎样炼成的》这本小说改编成电视剧。为了呈现故事的真实性,所有的剧组均从乌克兰招募而来。

79. 按照国家统计局数据显示,2015 年中国城镇居民人居可支配收入为 31 195 元,相当于人均月收入 2 600 元。

80. 苏美尔-阿卡德文明,公元前 2371 年至公元前 6 世纪,先后建成苏美尔-阿卡德帝国、乌尔第三王朝、巴比伦王朝、亚述帝国。

81. 他在文艺界反右斗争的总结发言中,指责别人"纠缠于个人得失,个人恩怨",其实这正是他的"夫子之道"。

82. 中华文明并没有像其他一些文明那样中途断裂或夭折,而一直延续至今。

83. "物竞天择,优胜劣汰"的进化观以及弱肉强食的丛林法则一味地强调斗争的绝对性,强调历史和万事万物都是线形的发展。

84. 这些组织中的一部分在一段时间中曾叱咤风云,自以为国家命运就掌握在自己手中,可以主宰一切,不久之后,就都断羽而归,偃旗息鼓,烟消云散。

85. 多数国家的行政管理都以韦伯的官僚制为模板构建其行政管理体系,但是由于文化的分歧,使得韦伯的理性官僚制移植到各国后都有所变形。

86. 中国的民族主权的建构有着强烈的"民族主义"情节。

87. 始于 20 世纪 80 年代初的中国法治化的探索可以视为中国政治转型一个积极探索。1982 年立宪,将"人民主权"写入宪法。

88. 伊利诺伊、得克萨斯和宾夕法尼亚设立了 1 000 多个市；而康涅狄格、夏威夷、缅因、马萨诸塞、内华达、新罕布什威尔、罗德岛和佛蒙特境内仅有 50 个甚至更少的市政府。

89. 这里曾是本市伟大的儿子佛理德里希 — 恩格斯的诞生屋。他是科学社会主义的奠基人之一。

90. 一九四八年初，他终于结束了赋闲状态，被主任派到通州（现为通县），任豫东专员公署专员。

91. 《特别姑娘》是六十年代初，作家黄宗英写的一篇关于下乡知青侯隽的报告文学。

92. 装卸的都是中外远洋轮，我记得最多的货物是冰冻猪肉，船上的吊机把半版的冻猪肉成批地放在搁板上往下吊，我们就在货舱里分摊这些猪肉。

93. 大街上飘扬着"挑担茶叶上北京"，"阿瓦人民唱新歌"的新旋律。

94. 20 世纪 60 年代初农业的"三自一包"、工业的"下马调整"等，反映了他们试图匡救危机、寻找另外一种现代化思路的努力。

95. 叶圣陶诗转引自徐开垒《巴金，我的前辈和老师》一文，全诗为："诵君文，莫计篇，交不浅，五十年。平时未必常晤叙，十载契阔心怅然。今春《文汇》刊书翰，识于不识众口传。挥洒雄健犹往昔，蜂趸于君何有焉。杜云古稀今日壮，伫看新作涌如泉。"

96. 六月九日，在国际饭店会见美籍华人教授时钟雯。

97. 在《访日归来》中，巴金提到一位日本朋友 S，在"文革"期间 S 轻信"极左"思潮的宣传讲过假话，真相大白后，为了惩罚自己，剪了假发。

98. 二十世纪八十年代有几部非常优秀的对于"文革"叙述的作品，它们是杨绛的《干校六记》、陈白尘的《云梦断忆》，还有孙犁的《芸斋小说》。它们都直接以"文革"生活为叙述对象。

99. 也有一种人，他们明知道这是一团乱蓬蓬的葛藤账，但依然充当旗手、鼓手、打手，去大批"葫芦案"。

100. 用林贤治的话胡风做了"台前幕后不相一致的近于双面人格的表演"。

第十一单元

 仔细审读下列各句例句,找出其中存在的各类差错,并纠正这些差错:

1. 巴金参与语言乌托邦的制造,同时也是它的受害者,这似乎都逃不出鲁迅那吃人的宴席的诅咒。痛定思痛,他猛醒了。

2. 小说家左拉深信,一八九四年军事法庭将法国犹太军官阿尔弗雷德·德雷福斯定为德国间谍的判决是错误的。

3. 1967年6月20日上海文汇系统在上海人民杂技场为巴金召开电视斗争大会,历时两小时半。

4. 一九七五年九月初,巴金等人的业务关系被转到上海人民出版社,与别人不同巴金被分配到编译室。

5. 别的大事都有人在作,而且作得好极了,我就在此把一双手用来收拾毛房便池,当成主要业务。

6. 本表引述的《随想录》的文字,以人民文学出版社1991年出版的《巴金全集》第16卷本收入的文字为准。

7. 我所谓"讲真话"不过是"把心交给读者",讲自己心理话,讲自己相信的话,讲自己思考过的话。

8. 《文集》我不主张重印,因为对一遍读者来说,读十卷《选集》就够了。

9. 我必须尽快结束这本书的写作,尽管,我很清楚,有哪些章节如能有所提高,哪些资料能够得以补充,或许更好。

10. 为什么使客观性（objectivity）和好方法（good method）最大化的标准竟是如此之虚弱和难以执行，以至于无法阻止有害的（即片面的、牺牲知识真正客观性的）价值观和利益来形塑研究结果呢？

11. 批判强势阶层偏好的信念，以便阻止知识生产领域的"强权即公理"（"might makes right"）。

12. 如果这项技能被人们认为是适合于"另一个"性别的领域，那么，他或她就可能很难看到他或她自己自信而流畅地执行它。

13. 所以，女性主义认识论家一直对探索性别规范是如何歪曲证据传播的，以及研究者中认知权威的关系这样一些问题很感兴趣。

14. 他著有《约翰·布朗》（*John Brown：A Biography*，1990）、《黑人的重建》（*Black Reconstruction in America*，1935）、《黑人的过去和现在》（*Black Folk，Then and Now*，1939）、《世界与非洲》（*The World and Africa*，1946）等书。

15. 基于此，女性主义后现代主义既可以说代表了与这些批判之间的亲密关系，同时也是对这些批判做出的回应。

16. 她们认为，女性主义者没有拒绝客观性和科学，到不如说是力求改进它——通过修正科学研究中存在的性别歧视和男性中心主义偏见。

17. 然而在二战，尤其是六七十年代之后，随着科技文明的迅速发展，西方发达国家已先后步入后工业时代。

18. 同时，欧洲文化的语言学转型亦成为中国人文社会科学界难于逾越的知识及语词的鸿沟。

19. 后来缪托陈先生知己的学人名流有的是，却没有一个在陈先生受到困厄之苦时候"独来南海吊残秋"的。

20. 长期以往，你会觉得你基本的生活能力在丧失。

21. 而后，由于抑制的解除才使那些当时未能意识到的"恐惧情节"逐渐显示为意识的东西。

22. 《余华,微笑面对人生》,选自瑞士报刊《论中国》(Papiers de Chine)2008年4月22日。

23. 前者指出余华在以他"小说实验"的创作方式"动摇和消解着我们意识的基础",并通过与张炜《古船》的分析比较,指出余华的小说"以独特的敏锐对深刻地贯穿于当代中国思想中的人道主义精神提出了质疑"。

24. 在英语国家,这部长篇也备受推崇。美国《艺术之声》(The Art of Sound)书评认为,这是"一部迷人的小说,辛辣、幽默而且具有普世价值"。

25. 美国《出版商周刊》(Publisher's Weekly),2010年。

26. 那种无限切近物质却又在真实与幻觉的临界状态摇摆的叙述方式可以看出萨洛特·西蒙和罗伯-格里耶的影子。

27. 陈晓明《被历史命运裹挟的中国文学——1987—1988年部分获奖及其落选小说述评》,《当代作家评论》1995年第3期。

28. 罗兰·巴尔特:《符号学原理》,李幼燕译,北京:三联书店,1988年版,第64页。

29. 综此,王德威认为,余华从一代中国人疗之不愈的创痕里"看到一场'华丽丽的'大出血、大虚耗"。

30. 所谓文学批评与争鸣,不管是否定还是肯定,都是以阐证的方式来抵达作品的意义,当然,这也正显诏了余华作品的可读性和深邃性。

31. 二战后的一个显著特征就是最发达资本主义国家由竞争走向垄断,发达国家不再互相间的战争,而是通过国家联盟转向对第三世界的掠夺。

32. 不管是装饰性的还是恐怖化的,内于其成员的数目便在认识力量上先验地压倒了每一个个体。

33. 在今日中国似乎讨论性别,便意味着一份超然于其他社会问题,尤其是阶级现实的社会立场的成立,因而无从阶级分化过程,尤其是下层妇女在这一社会转型过程中所身历的苦难。

第一部分 纠错练习

34. 影片《好汉不回头》,编剧:孙毅安,导演:张汉杰,主演:陈保国、常江、徐成林。西安电影制片厂,1996年12月通过审查。在2001年前后与各大主要城市上映。

35. 但类似歧视和偏见,却与他们所张扬的历史进步活跃自由主义立场呈现为的结构性的自相矛盾,成为一处难以自圆其说的漏洞,至少不甚"文明""入时"的陋习。

36. 2009年末,这部改编自女作家六六的同名都市言情小说的电视连续剧《蜗居》未经炒作热映,不仅收视者甚众,而且再度经由一部电视剧打开了一个公共领域。

37. 但比较棘手的是,由于美国社会分化加剧,21世纪以来民主与共和两党的意识形态差距与政策分歧还在拉大。

38. 苏格兰民族党领袖、苏格兰地区首席部长(即地区首相)亚历克斯·萨蒙特(Alexander Elliot Anderson Salmond)提出的口号是"选择苏格兰的未来",希望苏格兰成为一个独立的欧洲国家。

39. 危机的高潮是发生于2014年2月18—22日首都基辅独立广场的大规模抗议运动,最终导致时任总统维克多·亚努科维奇(Viktor Yanuovych)被迫出逃。

40. 《赤脚医生万泉和》是一部当代政治下中国村庄的百科全书。"下放""宣传队""再教育""中西结合""大队""革委会""村",范小青的后窑是中国当代政治生态具体而微的样本。

41. 只有将本族语同其他语言进行比较,才能真正懂得自己的语言,恩格斯。

42. 分析原因——为图表承载的信息进行评论,即就图表中所反映的问题或现象进行阐述及议论,分析其原因和后果。

43. 乱序排列。出题顺序不是按照段落的顺序来,有的段落没有无对应题干,有的段落却有两个对应的题干。

44. 篇章仔细阅读理解部分有2篇文章组成,每篇文章长度为300~350词。

45. 世界银行认为,基本公共卫生功能可分为:政策制定、为卫生政策、战略和行动手机和传播信息,疾病预防与控制,等等。

46. 这种模式的缺点是整个市场政府处于支配地位,政府组织缺少竞争,没有追求效率的动机。

47. 第四阶段为2002年至2009年医改前,伴随国家在城镇和农村卫生工作的强力政策,以及得益于2003年SARS事件,公共卫生工作得到空前重视。

48. 医学培训不只仅限于课堂上理论学习,而应提供一些创新项目,让医学生有机会直接接触患者并在他们中间生活一段时间,与患者有同感和共鸣。

49. 他确知自己一贯的放荡生活以及他对家族福旨的忽视,将彻底摧毁他的公众形象。

50. 她被一个狂吠的狗吓坏,一个路人帮她躲过。

51. 在这里我主要与英文世界里三个有代表性的研究展开对话。

52. 他对土地有极大的欲望,但他拥有的土地是村中第二大的,他甚至能从大地主李子俊手里买下一个房子连同两个院子。

53. 对他的作品的研究在英文世界里已经产生了三个有代表性的著作。

54. 因此,作为现代中国知识分子自我挣扎但最终失败的寓言,这一"成长小说"最终成为一个"反成长小说"。

55. 他走向"堕落"的道路只不过是由他想过一个体面生活的愿望所引发,但他发家致富的可能性却被社会经济系统所剥夺。

56. 时光飞逝,我和圆圆来台湾也已经七年有余了,回想我俩刚来台湾时的场景还犹在眼前。

57. 1884年,清政府派出直隶提督刘铭传加封巡抚衔,督办台湾政务和防务。

58. 我和圆圆给大家讲了这么多的台湾历史,是希望每个中国人都能够牢记:"血海深情高于天,手足之情深于海。

59. 1993年4月,海峡两岸的两个民间团体的领导人——汪道涵和辜振甫在新加坡进行首度握手。

60. 由海拔30米上升到2 450米,火车从山脚登峰,似沿"螺旋梯"盘旋而上,鸟雀在火车轮下飞翔。

61. 熨平心里创伤需要亲情,解决现实问题需要真情,我们有耐心,更有信心。

62. 第二次世界大战后,即使是西方经济逐步复苏,资本主义制度所带来的暴力行为、局部战争并没有,也不可能结束。

63. 在这个没有希望的世界上,作为"宇宙的精英,万物的灵长"的人,也变得日益渺小,渐趋萎缩,仅能说一些相同的无聊话语,做一些同样的滑稽动作。

64. 然而,茨威格还惯用一种、也是常被人们所忽略的巧妙手法来展示人物的心理活动。

65. 乔伊斯也积极抓住机会,立刻动身去伦敦拜访了主编考特尼和易卜生的译者威廉·阿彻。

66. 1871年都柏林24.6万人,包括郊区人口33万。

67. 不过也有评论对《都柏林人》高度肯定,虽然该篇作者显然从未听说过乔伊斯,说他鲜为人知,却称乔伊斯为天才,认为《都柏林人》有着与众不同的面貌和手法。

68. 在这篇文章中,庞德首先将乔伊斯与当时大多数的英国文学相比,称《都柏林人》超越了英语文学中弥漫的那种狄更斯式的漫画手法,克服了叙述上的拖泥带水。

69. 庞德将《都柏林人》与当代爱尔兰文学相比,认为《都柏林人》不像当代爱尔兰作家一样一味描写凯尔特的神话和乡村生活。

70. 福特·麦克多斯·福特的称赞更加毫无保留,他说乔伊斯关注的是那些博大的、持续的事物,不像英国女作家多萝西·理查森那样被那些"住公寓的中下阶层那转瞬即逝的标准"所左右。

71. 但是当穆利根在他的租处颐指气使的时候,当他在妓院外被英国士兵殴打的时候,他都选择了退让。

72. 在《雕虫纪历·自序》中,卞之琳就影响过他的西方诗人,开列了一份长长的名单。

第十一单元

73. 1949年后使知识分子不适应的思想改造运动,并不让卞之琳觉得难以接受,那是因为堪称他精神导师的纪德已经早早地给他上了一课。

74. 为了保障央行的操作接受社会的监督,所以央行的资产负债表要由第三方审计,向社会公布,如美联储的资产负债表由普华甬道审计。

75. 诺基亚和柯特胶卷的衰落史就是公众偏好转移、资金离去的证明。

76. 《墨子·兼爱中》说,墨子言曰:"仁人之所以为事者,必兴天下之利,除去天下之害,以此为事者也。"

77. 孙中山之所以称赞墨子为"世界第一平等博爱主义大家",当即基于墨子这一"兼相爱、交相利"的主张。

78. 近代学者章太炎在为毛泽东专门推荐的《秦政记》一文中写道:"古先民平其政者,莫遂于秦。"

79. 汉武帝本人一直坚持儒法必须并用,政和四年(公元89年)下《轮台罪己诏》,停止远戍轮台扰劳天下。

80. 对占全球四分之一人口的中国而言,其现代文明建设本身就是对当代人类文明建设的贡献。

81. 正如现代社会以来资本主义的历次危机都只是西方经济的阶段性病理现象,并且通过资本主义的修复机制得以克服,近年来的金融危机同样得到了消化和克服。

82. 以下是一批落马贪官在台上的反腐豪言。

83. 邓小平视察南方讲话的发表,标志着政治文明形态复原阶段结束。

84. 我先是到北京大学、清华大学信息部学了电脑平面设计,然后又到上海东南大学进修了服装设计专业。

85. 亨廷顿的理论观点与共产主义国家经验之间存在着一定的差异。本文试图在阐明这一差异的基础上,对十六个共产主义国家进行比较研究。

86. 南北战争后联邦政府的权力固然有所加强,但"党派分赃制度"的长期盛行使得像纽约坦尼社(Tammy Society)这样的地方政治机器(policy machine)掌握了大量权力,用自己的支持者来充任国家的官僚体系。

87. 诺贝尔奖经济学家阿马蒂·亚森也认为阻止农村土地向工业转换是一种自我毁灭的行为。

88. 语言学家们不再运用一种理论或方法对既定对象进行研究,而是在审视前人研究成果的基础上,运用新的理论或模型进行整合性研究。

89. 区域内的虹桥地区作为上海第一个经济开发区,那里的第一块土地批租在全国乃至世界引起震撼。

90. 早在19世纪20年代实现的第一次国共合作,就开启了中国共产党与某一政党协商合作的实践,是新民主主义革命时期协商民主的有益尝试。19世纪40年代实现的第二次国共合作,在协商主体、协商理念、协商机制、协商内容上的开拓与规范,则拓展、深化了政党协商的疆域。

91. 同一天,"民进中央——清华大学经济形势分析座谈会"在清华大学举行。

92. 随着世界经济形势的变化,特别是在金融危机时期,移民目的国移民政策会发生一定的改变,这给海外移民务工会造成了很大的影响。

93. 例如,印度尼西亚、菲律宾、美国纽约州、美国马里兰州等,中国春节正日趋走向国际化。

94. "一带一路"是新时期优化经济发展空间格局重点实施的三大国家战略,即"一带一路"、京津冀协同发展、长江经济带三大战略之一。

95. 因此"一带一路"不仅不是中国版的马歇尔计划,更超越了马歇尔计划。

96. 这个题目能够结合我对于当代中国文化研究的一贯兴趣,属于可以"窥一豹而见全身"的研究角度,而且在国内研究者甚廖。

97. 曾经一度在荒原中,眼前是令人生畏的汹涌澎湃的大河,玛利贝尔最终因筋疲力竭而累倒。

98. 然而,使用一系列文化素养工具能够使教师创造综合的"第三空间",以使学生更好地适应全面广泛的经验世界。

99. 特雷西·比格勒·麦卡锡(Tracey Bigler-MaCarthy)在一所位于俄亥俄州哥伦比亚城市中心 K-8 学校(包含幼儿园到 8 年级的教育),她花了一年时间,实现了课堂向跨文化创新空间的转型。

100. 如果给予他们这样的机会,他们能够毫不费力地运用有助于投身社会行动且在任何意义学习的过程中所必需的整套工具。

第十二单元

 仔细审读下列各句例句，找出其中存在的各类差错，并纠正这些差错：

1. 例如，在反思学校教育中存在的歧视现象时，学生可能会同马尔科姆艾·X（Malcolm X）的观念产生共鸣，即坚信非裔美国人必须奋起挑战体制性的种族主义问题。

2. 爱丽思（Iris），是剧中另一位16岁的学生演员，选择为那些常常被社会忽视的人们说话。

3. 但是，世界上只有200余个国家，而人类据估计至今还拥有六千余种语言，……如果世界上所有的语言一律平等，各人使用各人的语言，那么使用6 000余种语言的人类就没有办法高效地互相交流了。

4. 使得英语地位改变的因素当然很多，光荣革命以后英国实力的高涨当然是一个原因，但是实际上英国在16世纪伊丽莎白一世就相当强势，是欧洲事务中的重要角色。

5. 希腊人不像中国人那样恋土重迁，他们好像生来喜欢远走高飞。

6. 外来的蛮族在受洗成为基督教徒时，也同时学习了希腊语，因为在整个东方，基督教和希腊语不可分割，东正教让蛮族文明化时也附带着让他们希腊化了。

7. 大量来自南美和中美洲的西班牙语移民涌入美国，到21世纪初，说西班牙语的美国人已经多达3 700百万，占美国人口的13%，而且在继续增加。

8. 最早的人类远祖文化精英，一定都是巫师，无论是结绳、扔贝壳、弄龟甲，还是摆草根儿，那都是最原始的文化。

9. 为官者，可以有猪八戒的圆滑世故，私设个小金库什么的也无伤大雅；可以没有孙悟空那么大的能耐，但须有一颗唐僧的好人心。

10. 就这样,众口难调的口述版本出现了,几乎所有的"口述"当事人都矢口否认自己如此"说过",甚至使曾做如此说有了编故事之嫌。

11. 因为这本身就是一个仪式,必须在子夜十分,沐浴更衣,摆案焚香,凝神静思,汲取宇宙之精华灵气。

12. 有一个人令我不解,按理以他的身份地位、政治韬略、敏锐智能,以及一贯的谨严行事,不会如此不识时务。他就是曹操的首席谋臣荀彧。

13. 即使不被认为是超自然的,神祇们的态度和行为也常常是通过隐喻来理解的。

14. 例如,倘问经济学者,各个领域里有哪些标志性的研究?哪些人做得比较好?他们通常可以如数家珍,头头是道。但是到了政治学科,则人言人殊。

15. 而后起之秀如克里普纳(Krippner)和普拉萨德(Prasad)等,则过于强调政治过程的或然性(contingency),把研究中心集中在这些政治过程如何导致一定的政策结果,从而重塑了政经结构。

16. 此文没有把2007年之后的金融危机与更长时段的历史过程联系起来,从而获得的解释是就事论事的。

17. 西方国家自1989年"八九风波"后对中国采取经济制裁,但韩国并没有参与并表明了愿同中国关系正常化的强烈愿望。

18. 建交会谈的正式会谈于7月29日在北京的钓鱼台国宾馆12号阁举行。

19. 卢泰愚总统力求在执政期间访问中国,但更重要的是,这是韩国建国以来第一次的总统访中事件。

20. 因此,朝鲜认为,由于讨论朝鲜半岛和平问题的当事国是那被双方与美国,南北朝鲜之间已经缔结了不可侵犯协议书,因此只要朝美之间缔结和平协定即可。

21. 这一方针一出,随即遭到了中国政府外交部随即通过外交途径向韩国政府表明了强烈反对的立场。

22. 虽然在2001年出现"9·11"事件,但韩国到中国的人数不仅没有减少,而且还有大幅度的增加,达到170万人。

---

23. 2007年青岛市采取非正常手段结束在华经营的韩资企业数量虽然有所增加,但相对在青岛投资的所有韩资企业来说并不算多。

---

24. 全球每个大城市几乎都有唐人街,这些唐人街是中国文化的象征,也是吸引中国投资的重要渠道,而韩国则是全球唯一没有唐人街的国家。

---

25. 2013年10月,中国建国以来首次召开了周边外交工作座谈会,对外公布"亲、诚、惠、容"外交理念,打算积极加强同周边国家的友好关系。

---

26. 此外,向全国27所优秀大学的学生颁发奖学金也是中国三星为社会作出的一份贡献。

---

27. 过去的妇女是"在家靠父母,出家靠丈夫",自己没有自主权利,也很难外出工作。

---

28. 土改后,西村的村长作风恶劣,搞女人,鼓猪杠,贪污,对群众搞强迫命令,做了许多坏事,被群众检举揭发,上级撤了他的职。

---

29. 长春高级社7名正副社长内有一贯道坛主1名,办道人员1名。4个会计3个历史不清,6个饲养员中有反革命分子1名、小土匪1名、赌棍1名,记工员内特嫌1名、为保长1名,小道首1名、道徒6名。

---

30. 在生活上,干部也特殊化。全社20个生产队中只有17个生产队的干部都是吃小灶。

---

31. 社员怕变,有的说:"讲讲30年不变,如果再来个一天等于二十年,一年半就完了。"

---

32. 1965年5月开始的"文化大革命",使党、国家和各族人民遭受了新中国成立后最严重的挫折和损失。

---

33. 第三条 严禁任何单位和个人自制、复制、出租、出售、贩卖淫秽书画何其它诲淫性物品,录音录像设备和非法所得外,对个人处十五日追究单位主管人和直接责任者的责任,构成犯罪的,依法惩处。

---

34. 经过调整发证,全县110 000万多亩桑地承包期一律延长到15年以上,400 000多万亩大田有三分之二定15年,三分之一定10年,并向农户发放了土地使用证。

35. 那时候,总会有好几条狗摇着尾巴,在哪里迎接我们。它们找到各自的小主人,就往他们的肩上扑,哈赤哈赤地喘气。

36. 屋后的山坡上,树木青翠,缸豆架,丝瓜藤,还有一小片竹林,其中一根竹子不知何故弯了下来,三四只中年母鸡,稳稳地停在上面,悠然四望。

37. 唯有主人的卧室是布置过的:一张双人床,两边床头柜,床左是窗,右边是一架双门大衣厨,正对床的,是一个差不多占满一面墙的组合柜——这正是十年前上海"新工房"里的通行样式。

38. 难怪国外有学者称,是思想史还是文化史?

39. 可以设想,没有这些支持和帮助的话,这些知识无法得以面世和进入市场来进行展示与流通。

40. 历史学家的任务就是要追溯和"解构"这样的谱系,在历史中不仅只是发现延续,而且也需要找寻"断裂"。

41. 所以,我们要想理解任何一个思想家的思想的话,我们就必须抓住那些基本的"概念"词语及其语境。

42. 这样,思想家们所写的思想原著不仅被看成是可供今人研究的思想性文本,而且更是思想家本人使用言语和修辞并进行行动的文本。

43. 最初,斯金纳应约为企鹅出版社写一本关于近代早期政治思想史概述这样的著作,时间为16—19世纪。

44. 在思想史的研究中,斯金纳创造了"neo-roman theory"这样的一种概念或者说一种表达,以此来概括自己对已经丢失的一种思想瑰宝即共和主义自由思想的挖掘。

45. 例如,法国学界研究托克维尔最负盛名的学者雷蒙·阿隆、(Francois Furet)、Francoise Melonio 提出了托克维尔思想中的民情内容,而未有系统研究,在英国学术界具有代表性的著作 Cheryl B. Welch Edited, *Cambridge Companion to Tocqueville* (Cambridge University Press, 2006)也未就这一问题进行讨论。

46. 我了解到您对"哲学人类学"（Philosophical anthropology）感兴趣,不知能否从"哲学人类学"的角度谈谈您对"苏格兰启蒙运动"的理解?

47. 然而我国目前对于实体经济、金融市场、利率和汇率的研究轶卷浩繁,但是对货币发行的研究却相当有限。

48. 本书的意义在于正本清源,在前提上避免问题的发生,而不是在支端末节上解决问题。

49. 直至1983年以后,小平同志说,要把我国银行建设成真正的银行以后,我国的记账法才回到国际惯例的借贷上来。

50. 物资保证原则则是将购货企业将销货企业的物资作为自己的担保,它只具有贷款发放与商品量增长同步的意义,却不能保证补偿贷款不能收回时的银行利益。

51. 因为欧洲央行为不同国家所组成,需要较多的黄金外汇以降低风险,保障安全,所以此两者的比重要超过美联储和英格兰银行的对应科目。

52. 1949年国民政府正式迁台前进行币制改革,其主要内容有:1949年2月,国民党中央政府拨还台湾银行历年垫款的80万两黄金,并另拨1 000万美元外汇作为币制改革基金。

53. 在买国债发货币的的情况下,央行拥有买或不买国债的主动权,因为货币需求为央行所决定,并且很有弹性。

54. 人类历史上最早的纸币,宋朝的交子就发端于民间,因为交子铺要以自己的资产为发行的担保,发行有限,币值稳定。

55. 因为国际收支持续顺差,本币供给也增加,两者数量比例关系不变或变动有限,本币不升值,或者升值有限,国际收支顺差将持续存在,反之亦反是。

56. 加上,人民币发行与外汇收入同步增长,国际收支顺差不会造人民币相对减少,人民币升值难以到位,国际收支持续顺差,人民币发行就越来越多。

57. 它们不仅没有消失,而且形成规模越来越大的资金堰塞湖,悬在我国经济运行的上方,并且随时可能倾泻下来,造成长期中的经济紊乱。

58. 代表公众的意愿不仅要有良好的态度,更要有相应的技能。这就决定了人大代表必须是会计师,审计师和律师,他们看得懂财务报表,善于在法律允许的框架内监督政府的各项收支,这才能实现我国财政的公开、透明和阳光。

59. 凯恩斯:《就业利息和货币通论》,商务印刷馆1983年版,第253页。

60. 社会主义的本质是自治,社会主义的进步是"是靠那些曾作为自主的并凌驾于社会之上的组织逐渐被废除的程度,靠群众,绝大多数人参与管理,即'社会自治'的程度来衡量的"。

61. 把马克思的自然概念从一开始同其他种种自然观区别开来的东西,是马克思自然概念的社会——历史性质。

62. 早在《历史与阶级意识》中,卢卡奇就强调辩证法在本质上历史的,而不是自然的,"历史本质上是辩证的"。

63. 他不去分析人的意识本身以便了解意识是否具有预见、预测、预计等具体作用;他既不研究想像和意像,也不研究幻想。

64. 这个过程事实上与卢卡奇的物化过程是一致的。

65. 在形式阶级统治权力的过程中,存在两种统治策略:一种是强制性、镇压性的国家机器;另一种是柔性的意识形态劝服手段。

66. 它可以是保守主义的(倡导回归平衡的田园社区和传统的生活方式)、国家主义的(只有强有力的国家管理可以使我们从即将发生的灾难中正就出来。

67. 美国资产阶级革命过程中制定的《独立宣言》和法国大革命过程中制定的《人权与公民权宣言》本质上都是天赋人权理论的规范化反映,它们在推动资产阶级革命的发展方面发挥了重大作用。《独立宣言》(以下简称《人权宣言》)宣布,"人人生而平等,他们都从造物主那里被赋予了某些不可转让的权利,其中包括生命权、自由权和追求幸福的权利。"

68. 在各代表团审议宪法修正案草案时,一些代表围绕人权条款入宪的方式问题提出了自身的意见和看法。

69. 但必须注意到的是,如果想当然地认为通过上述类型的救济,立法不作为的现象就会随之彻底消失、公民的基本权利就会彻底得到实现,那只是一种蒙太奇般的理想梦幻。

70. 从世界范围来看,对于国际间的迁徙自由,各国普遍通过国内立法加以限制。

71. 有的教材编写年限已久,修订之后仍旧存在话题陈旧、语言陈旧的问题。

72. 我们没有看到教育理念的转变,而是教育理念的退步。

73. 我们自然不希望培养出来的学生学富五车,说起来口若悬河,做起来差强人意。

74. 在行为主义学习理论当中,桑代克的试误理论、巴甫洛夫的条件作用和斯金纳的操作反应理论是最受关注的理论,而在我们的教学中不时可以找到这些理论的表征。

75. 那么,价值论究竟是研究什么的呢?《英国大百科全书》(袖珍本)第1卷写道:"价值学(axioloyy)通常称为价值(value)的理论,是关于最广义的善或价值的哲学研究。"

76. 王家一共耕种8.7亩,亩产约322斤稻谷。这和1948年(民国38年)的一份统计表所指出的诸桥镇亩产约317斤稻谷非常接近。

77. 再山乡教师诸梦熊与村干寅夜①聚赌等问题。
① 寅时,旧式记时法,指夜里3点钟到5点钟这段时间。

78. 1951年,中国人民解放军西南军区文化教员祁建华创造了《速成识字法》。

79. 不久,有人从一句口号"联合起来走集体化道路"中选取两个字,取名联民高级农业生产合作社。

80. 联民大队的农民们统称他们为"江南人",就如上海人称呼"苏北人"一样,"江南人"是穷人的象征。

81. 那张紫檀木做成的半长桌至今还富有光泽,材料比红木还珍贵,非常重,2个人都很难搬动。

82. 农民从地里收起青菜、大头菜、榨菜,到河里洗干净,铺开廉子晒上几个太阳。

83. 他下面有 5 个兄妹,其中 3 个还小。

84. 为了使鞋更耐磨,新布鞋做成以后,农民们往往先到街上的鞋匠那里在鞋底的前后各钉一块皮。

85. 低的政治标准可以轻易地让人进入,但是,在有些"要害部门",需要查清"十八代祖宗"才有资格获得准入证。

86. 假如阶级敌人不再存在,阶级之间的斗争岂不成了唐吉柯德式的荒唐事?

87. 1970 年代流传着一首歌,第一句唱道:"我们的理想,在希望的田野上。"

88. 当前除虫要引起重视。今年施用农药是甲季 1605,效果相当好,死虫效率较高。

89. 1965 年,陈双明 16 岁,已经"出跳成"一个英俊的小伙子,是家里的重要劳动力。

90. 陈丽英的父亲是一个工人,在"文化大革命"中表现积极,当时正作为"工人阶级毛泽东思想宣传队"(简称"工宣队")进驻上海中医学院。

91. 这段历史需要进行认真的反思。

92. "咯咯呐呐",当地土话,形容讲话吐字不清,时而停顿,又有点儿急巴的样子。

93. 他在兄妹中排名第三,前面两个姐姐,后面还有 3 个女姐妹。

94. 我挑担子,家庭生活改善一点,厨房条件改善一点,1977 年造了几件平房。我们很省的,农村里都省的。

95. 李老太自己身无分文,在儿子媳妇家里,半年、一年都难得吃到晕菜,时而觉得浑身没有力气。

96. 我住在老房子中间,只有 10 多个平方的面积,一只灶,一只竹塌,一个人过日子。

97. 祖母一头扎进了水里。爸爸跑来救人,为时已晚,爸爸却因此成了神经病人,并在 4 年以后去世。

98. 他家的天井也被充分利用,种了缸豆、刀豆、黄瓜,墙边还种了1长排黄花菜。

99. 生产队的领导们"等着"国家的分配,"听着"公社农科系统布置农药的使用方法,再"照葫芦卖瓢"地通知社员。

100. 秧凳放在秧板上,秧板泥土松软,四只脚的小凳子会陷进泥里,所以,联民大队一带的秧凳都是双面夹板,夹板面积大,容易陷进泥里。

第十三单元

 仔细审读下列各句例句,找出其中存在的各类差错,并纠正这些差错:

1. 秧桩指根据规定的插秧密度先插下几颗秧,以便大家以这几颗秧为标志放置秧绳,进行插秧。

2. 我不会训牛,而且又买了一头犟牛,不愿耕作。训牛是不容易的,饲养也是不简单的。

3. 1969年12月28日,红旗生产队开了整整一天社员大会。下午3时左右开始谈起70年谁去蜂场的问题。

4. 为什么在183个人中偏要选两个有天生身理缺陷的半死不活的人呢?

5. 农民们会留下"长得漂亮的雄鸡",把雄鸡"腌掉",成为"线鸡",到过年时"吃白斩鸡,鸡肉特别嫩"。

6. 除虫用人工、药械。(药械:当地土话,意思是农药。)

7. 正因为如此,当年城市里的居民只得吃大量质量较差的籼米,即用早稻谷扎出来的米。

8. 在上海,每户都有一本购粮证,粮店根据情况确定购买籼米和粳米的比例。

9. 畜牧生产主要是家庭饲养猪、羊。当时农民说,"吃饭靠集体,化钱靠自己。"

10. 儒、道、佛三家哲学思想早已构成我国几千年,民族历史文化的巨大传统力量,影响是很大的。

11. 一直构建者中华民族精神血脉的儒家文化,也始终将存留于天地之间,生活于尘世之中的人及其现实境域作为关切的对象。

12. 殷周时期"皇矣上帝,临下有赫"的上帝观在孔子思想是无处可寻的。

13. 《大学》以格物致知为起点,修身为枢纽,治国平天下为归趣,完善的社会,必由社会成员完善的人格方能实现,而完善人格的实现又必藉教化的功用。

14. 佛教在家信众所持的"五戒"可一一相应于儒家的"五常":不杀生者仁,不偷盗者义,不邪淫者礼,不妄语信、不饮酒者智。

15. 事实上,中国哲学史特点的研究比规律更为重要。

16. 队员们每天要背诵毛主席的"妇女能顶半边天"的指示,强化她们为妇女争光的意识,使得女子作业队能够"坚持下来","没人当逃兵"。

17. 思想政治教育要有世界眼光、中国情怀、时代特征,三位一体、不可或缺。

18. 在一个开放的时代和社会中,我们提倡"咬定青松不放松"的钻研劲头,在东南西北风中不丢本心、不忘初衷。

19. 囿于时间和水平,本套丛书的翻译质量非常有待提高。但不积硅步,无以至千里。年轻的学生工作队伍不经历锻炼,不在压力下进步,永远得不到成长。

20. 无论学科和组织,任何新的学生工作者都毫无例外要面临新角色的挑战。

21. 在学生工作会议上,学生招收助理主任托尼(Tony)和登记管理专家卡拉(Karla)分别发了言。

22. 我从事这项工作因为我希望起初将我的经历分享、复制给大家,但是现在我知道,学生需要的是多样化、个性化的经历,对于这样的挑战,我表示欢迎。

23. 在高等教育,总有机会看到做着令人惊艳的事情的人,这驱使着我向前,做出些很棒的事情来。

24. 上级总是一个很好的信息源,在学校或其之外的地方的各种机会方面。

25. 对新人来说,接触学生工作领导也是很重要的一个方面去理解他们崭新的环境。

26. 高级学生工作管理人员要负责培养起这个职业的氛围,带领新人给予支持和鼓励。

27. 从多个源头带来的多个要求,我们的工作很容易不堪重负的新的专业人员。

28. 人们都记得她"茶馆店里坐坐,二朗腿甩甩,香烟叼叼"的样子。

29. [选择题]
    护士的权利包括哪些
    A. 获得工资的权力　　　　B. 控告权
    C. 批评和建议的权力　　　D. 人身自由权
    E. 接受教育权

30. 包令上场后,政府与圣保罗的书院日趋紧张。

31. 史美以各种世俗当前的事实响应包令,目的是要她看到民间状况。

32. 但是,任何人也明白汉语官话只用作应侍官场上的官样文章,在日常交往中则是以白话或本地语居多。

33. 学校是否应只侧重教导中国人英语,还是英国人或欧洲人汉语。

34. 另一方面,具有教会背景的教学团体固然希望把教会根植在本地,作出更在地的传教路线(localization)。

35. 政府及大英帝国密锣紧鼓地发展殖民地部及外交部译员计划,以此解决译员之荒,亦变相造就了中西接轨的机遇。

36. 韩霖编撰的《守圉全书》(崇祯九年[1636]序刊本)卷首"采证书目"胪列了不著撰人或译者的《西洋城堡制》。

37. 不久后,他前往广州短暂停留,接着,旋即北上舟山和宁波。

38. 不时在一些教务杂志或报刊上可见其发表之文章,包括《中国丛报》、香港发行的英文报纸《遐尔贯珍》、《华北捷报》等。

39. 19世纪50年代前后,他撰文于多种杂志,其中包括《爱丁堡医学与外科杂志》(Edinburg Medical and Surgical Journal)。

40. 英人毕丁登亦长期关注此议题,主要研究印度和南中国海一代的飓风。

41. 实际上,生活的艰难困苦,于人文学术而言,终究是有益的,研究过程既收获了学术,也收获了成熟的生命体验及其爱情,加深了对责任感的体验和认知,实是丰厚的馈赠。

42. 总之,不仅论题本身还是很多细节方面都需要深化,而进一步研究的问题尤多,这些都是进一步努力的方向。

43. 在阿尔都塞看来,为了拯救无产阶级的革命实践和共产主义运动,必须要对列宁主义和斯大林主义进行本质的切割。

44. 无产阶级革命运动的实践为列宁的唯物主义理论打下了伏笔。

45. 后结构主义的代表人物(利奥塔、福柯、德里达、德勒兹)中,阿尔都塞与德里达和福柯是亦师亦友的关系,都切身聆听了阿尔都塞对马克思的重新解读,并在这种重读中寻求马克思与黑格尔断裂的主要方式。

46. 阿尔都塞对观念论的批判,目的在于削弱思维或者精神对于身体的优势地位,这是自古希腊以降的传统即身体是灵魂的监狱。

47. 马克思对无产阶级的论述是与对资本主义社会的分析联系在一起的,通过这种方式,马克思将无产阶级做实为资本主义社会的掘墓人。

48. 而苏联担心的是,这种运动将会被美国视为政治和甚至是军事干预的借口,而这是苏联无法面对的挑战。

49. 当然,这里面涉及苏共二十大之后,国际共产主义的理论策略。一方面赫鲁晓夫治下的苏共,被谴责为犯了修正主义的错误;另一方面,法共自身缺乏正确的理论和形势判断,犯了教条主义的错误。

50. 在这些大环境下,所谓革命的守护神其实不过是革命这个理念的守护神,然而这和他们所处的世界是一个着不了火的世界。

51. 实学中提倡的"通经""训诂",求证义理,反对空谈,著述一些切切实实传扬文化的"经典"。如李时珍的《本草纲目》、宋应星的《天工开物》、徐光启的《农政全书》、徐霞客的《地理笔记》等。

52. 封面、封底、腰封、勒口和版权页上的所有文字,已经不再主要用来说明图书的版权信息和作者完成创作与付梓出版之间的辛苦历程,以及出版家对书稿的审阅、校勘、修改过程,而是主要用来标明图书"身价"的"话语"。

53. 还有许多学者从语法人称的角度(尤其是从第一人称视角)来考察"不可靠叙述",如威廉·里干(William Riggan)、多尔凯(Elke D'hoker)和马腾斯(Gunter Martens)对第一人称叙述者"不可靠性"的研究。

54. 小说中写到:闹柔把恩贝的丈夫桑杰打死了,桑杰被判了死缓,后来坐了十一二年监狱就放出来了,一直没有给恩贝家"赔命价"。

55. 具体说来,文学生态学研究文学作品中人类与其他动物、植物、山川河流、土地乃至宇宙等之间的关系如何被表达,挖掘全球生态环境恶化的文学文化根源,并试图对当下濒危的生态环境找出文学救治的良方。

56. 可惜这三部电影找不到拷贝,今天我们只能凭借小量的剧照和文字资料去想象和臆测。

57. 从娜娜柳枝般轻柔的镜头运用到娉婷曼妙的形体活动,从溶溶月色的心猿意马到摇曳烛光的情不自禁,从泄露了春色的兰花到一扇又一扇心灵之窗,从颓败心死的凄怆到洞澈红尘的渺渺……在在都那么令人心醉,令人动容。

58. 假如吴永刚的创作因左翼评论的无情责难而元气大伤,从此一蹶不振,孙瑜30年代的电影却是活力充沛、趣味盎然的。

59. 母亲自幼腼腆胆小而不擅辞令,17岁嫁入费家,要和一个几乎是完全不认识的男人共渡终身,侍奉公婆,有三个尚未成年的小叔之外,还要应付费家的近亲和远邻等等。

60. 他说这部戏最重要的是六个字:"发乎情,止乎礼"。他对我说,你演玉纹时,心里是很想和医生一起走,但你又不能把丈夫抛弃。在情而言,你和医生走是可以的;但在理而言,是不对的。

61. 养生是一个舍得的智慧,比如得到了名利财富,失去了健康,所以要敢于舍得,大舍才能大得。

62. 在古希腊一座智慧神庙的大门上,镌刻着这样一句箴言:"认识你自己"。这就是著名的"阿波罗神谕"。

63. "寿"现在最常见的用法是年纪长,如高寿、长寿、寿星,或指寿命。

64. 当然,动物中寿命最长的要数乌龟。一只被称为毛里求斯乌龟足足活了152年。

65. 自古以来就有"松鹤延年"、"鹤寿千岁"之说,据说目前的最高纪录是120岁。

66. 如老子所说:"祸莫大于不知足,咎莫大于欲得。"

67. 因此老子主张要保养精气是养生的首要工作,其次才是对身体上的保养。

68. 他饮食之道是吃饱肚子,而不是为了自己的贪欲;他认为我当前吃到的食物就是最好的!

69. 在《白香山集》里,他写道:"人老多病苦,我今幸无疾。人老多忧虑,我今婚嫁毕。心安不转移,身泰无牵率。所以十年来,形神闲且逸。况当垂老岁,所要无多物。一裘鞍马多,不能骑两匹。如我优幸身,人中十有七。如我知足心,人中百无一。"

70. 陆游也是一位非常注重养生的人,他的旺盛精力是他那强健的体魄分不开的。

71. 进入晚年后,陆游仍锄田种菜,上山砍柴,有地种些花木,坚持劳动。"八十老翁玩似铁,三更风云采云归"。

72. 陆游这套坚持每天喝粥的养生经,助他高寿85岁。特别是晨喝枸杞粥,他写诗曰:"雪霁茅堂钟磬香,晨斋枸杞一杯羹。"

73. 44岁之前,郑板桥一直靠塾师和卖画混迹于扬州一带,日子过得相当清苦。

74. 首届总统华盛顿享年67岁,死于急性会厌炎;第16届总统林肯享年56岁,死于马凡综合征;第32届总统罗斯福享年63岁,死于脑出血;第37届总统尼克松享年81岁,死于突然中风。

75. 当今,国内外"寿星"可谓灿若云星。他们中的多数人至今仍老当益壮,驰骋文场,常有佳作问世,堪称文坛老松。

76. 著名语言学家、"汉语拼音第一人"周有光先生,除耳有点背外,周老的思维清晰、活跃,至今仍能坚持每月在报纸上发表一篇文章。

77. 英政府终以强力压制暴动殖民部部长李斯脱爵士(Sir Philip Iister)于十一月一日说明其政策。

78. 迨至七月中国社变叛(Nazi Putsch)时,意大利陈兵边境,以示武力维护奥国独立之决心。

79. 修昔底德(Thucydides,约前460—前396),他比希罗多德晚出20多年,是下一代人。

80. 该派认为历史的任务,不是直接的政治斗争而是历史科学的研究。确定正确的历史事实。

81. 对此,说它"邯郸学步"也好,仿效照搬也罢,依据那时中国世界史的实情,无论如何都应当说是一个不错的选择。

82. 卞之琳写出传世名篇《断章》:"你站在桥上看风景,看风景人在楼上看你。明月装饰了你的窗子,你装饰了别人的梦。"

83. 自此,"复旦复旦旦复旦/巍巍学府文章焕/学术独立,思想自由/政罗教网无羁绊/无羁绊,前程远/向前向前向前进/复旦复旦旦复旦/日月光华同灿烂……"响彻复旦校园至今。

84. 我们自己以为到了尽善尽美,无以复佳的境界,再不必有所改变。

85. 上而至于军阀的克扣军饷,官僚的划括地皮,下而至于家里老妈子的落钱,无一不是自私自利的表现。

86. 他并且恐怕我们还不知道他的意思,又反过来说:"大道发,有仁义;慧智出,有大伪;六亲不和,有孝慈;国家昏乱,有忠臣。"

87. 呜呼!"辽吉黑三省沦陷,于今一年,全国同胞椎心裂眦,誓共存亡!"

88. 思想改造运动以后,院系调整,复旦的法学院和政治学系归并于华东政治学院。

89. 第三,生态批评分为潜生态(shallow ecology)和深生态(deep ecology)两个层面,潜生态还带有强烈的人类中心主义色彩,而深生态则已超脱了人类中心主义色彩。

90. 然而就在十年前发生在印度洋的海啸,却导致了多达逾16万人类的死亡。

91. 他不是以默默来表示自己的"廉贞",而是守正不阿,保持自己的直道。

92. 勤奋和率真相对立的,是浮躁和趋时。

93. 抗战胜利不久,他积极参与由郭沫若、马寅初、侯外庐、杜国庠等3位民主和进步学者共同发起成立的"全国学术工作者协会上海分会"。

94. 第二年,蔡尚思先生在第一教学楼梯形教室给我们上中国思想史课。

95. 教学评估作为检验改革是否取得成效的关键环节之一,已成为社会的焦点。

96. 玛雅人培育了玉米、马铃薯、西红柿、可可、烟草在内的40多种农作物。

97. 1115年,女真族首领完颜阿骨打仿造汉族制度,称帝建国,国号大金。

98. 1941年3月,美国通过《租借法案》用于援助反法西斯国家。

99. 1950年7月,美国组织"联合国军",武装干涉朝鲜内战,并派遣第七舰队进攻台湾海峡。

100. 20世纪60年代以后,日本经济高速增长,至1968年成为仅次于美国和苏联的世界第三经济大国。

第十四单元

 仔细审读下列各句例句,找出其中存在的各类差错,并纠正这些差错:

1. 当然,很多联盟都是由国家来进行的,而且经常实在很短的时间内进行,战争的潮流转移使得新的联盟明白易懂。

2. 事实上,这就是法国和勃兰登堡在走向军事-官僚绝对主义(absolutist)的道路上时所面临的情形。

3. 在十三四世纪,君主用王室地产的税收作为抵押,向银行家担保并获得战争贷款,但是他们很快就发现自己深陷债务,必须要从等级会议那里获得补贴——这种情况引发了用补贴来交换议会权力的扩张。

4. 弗里德里希·威廉在历史上被称为大选侯(the Great Elector)而不是可怕的弗里德里希或者尚未准备好的弗里德里希,这是非常重要的。

5. 私人扈从和领地管理者两种东西的结合,构成了中世纪国家,而一直到晚近,霍亨索伦国家方才从中脱颖而出。

6. 13世纪末期勃兰登堡和波美拉尼亚的等级会议首次进行了召集,当时领主的收入不再足够用来支付哪怕很少量的国家支出。

7. 在东普鲁士,与勃兰登堡和波美拉尼亚的等级会议一样,其等级会议的力量在17世纪也得到了很好地确立,但其源头则更新一些。

8. 维特尔斯巴赫家族(wittelsbachs)保护乌腾堡(Wurttemberg)免受公爵权威的侵害,而路易十一(XIV)则成为西德州议会的倡导者。

9. 农民仅仅只需要支付1/4马克就可以退出地主的劳役。

10. 如果某个地区保有主权，并避免成为某个行省或是附属国，其贫瘠的资源必须要进行动员，并在等级会议的抗议之中，建立起现代军队。

11. 勃兰登堡-普鲁士联盟在俾斯麦之前就被锻造成了铁血的世纪。

12. 国家强烈地倚重于地方贵族，只要控制税收以及维持军队的权力仍旧在手中，它允许地方有一定程度的控制。绝对主义(absolutism)从来不是完全绝对的。

13. 他们必须为常备军提供住宿；婚嫁与出行必须要经得军团指挥官的同意。

14. 尽管选帝侯的父亲以及腓特烈·威廉一世(r. 1710—1740)对在市民服务中受惠的非容克贵族具有确定的偏好，然而这种偏好却未被选帝侯或腓特烈大帝所认同，军队里的军官几乎清一色是容克阶级，这种情况一直持续到国社党时期(National Socialist)。

15. 最后一个融合的动力是神职教会的缺失，传统上，在宗教改革之前贵族们会将他们的子嗣安置在教会中。年轻的少年们(younger sons)失去了这一传统的出路，唯一的职业安排就是在国家及军队之中，这样才能为他们提供他们的出身所要求的地位与荣誉："常备军的崛起为很多贵族家庭解决了他们该如何为年轻的儿子(younger sons)做好准备的问题，这个问题在宗教改革一开始就非常迫切。"

16. 农民们为了降低所有税而宰杀牲口，这必然会带来绝对的经济衰退(to reduce taxable property)。

17. 常备军，捍卫者(the defenders)这样说道："创造了很多就业机会，并促进了农业及类似的产业。"

18. 而战争不仅是为了国王，还是为了上帝。如果没有战争的话，一位虔诚的作者这样想："人类将会多么堕落啊！造物主……时不时地引发战争，便是为了避免世界上暴发严重的悖德行为。"

19. 普鲁士防御外国征服者的政策引发了对国内资源无情的动员，而随后攫取外国资源，使得普鲁士自身成为欧洲其他国家的威胁。

20. 国家的权力、关键社会阶层的融合，以及选任职位(elective offices)的缺乏，这三者共同使社会团体和国家之间产生了一种委托-代理(client-patron)关系。

21. 中世纪法国拥有与其他欧洲国家同样的宪政特征,不过很显著的是(并不是极为重要的)缺乏强大的国民等级会议。

22. 战争与军事革命(reform)还是带来了政治变革。

23. 遍及各个乡村与城镇的王室代理体系,有时候会非法征税,似乎是绝对主义的适合开端。

24. 被压迫的地方集合(forced collections)在整个宗教冲突中时有发生,但等级会议和选举,尽管有的时候会遭受入侵,却带着完整的宪政权力步入了17世纪。

25. 三十年战争最初是(began as)由于波希米亚等级会议和哈布斯堡王朝存在分歧,不过很快就升级为席卷整个欧洲的霸权战争(hegemonic war)。

26. 当后者的军队似乎即将要征服整个欧洲大陆的,法国向瑞典提供资助,其适时的干预阻止了华伦斯坦和梯利的步伐,使哈布斯堡军队陷于胶着状态,并暂时包围了法国的国家利益。

27. 更大的军队与舰队会要求更多、更好、更为昂贵的装备。税收必然会增多,会超过国王臣民们所认为的合理权限范围,而且通常也超过了纳税人所真正能够承受的。

28. 关于监督官在法国直接介入三十年战争的兴起,见 Bonney, Harding, Mosnier 等人的著作。

29. 当海军招募影响到商船队的水手供给时,科尔贝尔建立了国家海军征兵制度,为1690年法国成百上千的海军提供大多数的人力。

30. 科尔贝尔成立了法国科学院(Academie Royale des Sciences, 1666)参与地形学、化学以及工程学,为海战服务。

31. 在大革命的早期(early phases),议会与三级会议动员群众获得支持,以加强自身反对国家的力量。最为谦卑(humblest)的无套裤汉(sansculotte)成了公民阁下(Monsieur le Citoyen)。

32. 波旁绝对主义的土崩瓦解至少使最终实现自由得以可能,而大革命的遗产,夺取了萦绕在其周围的神话与情绪,是机遇与磨难并存的复合体。

33. 贵族们服从于君主，正如很多历史学家认为英国贵族在 1688 年服从他们的君主政体一样。

34. 因此，物理（physical）现实决定了贵族共和制必然走向分崩离析并最终消亡。

35. 原本用来制衡波兰君主绝对主义的设计，自由否决权成了服务俄罗斯帝国的工具。

36. 最后，对于军事改革的反对还在于，贵族们不愿意和军队共享已有的等级劳力（estate labor），而武装农奴的想法使这种可能性更加令人不安。

37. 外国资助和联盟，而非现代的军事结构是波兰在 17 世纪战场上的成功关键。

38. 亨利八世多次带领军队进入欧洲大陆：1513 年他带领了 3.1 万名军队，而在 1544 年到 1546 年的战争中，他的军队有 5.2 万人。

39. 摄政王时期的政治历史是护国公和议会之间关于宪政安排持续的冲突，而克伦威尔在很多方面都进行了让步。

40. 在反对斯图亚特的好战的激进分子，和三心二意反对查尔斯在 17 世纪 30 年代的政策的人中，达成了共识，即在一两场战争后能形成和解。

41. 英国国会迫使国王退出与荷兰的战争，并且驱逐了国王的首席部长。

42. 瑞典的宪政主义与其他大多数西欧国家存在显著的不同，但是对于该国的政治发展而言，其活力与重要性一点也不在话下。

43. 当王权于中世纪晚期出现在瑞典时，在它之下，是一叠根深蒂固的地方政府，有了这些，就足以挫败贪婪的王室或贵族鱼肉百姓扩张权力的企图。

44. 这种参战能力与宪政政府的兼容性（compatibility）需要进行进一步的讨论。

45. 古斯塔夫最初依靠德国雇佣兵从丹麦赢得了独立，但很快就发现他们在镇压反对宗教革命的叛乱上极不可靠[1543 年的达克起义（Dacke's Revolt）]，而且对于国库而言是繁重的负担。

46. 让我们来看看1630年三十年战争之前瑞典的军事力量,在参与大规模战争时的军队、装配以及对其国家的影响。

47. 瑞典军队规模小、装备差,在与波兰骑兵和丹麦雇佣兵对弈时经常表现糟糕,但仍旧在波罗的海建立了防御缓冲带。

48. 事实上,华伦斯坦波罗的海的力量(campaign)并不在意瑞典,而是为了确保有一个港口能让西班牙支持者用来阻止荷兰在波罗的海的贸易,这是荷兰对抗西班牙的生命线。

49. 整个国家对大贵族阶层都抱有敌意,他们深信大贵族们在摄政期间统治不利,且将战争债务转移给下层阶级。

50. 土地分配系统"避免瑞典不会与大选侯的军需总处有任何相似之处,以及后者可能产生的社会与宪政结果"。

51. 各行省议会与联省议会联合起来,阻挡勃艮第公爵以及哈布斯堡国王施以高税收以及外部力量的企图。

52. 在其之上只有一个孱弱的国务委员会(Council of State),在那里,地方贵族在省级议会的详细审查(scrutiny)之下管理事务。

53. 西班牙的菲利普二世打破了这一态势,他试图提取税收(new revenues)来应付远方的战争。

54. 即使是在革命初期,荷兰从联盟和共同的敌人中获益良多。

55. 不过,暴动改变了马德里的策略,而在荷兰革命的关键时期,资源不得不进行转移应对。

56. 天主教联盟(西班牙、神圣帝国即巴伐利亚)无往不胜,波希米亚、丹麦及巴拉丁领地都被收麾旗下。

57. 从尼德兰革命到西班牙继承战争末期,荷兰共和国战争中的联盟必须得到足够的重视。

58. 1620年，荷兰海军有29只主力舰；世纪末，它拥有百余艘一流快艇和2万名水手。

59. 从东印度公司获得的据点和要塞不能被视为国家征服物，而是私有的神圣财产(the property of private merchants)。

60. 高度发达的商业与航运让荷兰早在1588年就拥有超过2 000支能够发动战争的船只。

61. 葡萄牙的商人现在与布拉干萨公爵(the Duke of Brabanza)领导的民族主义事业共进退，并打开了反对西班牙的另一战场。28年的战争之后，西班牙于1668年承认葡萄牙独立。在意大利的西班牙公司(Spanish holdings)也发生了起义。

62. 法国的地方当然也存在张力(regional tensions)，但是投石党(1648—1653)运动的结果有利于专制权力，而且直到大革命之前这个问题也没有再次出现。

63. 绝对君主对财政的控制以及独立制造战争的能力在共和国找不到对应物。

64. 可能这一观点的确起着作用，但是普鲁士和法国等级会议并不处理收入事宜，是具体情况而非王子的观念或误解促成了议会的解散。

65. 波兰帝国议会因为众多(by numbers)及外国的轨迹(intrigues)而瘫痪，整个国家四分五裂。

66. 这种对军队声望与实力同样的担忧催生了苏联的人民委员会(political commissar)制度。

67. 尼德兰的省级议会、法律原则以及个人自由在一个半世纪的战争中依然保持完整。他们拥有如此大的活力，连马克思都认为，如他想象的，民主会慢慢地从这个最资产阶级的国家中慢慢发展起来。

68. 近代早期欧洲的战争引发了军事现代化，并对国内资源进行利用，这对于绝对主义(authoritarian)政治结果而言，至少与镇压劳动的农业系统以及羸弱的商业冲动一样重要。

69. 从家庭式统治走向霍亨索伦选侯的普鲁士国家，是迫于战争并为战争做好准备的机器。

70. 在普鲁士和法国,劳动力镇压式的商品化与军事全面动员相结合,阻碍了政治自由的发展。

71. 如果回到功能主义的立场,关于内战资产阶级革命的解释就行得通了。

72. 结果就产生了所谓的"普力夺社会(praetorian society)",即我们在19世纪的法国以及第一次世界大战末期的德国和俄罗斯看到的不稳定状态。

73. 那些妄图要越过等级会议进行统治的君主,或是被流放,或是被处决。

74. 这本著作是欧洲中心论的(Europocentric),但无意主张欧洲优越性,而仅表明我所做的动态分析限于该区域。

75. 卡洛林王朝建立在军事征服之上,由伊斯兰的威胁产生的向心力和短暂的忠诚所维系。除此以外,卡洛林王朝不过是简陋的家政政府(household government)。

76. 法国南部的城镇与贵族结盟,反对日益壮大的北方王权;而意大利城市为了摆脱帝国和教会与贵族结盟。

77. 第三个王室和贵族之间权力平衡的重要的结果包含了临时协议(modus vivendi)、特许状以及双方——通常是王室与上层贵族——共同同意的法律规范。

78. 卡洛林王朝的基本军事结构可以用不确定占有(precarium)体系来阐释,个体地产被贡献给军事领主以换取有条件的占有以及,更为重要地,换取保护。

79. 成年狮子对于嗷嗷待哺的幼狮的人文关怀越强烈,他们捕猎小角马的热情也就越强烈。

80. 在13—15世纪,黑死病以及王室额外的税收要求带来了人口学上的变化。

81. 各种形式的地方政府应该进行区别:城镇、古代乡村政府、乡村公社(village communes)、特许边境村庄(chartered frontier village),以及最重要的乡村贵族权力。

82. 到他年纪,似乎不用再为子女的教育费钱了,可是,外甥和外甥女们都在读书,现在学费那么贵,作外公外婆的,能不支援一点?

第一部分　纠错练习

83. 首先是领主和王室的权威热切地想要获得对资本主义这座有利可图小岛（islands）的控制。

84. 12世纪的英格兰，乡村百户区成为普通法法庭的核心部分；某种意义上相当于我们现在的公民不服从（the civil disobedience），瑞典地方政府反对国王，结果是大众不服从国王的法令，并驱逐了国王。

85. 虽然人们经常认为习惯法与罗马法没有关系，罗马法通过大法院（chancery）的教士们进入习惯法，教士们通常采用更为完整的罗马体系，来完成王宫（royal courts）的法律制定。

86. 古老的、模糊不清的自然法被普通信众（layman）和教士们用来赋予反对王权以及实在法以合法性，后者由于其人造（man-made）的特性，被认为要次于具有永恒性的法则。

87. 一系列的事件避免教会像东正教在莫斯科俄国时期（Muscovite）那样成为从属的、合法的机制。

88. 城镇，除了诺夫哥罗德（Norgorod）这个短暂的例外，或者是附属经济中心，或者是沙皇政府行政军事前沿阵地。

89. 在法国，菲利普·奥古斯都组建了一只雇佣军队征服顽固的附庸，扩展其王国疆域。

90. 英国的战役计划（battle plans）是让骑兵控制中场，而弓箭手从两翼包抄与对手厮杀。

91. 在阿金库尔（Agincourt，1415）战役中，步兵首次被部署为精工（offensive）部队，并歼灭了法国的大部分力量。

92. 在瑞典和英格兰的凯尔特边境，条件恶劣的地形使骑士们在平地上更弱不经催。

93. 破坏封建军队上，步兵比火药起着更重要的作用。

94. 作战技术和战争的要素以三种主要的方式发生变化：卓越的火器、功能专业化以及新形势（forms）的防御工事。

95. 移动式加农炮在三十年战争时期由瑞典人引入，他们第一次将其与个人兵团附加在一起。（attached them to individual regiments）

96. 龙骑士(dragoon)、骑士侦察以及伞兵(skirmishers)得到了发展，进一步使军事组织变得复杂化。

97. 这需要不断发展的灵活性以及火力，同样也需要更多的训练，来代替个人的英勇品质和自律——通常与骑士联系在一起的品质，个人消弭于(submergence)方阵、分遣队或炮兵掩体之中，由有节奏的鼓声和指挥官的喊声所引导。

98. 征兵制度(Conscription)也会提供士兵，或者作为雇佣军的补偿(supplement)，或是成为军队的主要力量。

99. 训练有素的步兵防御的优越性，让一场决定性的战役就能决定胜负的情况成为历史。

100. 法国建立了一套给养系统，包括弹药库、兵站、宿营地，以及地方的私营承包商从各地提供食品与饲料——这种体系混合了国家组织和私营企业，共同有效地为国外的军队供应食物。

第十五单元

 仔细审读下列各句例句,找出其中存在的各类差错,并纠正这些差错:

1. 私掠船和改装商船逐渐被淘汰,它们被真正的海军所代替:国家拥有的主力战舰(ship of the line),专门为战争而建造,拥有 60 只乃至更多的火炮。

2. 20 世纪初,北欧作家和西方作家的许多作品一起被大量翻译介绍到中国。

3. 宗教热情、地区主义以及阶级对抗在后中世纪世界里随处可见,而一旦召集议会,就很难把这些问题放在一边。的确,等级会议的确是把这些问题摆到台面上的最佳时机。

4. 故而在中产阶级与国家之间并没有发展出一个健康、可能有益的对抗,恰恰相反,这种临时手段,让国家在政治上占据优势。

5. 这种情况让西班牙的哈布斯堡家族,不需要应对各省的等级会议,就可以利用财富,成为发动战争的国家(war-making state)。

6. 最后还有一说,即是"以美育代宗教"之说。这说倡自蔡孑民先生。蔡先生是提倡美育的极先锋。

7. 赌钱、打牌、畜奴等等,在做此等事的人看来,果不是合于生活的吗?

8. 至是土豪、地主、劣绅,乃水乳交溶,其相投有如胶漆。

9. 于是中国情形,遂变到与欧洲资产阶级革命(capitalist revolution)以后的情形一样。

10. 智识分子,既有如是之重要,其自身究竟是一个什么东西?就名称而论,在英文中,近来有一个最时髦的字,叫做 Intelligentia,与我们这里所谓智识分子四个字的意思颇相近。

11. 旧社会是一个三重结构(threefoldstructure)的社会：最上一层是统治阶级，最下一层是被统治的人民或农工商。

12. 恰好其时，统治阶级方面有许多野心家纷纷起来，折统治阶级自己之台，当时有罗艺，以虎贲将军的资格起而独立。

13. 在资本主义的经济尚未发达，生产方法还很笨拙的时候，堤防天灾之法极不完备；天灾差不多年年都有。

14. 民国十四年五月卅日，上海学生愤国际资本主义者之压迫太甚，痛工人顾正洪被外国资本家打死；乃在租界内分队讲演顾被杀之真相，以期唤起各界民众。

15. 这一层道理，自步达生(Mr. Davidson Black)的史前甘肃人种之生理的特征(*The Physical Characters of the Prehis Toric Kamsu Race*)问世以后，更为可信。

16. 我小时写字，常由先生作一样本，我将白纸套在样本上，依样写之；写完之后，将样本抽去，我依样写出的字，也居然象字。

17. 解牛或屠牛是多么艰险的技术；庖丁为文惠君解牛，却奏刀騞然，恢恢乎游刃有余！

18. 1921年至1927年，我曾同徐特立、柳植荀等同志组织教育工作者协会，帮助革命，曾到船山学社教书。

19. 日本面积约相当于我国二个中等省，还不及我新疆、西藏、内蒙古、黑龙江、四川、甘肃等一个省区。

20. 盖霞客之成就，仍在其游迹文章，霞客能到人所不能到，写人所不能写，此霞客之所以为"千古奇人"，《游记》之所以为"千古奇书"（并钱谦益语）也。

21. 太原、上党"多晋公族子孙，以诈力相倾，矜夸功名，报仇过直，嫁聚送死奢靡"。

22. 巴尔德尔是奥丁与妻子女神芙里格所生的神祗，他性格纯真，善良温和，极富同情心，而且聪明英俊，光彩照人。

23. 19世纪90年代,英、法、德、俄、美、意、丹麦等约15个国家的大学里都开设了比较文学课程,哈佛大学和哥伦比亚大学甚至成立了比较文学系,并且于20世纪,中叶首次酝酿成立比较文学国际学会,从而形成国际上第一次比较文学研究热潮。

24. 美国著名电影《爱情故事》的主人翁像谈论历史学一样的谈论比较文学,毫无新奇感。

25. 更何况并非一位西方理论家说过,最时髦的后现代主义实际上是一种现代保守主义。

26. 历史的看待比较文学,它确实是19世纪文化和批评传统的产物。

27. 文章选择三个与视觉研究相关的20世纪70年代电影理论略加阐述。

28. 他们的学术强项除西方文学理论外,包括18世纪的英国小说、英国浪漫主义诗歌、德国接受美学、法兰克福学派、西班牙文学史、文学的言语(speech-act)理论、美国的亚裔文学(当时尚属新专业)等。

29. 马克思在《共产党宣言》中曾有过一段对资产阶级不无赞美的描写:"资产阶级在它的不到一百年的阶级统治中所创造的生产力,比过去一切世代创造的全部生产力还要多,还要大。自然力的征服,机器的采用,化学在工业和农业中的应用,轮船的行驶,铁路的通行,电报的使用,整个整个大陆的开垦,河川的通航,仿佛用法术从地下呼唤出来的大量人口……"接着,马克思继续指出了物质层面的巨变所引发的精神层面的裂变:"一切固定的古老的关系以及与之相适应的观念和见解都被消除了,一切新形成的关系等不到固定下来就陈旧了。一切固定的东西都烟消云散了,一切神圣的东西都被亵渎了。"

30. 在1900年前后,上海、天津、广州、武汉等通商口岸,迅速形成了几十万,甚至上百万的不同于传统农村集镇的工商城市。

31. 他以近代的古今、中西思潮的演变为论述的坐标。

32. 同治末年起,上海发昌机器厂和南海继昌隆缫丝厂先后创建,成为中国民族资本主义的先声。

33. 我记得在读硕士研究生期间(1982—1985),我还去旁听过外国文学专业研究生的《英美诗歌专题》的课,由留美归来的著名外国文学专家用双语讲课。

34. 他对古典中国的凝视,不仅是个体的独立的自然人的凝视,而是文化凝视。

35. 阐释循环说出自德国哲学家伏尔泰,提倡的是"个体与整体间的循环""古今间的循环"以及"史实与理论间的循环"。汪荣祖曾就伏尔泰的"阐释循环说"加以撮要阐发。

36. 譬如汉语的常用词"天"在英语中就找不到对应的词汇,翻译成"nature""sky"并没有错误,但是只翻译了"天"的一部分意义;当孔子说"获罪于天,无所祷也",这个"天"用"nature""sky"等词汇来翻译肯定犯错,而用"god"来翻译似乎倒有合理之处。

37. 原来这个文化产生的词汇在另一个文化中压根就找不到对应的词汇,甚至这个文化产生的文体在另一个文化中根本就没有(如在中西对话中中国的赋与西方的史诗)。

38. 英语中的"symbiosis"是一个生物学术语名词,该词是中世纪英语词汇。

39. 该亚是古希腊神话中最早的神,开天辟地时由混沌所生,是掌管大地的众神之母,西方人至今仍把地球称作"该亚"。

40. 1992年在里约热内卢召开的联合国地球峰会上,155个国家签署了《里约环境发展宣言》(*Rio Declaration on Environment and Development*)、《21世纪议程》(*Agenda 21*)、《生物多样性公约》(*United Nations Convention on Biological Diversity*)、《森林原则》(*Principles for the Sustainable Management of Forests*)等文件。

41. (2)宗教文本、文学文本与非文学文本(包括科技翻译文本、影视翻译文本、歌曲翻译文本、机器翻译文本、网络翻译文本、可视翻译文本)等共生关系。

42. 可就是这样一群人,却打败了有美国支持的蒋介石八百万正规军,直到把老蒋赶去台湾建立了新中国。

43. 既然做了这女中的老师,就该尽量的温和亲切,让女学生感觉可近可亲才对,像雷锋叔叔说的,"要春天般温暖"。

44. 你想想,她每月工资才一百另点儿,每天都要吃好多药,还要不断去看医生,怎么可能回老家?

45. 从前的东北大姑娘是抽烟的,不是说了吗,"东北三大怪,十八岁姑娘叼个大烟袋……"

46. 弄得婷婷来我跟前替她报屈,说是小姐姐怕吵了婉儿才不让人进门,冷落了东北老乡心里难过。

47. 两年后有了自己可爱的女儿,那小丫头令人吃惊的像极了姥姥。

48. 随着我国社会的沧桑巨变,高等教育的改革与发展,已成为中国特色社会主义建设事业中的重要议题。

49. 而英国学者柯根(M. Kogan,2000)则将政府控制与功利目的之结合归于"贝尔纳的社会主义模式"(Bernal' socialist model)。

50. 这一时期我国的高等教育可以划分为两个阶段,高等教育的全面停顿阶段(1966~1972年)和高等教育招生的恢复阶段(1972~1976年),我国的高等教育制度的演进经历了颠覆、恢复与扭曲的过程。

51. 以1966年高校招生的停办为标志,中国的高等教育进入制度虚无的境地。

52. "学生以学为主,兼学别样,也就是不但学文,也要学工、学农、学军,也要随时参加批判资产阶级的'文化大革命'斗争。"(《关于无产阶级文化大革命的决定》)

53. 1967年10月14日中央文革小组发出《大中小学校复课闹革命的通知》,高等学校纷纷出台各种各样的"教育革命"方案,全面否定了建国17年来形成的教学管理、教学组织和教学运行制度。高校的学生全面卷入政治活动中,参加大串联和上山下乡,学校教育完全停顿。

54. 朝阳农学院的办学模式,是"文化大革命"时期的又一个"教育革命"经典。

55. 当我们看到一个新闻,看到一条微博,心里总会想:"是真的吗?"

56. 科学的描述暗示,常识实在不过是一个假象,至少我们感觉到的世界,在某些方面并非如其所是。

57. 确实,许多科学的增长,都取决于对以前收集材料的主要方式的感觉经验的日益减少的依赖。

58. 正如安简·查克诺瓦提(Anjan Chakravartty)所说,毫不夸张,有多少人讨论科学实在论,就有多少种定义。

59. 经验主义的挑战:主要是逻辑经验主义者及其同盟提出的。

60. 后现代主义的挑战:正在兴起的"科学学"研究传统的文献的、社会学的和历史的研究认为,科学、知识、证据和真理都是"社会建构的"。

61. 第二,实在论承诺的是科学中提出的大部分不可观察实体。

62. 自然科学还告知我们事物的最终本性,在对实在的基本结构的研究方面,常常取代形而上学。

63. 语义学主题,认为科学理论必须从其本身价值(face value)来理解,它们都是对各自领域的具有真值条件的描述。

64. 科学实在论思想帮助哥白尼(Wicolaus Copernicus)开启了新的研究传统。

65. 《科学实在论的形而上学——认识不可观察之物》(A Metaphysics for Scientific Realism-Knowing the Unobservable)

66. 从语义学维度看,科学实在论承诺科学关于世界的主张的字面意义。

67. 如果一个人认为成功的新的预测是总体上实在论承诺相符的理论的一个标志,那么解释主义认为,理论中对做出新的预测不可或缺的那些方面,是理论和实在论承诺最相符的部分。

68. 在任何成熟的科学中,成功的理论都表明它与前理论保持着相关的逻辑联系。

69. 科学实在论的论证之一就是无奇迹论证。

70. 因为他认为在科学理论的证实和证伪上是不对称的。

71. 归纳推理(2):2013年第一季度上海人均月薪为7 112元,
　　　　　　　王五在上海工作,
　　　　　　　王五月薪7 112元。

72. 归纳推理(3)：复旦大学 80%的学生来自上海以外的其他省市，
            张超是复旦大学学生，
            张超是外省市学生。

73. 皮尔斯著作的编撰者掩盖了他的思想从认为退出一种解释假说的溯因推理可能是某种确证的形式，到认为它只是一种发现的形式的微弱观点的转变。

74. 我们经常能够提出一个假说来解释某个令人困惑的事实，但是由于有其他解释的可能性，这种假说不能接受。仅仅有个理论来解释事实，远不能保证理论是真的。

75. 在日常生活或科学研究中，有些问题是解释问题。如果有些信息需要解释，而且又有可供解释的现存规律，只要做出一些假设就可。

76. 因为他无论如何也不能得出真正的原因，他需要采用这样或那样的假设，才能从几何学的原理出发，对将来以及过去正确地计算出这些运动。

77. 1581 年耶稣会数学家克里斯多弗·克拉维斯就宣称哥白尼是通过从错误的公理中得出行星运动定律来拯救行星运动现象。

78. 马赫对科学理论以及其中涉及的实体对象都做了工具主义的假释。

79. 第二次世界期间，许多著名的逻辑经验主义者移居美国后在美国形成新的研究热潮。

80. 正如范·弗拉森所说："提出一种理论，就是详细地说明一簇结构及其模型。"

81. 2002 年 1 月 1 日，欧元正式启动。六个月后，欧元国的货币停止流通。现在，欧元已经成为居美元之后的第二位国际货币。

82. "门户开放"政策是帝国主义列强激烈争夺中国的产物，在扩大美国在华利益的同时，强化了中国半殖民地半封建的社会秩序，促进了帝国主义共同控制中国的局面。

83. 上述材料中说到"政府准备向联合国教科文组织申请将该镇列入世界人类文化遗产名录"，请你为此向联合国教科文组织写个申请。

84. 青铜时代是人类物质文明发展的一个重要阶段，也是古代先民创造了辉煌灿烂的农业文明的标志之一，则能与青铜时代相对应的生产工具是：(　　)

85. 康熙严厉批评那些只言"垦田积谷",不顾"食众人寡"、人口猛增的官员,斥之为"不识时务"。

86. 因此他又下诏规定自康熙五十年(1712年)起,"盛世滋生人丁,永不加赋"。

87. 17世纪就有人提出"每一个国家有三种权力:(一)立法权力;(二)有关国际法事项的行政权力;(三)有关民政法规事项的行政权力"。

88. 屹立于哈得逊河滨的"自由女神"塑像,是法国政府在美国独立100周年赠予的国庆厚礼。

89. A. 铁路设备、柴油内燃机　　　　B. 电灯泡、蒸汽织布机
    C. 蒸汽锤、铁路设备　　　　　　D. 电话机、水利纺纱机

90. 词汇题要求考生阅读一篇删去若干词汇的短文,然后从所给的选项中选择正确的词汇填空,使短文复原。

91. "博学而笃志,切问而静思"成为现在复旦大学的校训。

92. 农民阶级又进行了义和团运动,在中外反动势力的联合镇压下失败。

93. 新中国成立后,美帝国主义要颠覆新中国,派第七舰队进攻台湾海峡,阻挠中国人民解放军解放台湾。

94. 如:通过对以上材料的分析和近代中英两国对铁路这个新生事物表现的差异可以得到的启示是国家要强大必须要发展经济,发展经济必须要更新观念。

95. 主要内容可用"3R"来概括,即复兴(Recovery)、救济(Relief)和改革。

96. 经参议院同意,总统有权缔结和约。总统提出大使、公使、领事、最高法院法官及合众国政府其他官员,经参议院同意,任命之。

97. 联合国教科文组织将哥伦布发现新大陆定为"全球纪念日"是从这一事件对世界历史发展所产生的影响来做评价;而美洲的许多国家将此定为"种族日"是出于欧洲殖民者对美洲的侵略和掠夺的愤怒而对此进行抨击。

98. 以康有为、梁启超为代表的资产阶级维新派进行了资产阶级改革,掀起戊戌变法运动,因那拉氏的镇压戊戌政变失败。

99. 华盛顿:由松散的联邦改组为拥有统一主要政府的联邦国家。林肯:面临南方奴隶主想要分裂国家的状况。

100. 国会通过《社会救济法》,建立养老金制度、失业保险制度和对残废及无谋生能力者的救济制度。

第十六单元

 仔细审读下列各句例句,找出其中存在的各类差错,并纠正这些差错:

1. 本题考查能根据题意正确、连贯、贴切地进行书面表达。

2. 划分农村家庭的阶级成分,简单说来是指土地改革运动中,依据土地占有、是否劳动、有无剥削三大标准,将各个家庭分别划分为地主、富农、贫农等不同的阶级。

3. 1960 年代的"四清"运动是在最高领袖直接领导下,根据中共中央部署进行的社会主义教育运动。

4. 国家文化作为一个复杂的社会混沌体,很像一座巨大的冰山。冰山之上是上层建筑,冰山之下是经济基础。

5. 洛克菲勒的三个独生子都是慈善家,长子约翰·D·洛克菲勒三世于 1952 年成为家族基金会的主席,致力于扶助黑人中小学。

6. 上述这些事实的宏观社会背景是,截止到 2015 年,占美国人口 13.7% 的 4 300 万非洲裔民众的购买力将达到 1.3 万亿美元。

7. 事实上,在英美国家,陪审制的存废一直备受争议。

8. 谷歌,正是平台化融合的引领者之一,尽管它距离成功还很远。

9. 在议会民主制催生之下,政党恍如雨后春笋,"从 1911 年武昌起义至 1914 年 1 月国会解散,新兴的公开的各种政党会达 682 个,其中从事政治活动的约有 312 个"。

10. 2015 年 7 月,凤凰传媒集团以 8 500 万收购了一家美国童书出版商。

11. 5月8日,俄罗斯在莫斯科红场举行了纪念卫国战争胜利70周年的盛大阅兵式,包括习近平主席在内的许多当年参加过、支持过卫国战争的国家领导人都亲临现场。

12. 不少小品、相声中充斥着违反常识的装傻卖呆、违背常理的插科打诨、违犯逻辑的自相矛盾,把弱智、诡辩当笑料。

13. 以拼成了"永远拼不成"的七巧板—红楼两年问题为例。

14. 改革开放30余年来,中国人的思想观念发生了很大的改变。

15. 第三次信息技术的革命是印刷的发明。

16. 这些词在它们各自所属的智慧型态中都具有大致相当而都非常特出的位置。

17. 他将UCSB(加利福尼亚大学)和University of Utah(犹他州大学)等学校的四台主要的计算机连接起来。

18. 语句当它是以直陈的方式出现的时候便相应地也可以作为真值的承担者。

19. 这里的力量指的是组织领导人的承诺、能力、道德性和团结性。

20. 英国新劳动党在1997年重返内阁的时候,采用了一种不同的解决方案,它以更多的合作关系和构建新的治理空间为基础。

21. 在这里,最有实力的非政府组织更愿意与国家政府进行直接往来。

22. 因此,政府对非政府组织的态度是一个关键决定性因素。

23. 有的会长出翅膀并飞到其他的植物身上摄取食物,有的无法长出翅膀而只能停留在自己的植物上。

24. 美国加州伯克利分校曾被怀疑在招生中有歧视女性的嫌疑,因为全校的女生录取率明显低于男生。

25. 以往的争论之所以显得扑朔迷离、难有定论,很大程度上是因为未能区分经验研究层面上的基因选择(genic selection)与在方法层面时的基因视角下的演化(gene's eye viewpoint)。

26. 知识分子(intelligentsia)一词最早来源于俄文 интеллигенция,它出现在19世纪的俄国。

27. 分属不同共同体的知识分子在最基本的价值上也可能完全不同,甚至是对立的。

28. 既然知识分子话语的合法性是由知识体制来提供的话,这就意味着只能在知识体制内部寻求成为公共知识分子的途径。

29. 它由若干个著名的公共杂志,如北京的《读书》《走向未来》《文化:中国与世界》,上海的《文汇月刊》《书林》,武汉的《青年论坛》等作为舆论空间。

30. 当知识分子一旦将这样的专业知识放到广阔的背景或社会背景加以考虑,阐释其内在的价值和意义,并以此为背景反思社会公共问题,这就从专业走向了公共,专业领域的权威就转变为公共领域的权威。

31. 具体而言,是一套在知识的建构和交往的历史、批判的社会实践中所形成的普遍规则,有点类似于古德纳所说的评论性的论说文化(culture of critical discourse)。

32. 那时想的是如何昌明旧学,融化新知。想的是东海西海,心理攸同。

33. 我一生中——尤其在"文革"及运动中,经历了太多得残暴、冷酷、兽性。

34. 凌晨光与逃亡路上、饥寒病弱濒死之际回忆起自己的一生,却始终以他对亡妻绿娘的悲悼之情所贯穿。

35. [法]雅克·德里达:《马克思的幽灵:债务国家、哀悼活动和新国际》,何一译,人民大学出版社,2008年,第4页。

36. "电影作为艺术",仍是一则抗辩式的宣言,其真意,并非为电影声辨。

37. 即,对马克思《1844年哲学、政治经济学手稿》的重提,对青年马克思之人道主义论述与倾向的强调。

38. 若说三种结局的并置,更多地显现了七八十年代之交中国电影人的叙事与影像形式(曰语言)试验热情,那么,影片对叙事/摄制行为的自我暴露,却有效地实践着对艺术家/知识分子之社会角色的(自我)彰显和指认。

39. 就电影叙事而言,设置人物化的叙事人,不仅先在地设定了形而上的视点——叙事观点与基调,而且意味着此人物的眼睛,成了影片叙事的视觉中心。

40. 在社会政治实践的转喻形态:历史文化反思运动之中,寻根写作中隐现叙事主题:无水的土地与无偶的男人,成为伤痕写作中政治暴力阉割故事的变奏形态。

41. 其中于50年代中国最负盛名的《侦察查员的功勋》(一译《永远的秘密》)和《最高的奖赏》,事实上成了中国这一类型的叙事范本。

42. 青年时代与日本求学的鲁迅——20世纪中国最重要的思想者做出了"弃医从文"、尝试"疗救""沉默的国民灵魂"的决定。

43. 这间或由于中国在短暂的100年间经历由又古老帝国、世界文明与商贸中心遭受帝国主义"坚船利炮"的暴力冲击与掠夺,堕为"东亚病夫"的创伤性落差相关。

44. 这条被称为中国"国民性"反思的书写线索,一如现代中国文化的其他脉络,为第二次世界大战/中日战争的爆发(1937)而改观。

45. 正是同一位演员乌尔利希·穆厄(Ulrich Mühe)出演了《窃听风暴》中的有良知的东德秘密警察魏斯曼(Hauptmann Gerd Wiesler)及成为"理性"与"人性"证明的、纳粹党员拉贝。

46. 以毛泽东时代作为官方艺术的金科玉律的斯坦尼斯拉夫斯基的戏剧理论和表演体系为例。

47. 而在《万寿寺》中,薛嵩为捕获红线的囚车(此间极富情趣的,是红线热情洋溢地参与"组装"这具自己的牢笼),刺客到来之时,却成了他们的庇护所。

48. 他从其中读出了现代汉语的韵律,并它当作了自己写作的尺度、楷模与范本:一种纯净、优美、富于韵律的现代汉语。

49. 有情有义的前九连连长谷子地（张涵予饰）独自直面着历史的巨轮，顽强固执、几近偏执的向历史所要着个人的姓名/位置、记忆的权力。

50. 然而，此间真正的换缪的不仅是冷战逻辑的信奉者自身的矛盾陷落，而且欧洲经典在冷战年代所扮演的远非单纯地文化角色。

51. 夜间摄影获得的资料表明，并非鬣狗作为自然的清洁工，食用猛兽的残羹余屑；而是相反，猛兽，尤其是狮虎经常食用它们自猎狗那里夺来的残羹。

52. 影片《好汉不回头》，编剧：孙殿安，导演：张汉杰，主演：陈保国、常江、徐成林。西岸电影制片厂，1996年12月通过审查，在2001年前后与各大主要城市上映。

53. 而国内政治斗争中的敌对"阶级"，只是这一国际政治情势的对应物或衍生物：或者是地（主）、富（农）、反（革命分子）、坏（分子），或者是"右者分子"，或者是"走资本主义道路的当权派"。

54. 影片的原作、19世纪英国著名女作家简·奥斯汀的名篇，同时英语文学的瑰宝和英国文学史上的经典。

55. 这是两大阵营、两种制度间的对峙与现代中国历史上国共两党、新旧中国的间的殊死搏击。

56. 《色·戒》的编剧之一王蕙玲谈到易先生形象的充实参照了国民党秘密警察的头目：戴笠的形象，并提及了抗战期间"汪政府和重庆政府之间互通款曲，私下往来的暧昧情势"。

57. 事实上，国、共间的党争，尤其这一事实竟有冷战年代的放大，始终内在地撕裂着中国之抗日战争的历史叙述的明晰。

58. 当伦敦连环爆炸案发生，案犯并非外来潜入的"恐怖分子"，而是阿拉伯裔英国公民之时，当美国政府间或揭露出某个非美裔（多为华裔）美国公民的间谍行径之时，全球化时代，民族/国家之为不甚紧密的耦合"叙事"，便再度曝光于世。

59. 20世纪后半叶的风云激荡、20世纪的革命，正在于人们试图回应这些浩劫、灾难，尝试寻找别样的可能性和出路（alternative）。

60. 大学应用语文课程的开设正是适应现代社会转型及应用的需求,它在高级应用型人才培养方面有着极其重要的作用,它是人们社会交往、思想交流的重要工具,适用范围十分广泛。

61. 为发挥双方优势,共谋发展,并为今后逐步向集团组建过渡,甲乙双方经过充分协商,特订立本协议。

62. 建立密切的技术合作关系,今后凡甲方承接的工程、装修设计任务均交给乙方承担。

63. 不但签订协议的目的明确,而且签订的条款符合法律规定的权力义务对等的原则。

64. 合同期满若甲方不再需要乙方所派遣的员工可即行终止,经双方协商一致,可续订本协议。

65. 传统认为,先验的真与必然的真是紧密相联的,这就是说,一切先验的知识都是必然命题,一切必然的知识都是先验地知道的。

66. 至于散见于其译作前言后语中的他关于翻译具体技术性问题的看法和意见,或曰翻译理念,均是奠基于此。

67. 一直到一九四九年二月付印的《狱中二十年》(作者:妃格念尔;出版社:文化生活出版社),巴金共译介出版专著五十余种(包括合译、修订本),其中包括安那其主义理论著作、革命者传记、小说、戏剧、诗歌、童话、画册等。

68. 因此,我不将称命令句的涵义为思想。

69. "真"其实正在为思想提供一种标准,以此来衡量思想的完整性,从而避免思想被任意的解读。

70. 其回答是明确的:在国民公会中,在它们讨论和决定的东西中;在无裤党人的集会中,在热月党人的军队中。

71. 列宁的布尔什维克模式,其特征是其政治的条件作用(即无产阶级政治能力必须认识到自身的条件,政党将这个要求具体化了),其场所是苏共和苏联,它发生的区间在1902年(列宁的《怎么办?》)到1917年(苏联的崩溃以及党内的"分化")之间。

72. 法国的议会模式,起始于1968年,其独特性加快了国家的功能性和共识决定(于是,政党是国家性的,而不是政治性组织)。

73. 我们知道,集会的主权,在以萨特所谓的"融合群体"(groupe en fusion)的模式中实施了一种恐惧—友爱(la fraternité-terreur)。

74. 正是意识到了人们的认识真理能力的完全平等,圣茹斯特在1794年4月,即在国民工会(Convention)前夕,定义了公意(conscience publique)。

75. 内镜的发展大致可以分为以下几个阶段:即硬管式内镜、半可屈式内镜、纤维与超声内镜、电子内镜、胶囊内镜等。

76. 该电子内镜主要由内镜(endoscopy)、电视信息系统中心(video information system center)和电视监视器(televisio monitor)3个主要部分组成。

77. 在20世纪80年代诞生了内镜、超声探测仪联合装置——内镜超声(endoscopic ulrtasonography)。

78. 早在公元前4世纪,Hippoerates就指出:"医学干预首先必须尽可能无创伤,否则治疗效果可比疾病的自然病程更坏。"

79. Schindler的妻子Gabriele当时是1名助手,在23岁与Schindler结婚。

80. 目前,世界各国基本采用E. H. Spaulding1968年根据医疗器械的造成感染的危险性大小,及患者使用过程之间所要求的消毒或灭菌设立E. H. Spaulding分类。

81. 戊二醛特点:广谱、高效、快速、刺激性小和水溶性稳定,与材料具有良好的兼容性,不损害材料,是WHO推荐肝炎病毒的消毒剂。

82. 西方各国、日本、澳大利亚等有长期接触戊二醛的暴露浓度限制。在未来应该被其他产品所取代。

83. 每季度必须对消毒的内镜做生物学进行检测,每个月必须对灭菌的内镜及附件进行生物学检测。

84. 哲学界有两位芝诺：一为埃利亚的芝诺，二为后来基提翁的芝诺（公元前320），现在人们只记得后者是斯多葛学派奠基人。

85. 然而德谟克利特又赞同巴门尼德和芝诺的观点，提出如果宇宙仅有物质组成，运动将是不可能存在的。

86. 伊壁鸠鲁的哲学流行了近600多年，自始至终保持着对其创始人教义的忠诚，直到罗马人偏好于斯多葛派时才日趋没落。

87. 第欧根尼与亚里士多德生活于同时代，但他的哲学风格与方法与柏拉图学院的教导相去甚远。

88. 而自1968年学生运动成长起来的若干理论家（如列斐伏尔、福柯等）以及诸如齐泽克、鲍德里亚、拉克劳、巴迪欧、大卫·哈维、奈格里等数都等不过来的或可称作后马克思主义时期的左派思想家们，在研究版图上也都是可与阿尔都塞分庭抗礼的人物。

89. 研究过程既收获了学术，也收获了成熟的生命体验及其爱情。

90. 后结构主义的代表人物（利奥塔、福柯、德里达、德勒兹）中，阿尔都塞与德里达和福柯是亦师亦友的关系，都切身聆听了阿尔都塞对马克思的重新解读，并在这种重读中寻求马克思与黑格尔断裂的主要方式。

91. 阿尔都塞对观念论的批判，目的在于削弱思维或者精神对于身体的优势地位，这是自古希腊以降的传统即身体是灵魂的监狱。

92. 可见，无产阶级作为革命主体，是被做实在资本主义生产方式和无产阶级的属性特征中。

93. 而苏联担心的是，这种运动将会被美国视为政治和甚至是军事干预的借口，而这是苏联无法面对的挑战。

94. 当然，这里面涉及苏共二十大之后，国际共产主义的理论策略。一方面赫鲁晓夫治下的苏共，被谴责为犯了修正主义的错误；另一方面，法共自身缺乏正确的理论和形势判断，犯了教条主义的错误。

95. 尽管罗素事实概念实际上面临着非常严重的困难,但是这些困难并不意味着它是空洞的。

96. 在这些大环境下,所谓革命的守护神其实不过是革命这个理念的守护神,然而这和他们所处的世界是一个着不了火的世界。

97. 我们认为,从结构纬度分析功能,再结合具体的马克思主义,体现形式和内容的一致,这才是解决问题的重要方法论。

98. 有了这一结构视野,关照现实,我们就能较好地解释长期存在的理论和现实问题。

99. 马克西姆·高尔基(Максимо Gorky)说:"一个人追求的目标越高,他的才力就发展得越快,对社会就越有益。"

100. 把斗争和终极关怀相联系,毛泽东有名言为证:"与天斗其乐无穷,与地斗其乐无穷,与人斗其乐无穷",故我们称革命人生观为斗争哲学。

第十七单元

 仔细审读下列各句例句,找出其中存在的各类差错,并纠正这些差错:

1. 中华人中共和国成立初期,社会性质是新民主主义社会,是过渡性质的社会。

2. 关于"无产阶级志政下继续革命"被认为是马克思主义发展史上树立的"第三座伟大的里程碑",甚至被尊奉为"最高最活的马克思主义"和"当代马克思列宁主义的顶峰"。

3. 1957年"反右倾",把党内斗争等同于阶级斗争,随后又提出"千万不要忘记阶级斗争","阶级斗争要年年讲,月月讲,天天讲",夸大了阶级斗争的范围。

4. 这时的你,执子之手,琴瑟合鸣,你们的心便敞向同一个方向,只为迎接那只艺术的青鸟栖息。

5. 而散文诗通过诗的语言与细腻的散文形式及其注重的音乐律动,给大家一个声形并茂灵魂的冲击,深刻着大家的心房。

6. 溪水糅合纤腰女子,兰花布衣包裹标致的曲线,时尚细致,将羞涩的温润装在镜匣里,留下妩媚的身影,圆滑、灵动,浸透湿湿的心情。

7. 复发(再发),指既往曾发生过所研究的疾病、并已痊愈,但在本次观察时期内又再次发生。

8. 既往定义的"发病率是指易感人群(population at risk)在一定时期内,发生某病新病例的频率。

9. 乘坐CZ6659航班6月3日从成都到九寨沟共有乘客110人,7人发病,其中旅行团成员23人,7人发病;7名在九寨沟加入旅行团客人7人,2人发病。

10. 不过,通常这些在中国叫做"哲学"的研究,往往会把本非哲学的禅思想当做哲学,"抽取而叙述之",于是不免有圆枘方凿之嫌。

11. 属于传说时代的情况,我们暂且不管,禅宗作为一个拥有实体的势力登上中国历史舞台的,是在初唐至盛唐之间。

12. 众所周知,南泉临终时曾说:"向山下檀越家作一头水牯牛去。"(《祖堂集·南泉章》,第298页下段,第590页)。"牯牛水",似乎与这里所说的"狸奴白牯"同义。

13. "中国禅,实质上始于马祖"(入矢义高《马祖语录序》)。我们不但要理解这句话不仅指出了马祖其人的教义构成了中国禅思维的起点,而且还包括了马祖门下对马祖教义的继承与反抗的对立局面,同时也决定了以后禅思想史的运动原理这一含义。

14. 《祖堂集》卷3靖居和尚章,即青原行思章载有与菏泽神会的问答。

15. 师问尼众曰:"汝姆爷还在也无?"对曰:"在。"师曰:"年多少?"对曰:"年八十。""阿爷",是口语,意指父亲。

16. "幸自可怜生,须要执巾箒作么",意思是叱责对方好不容易拥有了一个完整的自我,却又特地去希求什么"诸佛之师"之类的绝对者,岂不是把自己降到一个下贱地步的做法吗!"执巾扫",意指拿着抹布、扫帚从事底下活动。

17. 1937年(47岁)—任中华民国驻美国全权大使(至42年52岁)。

18. 非常凑巧的是,那次我也正好带上了一篇刚刚发表在日本学术杂志上的道元禅学研究的日文小文的抽印本,遂不揣浅陋,以该文见赠,并向傅先生请教。

19. 智库保持影响力的秘诀是:"高质量、独立性和研究人才(quality, independence and talent)",现代背景下智库保持影响力就要站在全球视野中寻求发展。

20. 任何事物都具有两面性,仅因某一方面的原因放弃所有是不明智的,应当从中加以把握,寻求发展。

21. 伦敦政治经济学院(London School of Economics)城市中心主任里基·伯德特(Ricky Burdett)认为,都灵是另一个涅槃重生的意大利城市。

22. 经过40多年的经济增长,每个国家之间的连接关系产生了巨大变化。

23. 因为中国目前已经成了整个全球的制造业中心,所以中国现在比日本更重要,更处于核心地位,很多的国家都是通过中国和全球经济联系在一起的。

24. 韩国外贸出口总额2011年出口总额达到5 565亿美元,且超过六成是高附加值的电器及电子、运输设备和机械及精密仪器等产品。

25. 苹果公司的成功并不因为技术创新上的重大进展,而得益于商业模式的创新。

26. "他山之石,可以攻玉"。国外许多国家的城镇化进程都走在了中国的前面,它们的经验值得借鉴。

27. 通过连锁产业的落户,能快速有效地产生大量就业岗位,包括商业、物流业、旅游业、手工业等,有效地解决了农民市民化过程中的再就业问题。

28. 当前我国的社会道德教育存在形式化、表面化倾向,并没有实质性的起到道德教育的作用。

29. 公民道德教育不只是单纯的个人道德完善,而是要注重培养适应现代社会和生产所需要的基本道德素质。

30. 各种政策导向来培养"问题意识"和"本土意识",使更多知识分子关注当前中国社会转型中面临的各种问题。

31. 中国需要以长远的眼光,以50年、100年的时间纬度来规划中国的海洋战略,并在实践中扎扎实实地去练好"内功"。

32. 关于"梯队"间谍网络,法国、德国和其他欧洲国家谴责美国和英国的行为无异于"国家撺掇盗版"(State-sponsored information piracy),因为它们怀疑美国可能非法使用这个网络搜集贸易谈判的情报,并且同欧洲人竞争向沙特阿拉伯出售喷气式飞机。

33. 从以上可以看出,随着因日本对外扩张而引起的中日军事冲突的危险性增大,清国作为日本最大敌国的形象,在山县的意识中也越来越强烈、清晰。

34. 由便道入汉口乘船至上海归国,乘船途经扬州府时,他还下船绘制了城外局地图。这次"旅行"途经的县、府近 20 个。

35. 日本海军在明治早期没有建立起陆军那样的"驻在将校"制度,但也不时派员来华,以沿海地区为中心活动。据史料所载,早在 1972 年海军就派高屋少丞等五人来上海。

36. 最良好的政体不是一般现存城邦所可以实现的,优良的立法家和真实的政治家不应一心想望绝对至善的政体,他还须注意到本邦实现条件而寻求同他相适应的最良好政体。

37. 当然,中国自主建构现代制度体系并非一步到位,经历了一个艰难的试错和选择的过程。

38. 商品、服务和资本史无前例地全球流动造成了西方民主国家的"治理危机"(crisis of governability),这一点很多政治学家都有所记述。

39. 此外,在西方式民主中,真正的掌权者是在选举中由人民选出的人,这个事实往往意味着"官僚机构"不重要。

40. 第五,领导选拔过程是否允许领导者有足够地时间对道德问题和政治问题进行系统性的反思。

41. 前中共中央党史研究室副主任章百家认为,在经济制度发生重大变动时,政治制度的相对稳定至关重要。

42. 改革开放以后,中国主动地融入国际社会,以全方位的改革开放格局和引人关注的发展速度为世界经济的发展做作了自己的贡献。

43. 约翰·弗里基提到文明间的危机或者问题,从中国的角度来看,我们阅读西方媒体的涉华报导,尤其是西方媒体的涉华报导,他们往往建立在这样一种认识上:从政治角度来看中国与我们不同,中国是不文明的。

44. 改革开放前,中国派了大量考察团到美欧学习,这对中国建立市场制度等十分有益。

45. 欧洲人为了摆脱这个冲突,把创建共同体的认识起点进行了革命性的变化——从上帝回到了人自身。

46. 这一新的巡视制度目前还不完善,但在慢慢走向成熟。就如选举制度有很高的成本一样,这一制度也有很高的成本,但相对于出现对于官员的无能和腐败而言,这一成本是值得的。

47. 此外,在1989年苏联解体后兴起的所谓"第三波民主化浪潮"中,国际社会对各国的内部政治制度进一步施压,再次彰显了以普遍性原则评估政府关系的趋势。

48. 弗洛伊德曾从精神分析学说出发,将人的崇拜意识的起源归之于俄狄浦斯情结即生命原始的性的罪恶。

49. 由于漫长的农业文化进程社会生产力水平一直相对低下,使得笼罩于中华数千年的儒字号的政治伦理"乌云"一直"夜幕低垂"。

50. 还有的中国建筑屋顶的檐口,呈为一条微微反翘的弧线,让人见了,实在可以说是柔情万锤,美不胜收。

51. 这里有释迦佛象、太上老君象、关公象、李时珍象,还有当时民间信仰的土神象。

52. 玛格丽特·马斯特曼(Margaret Masterman)曾对《科学革命的结构》全书作过一番检索,发现"范式"一词竟然有21中不同的用法。

53. 用他自己的话来说,为了更好地理解和捍卫最佳解释推理及其指导性主张,它采用的关键策略是一种步步为营的"三部曲"或(the three-stage picture)。

54. 一个运动理论必须要解释物质微粒之间引力的原因呢,还是只要指出存在着这种引力就够了?

55. 但从历史角度看,这个新体系却是一个极大的成功;《天球运行论》(De Rerdutionibus Orbium)使哥白尼的一部分继承者相信,日心天文学掌握了解决行星问题的钥匙,而且这些人最终给出了哥白尼所追求的那种简单而精确的解答。

56. 他在1999年发表了一篇论文,标题颇为有趣,叫做"Rationality and Objectivity in Science, or Tom Kuhn Meets Tom Bayes",可译为《科学中的合理性和客观性》,或《汤姆·库恩遇见汤姆·贝叶斯》。

57. 序幕:和平女神:两次世界战争间的造像与毁像

58. 他为自己所设定的目标是要找到一种令人满意的真理定义,这种定义即是在内容上适当地,又是在形式上正确的。

59. 进而裨益于其推进对大上海地区的建设与发展,从而最终实现立沪自强乃至手绘租界的目的。

60. 因此,笔者认为,这种不仅体现于纪念碑的设立和纪念像像主的选定,也体现在新城规划与建设的选择的"纪念碑性"状况的出现和维持,是与上海市内欧美殖民式强权与华人(特别是华界执政者)的民族情绪对峙的结果。

61. 包括陈其美、李平书、宋教仁、叶澄衷等为上海或中国的民族事业作出过极大贡献,此时都被塑像纪念。

62. 与同期世界上风起云涌的民族主义政治运动(特别是威尔逊十四点原则引领下的民族解放、民族自决思潮,与各殖民地对宗主国的反抗)和民族主义在艺术创作中的体现(如马克·夏加尔的绘画、安东尼奥·高迪的建筑、阿诺尔德·勋伯格的音乐、阿尔贝·加缪的文学、让-保罗·萨特的剧作)是不能割裂看待的。

63. 此后战事便已人尽皆知,从吴淞口的四行仓库,国军虽然倾尽全力,猛烈抵抗,但终因装备落后、运兵乏速、谋略失当等多重原因,最终丧失了这座远东最大的城市,历时三个月的淞沪会战以日军惨胜收尾。

64. 次日清晨,日军自虹口经过苏州河上各桥梁开进公共租界。中区(西藏路以东)由陆军管辖;西区(西藏路以东)由陆军管辖。

65. 甚至,连在城市雕像面前举行"团体婚礼"之类今日看来匪夷所思之事,在当时都多次出现。

66. 自然,这两种目的又是殊途同归于日本"共存共荣"的核心主张下的。

67. 一个文化人只是一个弱者。我们住在一所打在现实的地基上面的房子。如今动摇的不是房子,却是地基。所以在街头遇见一个伤兵,就你有人迎面揭发我的隐私,我的心头激起一股惭愧和感谢的热情。他为了保护我和我的梦而受了伤,我要过去吻遍他英勇的伤口。——李健吾:《切梦刀》(1937年)

68. 孤岛时代彻底结束,上海完全落入汪政权的控制之下。

第一部分 纠错练习

69. 德意志联邦共和国,作为欧洲中部最大的国家和世界第四大经济体,在21世纪的政治、经济、文化和科技等重要领域上发挥着举足轻重的作用。

70. 而在1817年瓦特堡发生的学生运动更是表明了广大德意志民族对于民族统一和政治独立的一种深切向往。

71. 另一方面,普鲁士时期以来的军国主义一直扎根于广大的德意志民族之中。

72. 纵观"一战"后20年间,国际银行家们的行为为"二战"爆发推波助澜,国际银行家们的行为成为除政治、能源、地缘原因外的又一原因。

73. 民众们普遍对金融武器无抵抗能力甚至无法意识到,而政府则是保护其财产安全的最可靠渠道。

74. 容克及军队等右派不支持民主的新政府希望回归帝制;而左派的工人于无产者认为它是"十一月革命"的背叛者所建,不能维护他们的利益。

75. 然而希特勒发现,自己的民族受着异族的威胁——犹太人、斯拉夫人、黑人,因而其对策就是对内实行优生学,对外争取生存空间(Lebensraum)。

76. 而与之对应的,我国一衣带水的邻邦日本,表现可谓差强人意,首先是对于历史问题(慰安妇、屠杀等)缺乏基础的历史认知和负罪感,其次是在某些政客的推动下右翼军国主义有死灰复燃之势。

77. 2015年,是世界反法西斯战争暨中国人民抗日战争胜利70周年,同时,又是中日甲午战争收官、中国签订《马关条约》120周年。

78. 今年是第二次世界大战胜利70周年。

79. 希特勒和被他的理论迷倒的德国大众,一直努力追求消灭犹太人和其他劣等民族,奴役波兰、俄国和其他斯拉夫人。

80. 作者的文字粗看比较有气势,似乎环环相扣,但仔细斟酌,不少地方存在语病,这是历史初学者需要时刻警惕的。

81. 优点是基本把地缘政治学的来历及其影响叙述得比较清晰,语句比较老道,不拖泥带水。

82. 这不仅仅是艾希曼的态度,而是德国大部分冷静的、没有被煽动者的态度。

83. 除此以外,企鹅出版集团同年还将珍妮·凯莉与美籍华人茅国权 1979 年合译的钱锺书的《围城》(Fortress Besieged)纳入"企鹅现代经典文库"出版,赢得许多佳评。

84. "抒情"来自上世纪中期以来美籍华裔汉学家陈世骧、高友工等人在中国古典文学研究中开创的有关中国古代的"抒情传统"(lyrical tradition)的思考。

85. 在《少女小渔》获得海内外一片赞誉之后,严歌苓开始一发而不可收,她转战海内外及两岸三地,多年来一直保持高产量及高质量的口碑。

86. 台湾现当代文学作品,如:《寒夜》《城三部曲》《漂木》《台湾原著名作家:小说、散文诗歌选集》《奔跑的母亲及其他:台湾现代文学选》《零及其他小说:台湾现代文学选》《石室之死亡》等。

87. 1939 年 5 月,日本人扶植的梁宏志伪政府在南京建立了华兴商业银行。

88. 汪精卫政府在极司非尔路(万航渡路)76 号的安全机构列出了一个袭击名单。

89. 周作民在政治上很熟练,他在 1945 年 8 月飞往重庆,见到了他在政治上的朋友张群、张家璈和钱永铭。

90. 中国大陆 20 世纪五六十年代对"现代化"的憧憬就是所谓的"电灯电话、楼上楼下";原苏联列宁时代对美好未来的向往也是"苏维埃加电气化"。

91. 传统中国故乡世界中的天地神人四位一体秩序被破坏了,神和天已经被踩在脚下,"三山五岳开道,我来了"。

92. 如今现在为什么中国社会乐业、守业者越来越少,打一枪换一个地方越来越普遍,医生去推销房地产,教授去卖奔驰……

93. 羣方咸遂,志士怀仁,斯固所谓举逸民天下归心者乎。(《后汉书卷八十三》)这段话可以深思。

94. 搬新房子,面子上风光,要过更牛逼的日子了,结果搬进来,像是被判刑一样,生活世界消失了。

95. 主观思想改造式的教育或许还可能导致怀疑,例如我这一代人(我曾是1966年代的小学五年级学生)的教育。

96. 俄国作家契诃夫有个短篇小说叫做《一个小公务员之死》,里面的主人公因为在将军面前打了一个呵欠。一直在琢磨将军是否为此将惩罚他,将军没有,公务员自己吓死了。

97. 鲁迅不喜欢梁实秋、林语堂们的"新月"立场,骂得很难听,但谁也没有约他去上海的虹桥公园打一架。

98. 仿佛这是一个原始民族,连怎么盖房子怎么生活都不会,连梳子都用不来,须模仿藩国。

99. 至于巴黎人将咖啡喝得像茶一样,小口小口地啜,一杯要啜一下午,咖啡因的刺激性被时间结构了,只剩下品味。

100. 一己之见,在原始时代很牛 B,一鸣惊人,因为普遍愚昧。

第十八单元

 仔细审读下列各句例句,找出其中存在的各类差错,并纠正这些差错:

1. 秦古隶用笔笔法简单,结体随意性较大,为当今习书者提供了广阔的想象空间,他可以说是书写的源头,也是书法的源头。

2. 简牍书写形式起源于东周(春秋—战国时期),当时的春秋战国时期诸侯割据,连年战乱,社会物质生活并不好,可是文化创新程度很高。

3. 现代社会书写载体多种多样,学生要掌握的各类专门学科繁杂,学习和作息空间高度紧张。

4. 当下有不少学者在研究简牍,其研究成果常见诸各类载体上,在研究方向上各有偏重。在书法的研究上还主要在学术上。

5. 秦朝是汉字发展历史上非常重要的时期,此间汉字经历了一个巨大的变革,秦始皇在完成对东方六国武力征服后,结束了长期割据的时代,开创了统一的中央集权国家,同时为了加强管理统一了全国的文字。

6. 简牍对后世书籍出版产生了重要而深远的影响,在政治、经济和文化及社会发展各个方面留下了宝贵的文献价值。

7. 在我校的大艺术书法课教学中,简牍书法是一个特色课程。

8. 秦简牍自发掘出土以来,有多位优秀的学者专家对秦简牍墨书进行深入研究,掀开了以笔和墨作为书写形式的新纪元。

9. 收笔也主要有3种方式,归纳为回锋、戛止(突然)停、出锋等方式,与起锋用笔相对应。

10. 家：弧曲形半包，豕五撇平行向左下方等距列置。

11. 卯：左直撇，右直竖与两相向半弧形结构，左小右大排列，用笔间练，变化丰富，率意。

12. 字内横划平行列置，短粗捺把整字平衡。

13. 得：双人傍行笔向左下角倾斜与日、寸，横画走向基本一致，协调字的组合及空间安排。

14. 个：撇，捺，竖三笔以三钉子形组合，整字也以钉子形出现，是秦人的常用笔法。

15. 此外还有钱币、奖章、文学、图画、音乐手稿、罕见书籍以及出自众多名家之手的油画等等，其藏品的精美和丰富，令人叹为观止。

16. 对于游客来说，这就犹如把整个世界的过去到现在的历程呈现在一副浩大的画卷上一般，徐徐展开在他们眼前。

17. 这是一个坐卧两用室，明亮通风且宽敞，大小为27英尺＊2英尺，有独立的门廊及庭院花园。

18. 一个操着下层阶级口音，把他家沙发称作 settee，午餐叫做 dinner，即使腰缠万贯，住着豪宅别墅，他仍是下层阶级。

19. 不过由于英国女皇高贵的身份以及在许多英国人心中特殊的地位，她仍然是世界上很受尊敬的人。

20. 更好玩的是，中国网友把"给力"、"不给力"音译成英语和法语，"geilivable"（给力）、"ungeilivable"（不给力）、"trs gulile"（太给力了），蛮像那么回事的。

21. 晚上节目更隆重热烈了，剑桥郡郡长琳达·奥利弗（Linda Oliver）女士和剑桥市长希拉斯图尔特（Sheila Stuart）女士的出现使晚会增色不少。

22. 用样板戏里的词说，就是"要做那泰山顶上一棵松，不做泰山顶上一棵葱"。

23. 孙中山一辈子的志向可以用八个字总结，就是"驱除鞑虏，恢复华夏"。

24. 也有学者认为,曾国藩当时的条件不成熟,比如清政府已开始提防他,在江北布防了七万绿营。

25. 诗人今天在这个国家传为笑话,就像当年人们嘲笑颜回一样。而在往昔那些伟大的时代,诗人是全社会的座上客。

26. 如果不是传统的三纲五常还在血液里暗地发生作用,在自家骨肉眼里。老人依然至高无上(但这种传统也岌岌可危了)。

27. 大地已被工业化捆绑的结结实实。大地不再指向自己,而是根据各种箭头指向各种用途。

28. 秉烛夜游显然是不可能了,这将遭到不只是技术的抵制而是整个人类图书馆的抵制,但我们还是可以重温一下古典作家莎士比亚提出的那个问题,我到底是谁? 我从哪里来? 我到哪里去?

29. 噢折腾一生 灰尘扑扑 我们是否还有归乡的晚年?

30. 画廊之间有一家美术用品店,大约已经开了三百零一年,塞尚或者巴尔蒂斯们在巴黎的时候,推开镶着玻璃的橡木门,进来买过一只孔雀蓝或者13号刮刀?

31. 叙事、重复、教诲,解读(lcetio 中世纪的一种经院式教学方法,对一种规范性文本的评述性阅读,可保证理解的准确性。)

32. 因此,我们必将完全先天(apriori)地研究一种绝对命令式的可能性。(康德《道德形而上学基本原理》)

33. 万物静得皆自观,四时佳兴与人同。(宋·程颢《秋日偶成》)

34. 总的说来,儒学带有较强的理性主义色彩,但没有达到斯多亚主义(Stoicism)的程度。

35. 因此,将他们从文学研究会宁波分会的羽翼中独立出来,正视其独立的风格与成就,实属必要。

36. 两三年间,当时文坛、学界的一些一流人物先后云集到幽静且富有诗意的白马湖畔,如丰子恺、刘薰宇、匡互生、朱自清、朱光潜、刘叔琴等,再加上透过他们的关系而来白马湖作短期游访讲学的弘一大师、俞平伯、叶圣陶、刘大白等,每一个都是学识渊博、文采出众、深具教育大爱的教育家、文学家或艺术家。

37. 另一说晋时县令周鹏举乘白马入湖中不出，人以地为僊，故名。

38. 那时丰子恺白天仍在上海专科师范任教，等那边放了学，吃过晚饭，就乘电车，从市区的南端穿向北端，赶到老耙子路的房子里来筹办建校工作。

39. 最大的一次实验，便是毛泽东在 70 年代号召实施的知识青年"上山下乡"运动——要求向广大的农民学习。

40. 拉伯雷卓越的讽刺力量与颠覆性的批判锋芒不仅迫使法国当局再度开启严酷的文字狱，它同时也使狄更斯式的雅顺与之形成了泾渭。

41. 在"酒国"，围绕"酒"而展开的美食文化既登峰造极，又令人瞠目结舌，在"食不厌细"的欲望驱动下，沿着"脍不厌精"的文化逻辑，我们就在"酒国"美食文化的巅峰处劈头撞见了吃人的惊悚筵席。

42. "21 世纪的美国与世界"丛书旨在深入研究 21 世纪以来美国在政治、经济、社会、文化等诸方面的发展变化。

43. 对语言的使用（误用甚至滥用）不仅存在于国家之间具体的关系中，而且往往给这种关系带来复杂的政治后果。

44. 孔子说："一言可以兴邦"，"一言丧邦"。

45. 在汉语里，人们把这种会犬叫的四肢动物叫"狗"，在英语里，人们叫它"dog"，法语称它为"chien"，说西班牙语的人则把这种动物叫做"perro"。

46. 既然闭语句是那些没有自由变元的语句，也就是那些把开语句的所有自由变元都通过加量词来约束从而得到的语句，即 0-位开语句。

47. 公元 1 世纪，汉朝史籍《史记》《汉书》等就出现了关于傣族先民的记载，这些书中称其为"滇越"、"越裳"和"僚或鸠僚"等；到了唐宋时期，中原的史书又称其为"掸或擅"、"金齿"、"黑齿"、"绣脚"或"花蛮"等。

48. 傣族的歌舞、诗歌、传说、雕刻和绘画等文艺或文学作品,其展现方式可谓异彩纷呈,而且其内涵亦非常深刻。

49. 这一论文后来正式出版,并且也被台湾引去后以同名书箱出版作为 MBA 教材。

50. 一日,出宣和金纸百餘幅,命儒臣及諸曹善書者畫唐人詩以進,君與焉。

51. 而此二十年之初,既遭流寇之震惊,再罹南渡之屠掠,荡家破产,万死一生。痛二兄之就戮,叹家室之凋零!

52. 十月,清世祖自沈阳迁北京,恢复科举取士制度,会试定于辰、戌、丑、未年。各直省乡试,定于子、午、卯、酉年。

53. 从雕刻技法来看,浮雕与线刻并用,人物身份多样,布局构图也有多种变化,只是雕刻手法较为简单,有些人物的形象也显得拙稚而缺乏细致的刻画。

54. 石窟造像多被统治者用以约束与统治人民的手段,即使到了明清时期也同样如此。

55. 它是以生活形象作为基础进行简化与提炼,而不是公式化地进行制作,所以令人感到它们的气很足。

56. 明代的道教造像,如北京西郊法海寺木雕仙宫像和山西汾阳太符观泥塑玉女像,都可以看出雕塑者以现实人物为对象而制作的。不仅是人物的形象、服饰装束,也都是当代流行的样式,因而能给予观者以更为现实的感觉。

57. 由于罗汉是在修炼中的高僧,还未成佛,受宗教制约较小,在塑造时就有了更大的自由空间,也就能描写更多的人性,因此罗汉像却反映着人民群众在那个时代现实生活中的信息。

58. 有人评价十三陵的狮子,不论蹲卧还是站立,都显得玲珑精巧,仿佛同玩具一样,缺少石头的量感,更谈不上有雄强劲健的气魄。

59. 清代的帝陵雕塑更为细腻更富于装饰性,沈阳皇太极昭陵的石马,据说是皇太极的坐骑,用白石雕刻,技法简练、谨细。

60. 除文官武将的满族服饰特点外,其精细的雕工与明代几乎无异。显得过于纤巧,还是建设者的骨子里都已缺乏了恢宏和大气。不但失去了英武有力的高大形象,而且还给人以英雄气短之感。

61. 值得关注的是在中国陵墓雕刻史上,几乎所有的陵墓都只设石人石兽,从不雕刻墓主的像,只有一个例外的,就是清代名将——施琅的墓主像。

62. 总的看明清陵墓石雕,注重石像的立体效果。

63. 尽管九龙壁的雕塑虽缺乏真正的内在力度,有些虚张声势,但可以看出是经过精密设计和精心塑造的,在清代建筑装饰雕塑中属上乘之作,充分体现了能工巧匠们的高超技艺。

64. 特别是清末年间海内华侨回乡建造祠堂、豪宅成风,大量采用潮州木雕,使之达到登峰造极的阶段,流传至今,这些民间木雕匠师功不可没。

65. 潮州木雕采用的是当地生产的普通木料,一般是杉木、樟木。吸取了石刻、绘画、泥塑及潮州戏剧等不同民族的某些长处,融汇成独特风格。

66. 明清两代,士大夫地主阶级的文人绘画依然占有绝对的统治地位,重"劳心"而轻"劳力"的观念,使众多雕塑家被列入到了卑贱者的行列中。

67. 除此以外,江宁、苏州、杭州制造局中也有绣工为内府和官吏设计和制作刺绣用品。

68. 光绪《富阳县志》第13册,台北:成文出版社,1983年。

69. 她谙通谢赫的"六法"技艺:"气运生动,骨法用笔,应物写形,随类敷彩,经营位置,传模移写",刺绣精巧。

70. 她擅长将古今名画进行刺绣再创作,并非将照搬原作,而是兼具绘画和刺绣的艺术特点,形成特殊的艺术趣味。

71. 清代是苏绣艺术的全盛期,除苏绣已经形成鲜明的地方风格之外,苏绣也为苏州的地方经济发展做出了重要贡献。

72. 代表作品《海棠白头图》,在斜穿画面的一枝海棠花上,矗立这两只对视的白头翁,象征夫妻恩爱、白头偕老的吉祥寓意。

第十八单元

73. 粤绣纹样以孔雀为主,也有表达吉祥寓意的白鸟朝奉、孔雀开屏、三阳开泰、松鹤延年、五福捧寿等,都是其常见主题,象征美好、富贵、长寿等。

74. 粤绣在继承苏绣刺绣技法的基础上,取各流派精华之所长,吸纳西方新技术和新模式,不断创新。

75. 与此同时,她还授徒学艺,对于湘绣技艺的传播有积极的贡献。

76. 受汉族文化影响,满族刺绣中有选择的寓意吉祥含义的图像,如金玉满堂、福寿安康、多子多孙、荣华富贵、福寿安康、功名富贵、连生贵子等主题非常常见,代表着满族人民表达对美好生活的祈愿。

77. 丁佩提出了刺绣的技术的品评标准——用"齐、光、直、匀、薄、顺、密",这七个字也成为苏绣的传统技艺特点的总结。

78. 至2009年底,海南第一、第二、第三产业结构比率为28∶26.7∶45.3,这一比例表面上与海南的区位结构相符。

79. 根据哈佛大学(Joshu Lerner)教授的研究显示,风险投资与中小企业创业解决了当代就业增量的70%之多,已成为美国解决失业问题的主导力量。

80. 法律方面,产业基金立法目前正在紧锣密鼓的制定当中。

81. 在这个问题上,国家和海南省达成共识,海南应该走以拓展旅游服务来谋求发展。

82. 海南旅游的魅力就在于她的自然环境受到较少污染,旅游者来此旅游可以感到身心的放松,和自然融合在一起,有助于生命的生养,旅游者在海南旅游可以感受天赐的修养生命的极好圣地。

83. 由此可见,境内外游客的年接待数量将呈持续上升态势。这就对旅游饭店、旅游交通、旅游景区等接待能力提出了新的要求。

84. 这一部分的劳动力缺口可以通过三个渠道来弥补:第一,新增适龄劳动力的增加;第二,外来劳动力的填充;第三,现有劳动力结构的调整。

85. 因此,对于海南省来讲,要保证当地居民最大限度的参与到国际旅游岛的建设工程中来,就必须从两个方面人手。

86. 尽可能提高旅游发展给当地居民带来的收入要求岛内居民能够从旅游发展中分享好处。

87. 由于工作转换成本和新岗位学习成本的锁定,导致劳动者也不愿意自己付出成本来进行职业培训。

88. 三亚市作为一个不断发展的新兴旅游城市,受到自身的地理环境、历史文化传统、经济生活方式等因素的影响,三亚市在社区居民自治中出现了许多的问题。

89. 秉着存精去伪的原则,作者认为要想实现城市社区环境的整体优化和良性发展,加快社区民主化建设的进程,提高社区管理的居民参与度。需要做的工作有以下几个方面。

90. 第二,在媒体的一些基本认知方面存在偏差,不容小视。

91. 有人说海南的文化产业就在海南人的生活方式里,"上身西装领带,脚上吸着拖鞋","一壶老爸茶,顺手抠脚丫"。

92. 例如黛安芬他们不仅仅是在做女性内衣他们是在改善女人穿的文化。

93. 诸如:欧阳修、王安石、三苏、陆游、辛弃疾、关汉卿、元好问、李东阳、李贽、三袁、徐渭、汤显祖、沈璟、冯梦龙、顾炎武、王夫子、黄宗羲、蒲松龄、吴敬梓、曹雪芹……。

94. 三亚地区若能加强与国外高校之间的交流合作,必定会带来一系列的"多米诺"效应。

95. 截止到2011年底,韩国的孔子学院总数达到17所,另外还有5所孔子课堂,数量上位居亚洲国家第一。

96. 中东部各高校都积极主动与国外高校此专业的教师学生进行合作交流。

97. 词义修辞是指主要借助语义的联想和语言的变化的修辞格(即修辞手法),包括metaphor(比喻)、metonymy(借代)、personification(拟人)、irony(反语)、hyperbole(夸张)、understatement(低调)、euphemism(委婉语)、pun(双关)、parody(仿拟)、synesthesia(通感)、paradox(隽语)等修辞手法。

98. 大山诚一认为,厩户王确有其人,但关于圣德太子的史料都缺乏根据,《日本书纪》中的圣德太子是奈良朝的权臣藤原不比等出于政治目的虚构出来的人物(参见《"圣德台子"的诞生》,吉川弘文馆1999年版)。

99. 早期"发展"的主流思想是强调资本积累、计划性与工业化的重要性,倡导双元经济并存,注重结构主义分析,主张进口替代实行贸易保护政策。

100. 2000年10月31日,第九界全国人民代表大会常务委员会第十八次会议通过了《中华人民共和国国家通用语言文字法》,这是我国历史上第一部关于语言文字的法律。

第十九单元

 仔细审读下列各句例句，找出其中存在的各类差错，并纠正这些差错：

1. 情报虽然是普遍存在于人类社会中。但究竟怎样描述这种现象，并给予科学的定义，则众说不一。

2. 至于说"情报"易与"谍报"混同，会让人联想到"敌特"、"机密"之类的意思，造成误解，显然，这并不符合事实。

3. 其目的是使信息转化为知识，实现知识共享，为使用者提供知识思想，为知识创新提供条件。

4. 竞争情报的奠基人史蒂文·德迪耶认为："竞争情报是一种复杂的研究。它是一种过程，试图比简单的收集市场与财务统计更深一步。有这样一种认识：即影响企业的许多因素，竞争情报就是关于竞争对手能力、薄弱环节和意图的信息。它同传统意义的'战略情报'是相似的，它是一种导致行动的信息"。

5. 竞争情报获取的主要方式是整理、分析、加工，获取的渠道是合法的。

6. 体育情报的工作发展，使得情报工作更是发展成为了一门新兴的学科。

7. 理论和实践表明体育情报学与情报学的关系是特殊与一般、个性与共性的关系。

8. 体育竞争情报来源于信息、情报，因而不可避免地会带有一般情报所具有的表征性、依附性、传递性、知识性、效用性等信息和情报的属性。

9. 体育竞争情报活动面向竞争，面对问题，是针对某个具体竞争对手或某个特定问题的，既具体又明确，所以实用性很强，能够指导体育竞技团队训练、参赛和竞技比赛，也能服务于体育企业机构经营策略的制定与调整，能够帮助企业确定下一步的行动计划。

10. 竞争策略是指为了战胜竞争对手获得竞争优势而采取的各种战略、战术、对策的总和。它包括竞争对手和自己有关竞争战略、竞争战术和竞争对策等方面的情报。

11. 为了获得比赛的胜利,体育比赛者总要因时因利地采取多种多样的竞争策略。

12. 体育竞争情报,首先涉及体育竞争情报意识的培养与提高。

13. 1990 年,出于试图读解日本公司成功的原因,美国著名管理学者普拉霍莱德(C·K·Pradalad)和加里·哈默尔(G·Hamel)在《哈佛商业评论》发表的"The Core Competence of Corporation"的一文,提出了核心竞争力的理论。

14. 它们都是建立在对抗竞争基础上,围绕寻求与维持竞争优势这一主题展开研究,竞争优势是贯穿以上各个理论发展的一条核心主线,构成了上述理论的共同契合点。彼此理论之间有着一定的亲缘关系,或是从属、或是交叉、或是平行。

15. 其中尤其是竞技体育在竞争中的激烈性,竞技体育竞争情报是体育竞争情报研究的核心。

16. 运动训练科学最新成果在训练中应用的越早,也就在体育竞赛中赢得了先机。

17. 这部分体育竞争情报在竞技体育中是数量最大的,它能提升运动员的内在本领与本身实力,对体育比赛成绩带来质的提升。

18. 现有的研究资料也乏善可陈,我们只能从几个主要的傣族媒体自编的大事记和这些媒体记者的回忆文章中获得,如西双版纳报社编委会为纪念西双版纳报创刊 50 年所编写的《西双版纳报 50 年回眸(1957—2007)》等。

19. 傣语称"葫芦丝"为"筚朗道",其中,"筚"为傣语对吹管乐器的泛称,"朗"为直吹之意,"叨"意为葫芦。

20. 伴随着中央王朝对西南地方管辖力的增强,中国统辖范围内的傣族王国开始向封建领主地转变,特别是自元朝后,中华帝国对今中国傣族地区的统治力度大幅增强。

21. 傣族原为有名无姓,如岩(艾)香、玉(依)香等,剃度为僧后娶僧名,还俗后取还俗名。

22. 傣雅（花腰傣）和傣那（旱傣）所生活的地区由于靠近内陆，早期有受中原汉族文化的影响，并与其他族群常有交往。

23. 经济学家曾说："一个国家拥有100吨钢铁，就必须有115吨橡胶匹配。"

24. 该报是边疆多民族地区综合性报纸，是我国第一家也是唯一一家同时使用当地民族文字（傣文、景颇文、傈僳文）与汉文同在对开四版出报。

25. 景谷县芒冒村的一位退休老人就主动指出，为什么在广播报道和评论客观公正他选择了说不准，是因为"在一次节目中听到土豆的各种奇异功效，很多说法都风牛马不相及"。

26. 1979年至1987年间，处于鼎盛时期《召树屯》，不仅多次出访到新加坡、马来西亚、缅甸和泰国等国演出，而且深入到西双版纳州的地方、部队、农场、农村演出近100场。

27. 开园以来，多位党和国家领导人及泰国公主和上下议院议长、老挝国家主席、日本王子等外国贵宾都曾到景区参观。

28. 基督教认为创世之处亚当违背神的诫命犯下过失（transgression），这样的过失源于人性的有限性并随后根植于人性之中，从而蒙蔽了原初的人神"相继"的关系。

29. 艾克有可能来自马斯特里赫附近的小镇。最终，他在布鲁日定居下来，担任勃艮第的菲利普公爵（Philip the Good）的宫廷画师。

30. 在匈牙利，极端主义也在力争上游，马扎尔人甚至仿效纳粹组建了"箭十字党"。

31. 一八九六年，汉姆生遇到了他的梦中情人。她美貌，富有，年轻。虽然她已姻，还有个孩子，但汉姆生无所谓。

32. 最后一句话是文学史上最有预见力的警言之一。或许，叶芝刻意模仿了蓬皮杜夫人（Madame de Pompadour）的那句名言："我们之后，洪水滔天"（"après nous le déluge"），但诗人言下之意绝无蓬皮杜不负责任的轻浮态度。

33. 苏老师的先祖宋朝的苏颂是世界首创钟表的科学家，又是位贤相，祖父是印尼橡胶园的华侨，父亲苏祖鹤，悬壶济世，乐善好施。

34. 法共受够了布勒东的独来独往,布勒东也腻了法共的千叮万嘱。分居的理由还包括苏联最新的文艺风格:社会现实主义。在布勒东眼里,这种官方风格几乎涵盖了超现实派所轻蔑的一切。

35. 到了十四世纪,荷兰教士堪皮斯(Thomas à Kempis)撰写了灵修书《效法基督》,它又随着此书的畅销而再次深入民心。

36. 她告诉司机把马车停在街角,然后,头也不抬的,轻巧地走向他所住的大楼前门,快步上楼。

37. 就连英国国王和皇后都被迷住了。

38. 他搬去挪威的时候,两个哥哥已自寻短路;还有一个没多久也会踏上同样的道路。

39. 维特根斯坦在《学论》的自序中如此断言。接着,他声称自己的著作基本上解决了哲学中的所有问题。

40. 激进一些的学者可能还会将两种文化完全对立起来,鼓吹区域文化至上,把区域文化用于民族解放一类现实的目标服务,投身到从国家分离出去的行动中去。

41. 它是一份无上的光荣,也成了后世持久的梦想和抹不去的情节。

42. 这次会议虽然规模不大,成果丰硕,气氛融洽。

43. 莎士比亚对《霍林舍德编年史》中的史料并不原样照搬。例如霍林舍德写布林勃洛克从流放地潜回英国,召集人马叛乱回国。

44. 这位"将军"指的就是伊丽莎白女王的宠臣埃塞克斯伯爵。1599 年,他率军从伦敦出发时,夹道欢迎的人群排出四里多长。

45. 在《进入黑夜的漫长旅程》里,戏剧开场时,玛丽从疗养院戒毒归来,同丈夫蒂龙以及儿子杰米、艾德蒙在别墅里消复,气氛融洽。

46. 经过查拉斯图拉的启示,"术士"、"退职者"、"最丑陋的人"、"资源的乞丐"等"高人"觉醒过来,成为他的信徒。

47. 列维·布留尔在他的《原始思维》一书中,通过考察亚洲、非洲、南北美洲等原始民族的习俗、禁忌、图腾,发现他们的思维受集体表象支配,是直觉的,相信通灵感应,具有生物时间感,他们把世界视为宇宙人体,把宇宙的各个局部和人体各个部位相对应。

48. 郭沫若赞赏托尔斯泰是向旧秩序挑战的"真正的匪徒",鲁迅在《再次雷峰塔倒掉》中说:"托尔斯泰……等辈,若用勃兰兑斯的诗来说,乃是'轨道破坏者',其实他们不单单破坏,而且是扫除,是大呼猛进,将碍脚的旧轨道……一扫而空。"

49. 钱中文的《反对修正主义对托尔斯泰的歪曲》和卡之琳的《略论巴尔扎克和托尔斯泰创作中的思想表现》,都对托尔斯泰的资产阶级人道主义的进步性和弱点作了一分为二的分析。

50. 1978年至1979年,研究以拨乱反正为特色,因袭旧有的思路,在原有的范围内,从对立面为托尔斯泰张目。斗转星移,进入20世纪80年代,托尔斯泰瞬间的崛起受到西方现代派的猛烈冲击。

51. 托尔斯泰创作内在的复杂性被解释成思想家和艺术家的矛盾,他的思想从对俄国革命所起作用的角度分析之后,又笼统地成了"不抵抗的"的"托尔斯泰主义"。

52. 1941年,周立波在延安鲁敢主讲托尔斯泰,致使安娜·卡列尼娜动人的形象大受延安女子的崇拜,甚至在服饰上也竞相效仿。

53. 受时代局限,他对19世纪晚期兴起的自然主义、象征主义、超现实主义、存在主义等西方文学诸流派评价不高。

54. 其中有胡适译法国作家都德的小说《最后一课》,刘半农译英国诗人虎特(作者不可考)的诗《缝衣曲》。

55. 郭沫若、郁达夫、张资平、陶晶孙、老舍、许地山、蒋光慈、徐、无名氏等作家的作品中,或表现浪漫的异国情调,或眼见异国先进,而生发愤之心,或从异国寻求真理。

56. "就是这样,西方资产阶级的文明,资产阶级的民主主义,资产阶级共和国的方案,在中国人民的心目中,一起破产了。资产阶级的民主主义让位给工人阶级领导的人民民主主义,资产阶级共和国让位给人民共和国。这样就造成了一种可能性:经过人民共和国达到社会主义和共产主义,达到阶级的消灭和世界的大同。"(毛泽东《论人民民主专政》)

57. 学术思考回应时代重大问题,不论就历史、未来还是现实而言,研究印度的中国形象都是必要的。

58. 国际之间在没有现实的政治经济关联的情况下,文化想象可能是美好的;而一旦陷入政治经济关联,彼此之间的显示距离拉近,文化距离却可能疏远。

59. 印度政府开始意识到认识中国的必要性,鼓励中国研究,他们以为正是因为对中国的无知,才使印度失败得如此悲惨。表面上看,政府鼓励中国研究是件好事,实际上则未必。

60. 社会学或人类学家帕姬莎注意到,"印度人似乎对外部世界没有兴趣,他们除了关心西方之外,对广阔的世界几乎既无兴趣又无知识。"

61. 这两种完全不同的文化认同取向,决定了印度的两种完全不同的中国形象。取向东方的印度现代性想象,可能认同中国;取向西方,则可能排斥中国;中国形象也相应表现出肯定与否定的两种倾向。

62. 我的第一部拙著《女性主义批评与文学诠释》(1999)算是我对这些工作的总结,其中有对西方女性主义理论和方法的介绍、经典作品的重读,也有某种程度的反思。

63. 这个小印第安人是大印第安人的儿子,但大印第安却不是小印第安人的爸爸。

64. 20世纪80、90年代,德国女作家克里斯塔·沃尔夫(Christa Wolf,1929—)分别以特洛伊战争和金羊毛的传说为素材,创造了两部小说,《卡珊德拉》(Kassandra,1983)和《美狄亚的声音》(Medea's Voices,1996),并与荷马史诗《伊利亚特》和欧里庇得斯的悲剧《美狄亚》形成明显的对话关系。

65. 这本身就意味着颠覆神话、传说对民族、国家的历史与文化再现中的性别观念,必将带来历史的重构。

66. "神秘的美丽、温柔的诱惑——中国女性令人不饱眼福。——乔丹牌泳装、内衣广告"

67. 这则广告获得台湾1999年第22届时报广告金项奖。

68. 一个孤儿寻求他所缺乏的爱抚和权威往往带上了一种宗教色彩,狄更斯的朋友卡莱尔把他的作品《萨特·雷萨图斯》的主人公写成一个不但失掉了父母而且失掉了宗教信仰的孤儿。

69. 小说最后,酒鬼的伙夫柏葛不断地添煤,煤炭全部燃烧,速率变得可怖,不管不顾横冲直撞,越过黑夜的乡野,车上满载的士兵,他们被火车的速度刺激得激动,拼命唱歌,而司机和伙夫则在火车上打斗,被甩出车厢,碾得粉碎。

70. 刘玉英本来是到华懋饭店去找赵伯韬的,现得知他在霞飞路的一所五层大厦,她半小时后到了那里并遇见了冯媚卿。

71. 他喝着浓郁的咖啡,抽着雪茄,穿着绸衣,手摸着大肚子,露出黑毛的光腿,脸像涂了褐色的油彩。

72. 他与惜曾为妓而现在则下海伴舞的老四、老五之类有纠葛,法租界不像洋房也不像字号的地方,是他与其他资本家聚会的地方。

73. 丹东看到海关的雇员高高的颧骨、歪斜的眼睛,映出恐怖、邪恶的面目,烟囱里的浓烟又给他们增添了几分凶象。

74. 与此同时,对妓女、嫖客、买卖人口、法律、性病的描述中,表明妇女被作为牺牲品,与家庭分裂出去,被推入城市社会中。

75. 正如西方学者维维恩·W·NG(Vivien W NG)所说,医学文本中表现的从阴阳、五行、情志方面对疯狂的解释代表了知识分子精英的观点,这种观点一直贯穿于中国古代的医学文献中,如华佗药方、孙思邈《千金药方》等。

76. 1933—1935年,戈公振随颜惠庆大使出访苏联。他参观了莫斯科和彼得戈勒的各种博物馆、展览馆。

77. 在苏联访问期间,罗曼·罗兰受到的殷勤招待和重视也许是所有当时访问苏联的中国作家包括20世纪40年代访问苏联的茅盾、郭沫若难以想象的。在华沙车站,苏联对外文化协会主席阿罗谢夫和苏联大使达夫强迎接他并受到殷勤款待。

78. 在门口广场上,庞大的人群一面鼓掌,一面一字一吨地呼喊:"我们的朋友罗曼·罗兰!"

79. 他对欧美国家对波里尼西亚的掠夺和土著人因此而蒙受的种种灾难所作的史诗般的描述说明《泰比》不单单是一部游记,而是一部殖民文化史,再现了欧美帝国主义各国入侵南海的罪恶行径。

第十九单元

80. 中国学生学习英语发音要努力克服汉语和方言的干扰,可通过模仿逐步纠正之前形成的错误发音。

81. 即使在公司领导这个位置上,他继续和那些之前曾蒙惠于他的艺术家们一起工作,制作了一些列重要的影片。

82. 收到伪证的指控,申克在康涅狄格州丹布里的联邦监狱蹲了四个月零五天的大牢。1945 年,他的所有指控都被哈利·杜鲁门总统开释和澄清。

83. 悉德·格劳曼的起落,正像美国电影工业的起落本身一样,从狂放自由的初期发展期到好莱坞巨头的标准化控制。

84. 他的魅力和痞子气构成某种老谋深算的氛围——不像,比如说,康拉德·韦特身上的这两种气质让人感到不自然。

85. 左拉强调遗产和环境的影响,而斯特罗海姆的影片仅仅显示是他们不得不接受的命运的后果。当然,对这种理论深信不疑,在斯特罗海姆本人这个例子当中看起来是非常讽刺的。

86. 一次议会调查的结论是,富有帝国特征反应帝国价值的影片可以更好地服务于大英帝国。

87. 在法国,本土电影产量略微高于英国,大概有七十四部法国影片,占据市场的百分之十二点七,美国仍然是大头,三百六十八部占据百分之六十三点三。

88. 他把当代戏剧变成了古装剧情片,比如《佐罗的面具》(The Mark of Zorro;1920),一部史诗,尽情展现了范朋克在不同的男性气质之间转换的喜好。

89. 两种影片变得显著地流行起来,一种是战时法国连续片中的喜欢冒险的动作类女主角(action-adventure),一类是对美国"新"文化的热切的接受。

90. 法国、意大利和德国面临着额外的社会动荡、政治骚乱以及严重的通货膨胀以及蔓延欧洲的流行病,这种流行病比战争本身杀死更多欧洲人。

91. 帕特里克·安东尼·鲍尔斯,爱尔兰裔美国人,1910 年代到 1930 年代涉入美国电影工业。

92. 例如惠勒的《死角》(Dead End,1937)、《呼啸山庄》(1939)、《黄金时代》(1946),福特的《愤怒的葡萄》(1940)和《天涯路》(The Long Voyage Home;1940)以及威尔斯的《公民凯恩》(1941)。

93. 此类电影中最出名的是《致命的诱惑》(Fatal Attraction,1897),但也包括诸如《婴儿热》(Baby Boom,1987)、《危情十日》(Misery,1990)和《风月俏佳人》(Pretty Woman,1990)等各式各样的作品。

94. 例如,十二集纪录片《越南的历史》(Vietnam:A Television History,系列制片人里夏尔·埃利松和斯坦利·卡诺,1983)就是这种情况。

95. 1957年,苏联发射第一颗人造卫星。美国又一次大规模反省,进行了高等教育方面的变革,加强了理工专业,大量投资州立大学。从而保证了美国迄今为止的教育优势、科技优势和军事霸权。

96. 美国加州大学克拉克·科尔教授研究发现,人类1 500多年以前建立而至今仍然存在并以同样名字、同样方式、做着同样事情的组织,只剩下了85个,其中15个是宗教组织,另外70个是大学。

97. 圣多玛斯·阿奎纳(1225—1274年)因致力于研究伟大的亚里士多德思想而出名。

98. 其疆域包括如今的意大利、法国、西班牙、葡萄牙、德国、奥地利以及一些小国,当然也包括今天的大不列颠共和国。

99. 你去看拉斐尔画的"雅典学院",中心便是柏拉图和亚里士多德的辩论。

100. 而至于蕴含在其中的那些哲学问题,则必将在这一定义在此后的效应史中逐渐地展现出来。

第二十单元

 仔细审读下列各句例句,找出其中存在的各类差错,并纠正这些差错:

1. 一个好大学应该在传授专业知识的同时,关注培养学生的公共意识(public conscience),必须确保其培养的毕业生是德才兼备的人才。

2. 勃兰兑斯批评该怎样学习?——若干刊物与知识精英为线索

3. 也就是说,早期欧洲的中国接受是以中国器物为先导物,再经由制度层面上升到文化思想层次。

4. 而以赫尔德尔为旗手的狂飙突进,要反对的恰恰是这种以罗柯柯文化和"中国摹仿"为标志的"靡靡之音"。

5. 一部红楼梦,其实更是中国知识精英的世界梦。在那样封闭锁国、混沌未开的时代里,就有人敢于做出这样的文章来。

6. 当冯至在敌机的轰鸣声中完成了自己文坛地位的十四行诗、山水文章和《伍子胥》时;陈铨却在大声疾呼、力倡"狂飙时代"与"英雄崇拜",成为"战国策派"的代表人物。

7. 综上所述,西南联大时代的"歌德接受"显然是一个非常有意思的现象。

8. 鲁迅不但读过,而且自己购买过此书,购书时间是1933年9月21日,"买《獵人笔记》(上)并《二十世纪文学之主潮》(九)各一本,共泉三元五角"。

9. 郑州太守苏顺将海棠严刑拷打成冤;开封府包拯查卷时发现冤屈,妙用灰阑法而辨明真假,即通过灰阑(用石灰画出的圆圈)使两母拼命拉子,乃辩明真假。

10. 《还魂记》则为汤显祖所作,即《牡丹亭》(全名《牡丹亭还魂记》),写小姐杜丽娘将在梦境中渴望爱情,乃与一陌生青年柳梦梅梦中相会,"由梦生情、由情而病,由病而死,死而复生",最后终成眷属。

11. 但就总体而言,德国汉学的学术水平显然不为中国学人所认同,尤其在经历了曾有过"程门立雪"经验的中国现代学者如陈寅恪等人,如果排除掉其中可能带有的"买椟还珠"的开放式胸怀的问题之外,那么我们要追问的是,德国汉学是否也确实存在一定程度的问题?

12. 所以原考虑选英国语言学和德国语言学,后来还考虑过阿拉伯文,并学习了一年;后来又选择了英国语言学、斯拉夫语言学为副系。

13. 而其《中国哲学史》的宏宏大著,虽开辟为哲学研究的路径,但在学术方法论上则是"历史—哲学"的传统,这是值得注意的。

14. 这样一种意识形态的学术制约和关联,在随后的进程中也表现的相当清楚,如东德时代;实际上像早期的罗梅君等人的研究,基本上也还不脱这个路数。在学术传统上,黑格尔哲学、兰克史学的影响对他们是最有影响的。

15. 西方的历史家,自柏拉图与亚里士多德的时期起,经过启蒙运动及浪漫主义的时期,直到今日,对他们的工作的性质、意旨、以及目的所显示的意见,对我们多少是有些熟悉的。但是中国的历史学,仍停留在这种思想的整个区域之外。

16. 而且他们也都撰有关于在华的回忆录,为我们考镜其华游经历、学人交谊提供了基本线索。

17. 1923 年,他又移帐柏林,在其时为世界学术中心场域的柏林大学任其汉学教授兼汉学研究所所长。

18. 他主要是中国的北京大学任德文教授,但对汉学研究却颇多贡献;更重要的是,他作为一个侨居中国的德国作家,也值得关注。

19. 我认为总体来说,这是一个有多重力量博弈与合作所达成的结果,而不应单纯的归因于某种力量而已。

20. 1932 年年初,孙楷第致陈垣函,见陈智超编注:《陈垣来往书信集》,上海古籍出版社,1990 年,第 409—410 页。对这一问题,已有论者作了考辨,参见桑兵:《国学与汉学——近代中外学界交往录》,浙江人民出版社,1999 年,第 3—4 页。

21. 但在我看来,孔好古、福兰阁、卫礼贤通过自己的努力,确实成就了卓有特色的德国汉学传统,或许可以"百尺竿头更进一步"相勉励,但也不宜过于"妄自菲薄",看清了自家的学术传统。

22. 因为考证派几乎成了考证工匠,对于中国文化本身,漠然不知,甚至于阅读汉文的能力,往往薄弱的可怜。

23. 至于伯希和甚至被认为是国际汉学之领袖,恐怕主要还在伯希和的语文学方法固精,而显然更有包容百家、融通各科的融通气象。

24. 就以上学术史梳理的三元传统而论,我还是倾向于德国汉学初步建构起了自身的传统。

25. 至少法国汉学界再也不能如伯希和时代那样居于世界牛首已是不争的事实,而美国汉学经由(广义概念,涵盖中国学)费正清之开辟,而傲然屹立于世界汉学之冠首,这也是一个学术史的基本现象。

26. 虽然,就整体建构来说,德国汉学尚还远不能算是"领袖群伦",历史与现实皆然。

27. 对于诸葛亮来说,面对刘备的三顾茅庐,卧龙就是该出山了,所以他可以隆中对策、三分天下。

28. 我们看看刘备集团的夺取川蜀,五虎上将的晋封,关羽的水淹七军。何其辉煌?

29. 武则天通过她的长期经营,终于做到了对唐朝政权的彻底控制,一时间其声誉遥遥直上。

30. 材料是每个研究者运用的自由,而且每人都有自己的长处不同,史学家喜用档案,是看家本领;但文学研究者擅长用文学作品,同样能发掘出常人难见的诗性与历史维度。

31. 因为一个优秀的作家显然可以替我们时代进程的"历史记录",但他又一定不是完全的,我们故此需要互证,作家和作家之间的互证,作家和史家的互证。

32. 社会本身也是由金字塔构成的,各个具体的家族是基本单位,家族还可分为家庭,而家庭本身也是在变迁中的。

33. 一种学问的目的,并不是要搭起空架子做成崇拜偶像的宫殿,他的实在价值是在用精密的方法、清楚的伦理去观察探究他所要研究的对象,以增加我们的知识。

34. 2014年深秋,当参加完苏老师主持的东方管理论坛活动后,我心潮澎湃,欣然提笔画了一幅小画:万物复苏的春天里,一只大熊猫扛着一面红旗昂首阔步向前奋进,右边朱文印章"人为",左边白文印章"为人",当即乘飞机把这幅小画送到苏老师华侨新村的府邸。

35. 可即便如此,我们也仍不能泛泛而论,将内部纷繁多姿、各有妍蚩的文化体系"一锅煮"。

36. 凸显易经的思维,就是"易"为天下之恒理的几层关键性含义。

37. 至于因为政治社会语境的刺激而不得不变者,那就更是变异的不知所云了。

38. 几个学生学习汉语,几个学习日语,几个学习土耳其语,还有几个学习斯拉夫语,我还想让几个学生芬兰—乌戈尔语。

39. 所以,通读十卷本的"外国作家与中国文化丛书",一方面为宏宏十卷的规模而感慨,另一方面则为其肇创期的不成熟而遗憾。

40. 参考文献列的较少或有些干脆未能列出(也有例外,《法国卷》较多),有些遗憾,本来这是可以提供本领域的基本资源展示处,对后人是非常有益的工作。

41. 第三,他有学人的限止之处,更有学人的大度胸怀。

42. 这涉及到全书的撰成体例问题,因为基本是从主编者指导学生的历届博士论文抽编而成,所以当然其系统性和设计性就比较强,不是一般临时凑编之书可比。

43. 但如果没读书的,肯定想当然的认为这两部书是同一主题。

44. 这种研究,胆力很大,风险犹大。

45. 对于真理问题,我倒是倾向于这样一种表述,即其可作为最终标的,但永在探索过程这种,而无法达致。

46. 同样,余华的德语文学接受,也值得深入探究的。

47. 1941年10月,蒋介石发动了皖南事变,向中共的新四军第五军进攻,使得国共合作一度几乎崩溃。

48. 这种说法是五四新文学家所提出,后来被各种中国现代文学史所认同,现在为各种中国现代文学和现代汉语教材所使用的历史叙述。

49. 冗余论则认为"真"在表达中的多余性。

50. 也许莎士比亚笔下《威尼斯商人》的阿巴公也在哪艘船上,他是犹太人。

51. 作为一处宗教殿堂,圣彼得大教堂和广场许多意大利艺术家的名字联系在一起,其中最突出的就是贝尼尼和米开朗琪罗。

52. 为什么中国人没钱买鸦片,逮捕了鸦片贩子,英国人就可以认定受到侮辱,开枪打死一千个中国人并把它载入历史?

53. 中国人有个颇为相似的说法:"吾爱吾师,吾更爱真理。"

54. 你如果在哈佛校园里细细查找,一定会在哪块地砖或铭牌上找到曾经打动过你心弦的作家的名字:拉尔夫·爱默生,托马斯·艾略特,学贯中西的林语堂。如果你喜欢音乐,指挥家伯恩斯坦、大提琴家马友友都是哈佛子弟。

55. 无论是政府契约说,还是三权分立说,都可在洛克和孟德斯鸠等欧洲哲人的论著上找到,但正是这些出生牛犊的美国律师、学者,把它变成了一个具体可操作的宪法。

56. 肯尼迪作为美国总统,自然是美国三军统率,被谋杀在任上,也算是因公殉职。

57. 他们都是从原始社会直接进入当代社会的,家族成员之间都是以血源为纽带而存在。

58. 摩梭女子对情爱有绝对的选择权,只有自己忠情才会结交,家庭一般不会干涉。

59. 正浩叹间,忽见一颗彗星,拖着美丽的彗尾,倏然从天边划过,迅速消失在茫茫夜色中。

60. 墨西哥人笃信天主教徒,有事没事就往教堂里跑,在里面一脸肃穆,神情专注。

61. 墨西哥著名作家卡洛斯·恩富斯特正是借用洪堡的比喻,写出了墨西哥文学史上的不朽名篇《最明净的地区》。

62. 他们看到的是阿兹特克文明最血腥的一幕、古代墨西哥的印第安人特有的祭奠仪式人祭。

63. 我以前总想不明白,全世界的海边都一个样,除了沙子有粗有细,海水有清有浊,还有什么区别值得不辞万里飞过来呢?

64. 我们开车在标识不清的路上折腾了老半天,终于在黄昏西下的时候到了坐落在黑河峡谷西侧的野生动物园。

65. 我相信每个轮船停靠的站口都有特色,有的以历史遗迹取胜,有的有宁静的港湾和花丛掩映的高档别墅小区,有的酒肆林立,是大块朵颐吃海鲜的地方。

66. 你不得不承认,但从餐饮业就能看出,华人真的最勤奋,笑脸相迎,吆来喝去,前倨后恭,忙里忙外。

67. 中国人嘲笑印度最多的笑话,就是印度的家长教育孩子说你再不努力,北京就要超过德里了,孟买就要超过上海了。

68. 其一为"多读"。"读书破百卷,下笔如有神"。我们很羡慕历史著名的评论员,在写作评论时总是提笔就来,倚马可待,即便是在仓促之中,文章仍能字字珠玑,句句精辟。

69. 新闻评论工作者应该积极地投身社会实践,在社会实践中去感悟变动不居的社会现实,感触社会发展潮流的人民的伟大创造,感受不同社会阶层的心声和现实要求。

70. 这次制度改革,彻底打碎了自20世纪60年代开始的"大锅饭"制度,这种制度性的根本变革力度很大,将改变很多社会分配的利益格局。

71. 历史上有许多文学家也曾模仿古人写作,成为一代风范,如王勃的名句"落霞与孤鹜齐飞,秋水共长天一色",就是从庾信的"落花与芝盖齐飞,场杨柳共春旗一色"脱化而来的。

72. 早在100多年前的王韬就强调:"文章所贵乎记事抒情,直抒胸臆而已,俾使人人知其命意之所在,而一如我坏之所吐,斯即佳文,至于工拙,抑末也"。

第二十单元

73. 著名的政论家张季鸾不仅是蒋介石、周恩来的座上宾,而且与街头的灾民、难民都可以成为朋友;《申报》总编辑陈景韩先生与黄包车司机的交情甚笃。

74. 中国共产党派周恩来、董必武也亲自参加,毛泽东亲自为他写了挽联。

75. 评论工作是政策性很强的工作,他经常代表编辑部和同级党委说话,许多群众也经常将党报上的社论作为政策来把握,因此,认真学习和掌握党在各个时期的基本政策是评论工作者增强政策水平和理论素养的一个重要方面。

76. 由于林乐知的长袖善舞,在《万国公报》上发表政论的大多是当时名重一时的人物,有著名的传教士如李提摩太、丁韪良,有中国的名人如孙中山、郑观应等等。

77. 1903年,章太炎主笔《苏报》期间,发表一系列倡言革命的文章,在《苏报》刊载的《驳康有为论革命书》中,直接骂当时的光绪皇帝为"载湉小丑",讥讽其"不辨菽麦",导致《苏报》被关,自己也深陷囹圄。

78. 在抗战前国民党对日本妥协时期,邹韬奋不避个人安危,力主抗日;在抗战以后,他所办的刊物和书店,一直高举着抗日的大旗。

79. 每个国家都有自身的文化背景和社会特色,如果不考虑实际的社会情境和历史文化背景,一味"拿来主义",很有可能造成南橘北枳的效果,学习苏联经验的前车之鉴,实乃我们后撤之师。

80. 王安石曾经有过"天下不足畏,祖宗不足法,人言不足恤"的论断,他告诫人们要打破常规,不要思维定式,这一思想在新闻评论的写作中也具有重要作用。

81. 比如,《人民日报》的《今日谈》专栏,自创办至今已有30年的历史了。而上海《新民晚报》的《未晚谭》专栏,由林放执笔直至90年代初期因作者过世才停办。

82. 也就是说,我们发现有越来越多的球员,离开自己的国家,到本国的俱乐部里面去踢球。

83. 但你得承认,以往的历史发展乃是一种必然。因此,必须尊重历史,而不能轻漫历史,否定历史。

84. 任何社会的性质是由社会的主要矛盾决定的。既然近代中国的主要矛盾是帝国主义与中华民族矛盾,封建主义与人民大众的矛盾。在这两个主要矛盾中,帝国主义与中华民族的矛盾又是最主要矛盾。

85. 清王朝自1644年顺治朝入关建立全国政权以来,经历了康熙、雍正、乾隆三朝(号称"康熙盛世")的发展,已处极盛而衰之时。

86. 军器装备落后,大量为弓箭、刀矛,只有少量火绳枪、活膛枪,沿海水师多为老弱,海防主要大炮多为300年前旧炮,有的还因铸造过程中偷工减料,留下很多"蜂眼",施放中常常炸裂。

87. 这场运动后来虽然失败了,但它催生了中国民族资本主义的诞生,对近代中国历史的发展产生了重大影响。

88. 苏州制炮局一部分机器并入,再加上容闳从美国购入的设备,形成了一个拥有10几个分厂的军事工业,成为清政府当时最大的军事工厂。

89. 次年张子洞调任湖广总督,1890年在汉阳办起了湖北枪炮局(后成为湖北兵工厂),1893年又办起汉阳铁厂(时为亚洲第一个大型钢铁企业,今"武钢"前身)等重要军事工业。

90. 其时,帝国主义之间强化了对殖民地的掠夺和瓜分;对殖民地的经济侵略形式,开始从商品输出转向资本输出。

91. 李鸿章要保存实力,因此希望和解,只要求中、日同时从日本撤军,遭到日本拒绝。

92. 王韬晚年任上海格致书院院长,直至去世。著有政论《变法自强》,在历史上首次提出"变法"的口号。

93. 由于受阶级立场和不同历史观的影响,义和团运动从产生的那一天起,就存在着两种不同的评价。

94. 1913年7月江西都督李烈钧,被迫在湖口起兵讨袁。黄兴迫于形势,也在南京宣布讨袁。

95. 黎、段分属直、隶两个不同派系的军阀集团(其他军阀又分别投靠这两派),背后为英美和日本不同帝国主义所控制。

96. 这样,中国政坛上就形成了:以黎元洪为代表的总统府和以段祺瑞为代表的国务院,即"府"、"院"之间的矛盾与对立。

97. 段祺瑞敢于放手的卖国罪行,直让时任的日本的内阁总理寺内正毅,高兴得自夸任内的政绩远超前任首相大隈重信。

98. 1918年5月,桂、滇军阀通过操纵非常国会,改组军政府,取消大元帅制为七总裁制。

99. 1927年7月15日,汪精卫终于不顾宋庆龄等国民党"左派"人士的反对,一意孤行地在武汉召开"分共会议"。

100. 同年8月25日,共产党领导的红军,改变为国民革命军第八路军。朱德任总指挥、彭德怀为副总指挥,下辖:115师,(林彪、聂荣臻);120师,(贺龙、肖克);129师,(刘伯承、徐向前)。10月,国共两党又达成协议,把共产党领导的南方八省游击队,改编为新四军(国民革命军新编第四军),叶挺为军长,项英为副军长。下辖4个大队,1万余人。

第二十一单元

 仔细审读下列各句例句,找出其中存在的各类差错,并纠正这些差错:

1. 李宗仁指挥的中国军队将一路日军阻止在临沂;将另一路日军阻止在台儿庄。双方军队在台儿庄进行激烈的拉锯战,并形成对入侵日军的包围态势。

2. 中国军队以伤亡 65 000 万余人的代价,毙伤日军 26 000 万余人,为部署武汉会战赢得了时间。

3. 他的弟子中,有党政军级领导、学者教授、企业家、专业人士,可谓人才济济。

4. 1939 年 1 月国民党的五届五中全会结束以后,反共高潮随即掀起。国民党在各地杀害共产党人,先后制造山东的"博山惨案"(杀死共产党人 400 多人);河北的"深县惨案"(残杀八路军官兵 400 余人);湖南的"平江惨案"(新四军留守干部 10 几人,平江的红军家属及其他革命分子近千人)等反共事件。

5. 另一支盟军在意大利北部发动全线进攻,驻意德军投降,占领意大利全境。

6. 自 1840 年鸦片战争以来,中国开始沦为半殖民地半封建社会。从此,苦难的中国人民,外遭资本——帝国主义列强的长期侵略;内受封建主义的剥削、压迫,过着饥寒交迫、受尽屈辱的奴隶般的生活。中国社会则长期停滞,处于落后的不发达状态。中国革命的胜利,打碎了束缚中国发展的枷锁,为中华民族的伟大复兴创造了条件。

7. 新民主主义革命,是中华民族历史上的一次前所未有的社会大变革。这种变革,诚如一位历史学家金冲及所概括,它特别表现在三个方面:民族的独立,人民的解放,国家的统一。

8. 新民主主义革命的胜利,使劳动人民翻身作了主人。人们之间互称"同志",工人、农民、知识分子和其他各阶级阶层的人民,享有政治、经济和文化上的民主权利,能够通过各种途径和形式管理国家事务。

9. 中国革命的胜利,是继俄国十月社会主义以来的重大革命事件。

10. 决定革命成败的因素,除了客观的因素外,主要是由领导革命的革命政党的路线、方针、政策的正确与否决定的。

11. 在他父亲于 1880 年去世后,他深刻地转向形而上学。

12. 在皮尔士的科学分类中,逻辑学作为与合目的性相联系的规范科学的第三个门类,遵循美学和伦理学,并成为其应用:"逻辑上的善就是道德的善的一个特殊种类",是伦理原则的另一形式。

13. 这意味着真理是一种性质,其价值由在实际实践中运用概念所得的效用来确认。

14. 在他看来,信念是对行动的一种倾向,而科学的方法是使我们获得稳定的、不受怀疑的信念的唯一方法。

15. 皮尔士不是个独断论者(dogmatism):对于有限的意识主体来说,实在作为整体本质上是不可知的,即便是作为认知过程主体的精神共同体在任何一个时间点上同样无法获得确定的认识。

16. 现代人普遍想像理查德三世是位能干的君主,十有八九是因为从来没有读过关于理查德三世的第一手材料。

17. 而真也就是那种使我们的信念之成其为知识的那么一种性质,因为"真"作为一种性质也就是前述"有根据的可断定性",这则是杜威对于真的实用论的进一步发展。

18. 这也就是实用主义对于"真"的基本看法,也即真的实用论。

19. 所以,"真即在于有用"作为真的实用论的基本主张也正是他们所提出的真的检验标准。

20. 他进一步相信,皮尔士坚持这种观点与经典牛顿物理学相容是正确的,甚至也与爱因斯坦的(特殊)相对论相容,而且它还更为肯定地与新的量子理论相容,这也意味着皮尔士的观点具有更大的包容性。

21. 第二次大的思想解放运动发生在1992年以后,邓小平的南巡讲话以及"三个有利于"的观点,在很大程度上破除了思想障碍。

22. 而80年代后期著名的新权威主义思潮,实际上已经成为对治新启蒙思潮的新的思想资源。

23. 然而,顾准的思想是作自由主义的解读,还是作民主社会主义的解读,却并不容易。

24. 与此对应的则是人文学科(也许还延伸到一些市场度与实效性相对较低的理学学科)普遍陷入生存危机,诸如国际经济、金融、电子、建筑等市场型高学科则成为大学中的热门学科而受到追捧。

25. 从实践过程,从科学发展观、以人为本与和谐社会理念的提出,中国特色社会主义理论体系以及社会主义核心价值体系,学习性政党的建设,透过这些实践与理论背景,人们可以看到,在新的历史条件下,中国在实践中正经历一场思想观念的重大转变。

26. 鉴于这一状况,如下不妨从哲学界的学术理论创新方面,以对整个第三次思想解放运动及其意义有所发现和揭示。

27. 秦晖(代表作《农民中国:历史反思与现实选择》)、于建嵘(代表作《岳村政治转型期中国乡村政治结构的变迁》)、徐勇(代表作《中国农村村民自治》)。

28. 相当一段时间内,中国模式是探讨的主题,而且在这方面出现了一批有影响的著作或合著,如郑永年的《中国模式:经验与困局》,丁学良的《辩论中国模式》,赵启正与奈斯比特合著的《对话:中国模式》,徐牧的《大变局:中国模式的崛起与西方模式的衰落》,等等。

29. 各地暴出的"拆迁"案、"乌坎事件"等,一方面显示仍处于转型期中国社会的现状,另一方面也反映出面对新的时代问题(如网络化)中国民主法治建设的艰巨性与复杂性。

30. 在他们的研究工作中,实际的作品比起所谓的作品起源和作品对读者的影响来,要重要的多。

31. 恰恰相反,形象的使用是要诉诸于"陌生化"的手段,将司空见惯的熟悉的东西以一种全新的方式表现在一种全新的语境中,以便受到化腐朽为神奇和点铁成金的艺术效果。

32. 在对待当代文学创作上,形式主义者们提倡创新,主张不断寻求新的文学表达方法,在文学艺术审美领域追求技巧和手法的老道娴熟和奇妙精致。

33. 通过自己的诗作,透过物质文明快速增长的"繁荣景象",醒察人们在信仰是的游移与彷徨,思索人类在精神家园中的挣扎与苦闷。

34. 现代的人生与世界十分复杂,因为现代诗人的创造如果要具有很大价值的话,其中就必定包含一番巨大的批评功夫。

35. 坚持诗歌的道德诉求,并不意味着诗歌就此便可论为贯道载道的工具,阿诺德在强调德性的同时也非常看重作品的艺术性。

36. 也有研究者注意到了这首诗的思想性、批判性、严肃性、甚至技巧性与阿诺德诗歌主张之间的相互应证关系。

37. 还有研究者考证,这可能指古希腊的雅典历史学家修昔底德(Thucydides 约公元前460?—约公元前400?)在他的《伯罗奔尼撒战争史》中描述的艾比波里战役。

38. 他自己的意志决定一切社会事务,甚至动用酷刑,在发脾气的情况下毫无理由的鞭打手下,把他人当做自己的工具,玩弄于鼓掌,对他人的生命和自由实施绝对的、无限的统治,迫使其他社会成员听任自己摆布。

39. 英国对德国的绥靖政策达到了顶峰,助长了德国法西斯嚣张的气焰,以至肆无忌惮的希特勒把下一个目标锁定为波兰。

40. 同样,张伯伦基于本国利益的考虑,也试图借着牺牲捷克这个弱小的国家利益,达到祸水东渡的目的。

41. 然而,当她告诉拉摩特她的梦想时,拉摩特却并不认为当作家能使女性拥有成就感和满足感,因为在维多利亚社会,很少或者根本没有女性作家能够成功。

42. 莎士比亚便是对人性蔚为关注的戏剧家,《麦》剧便是明证之一。

43. 从战场上英勇作战,凯旋而归的麦克白,对王权的野心在剧中第一次出场、第一句话里便可见一斑。

44. 然而,在荒野上被女巫告知自己将加冕为考特爵士,并继而被加冕为苏格兰王后,麦克白的大喜望外很快就被无意识中的恐怖所取代了。

45. 从这一刻起,我要把你的爱情同样靠不住的东西。你不敢让你在行为和勇气上跟你的欲望一致吗?

46. 深知麦克白内心"充满了人类慈善的乳汁",踌躇不决,她旋即宣称到:"让我把我的精神力量倾注在你的耳中;……"

47. 巴赫金曾就骗子、小丑、傻瓜在小说中的作用中曾如此说过:"他们有着独具的特点和权利,就是在这个世界上作为外人,不同这个世界上任何一种相应的人生处境发生联系,……"

48. 于是,剧幕拉开,第一个能指便在三个女巫的合唱中出现了,"美即丑恶,丑即美,翱翔毒雾娇云里"。

49. 这一次,他只杀死了他的家人,麦克德夫的逃脱给麦克白最后的悲剧残死埋下了伏笔。

50. 作家在依然延续着自然主义的表达方式的同时,对小说的语言和形式进行大胆地创新和实验。

51. "病人"这一特殊而"不凡"的身份成了她精神的唯一慰籍,她的刻薄和满腹牢骚也不断地提醒着伊坦的无能,践踏着他男性的尊严。

52. 他将咄咄逼人、神秘不测的妻子幻化成了虚无飘渺的影子,时常将自己"置身于五色云中",让"幻景占据他的全身"。

53. 他看明白了他的生活的真面目。他是一个穷人,是一个多病的女子的丈夫,他要把她丢了就穷困无告。

54. 曾给伊坦带来希望活力的玛提现在已不符存在,取而代之的是一个形态畸形的怨妇。

55. 除了《集刊》继续发表奥康纳研究家具有新见的优秀论文以外,专著与编著的出版明显增加。

56. 90年代至今又有近60部研究著作问世,其中包括两部于2002年和2009年初问世的富学术价值的传记。

57. 在表明文学与技术如何富有成效地互为影响方面,哈狄教授作了重要贡献,该作具有的开创性意义很可能不止表现在一个领域。

58. 这一现象或许只能表明,传统视角的解读也好,后现代理论的观照也好,奥康纳研究在跨越21世纪的今天的确展示出极大的张力和潜力。

59. 首先是作家创作本身的特点:她的貌似通俗易懂的小说糅合着"奥秘与常情"包含着突破俗世的"超验视像,"致使她的作品对读者始终有扑朔迷离之感。

60. 其次,奥康纳的疾病、早逝、天主教信仰这些她生命中的重大内容,以及清楚体现她创作思想、信仰立场和日产生活习性的两部文集《奥秘与常情》和《生存的习性》的出版,这些为70年代之后的奥康纳研究提供了不可或缺的参考资源。

61. 不少具有创见的批评家在应用新理论分析奥康纳作品的同时,又增添了对传统批评中所依恃的资源。

62. (论文标题:)对照中国英语学习者与英语母语者对语言上礼貌的判断

63. 为了决定在特定语境中什么是最得体最合适的,说话人必须对环境中诸多因素进行评估。

64. 他的学生沃尔夫沿袭了语言相对性原则,认为"如果人们使用炯然不同的语言,那么他们会关注不同类型的事件,对外在相似的事件的评估也不同,因此他们并非对等的观察着,而是有着不同的世界观"。

65. 正是通过这种何为可接受何为不可接受的反复重复,我们才学会"得体"的行为和语言。

66. 词典创新才能稳固占有市场,而切实满足使用者及学习者的查阅需求则是词典的立足之本。

67. 例如,打碎一面镜子,带着黑猫穿过马路,或者在楼梯下面行走,都被认为造成了厄运。

68. 为了支持这个主张,他援引了他自己和其他国家的几名科学的经验。

69. 接下来我们去了特种兵学校,在那里,我们发现我们每天只睡两、三个小时的觉,吃极少的食物还能做很多似乎超出人类能力极限的事情。

70. 随后我就去第 82 伞兵师报到,但在那里并没有呆多久。特种部队在寻找会讲法语的军官。我主动报名并被录取了。

71. 在他写了这篇文章之后不久,苏联军队就重建了随军牧师为士兵们服务。

72. 1962 年,毛泽东号召全国人民"向雷锋同志学习"。这一号召启动了一场全国范围的运动,帮助中国度过了 1960 年代的经济困难。

73. 1972 年 2 月,尼克松总统,第一位访问中华人民共和国的美国总统宣布只有一个中国,台湾是中国的一部分。白宫学者随后也访问了中国。

74. 从 1931 年到 1945 年,日本统治着中国。

75. 勒夫克将军是一位经验丰富的伞兵和飞行员,精通苏联事物,拥有政治学博士学位。

76. 在朱德统率军队时,没有表示级别的徽章。军官和士兵的唯一区别是军官的上装有四个口袋,而士兵的上装只有两个。这是为了让军官有更多地方放东西。直到 1980 年代中国才采用了军衔。

77. "为了做出伟大贡献,我们需要锻炼。"——朱德

78. 美中两国的伞兵有很大不同。美国伞兵有专职的装配工为他们准备降落伞,而中国的伞兵则要自己准备他们的降落伞。

79. 1986 年 4 月发生在切尔诺贝利的核事故是对核能危险性的一个警告。随着核云雾的残余物飘向全球,甚至美国的西海岸也收到了较高水平的辐射。

80. 压力的减少就等于合作的增加。压力的减少就等于理解的增加。压力的减少就等于对别人意见接受的增加。压力的减少就会缓减冲突。

81. 我记忆中的中国是个非常健康的中国。在 70 年代,甚至到了 80 年代,每个城市都醒得很早,市民们都在户外晨练。那些不出来锻炼而后来生了病的人得自己花钱治疗。因

为参加锻炼的人吃药免费,这就激励着人们要保持健康,不然就要自己承担看病的费用。我那时从没见过肥胖的中国人。

82. 而中国文学家采用神话时,其本身早已完全历史化了,成了真正的历史人物,中国的历史学家们则努力把神话作为历史来解释。

83. 又《魏志》卷二十九《华佗传》载华佗事迹,考后汉安世高译《㮈女耆域因缘经》载神医耆域之事,颇有相似之处,令人不免有因袭之嫌。

84. 在《〈西游记〉玄奘弟子故事之演变》一文中,作者特别引述关于《西游记》中孙悟空大闹天宫的故事、猪八戒高家庄招亲故事、流沙河沙和尚故事等,它们均源于佛教故事。

85. 朱光潜先后撰写了《文艺心理学》《诗论》等著作及多篇比较文学方面的著作,他是30年代中期至40年代中期内有影响有代表性的比较文学学者。

86. 但是,作者认为,它们之间并不存在抄袭,它们有着技巧、解释、孕育、观点等方面的差异。

87. 李广田的《诗的艺术》一书也涉及了评论当代(三、四十年代)文人(诗人)及其作品,并作中西比较。

88. 在论卞之琳的《十年诗草》时,指出了她受外国影响的方面——章法与字句、格式与韵法、用字与意象等。

89. 莎士比亚对朱丽叶的描写,不拘于繁琐迹象,而是赋予情人以气质、性格、精神与情感,是在创造一个情人的具体观念,赋以其复杂的人性。

90. 对人种问题的评价,是鲁迅与尼采之间不可调和的界限,鲁迅是进化论,尼采是人种论,两者有着本质的差异。

91. 伏尔泰的《中国孤儿》突出了征服者让被征服者的智慧"征服"的主题——即蒙古人、满洲人虽然征服了中国人,但中国人的智慧与文明最终还是"征服"了他们。

92. 这种现象是"根据个人的写作标准和企图,要充当原作者的'净友',自信有点铁成金、以石攻玉或移椿为枳的义务和权利,把翻译变成借体寄生的、东鳞西爪的写作。"

93. 一部作品读起来很顺利容易，译起来马上出现料想不到的疑难，而这种疑难并非翻译词典、问问人就能解决。

_____

94. 不过，要严格规定期限的时间的话，还是应以1979年钱钟书的《管锥编》出版问世作为复兴期开始的标志。

_____

95. 随着岁月的增长，人们会越益认识到它的学术价值和学术地位。

_____

96. 钱氏强调，比较文学不等于文学比较，千万切忌东拉西扯的牵强比附、武断臆测，不能为比较而比较。

_____

97. 文章呼吁建立具有中国民族特色的比较文学理论体系，打破西方所谓的"欧洲中心论"，这在复兴期阶段成了学界一种共同的呼声与要求。

_____

98. 至今影响的媒介途径，有见之于文字的有形媒介，也有不见于文字的"无形媒介"。

_____

99. 探讨中国文学对世界文学发展的影响，阐明中国文学在世界文学中的地位，同时探索外国文学对中国文学的影响，阐明中国文学对外来文学的分解融合能力，这是"中国学派"构成的基础。

_____

100. 他以大量的材料，说明了一个真理：中国古代文学毫无疑问地在其发展过程中曾受到印度文化（文学）的濡染。

_____

第二十二单元

 仔细审读下列各句例句,找出其中存在的各类差错,并纠正这些差错:

1. 外国文学影响中国文学中占更大比例的,是外国文学影响中国现代文学的研究,这部分论文占了影响研究论著的大部分。

2. 第二个十年(1927—1937),这十年是扩大与世界文学的联系中前进的,马克思主义文艺理论的翻译与苏联无产阶级文学作品的输入直接推动、滋养了左翼文艺运动。

3. 第五阶段(40年代),冯至等人受西方影响,写了《十四行诗集》等,其他受影响的,还有艾青、何其芳、田间等人。

4. 应锦襄着重对现代派影响中国20年代小说的状况作了分析,其中包括创造社和浅草社,他们除了在主题哲理方面具有共同性外,在探索表现手法是着重于揭示内心,尤其是心理分析与内心独白。

5. 乐黛云这篇《尼采与中国现代文学》一文发表后,引起了比较文学界较大的反响,认为是论述这个专题方面很有分量、很有代表性的一篇论文。

6. 文章认为,厨川白村对鲁迅的影响,总体上是积极的。但文章也指出,鲁迅对厨川白村理论中的某些唯心成分缺少批判,也是应当指出的。

7. 第三,博大的人道主义感情,深厚挚爱的人民爱,农民和其他"小人物"的艺术题材。

8. 这一理论即使是脱离了上述形而上学的前提依然是可以成立的。

9. 弗雷格的论证因此也没有说明真是不可定义的:但是他却在任何可以接受的真之定义设置了限制。这些限制需要被小心说明。

10. 在塔斯基于1935年所构想的语义性真理论中，真谓词是为某种语言，即所谓的对象语言，进行定义的。

11. 他们的代表艾兹拉·庞德(Ezra Pand)，专门译了中国古典诗歌，编成集子出版，在美国诗坛引起了很大反响。

12. 如能将中国文评的形象感发——即诗的精神的心态，同西方文评的理论分析——即哲学分析的心态结合起来，那么一定可以相得益彰，使文学批评上升到美学的高度。

13. 中国古人强调功夫、专心，强调创作主题的能动性，认为灵感来之于所谓"参禅""妙悟"。

14. 中国美学的艺术意境理论，是对世界美学思想的一种创造，它的偏重于感性的美学理论，充满了理性主义精神与艺术辩证色彩。

15. 歌德将自己研究自然科学中概括出来的规律观察自然界，并将其引申到观察人生与文学艺术。

16. 至此，中国比较文学有了自己正式的学术组织，从而开始了它具有历史意义的新的历史篇章。

17. 它是比较文学横向拓宽至人类各门类艺术、科学领域的研究，是比较文学更高层次的发展，目的旨在通过与它学科的比较，更全面、更深入地把握文学的特质。

18. 之后，四川大学、复旦大学等高校也或建立了博士点，或具有建设博士点的权利。

19. 比较文学作为一门兴起于19世纪末的科学，已走过了一百多年的历史。

20. 一直到世纪末的最后一年，我们仍不能说比较文学学科理论经过许多学者的努力已经建立起了科学合理的学科理论体系。

21. 涉及这方面的论文与著作的数量也就不可避免地显得庞大，诸如《中国文学在日本》一类的"中国文学在某某国"的系列著作与论文，《屠格涅夫与中国》一类外国的"某××与中国"的系列著作与论文。

22. 而对文学言,要不断焕发出新的生命力,不断以丰富的思想内涵与多变的外在形式,迎合时代变更与发展的需要,唯有加大国际间的交流、融合方可生存。

23. 唯此,方能真正使世界各国的文学与文化在同一平面下作有益的比较与交流,方能真正打破"西方中心""欧洲中心"论,俾使比较文学得以在全世界范围健康有序的发展。

24. 作者对1985年后以迄1990年期间的中国(台港地区除外)比较文学发展情况用辑录有关文献材料及重要论著方式作为附录予以反映。

25. 中国真正的外国文学翻译(包括外国文化),始于印度佛教的传入中土。

26. 据梁启超统计,从后汉桓、灵经东晋南北朝隋唐到宋元,历代译人约194人,译作约一千三百余部,五千三百余卷,印度佛教语典的主要部分均译成了汉文。

27. 传教士们的传教,首先遇到了包括中国朝野上下在内的防范抵制,这是因为中国的传统封建帝制,一向对外来国家和民族的文化采取闭关锁国政策。

28. 其次是西方著名文学作品《伊索寓言》等伴随着传教士说教的影响与流传,典型之例如利玛窦《畸人十篇》中介绍引用《伊索寓言》,它开了西方文学作品进入中土的风气之先,此后,《伊索寓言》有了专门的汉译选本,逐步扩大了它在中国的影响传播。

29. 不少人学习汉语,熟读儒家经典,有意识将儒家经典译成西文,使之传播到了欧洲西方。

30. 他最早用拉丁文翻译了《四书》,开了中国儒家经典西译的先河,这对西方了解东方中国产生了很大影响。

31. 明清时期的上述中西文化接触与交流,洞开了中国人的眼界,使长期处于闭锁状态下的中国人透过这无形的窗户,看到了户外的五彩景象。

32. 周作人,原名周遐寿,后改名槐树、遐寿,字起孟、启明,号知堂,鲁迅之弟。

33. 郑振铎,字西海,原籍福建长乐人,出生于浙江永嘉县。杨周翰,原籍江苏苏州人,出生于北京。

34. 本述略以20世纪一百年内出版问世的比较文学著作为范围(1901—2000年),择取相对具有一定代表性的著作,撰写涉及比较文学内涵的简明提要,旨在为读者和研究者提供参考。

35. 作者在论述探讨过程中有意识地作了中西神话的比较,这是中国现代较早系统作神话比较研究的专著。

36. 全书围绕中西戏剧比较主题,按起源形成过程、戏剧观、主题、情节结构、悲剧、喜剧、戏剧名家(关汉卿与莎士比亚)、戏剧名作(五对中西戏剧剧本)及新时期十年戏剧与西方现代戏剧九大专题作比较研究。

37. 全书分上下两编,上编偏重于古典理论的诠释解析,专谈"诗艺与诗语",下编结合具体"诗人与诗作"作比较与剖析。

38. 本书是一部集体编者,内容侧重20世纪普希金在中国的接受(以中国19位作家学者研究普希金的经历与成果为叙述线索),同时涉及普希金笔下的中国形象及普希金与20世纪中国文学的关系。

39. 90年代已出版的有:《文本人类学》[爱尔兰]泰特罗著;《中国叙事学》[美]蒲安迪著;《文化研究与文化参与》[荷兰]佛克玛·蚁布思著;《文化类同与文化利用》[美]史景迁著;《后现代主义与文化理论》[美]杰姆逊著;等。

40. 作者将研究的角度拓转于审视中国比较文学的发展历史,总结了比较文学在中国发展的经验。作者放在建构比较文学学科的高度来回顾这一历史。

41. 原载《中外文化与文化》第4辑,四川大学出版社,1997年12月版。

42. 就具体的史识而言,本书饶有兴味的是其历史勾勒的纵深和深广。

43. 多年来,她已成为上海和西方文化交流的重要桥梁。她为推动中国和欧洲、南北美洲等国的文化交流,特别是推动中国与西班牙的文化交流与合作做了大量工作。

44. 在计划经济体制时代,传媒和文化产业均为国家所有,全部经费由国家拨款,传媒仅仅是官方宣传工具,管理人员也都是公务员。

45. 1988年,普拉西多·多明戈和何塞·塔玛约在北京人民大会堂——中国共产党举办代表大会的同一地方——向1万名热情观众献上了一场令人难忘的西班牙歌剧表演。而通过电视观看这场演出的中国人数以千万。

46. 2010年中国以国际汇率计算的人均GDP已达4,283美元;根据国币货币基金组织的数据,以购买力平价计算的人均GDP为7,518美元。

47. 事实上,中国共产党是中国主要且唯一的政治力量。

48. 中国共有22个省、5个自治区、4个直辖市。中国还有两个特别行政区(英语简称SAR):香港和澳门。

49. 一方面,中国正在逐步朝着信息自由的方向迈进;另一方面,政府仍有权下令停止、禁止和关闭文化活动或传播物。

50. 他们尝试把电视信号传输到手机,并与2008年上半年启动卫星系统,使全国上百万用户利用手机观看了赛事。

51. 传媒业自20世纪90年代中期通过互联网在中国迅速发展。在一万多种媒体中,2,000多种通过互联网来实现。

52. 80年代出生的年轻人有9,000万人。估计这一人群的消费水平为每月3,000元(合300欧元)。

53. 全国经济改革之初,中国政府就开始了文化产业国有企业自由化的进程。

54. 2003年,协会拥有3,101名会员、1,400万音乐作品、16万版权所有人、400万制作人作品目录。

55. 全国著作者利益分配中心(NCCDAR)成立于1991年,负责版权收费和分配。

56. 网站积极致力于服务内容和质量的差别化,旨在价格更为合理。

57. 49家唱片公司向全国12,000家卡拉OK发出通知,要求对方支付相应的版权使用费。

58. 中国音乐著作权协会(MSCS;以下简称"音著协")是一家致力于对中国境内音乐作品进行著作权集体管理的非赢利性组织。

59. 上述变化导致,在著作权事宜恰谈和费用支付的程序方面存在一些混淆。

60. 唱片公司的未来在于吸引听众对音乐和其他形式的娱乐形式持续有所需求,在于保持对该行业相关产品的消费。

61. 有了这样的计划,唱片公司将会利用其他形式,广告和在线内容服务,使自己的收入来源多样化。

62. 至今仍然充满活力的地方戏曲包括:越剧(上海)、黄梅戏(安徽)、川剧(四川)、豫剧(河南)和粤剧(广东)。

63. 国内演出团体的票价也相当高,在 380—680 元(合 36—68 欧元)。考虑到国内中产阶层的购买力,这样的价格很难被接受,尤其对年轻人而言更是如此。

64. 来自这两个国家的文化演出占据了国内主要城市的海报栏,演出包括音乐、舞蹈、电影、艺术和戏剧。

65. 我告诉自己,需要不断累计对中国企业的认识,所以我对自己讲,去企业的时候一定不要以顾问和专家的身份去,必须以一个企业的成员身份在企业中,才可以知道这个企业到底在发生什么,到底能够真正发挥作用的东西是什么。

66. 上世纪 30 年代,新一代电影人出现在历史舞台并于 1931—1937 年间在上海发展了中国电影的黄金时代。

67. 因此,语义学进路通常必然使用比对象语言更为强大、并为对象语言提供语义学的元语言。

68. 在真之类型理论中,只考虑那些允许人们去证明哪些不包含真谓词的句子之真理的公理。

69. 由于利润有限,制片人不敢尝试,趋于保守,重复已经经过观众考验取得成功的模式。

70. 唯一涉及原子语句的真的公理是刚刚上面的公理 1。

71. 哥伦比亚电影制作(亚洲)有限公司(哥伦比亚三星电影公司的子公司)近 7 年来拍摄了 12—13 部合拍影片,包括 3—4 部在台湾、香港地区制作的影片。

72. 中国所有的影片都按相同标准发行和审查,允许所有的观众和年龄段观看。

73. 同样,商业和休闲场所播放背景音乐必须持有许可证并支付音乐作品使用费的规定也很难理解。

74. 当今中国依然是一个复杂的国度,带有上千年极度自我封闭历史发展所形成的根深蒂固的文化特征和内涵,直到上世纪90年代才开启深刻变革,以便从此前两个世纪的经济落后状态中复苏。

75. 文化产业的投资者在配置资本、技术和知识时不会遇到阻力(不用担心高昂研发工作所成就的最先进创新优势得不到尊重)。

76. 而这些企业的服务对象都是,得益于现行社会、政治和经济监管制度所确定的具有高或中高经济水平的社会阶层。

77. 宋元时期,随着社会、庙会的兴起,城市公共空间的扩大为平民百姓提供了社会交往、聚会和休闲的机会。

78. 城市的空间结构发生了重大变化,城市中大街小巷的交通网络逐渐形成,居民众多的小巷不再相互隔离而直通大街。

79. 作者详细记录了当年临安的诸多会社组织:文有西湖诗社;武有射弓踏弩社;更有富室郎君,风流子弟,与闲人所习的蹴鞠、打球、射水弩社。

80. 上至皇帝、大臣、下至屠夫、走贩、乞丐,均不同程度地参与了各种会社的活动。

81. 宋代经济性会社包括经济互助会社、行会等经济和商业团体。宋代城市民间流行社会,各行除参与宗教社邑活动外,尚以行会为单位,组织各类社会,参与传统社会、赛会、庙会的各项活动。

82. 在杂剧表现的公共场合,杂剧的作者通过演艺这种形式传达了他们抨击黑暗和不公、向往自由和幸福的愿望,在一定程度上也教育了受众,促使他们有了觉醒的初步意识。

83. 绍兴二十六年(1156),起居舍人凌景夏奏称:"西北人以驻跸之地,辐凑并集,数倍土著",著名文学家陆游也说:"大驾初哗临安,故都及四方士民商贾辐辏",时有"西北士夫,多在钱塘"之说。

84. 南宋诗人韩淲有诗曰:"太湖渺茫浸苏台,云天青万里开;莫道吴中无乐土,南人多是北人来。"

85. 陈敬容童年的启蒙主要来自祖父,祖父四岁便教她读三字经、孝经、论语、唐诗,但却禁止她读任何闲书。

86. 《图经》说雷州有官语、客语和黎语,"官语则可对州县官言,客语则平日相与也,黎语虽州人或不能尽辩"。

87. 招贵客,引高贤,楼上笙歌列管弦。百般美物珍羞味,四面栏杆彩画檐。

88. 另据《宋书》卷九十一《孝义传》记载,南宋会稽山阴(仅浙江绍兴山阴)人严世期,为人乐善好施,尊老爱幼,为世人所尊重。

89. 这就使得宗规在特定的范围类对于维护宗族稳定和社会稳定有着国家法律不可替代的作用。

90. 早在9世纪末枝10世纪初,随着契丹的壮大,河北一带大批汉族军民被俘或避乱入契丹境内,两民族之间的交流进入一个新时期。

91. 这对当时社会风气的形成了很大的影响,在辽朝的中后期不仅加剧了等级之间的差别,激化了等级之间的矛盾,而且也为以后契丹族建立的辽朝的灭亡与分裂,存在着千丝万缕的联系。

92. 但是就整个西夏民族的主体党项族来讲,党项族的守旧心理和保守心理造就了其崇尚旧俗的习惯,从某种意义上这也是西夏之所以存在那么长时间的原因。

93. 当然这和西夏统治者及其王室成员的承认与认可十分不开的,得到了西夏普通百姓和民众的认同,增强了整个西夏国内各民族的向心力和凝聚力。

94. 在西夏国内民族地位最高的民族莫过于番族,《天盛律令》以国家法律的形式固定和强化了统治阶级民族——番族的特殊地位。

95. 这种婚姻由前世定不利于人们的自主择婚,对于人们则是一种无形的婚姻束缚。

96. 唐宋以后,随着士族门阀没落,等价观念渐趋消失,但是良贱不婚的风俗习惯却一直延续下来。

97. 据《马可波罗行纪》第一卷61章记载今甘肃省张掖县的风俗时说:"其地之人娶妻致有三十。否则视其资力,娶妻之数唯意所欲。"

98. 这表明,党项人受中原文化的儒家思想中封建婚姻观念的影响,父母之命,媒约之言,已成为决定男女婚姻关系的主要因素。

99. 女方亦有嫁女"玉房"之"妆奋",即所谓的陪嫁物。

100. 西夏建国已经进入封建社会,但是抢婚现象仍时有发生,不过西夏政府已在法律中对抢婚行为予以惩治和处罚。

第二十三单元

 仔细审读下列各句例句,找出其中存在的各类差错,并纠正这些差错:

1. 直至 12 世纪初,女真族不堪辽朝契丹人的统治压迫,由完颜阿骨打揭开了女真人返辽的序幕。

2. 在金朝建国初期,金太祖、金太宗为了保持女真族的旧俗与本族传统作风,防止被汉族同化,出现了第一次地址汉化的高潮。

3. 女真人在立国前后经历了从原始氏族部落社会向封建社会的过渡,从民族聚居转而与契丹、汉人交居。

4. 特别是在中原礼教对女真人思想影响后,女真的接续婚形式也发生了一定的变化。

5. 铁木真成年后,娶妻孛儿贴。后敌对的蔑儿乞部抱走孛儿贴,铁木真聚众败之,力量渐渐发展壮大。1206 年,蒙古杰出的首领铁木真以蒙古为国号,建立了大蒙古国。

6. 至于冬季所戴的帽子,一般都用珍贵的皮毛做成,而且往往会配套的服装。

7. 不难看出,除蒙古人的婚礼不受限制,其他各民族之间的通婚,均应以男子为中心,主要按照男方民族的举行婚礼。

8. 与其他民族相比,蒙古族妇女地位较高,在一般的社会交往中妇女不需要回避,妇女在家庭事物处理方面也有较多的发言权。

9. 陈垣指出胡三省在历史见识上偏狭的一面,强调宋元时期各个少数民族与中国为一家的文化和历史认同。

10. 这一切不仅带来了经济关系的重大变革,而且促使人们价值观念的极大变化。

11. 朝廷官员卖国求荣、苟禄偷安、搜刮百姓、贪污受贿,比比皆是。

12. 在经过唐季、五代的兵革战乱、军阀割据之后,民心所向是结束战乱,实现天下的统一。宋太祖之能得天下,是适应了这样的天心民意。

13. 赵宋王朝以道德性命立世,与汉唐置重建功立业的价值取向颇为不同。

14. 唐末五代颓废的士风,败坏的道德风尚,就向继此衰世而生的赵宋王朝提出了整饬封建伦常的历史任务,以便重振为唐末五代兵戎毁堕的社会秩序意识形态,光大先秦儒家的道德理性规范,维护和巩固新生的封建政权。

15. 《慈觉禅师劝化集》尤其强调诚实诚信,并视其为是所有商业活动的核心伦理价值。

16. 宋元时期民族矛盾、阶级矛盾、统治集团内部矛盾等交织错综,这是一个新旧交替赓续创新的转折时期,凝聚着激烈的冲突与矛盾的并存。

17. 宋代的道德生活与国事多艰相连,异族入侵始终是挥之不去的梦魇。

18. 辽夏金元游牧民族及后来的蒙古族势力对宋政权长期包围与轮番撞击催生了宋代士大夫阶层前所未有的忧患意识与救亡观念。

19. 还有那称为保守派代表的司马光,他在临终前业已神志不清,依然喃喃作"梦中语","然皆朝廷天下大事也"。

20. 在宋元时期国人道德生活发展中,理学思想的作用不可忽视。因为正是因为理学伦理体系形成和发展,该时期国人的道德生活才有了系统、深刻的理论指导。

21. 可见"理"乃天地万物以存在依托。

22. 陆王学派与程朱学派在这方面的分歧的确比较严重,但他们的目的却比较高度一致。

23. "礼者谓有理也"繁琐而复杂汉民族传统礼制内含蕴含着丰富的道德精神和道德理念,实际也是传统道德在社会生活各个方面的具体化展现。

24. 比如北宋微宗政和年间,竟下令禁止人名或字中使用"天"、"君"、"主"、"圣"、"王"。

25. 关于《忠经》的作者是谁，人们的认识不同，长期流行的观点是《忠经》系东汉马融所撰，郑玄为作注。

26. 岳飞的悲剧就产生于封建专制社会之下，忠君、报国与忠国、报国之间的利益的矛盾根本冲突，爱国与忠君往往让人不知如何适从。

27. 所谓"生为某氏人，死为某氏鬼"，乃是那一时代女子的共同信务。

28. 两宋三百余年一直弥漫于民族战争的硝烟战火，民族气节与抗战热情成为普遍的民风崇尚，至今流传的杨家将抵辽、岳飞抗金和文天祥不降元等英勇事迹，对于鼓舞宋人抵御外族保卫家乡有着重要的精神作用。

29. 以理学为基础的北宋德化政治不但挽救不了北宋的积弱之势，反而使北宋一朝外侮不断，使华夏民族长期丧失尚武精神，终于导致亡于胡人之手。

30. 当草原文明的蒙古族入主中国后，在宋代尽得风流的儒生群体竟被视为劣等社会阶层，在九流中倒数第二，仅优于为人不齿的乞丐群体。

31. 宋元时期既是重道义、重内化和重气节的士大夫精神和道德主体性得以高标和风化于世的时期，也是重事功、论利害和重人生享受的商人伦理和道德生活世俗化喷涌而出而为自己争地位的时期。

32. 诚如(Bendix)指出，虽然资本主义初期的宪政国家赋予人民形式上的自由权利，但统治阶级对民众力量的恐惧，导致政治体制严重排斥所谓的"第四等级"，即劳动阶级和民众，他们的组织权客观上无法实现。

33. 比如，在1806年的"联邦诉普立斯"(Comonwealth v. Pullis)一案中，费城"联邦鞋匠协会"的八名领袖因组织鞋匠罢工要求加薪而被起诉。

34. 费城的滨州最高法院大法官John Gibson在此案中裁定，"联合的动机，而不是联合本身的存在，是非法与否的关键"。

35. 在"工业委员会"报告的直接影响下，国会在1914年通过了对工会有利的《克莱顿法》(Clayton Antitrust Act)。

36. 为了名实相符,中国共产党加紧了在城市工人中发展党员的步伐,1921年在上海成立了中国共产党劳动组合书记处,以整合上海等大城市的工人力量。

37. 在这场运动中,1925年上海爆发的五卅运动是导火线。上海工人顾正红被洋雇主殴打致死,引发了这场工潮,致使上海全市20万工人罢工,斗争持续3个月。

38. 一旦步入退休年龄,他们就被纳入统一的社会保障体系,届时所有的诉求都将失去正当理由,化为发古之幽情的抱怨。

39. 实际上,西方的故事和第三世界的故事就是同一个故事,在西方和发展中国家的背后,其实就是一个集权化的全球市场(Centralized Global Market)。

40. 有关"发展型国家"的研究也证明,在日本、韩国及中国台湾地区等东亚经济体中,较高程度的自主性使得东亚地区的国家一些经济体更好地实现了经济增长和社会福利的扩大。

41. 两个"堂"各有自己的核心人物,他们轮番出任村干部,但谁上台另一派都不接受,所以每有新班子就任,一定就是新一轮干群紧张的开始。如果双方各有人进入班子,结果则是互不配合,难决策,更难执行。多年来,下围村一直在这两级之间来回摇摆。

42. 朱尔典在一份报告中详细谈到了北京当局面临的财政危机:"12月20日的头四天,需要支付七十万两的款项,但是铸钱局仅得二十八万两结语,亏空巨大,维持两个月的行政费用也达三百万两。"

43. 财政总长熊希龄在国务内阁成立后向参议院报告称:民国纪元以前,共亏欠8 800万两白银,民国纪元以后,共亏欠19 252万两白银,总计2.805 2亿两白银。

44. 此事连同后来袁世凯不经唐绍仪联署即任命王芝详事件一起,导致唐绍仪内阁成立不到两个月即倒台。

45. 接下来,参议院没有通过陆徵祥内阁名单,陆徵祥因而丢官不干。政府与议会的互动从刚开始即不顺畅。

46. 按当时人的说法,在民国建立后,米价每石最贵也就五六元,后来就涨到二十元之外;菜疏则从过去的每斤不过制钱数文,涨到后来的每一两几十文。

第一部分 纠错练习

47. 而后就发生了"一二•八"事变,十九路军最后退出上海,淞沪战事停止,但上海各纱厂工人还继续罢工了两个多月。

48. 此后,日寇的入侵为激进的工人运动注入了新的活力。

49. 他经过几年的边教学、边研究、边构思,并举办了十余次的研讨会,最后形成了企业、市场、政府和社会等四篇的理论体系。

50. 上述两种方法的区别虽有过份简单之嫌,但抓住了关键的差异。

51. "道生一,一生二,二生三,三生万物"是从高的、抽象的、主导的,说到底的、具体的、被主导的。

52. 我认为,这是老子又一个前无古人、后无来者,哲学史上的重大突破!

53. 任何事情都不可能一条黑地走下去、走到底;一条黑地走下去、走到底,等着你的就是死,就是自我爆炸、自我毁灭!

54. 结果大大出乎人们的期望,第一次处女航、行驶到半路就沉没了,而且沉得如此干脆利落。

55. 剧中关键人物、技术工作的总负责麦克缪尔(Mack Muir)博士,一针见血地指出用20几年前建造几千吨游轮的工艺、技术、材料、方法(我以为,还应该包括思维和认识),建造6.4万吨的"坦泰尼克","是不可能的疯狂之举"。

56. 人们通常只见"有"不见"无";只见"有"及"有"的作用,"无"则视而不见,更不会深刻认识"无"的重要作用。

57. "冲"不是指一般的平原,而是特指"山谷包围中的平原"(韶山因为这种地形叫"韶山冲",所以是风水宝地)。

58. 美国经济占全球经济总量的近四分之一,表明上看上美国经济很强大,不可一世。

59. 当时的美国财政部长保尔森,以及继任财政部长盖特纳,为了回复民众克服危机的信心,每次新闻发布会上都强调"美国经济还很强大"。

60. 老子不要看孔子,孔子也不要看老子——司马迁以"道不同不相谋"评论两人的不同和对立。

61. 任何事物、哪怕是最简单的事物,也不是一、二次的"思"与"观"就能完成。

62. 抽象和概括是互相联系的。没有抽象就不可能进行概括,根据也反过来促进抽象。

63. "道"即使"大"的又是"小"的,道是"大与小"的对立统一。

64. "贵"字只是强调主观追求,强调主观追求的重要性,没有追求没有一切。

65. 斤斤计较,一毛不拔,刮皮抠门,能不给就不给,能要赖掉就要赖,这种"啬"深为人们痛恨。

66. 西方人现在强调"简朴就是美好",要求自己的生活返璞归真,"越简朴越好"。

67. 因此我们不能错误地理解"越简朴越好"的生活方式,是一种愤世弃俗、逃避繁华的消极做法。

68. 大多数的思想家、哲学家对其持"半抱琵琶半遮面"的态度,既不敢充分肯定也不敢贸然否定。

69. 约翰纳什提出博弈论时21岁;约翰诺伊曼提出序数标准定义时20岁;卡尔高斯提出代书基本定理时21岁。

70. "蓦地回首,那人却在灯火阑珊处。"

71. 知识是"第二性"的,是"第二推动力",知识纯粹只是一个工具,刀可以用来割肉,也可以用来杀人。

72. 用具有"概念"性质的知识、用"外延真理"、"逻辑思维"之类东西来套"人"、认识"人"、对付"人",注定要碰壁,因其本身就是不科学、不真理!

73. 为了能够更准确地讨论"真"是可以在证明体现的,弗雷格谈到了归纳论证对理解"真"概念的意义。

74. 老子"圣人后其身而身先,外其身而身存"这句话,后来被唐代文学家柳宗元一改成为气势磅礴、通俗易懂、朗朗上口的"先天下之忧而忧,后天下之乐而乐"的诗句。

75. 西方中世纪之前人都是"神"的产物,"上帝"创造了人,因此人必须绝对服从上帝,一切以"神"和"上帝"的意志为转移。

76. 那时候西方人眼里最看重的智慧——哲学、哲学家都是"神的婢女",更不要说其他的事和人了。

77. 看到不说,那是"不负责任";看到说了无法实现,那叫"尽到责任"。

78. 老子认为事物都由矛盾体组成,矛盾对立统一的两个方面相互依存,不存在"打遍天下无敌手,悠悠,不尽长江滚滚流"这种"极端情况"(秦始皇固然打遍天下无敌手,悠悠,最后将自己也给打没了)。

79. "道",看不见、摸不着,是人们心中的情怀、脑中的意识;"德",却看得见、摸得着,是人们身外的、得以表现出来的行为。怎么样的"道"决定了怎么样的"德"。

80. 人生一世,草木一春。除了人有意识,农作物没有意识之外,人和农作物的一生,实际上没啥两样。

81. 除了鲁滨逊流落的荒岛,任何有群体(两个或两个以上的人)存在的地方,"个人意识"就必须转化为"社会意识"。

82. 相反,如果还是生活在原来的存在环境,情况没有明显改变,如鲁迅先生所说:"一个人不可能抓住自己的头发让自己离开地面"一样,其社会意识、道德水准就很难改变和提高。

83. "上德不德,是以有德"这句话意思是"高尚道德的人是不讲道德的,做出来的事情却是有道德的"。

84. 这四句话,充分体现了老子对道德这个概念的深刻理解,以及他辩证思想对道德问题的深刻剖析。

85. 老子并不是"空想主义"。老子对这一系列"上"与"下"道德的分析,表明他将"自律"与"他律"分得清清楚楚,他认为两种道德并存是不可避免的。

86. 不要受骗上当,不要"心潮起伏和群情荡漾",这样别有用心者就没有下手的地方和机会,社会就能安定团结。

87. 唯有"哲学大师"老子不讲"伦理学",唯有"哲学大师"老子看到"伦理学"是一门根本就不是,也不能成为学问的学问。

88. 孔子的认识远没有如此深刻,但是他有一句非常有名的话叫"性相近,习相远"。这句话与老子所说的"道生之而德畜之,物形之而势成之"具有异曲同工之妙。

89. 总而言之,"伦理说教"是统治阶级手里的"遮羞布",说的越是华丽动听;恰恰证明,用它来遮羞的东西越是丑恶无比!

90. 不要先问自己可以做多大的事、当多大的官,而是先问自己具备了多大的道德。

91. 百姓"朝甚除,田甚芜,仓甚虚"的同时,统治者"服文采,带利剑,厌饮食,货有余",与杜甫"朱门狗肉臭,路有冻死骨"那句名言一样,对照鲜明,刻画生动,立意深远!

92. 现在由于民选,每隔四年总统就职宣言中无一例外要说一句"我授权(mandated)履行总统职责",这个"mandated"最初几届总统是没有的,后来才加上去的。

93. 现在的总统能够得到3、40%的支持率就算不错了。

94. 这就是"梦"这个字的社会属性;没有社会属性(公共性。当然这并不是说逢人就得公开自己是什么梦),便没有真正的梦。

95. "下知有之"就是百姓知道你有正确的("以正治国")和独到的("以奇用兵"),从而也是有效的("以无事取天下"、"治大国若烹小鲜")在管理、统治着国家。

96. 在一切方面提倡"物质利益",追求"经济效益",忘记了辩证关系,忘记了用辩证的眼光看问题;物欲恒流,人比人,比死人!

97. 这与我们日常生活中、非哲学意义上的"有"与"无"的看法正好相反。

98. 换句话说,人要知道"复归";复归本性,复归自然,复归婴儿状态。这就是老子对"人贵有自知自明"这句话的深刻解读。

99. "宠辱若惊"的根本原因就是把"自己"放在前面。"宠"和"辱"实际上是一枚铜板的两个方面,"宠"既是"辱","辱"也是"宠"。

100. 第十三章老子从"宠辱若惊"推论到"有身与有身",最后提出一个发人深省的问题:谁,才真正具有大爱?

第二十四单元

 仔细审读下列各句例句,找出其中存在的各类差错,并纠正这些差错:

1. 古希腊哲学家苏格拉底,因为民众认为他思想极端,即远远超越普通人的认识,"毒害青年",被雅典的三名公民起诉,经五百人陪审团两次投票,第一次判定有罪,第二次判处死刑,活活被烧死。

2. 同时他认识到"说教"没有任何用处,认识到这点写下五千文之后,他骑着青牛出了函谷关,消失在苍茫大山之中。

3. 老子对战争的深刻认识,前无古人,因此有些学者将老子与孙子、孙武并列,称其为中国历史上伟大的"军事家",将《道德经》看成是一部"兵书"。

4. 由于广泛运动辩证思想,所以他对战争的本质和局势具有极为深刻的洞察力。

5. 上海纪实频道有一句宣传语叫:"历史不能假设。如果希特勒知道最终失败,他还会发动战争吗?"

6. 2015年是"二战"胜利70周年,世界各国举行各种纪念活动。

7. "一将功名万骨枯。"老子与兵家不同的地方是:老子从对人类的深切关怀出发,反对一切战争和杀戮。

8. 有些研究者将"以静胜牡,以静为下"解读成黄鼠狼给鸡拜年,是奴颜婢膝的"权宜之计",并以吴王夫差最终战胜越王勾践作为成功案例。

9. 资料记载,自十六世纪西方传教士来中国之后(唐代翻译成梵文,传播到西亚),《道德经》开始影响西方人的思维。

10. "其用不穷"有两层含义:一是"旧能量"源源不断、支撑着整个事物向前发展;二是"新能量"蓄意待发,在足够的空间之下得以孕育发展,所以这是新旧矛盾转换的最佳契机。

11. 《道德经》里第八十章"鸡犬之声相闻,老死不相往来"这句话非常著名,生活中人们经常脱口而出。

12. 长期以来,人们只记住"民至老死,不相往来"后面这八个字,前面"邻里相望,鸡犬之声相闻"这十个字,似乎从来没有进入眼帘。

13. 所以春秋晚期与我们今天这个时代遥相呼应,隔岸相望,具有很多相似之处。

14. 陶渊明《桃花源记》要"孤立",用今天的话就是闭关自守,实施"关门政策",这样便失去了能量交换和矛盾运动,最后"不知有汉,无论魏晋",西瓜皮滑到哪里是哪里,那才叫真正的甘心落后。

15. 同年6月设在亚特兰大的美国疾病控制中心(Center for Diseace Control)第一次对五位艾滋病人作出病例报告,不久报告中22岁旧金山和纽约布朗克斯区的两个病人相继死去。

16. 这一时期每个人的"灵与肉"、"魂与魄",天然地处于"抱一"与"无离"的完美境界;从而获得与生俱来的免疫能力,寒暑无法浸淫,病毒无法袭扰;为不生病的"圣人之治"和"无为而治"。

17. 老子说"含德之后,比于赤子",意思是"道德深厚的人保持赤子一样的身心"。

18. 马克思说在《共产党宣言》中指出:"资产阶级在它不到一百年的阶级统治中所创造的生产力,比过去一切世代创造的全部生产力还要大、还要多。"

19. 五只面包,吃第一只因为肚子饿,边际效用最高,粗茶淡饭都是香的。第二只边际效用下降,第三只面包肚子已经饱了,第四只面包边际效用为负数,第五只面包吃进去想吐出来,倒胃口,坏身体!

20. 有人公开宣称"每个人吸入的空气,皆由氧气、痰气和广告组成",无孔不入的广告业影响和制约着人们吃喝拉撒、生活的方方面面。

21. "难得之货"是一个钱包、一只手袋、一条丝巾、一根皮带,或者一支手表?

22. 是留是伐,由树木密度、生长环境、本身质量等综合指标决定,每年采伐量与成才量保持平衡。

23. 据我这方面极为有限的知识,美国主要集中在新英格兰和中西部地区,以退休和"边缘"群体为主。

24. 但是,他们对现代通信工具并不排斥,关注和了解全世界发生的事情!

25. 美籍德国哲学家埃利希弗洛姆说,"人类在历史上从来没有今天这样面临如此巨大的毁灭自己的潜力。"

26. 老子,已经不再是一个人,不再是一个名字;老子,他是推动未来的能动力量。他,比任何现代的,都更加具有现代意义;他,比任何生命,许许多多生命的,都更加具有生命的活力。

27. 在这个一切均需精心算计"投入产出"的时代里,道德固然变得像中国旧时代女人的裹脚布一样臭不可闻了,人的主体性固然也隐没不彰了,并且本体论也变成了毫无意义的多余之物,"安身立命"退化为一个形而下的技术命题了。

28. 不过,"批判的武器不如武器的批判",思想只是解释世界,但行动才能改造世界。

29. 这样,1876年霍普金斯大学(John Hopkins University)在马里兰州建立。

30. 然而,这些书籍中的信息无法做到完全客观、真实,有时人们甚至从一些历史通俗小说中攫取信息,而这些小说恰恰是不能被称作"历史"的。

31. 当时令美国政府倍感棘手的是随普韦布洛号一起被扣留的82名(军官6名,士兵75名,平民2人,死亡1人)美国人。

32. 1972年2月21日美国总统尼克松闪电式地访问了中国。1950年朝鲜战争中中国和美国有过正面交锋,战后因冷战体制的存在,中国紧锁大门。现在因尼克松的访问,终于将中国紧锁多年的大门打开了一条缝隙。

33. 尼克松一方面打开了中国紧闭的大门,另一方面访问莫斯科并和苏联签订了削减核武器条约(SALT)。

34. 卡扎菲在1977年发行的《蓝皮书》(The Green Book)中倡导排斥资本主义和共产主义的伊斯兰式社会主义,同时强调人民议会领导下的新体制。

35. 一些研究成果距今已经几十年,其中不少成果是超越时代的经典作品、揭示真理的经久文字。编集文集,详加梳理,方能使这些著真文字不致淹没于漫漶的芜杂之中。

36. 以上对于"真"概念可知性的分析,并不局限于弗雷格意义理论中如何从句子然后过渡到思想从而把握真的这一过程。

37. 今井武夫是日本陆军军人,战败时在上海准备受降,战后在上海负责复员。

38. 政治方面:有南京国民政府委员会会议日程、会议记录,冯玉祥视察湘、桂、川、黔等地的报告与观感,邹韬奋辞去国民参政员的电报,陈嘉庚考察福建的报告,有关沈钧儒等"七君子"案的侦察笔记,有关重庆校场口事件的文件,高树勋反对内战的公报等。

39. 在更加面向未来的理论中,能称得上代表人物的有亨利·列斐伏尔(Lefebvre)、戴维·哈维(D. Harvey)、卡斯特尔(Castells)、布迪厄(Bourdieu)、戈特迪纳(Gttdiener)、福柯(Foucalt)、吉登斯(Giddens)、苏贾(Soja)、Thrift、彼得·纽曼(Peter Newman)、安迪·索恩利(Andy Thornley)、马太·杜甘(Mattei Dogan)等。

40. 他重新定义了城邑与城市,在恩格斯与乌托邦的关系中重新解读了恩格斯,又研究了"后技术"社会(post-technologique)机制。

41. 美国的发展则更明显地体现在农业的工业化、工业的充分发展及空间生产对工业生产模式的继承上。美国农业和工业的巨大竞争力使得他在现代贸易中地位了得。

42. 而我们的以人为本是不同的,我们是人本论,人民是最根本的,不是以皇帝为中心。

43. [英]阿诺德·汤因比:《历史研究》,(A Study of History, published 1987 by Oxford University Press in Oxford)上海世纪出版集团,2005年,第73—91页。也译作"刺激-反映模式"。

44. 安东尼·吉登斯:《历史唯物主义的当代批判-权力、财产与国家》,郭中华译,上海译文出版社,2010年,第34页。

45. 另外,分析中央一地方关系不能局限于探求这个问题本身,否则就无法知道他的真正面目。

46. 波兰这个从三个不同权力体制(俄国、普鲁士和澳大利亚)下分割出来的国家,建立了不同的社会机构。

47. 中产阶级和大部分知识分子不再是进步的崇拜者和革命的积极动员者;而激进力量可以结盟和动员的农村对象,也早已有了在城市化影响下有了全新的目标和行动方式。

48. 这在一定时段和一个重要维度上化解了社会压力。使得构筑于此类社会结构上的生产关系得要延续,把常规的分配危机进行了最大限度的压制。

49. 土地在私有化和扶持社会主义资本家方面起到了重要的作用。

50. 因为关于世界的知识全体是以逻辑为基础的,也就是说,不仅包含在对语言的分析中,还有对于"真"概念在科学意义上的理解。

51. 中国没有重复欧洲走过的、本布罗代尔等人阐释的以资本积累周期为标志的资本主义发展线条,也没有重蹈东亚、非洲和中美洲各国的覆辙。

52. 首先,我们的分析和叙述含有两种需要区分的"历史"和"阶段"。这两个历史,一个是不同国家组成的"世界大历史线条",另一个是"单一民族国家自身的历史线索";这两种阶段分别是"人类历史线条上的组成阶段"和"国家自身发展线条上的阶段"。

53. 这些处罚后来也都呈报给淞沪警备区司令宣吾铁。宣吾铁简单地回复:"迎神出巡事免予再究。"

54. 因此,逻辑真理当它是一种真理的时候,它的语义无限贫乏而适用范围无限广阔。

55. 由于民间信仰本身带有很多不利于现实政治统治的因素,因此对民间信仰的禁止是历朝统治者的基本措施之一,而实际上历代统治者都不能对民间信仰进行全面的打击和禁绝。

56. 反对迷信所传达的意义,在现代中国创生的历史年代表征了一套新的信仰体系,它整合了不同范围、不同层次的价值和规范,并且在社会展开过程总日益成就了自身的合法性。

57. 由此,我们可以看到,民国以来政治社会的重大变革,使得整个社会的结构和管理方式都发生了根本的变化。

58. 该组织的登记申请人名为郁阿祥,时年 64 岁。据档案记载,该会在上海南市屑皮弄 102 号有一处房产,作为登记地址。

59. "海神庙,在东门外……春秋祀之,以祈雨泽之时焉。"见《分建南汇县志》坛庙。

60. 1927 年除教职员工全年之法 11 个月的工资外,还发行特别债券,作为暂欠工薪的凭证(拖欠期间计息)。

61. 在各种思想对学生进行影响的时候,要引导青年走向真正爱国的、积极努力的方向去。

62. 复旦大学教授邵力子是复旦最早的学生,他在复旦受到爱国主义的教育,又以爱国、民主的精神,推动复旦的发展。

63. 邵力子在这场言论的斗争中,写了《再评东苏君的'又一教训'》、《主义和时代》、《心与力》等文章。

64. 这个杂志摘录、翻译国内外报刊的进步文章,揭露日本帝国主义的亲华阴谋,促进全国人民团结抗日,曾最早翻译、刊载斯诺《毛泽东自传》以及有关陕北苏区的情况,引起读者极大兴趣。

65. 该地环境比较幽雅,但是法租界当局害怕日本帝国主义,坚决不难复旦在该处上课。

66. 有一个话剧队,得到洪深教授的支持和指导,曾去北碚演出过郭沫若的名著"孔雀胆"等,受到好评。

67. 根据此文记载,国民党政府上海市长吴国桢,于 5 月 29 日晚 10 时半,着急上海市各专科以上学校校长谈话,会上吴国桢宣布,要于当夜在全市逮捕学生中的"共党分子"。

68. 最近的一次非法移民大游行,非法入境者在大街上公开游行,合法移民则在人行道上沉默蠹立。

69. 复旦大学已故教授王遽常在书法方面造诣极深,被誉为"章草第一人"。

70. 全国大学生棒、垒球运动的发展在19世纪初就有,如上海交大前身南洋公学院、圣约翰书院、清华、北大已有球队在比赛。19世纪中叶,一些体育院系开设棒、垒球必修和选修课。

71. 大学毕业之后,我就跟着他去了上海东南角的金山区。

72. 这正如"旧时堂榭门前燕,飞入寻常百姓家"。

73. 折戟沉沙铁未消,自将磨洗认前朝。东风不与周郎便,铜雀春深锁二乔。

74. 他一生都热心于祖国的教育事业,晚年仍笔耕不缀,编写讲义,著书立说。

75. 在帝制时代,下层寒士要挤身上层文化群,主要方式是走科举之途。

76. 商店里的布匹有宽有窄,宽的布辐有3尺4寸,窄的布辐只有二尺二寸。

77. 李商隐的《夜雨寄北》:"君问归期未有期,巴山夜雨涨秋池,何当共剪西窗烛,却话巴山夜语时。"描写了一种深深地思念之情。

78. 现代投资学在现代金融学学科体系中占据这极其重要的地位,在本书的涉及上也以此为纲。

79. 有些人投资不是考虑长期收益,而是盲目追求短期暴力。

80. 唱起"让我们荡起双桨",让青春的心绪再一次飞翔。

81. 毛泽东同志"一切反对派都是纸老虎"的著名论断,成为当时反对以美为首的帝国主义的有力武器。

82. 数学技巧的介绍与训练,对学生思维诉引发、开拓和深化有十分重要的意义。

83. 下面的图 1-5 是王羲之的《夜乱贴》（局部），这是一件及其珍贵的书法瑰宝。。

84. 西晋"竹林七贤"之一的阮咸，旷放不拘礼法，拔阮弄音，是其不二的表现。

85. 普利策奖是根据普立策先生的遗愿设立，始于 1917 年。分设文学、历史、音乐、新闻等奖，以新闻奖的比例最大。

86. 杨丽萍编排的《云南印象》中，小伙子敲着像脚鼓，姑娘们扭动着婀娜地腰肢，一派欢庆祥和的景象。

87. 练习健美操应循序渐进，运动强度也应该由弱到强慢慢地过度。

88. 复旦大学 100 周年的大型画册编排得图文并貌，非常精美。

89. 这篇文章写得疙里疙瘩，语法语句不慎通顺。

90. 兄弟二人为此事闹得不欢而散，扞格既生，往来几绝。

91. 他逐渐变得贪婪起来，非法收受或索取了几百万的财务。

92. 亲力亲为而不是夸夸其谈的干部有助于防止一开始就在说和做之间出现断层。

93. 为防止开会时手机铃声的干扰，请大家把手机调到震动状态。

94. 据《三国志·魏志·母丘俭传》记载，《讨司马师表》是其所著。

95. 郁达夫写有《山水及自然风景的欣赏》和《故都之秋》等散文。

96. 王羲之的《兰亭序集》生动地记叙了东晋永和九年三月初三一群文人墨客游宴兰亭临流赋诗的空前盛况。

97. 清末小说家李宝嘉，政治倾向接近于改良派，所作小说对清廷官吏的昏庸腐败等有所暴露，是谴责小说的代表作家。作有《文明小史》、《官场现行记》、《庚子国变弹词》等。

98. 唐代诗人岑参《白雪歌送武判官归京》中的诗句:"北风卷地白草折,胡天八月即风雪。忽如一夜春风来,千树万树梨花开。""纷纷暮雪下辕门,风掣红旗动不翻。"描写了边塞的奇丽风情。

99. "银屏乍破水浆迸,铁骑突出刀枪鸣。曲终收拨当心画,四弦一声如裂帛。"是唐·白居易《琵琶行》中的诗句。

100. 《李娃娃》是唐·白行简所作的传奇小说。

第二十五单元

 仔细审读下列各句例句,找出其中存在的各类差错,并纠正这些差错:

1. "蝉噪林愈静,鸟鸣山更幽。"是南朝梁王藉《若耶溪》一诗中的名句。

2. 本教材的每篇课文后并附有思考题,即有操作性,又具有弹性。

3. 我查过交通图了。从交通大学闵行分校到徐家汇的车很多,闵新线换地铁即可。

4. 上海理工大学的学生个个都是游戏高手,控江路、图门路上有网吧一条街。

5. 创新管理、集成管理、知识管理、柔性管理、网络管理、合作竞争管理、后发展管理、跨文化管理,其实质不是"以人为本,以德为先"的网络生态管理。

6. 章太炎疲惫地坐了下来,唇上留着的一点泥鲫须不停地抖动着,似乎想说什么。

7. 他越是无休止的追逐金钱,他的灵魂就越是堕落得利害。

8. "倘使字句未通的人也算是国粹的知己,则国粹更要惭惶煞人!"

9. 小园子里什么都有,有黄瓜、有番茄、有豆角、还可以摘到复盆子。

10. 据考证此事发生在梁武帝普通二车。

11. 竟陵派是我国明代后期的一个文学流派。以钟惺、谭元春为首,因两人都是竟陵(今湖北天门)人,故名。

12. 明代戏曲作家梁辰鱼熟悉戏曲音律,他创作了以昆腔演唱的传奇《浣沙记》,对昆腔的发展和传播有相当影响。

13. 20世纪70年代,以"四小龙"为代表的亚洲国家通过与世界经济接轨,迅速地发展起来。

14. 幼儿园的小朋友在老师的带领下朗读儿歌,读起来浪浪上口。

15. 五月一日俩人是否去郊游,这件事还存在着变素。

16. 澳大利亚的大宝礁是世界上最大的珊瑚礁。

17. 天将降大任于斯人也,必先苦其心志,劳其筋骨,饿其体肤,空乏其力,行拂乱其所为。

18. 就如陈云同志说的"不唯上,不唯书,是唯实"。

19. 在那冰天雪地里,人很难长途行走或搬运货物,狗拉雪撬是极地的主要交通工具。

20. 王先生说话非常幽默,经常妙语叠现,精彩绝伦。

21. 刘工程师干起工作来全身贯注、孜孜不倦。

22. 荀况说"锲而舍之,朽木不折;锲而不舍,金不可镂"。

23. 如果没有备好课,杨老师绝不会冒然走上讲台。

24. 云海装修队给刘女士家装修的质量实在是差强人意,刘女士提出了投诉。

25. 横看成林侧成峰,远近高低各不同。不识庐山真面目,只缘生在此山中。

26. 目前,我国民族大家庭中有56个民族,赫哲族是其中的一个。他们所穿的是用鱼皮缝制的衣服,并以捕鱼为生,故被称为"鱼皮部落"。

27. "唐宋八大家"是我国唐宋两代八个散文家的合称。即唐韩愈、欧阳洵、宋王安石、欧阳修、柳宗元、苏询、苏轼、苏辙。

28. "左联"五烈士是柔石、冯铿、胡亦频、殷夫、白莽。

29. 这正体现在,既然逻辑真理的语义无限贫乏,所以,便无所谓语义的引申可言;而既然逻辑真理的适用范围无限广阔,所以,也就无所谓适用范围的扩大可言。

30. 去年,有13个海岛人均收入超过千元以上。

31. 由于化疗药物反应,朱鹏的白血球指数比正常值少三倍。

32. 如果违反操作规程,就会造成生产事故。这次事故一定是他违反操作规程造成的。

33. 在西藏和平解放和废除农奴制度之前,农奴们过着牛、马不如的生活。

34. 他不得不认真思考企业的生产为什么会滑坡?怎样才能扩大产品的销路?

35. 来到海边,大家尽情地呼吸着清新的空气和海水。

36. 我非常喜爱中国古典文学和唐代的诗歌。

37. 昨天有10个培训班的学员参观了天安门城楼。

38. 师从他的学生也是"三教九流"、五湖四海,从政府高官到企业名家,从学界精英到社会名流等,几乎所有的人都已成为他的学生而自豪。

39. 公孙龙是我国古代一位重要的逻辑学家,谁也不能否认他对后代没有影响。

40. 这一次扑灭森林大火,解放军又一次首当其冲。

41. 他气愤地说,这是对他极大的摧残和耻辱。

42. 此次矿难很严重,有50多位矿工们生死不明。

43. 媒体报道:有些动物园向游客出售活鸡,让他们抛给猛兽活活吃掉。他们呼吁"制止这种残忍的游戏"。

44. 《法国画展》到6月10截至。

45. 《宪法》赋予公民的权力是神圣的,不容他人随意侵犯。

46. 光明小学二、三年级同学在四月五、六日里栽了七、八十棵树。

47. 山光水色和千余只活泼温驯的鹿群吸引着游客。

48. 艺术家们的演出,受到了热烈的欢迎,对这次成功的演出给予了很高的评价。

49. 我们怀着对革命先烈无限瞻仰的心情,肃立在人民英雄纪念碑前默哀。

50. 1913年3月1日,复旦公学重新开学。而同年由于"二月革命"的失败,著名国民党人均被通缉,复旦校董中多人逃往国外,学校经费补助来源又告断绝。

51. 中山医院创建于1936年,是当时中国人管理的第一所大型综合性医院。中山医院本部设有除小儿科以外的所有科室,综合势力雄厚。

52. 心脏、肝癌、肾脏和肺部疾病诊治是中山医院的特色,诊治水平始终处于国内领先地位。其中,心血管病和肝肿瘤为上海市临床医学中心。

53. 医学教授藤野先生对青年鲁迅给予了亲切的关怀,以致鲁迅在1906年夏离开仙台之后,还时时记起他。

54. 听县长介绍说,这个地区有富裕的土地。

55. 恒弥是他非常疼爱的长子,也在战争中被夺去了生命。

56. 她十六岁时就在社交界露面,不知颠倒了多少人,一举成为上流社会的一枝花。

57. 我一想起你的面影,就象在注望月亮。

58. 要多食富含蛋白质丰富的肉、蛋、豆制品和维生素丰富的水果和蔬菜。

59. 体质下降,就容易使抗病力下降,容易引起感冒。

60. 夜间凉风习习,不知从哪个角落里传出了蟋蟀的鸣叫。

61. 高音上行时,始终保持平静、松驰、兴奋、积极的心理状态。

62. 可是我们在歌唱时,不能完全依靠外界的辅助,是要充分利用人体构造中的共鸣腔体。

63. 我越来越理解,为什么作为科幻影片,《黑客帝国》竟能够破天荒吸引一众哲学家来研究它、讨论它,讨论它所涉及的哲学问题。

64. 由于罗马法内容涉及社会的方方面面,而且其宣称自由权是人的基本权利,提出保护私有财产,倡导的如陪审团制度的法制机制等,这些规定适应近代资本主义发展的需要,受到欧洲许多近代国家的借鉴则称为自然。

65. 司马迁在《天宫书》中道:"日夜修德,月变省形,星变结和,凡天变,过渡乃占。"

66. 公元前 209 年,冒顿自立于单于。他以优异的军事才能,指挥 30 多万大军,东击东湖,西逐月氏,南并楼烦、白羊。北服浑瘐、屈射、丁零、曷昆、薪犁等族,第一次统一了蒙古高原,建立了强大的奴隶制的匈奴帝国。

67. 匈奴人还放置汉代的铜器和铁器等。

68. 唐太宗被迫收回成命,对他说:"法有所是,公能正之,朕何忧也!"

69. 遗址的考古发现二件从未见过的陶品。

70. 康熙采取了"圣世滋丁,永不加赋"的政策。

71. 1862 年,林肯总统先后颁布了《宅地法》、《解放宣言》。扭转了战局。

72. 最终牧师退出成全詹姆斯和玛丽的方式重申了加尔文教人性化改革将产生实际效果。

73. 他游览了美国的现代都市波士顿、纽约、巴尔的摩、费城、加利福尼亚等等。

74. 铁路的发展更是缩短了美国大陆的距离。

75. 而爱伦坡处于城市"人群中的人"却永远孤独。

76. 20 世纪 70 年代后期和 80 年代初期,通过 Sackett DL、Feinstein AR 和 Fletcher RH 等的努力,在临床研究和医疗实践中创造性的将流行病学几医学统计学的原理和方法有机的与临床医学相结合,发展和丰富了临床研究方法学。

77. 低温作用于全身可致全身过冷,持续性全身体温过低可导致代谢及需氧过低,生命重要器官功能抑制以至引起死亡。

78. 这些预示因素,包括生理方面的和社会心理方面的,还包括年龄、瞳孔对光发射、运动应答、大脑内损害的存在、抑郁、社会支持、社区溶入性和生存质量等。

79. 躁动的药物种类很多,包括惊厥药、抗抑郁药、抗高血压药、镇静药、苯二氮卓类、丁螺环酮和金刚烷胺。

80. 脑外伤一年后有40%～50%的患者表现为抑郁,同时伴有行为和认知障碍。抑郁症的危险因素,包括外伤前已存在的行为异常和女性性别等,可加重脑外伤的严重程度。对任何年龄段都构成危险。

81. 系列固定技术:对于中度或重度关节挛缩者可在运动与牵引的间歇期,配合使用夹板或石膏固定,以减少纤维组织的回缩,随着关节活动范围的逐渐增加,夹板或石膏的形式和角度也相应的调整。

82. 此外,可将体操棒斜置背后,患手握下墙,健手握上端并斜向外上做推拉动作。

83. 椎间盘膨出:移位的髓核仍在纤维环内,但因纤维环抗力减弱而整个的向外膨大。

84. 依据侧位X线片上患椎在其下面椎体上向前滑移面积的程度,将滑脱分为5度。

85. 如果再次注射没有提供较长的缓解,一些执业医师就注射苯达到较长时间缓解疼痛之目的。

86. 真核细胞的细胞膜主要是由脂质和蛋白质构成的,还包含少量的糖。以红细胞为例,蛋白质、脂质和糖在重量上分别占52%、40%和8%。

87. 这种转运机制主要涉及到内源性化合物的转运,如葡萄糖和氨基酸的转运等。

88. 如果访谈员直接参与分析工作,在每次访谈结束后,访谈员记忆还很深的时候,立即进行访谈的初步分析,便可使访谈变得比较容易。

89. 西方人口理论大体产生于18世纪末19世纪初,马尔萨斯的《人口论》是其最早的代表作。除了马尔萨斯的人口过剩学说外,比较有影响的人口理论还有现代马尔萨斯主义、零增长人口理论、社会学派人口理论、生物学派人口理论、数理学派人口理论、人口转变论、中介人口理论、适度人口理论、零增长人口理论等。

90. 人口预测需用寿命表中有关参数。只要不是无限制发展的事件均可应用寿命表法，这样大大发展了寿命表方法在人口中的应用。

91. 搞清楚咨询内容的实质，对咨询提出问题进行正确的分类，以便做到真正解决问题。

92. 人只有在不平等的情况下才会感到幸福，正如人只有在生病是才珍惜健康，在入狱后才渴望自由一样。

93. 斯宾诺莎的看法与萨德一样，社会联系的构成将通过一个过程来联接，在这个过程中构成个人的心理，个人根据同样的逻辑与他自己竞争，也让自己进入与他人的对抗。

94. 雷蒙·鲁塞尔(1877—1933)，法国诗人、作家，行为怪诞，作品奇特，去世原因不明，是自杀或服用毒品过量。福柯以他为研究对象写出了《雷蒙·鲁塞尔》一书。

95. 小说起初在杂志上连载，乔治·桑想写的人物是对她很有影响的、主张宗教自由的思想家拉梅耐(Robert de Lamennais, 1782—1854)。但是小说在 1942 年出版的时候，却体现了哲学家勒鲁(Pierre Leroux, 1797—1871)的哲学信仰和对天主教的否定，就连小说本身也被乔治·桑题献给勒鲁了。

96. 在 20 世纪 20 年代，雷蒙·格诺听过流亡法国的俄国哲学家科耶夫（Alexandre Kojève, 1902—1968)讲授黑格尔的《精神现象学》，当时这部论著尚未译成法文，因此影响了梅洛-庞蒂、阿隆等一代哲学家，在法国产生了很大的影响。

97. 文王在上，于昭于天。周虽旧邦，其命维新。——《诗经·大雅·文王之什·文王》

98. 威尔斯去世后《自然》杂志对他的关注也没有终结，后来至少还发表过两部他个人传记的评论。

99. 然而哥白尼的学说既没有精确性的提高，自己的理论还有着无法解释的、和日常现象的明显冲突。

100. 这只缓缓需转动"网环"即可，"网环"上所标示出来的那些恒星，就会在底盘盘面上所刻画的当地地平坐标网中画出周日视运动的轨迹。

第二十六单元

 仔细审读下列各句例句，找出其中存在的各类差错，并纠正这些差错：

1. 孔子在《中庸》、《大学》篇讲成就齐家治国平天下目标的成人之道在于善于学习。

2. 中华民族的道德文化并未随着汉族政权的更迭而终结，入主中原的蒙古族却较为自觉地选择汉民族道德文化，成为儒学和理学伦理思想的积极倡导着和推广者。

3. 置重个体的道德自律，推崇以天下为己任的阔大胸襟，强烈的忧患意识，与渴望在政治和社会生活中建功立业、创业垂统，成为有宋一代诸多士大夫的价值追求和人生理想。

4. 宋朝建立后的几代君主以及统治者都十分注重总结唐末五代十国天下纷争、道德沦丧的教训，不特确立了重文抑武的立国方针，而且在儒道佛诸家的比较中选择以儒治国的路径，渴望能够建立稳定有序的政治秩序和伦理文明。

5. 他们"注重在已有的东西间去发掘其有意义的内涵，从而附与新的价值，使其渐变而不自觉"。

6. 范仲淹上书仁宗皇帝，极力主张裁剪冗员，任用贤能。

7. 庆历五年(1045)三月，他已再为贬官外任，仍冒死上《论杜衍范仲淹等罢政事状》，为因"新政"被贬的范仲淹等人辩护。

8. 起义军活跃在河北、京东、淮南一带，他们开窗放粮，为民请命，势力不断扩大。

9. 惠宗元统二年(1334年)三月，广西猺变复起，杀同知元帅吉列思，掠库物，遣右丞相脱鲁迷失将兵讨之。

10. 蒙古贵族官僚及地主阶级将大批土地兼并,广大农民在丧失土地的情况下还担负者沉重的负担和压迫。

11. 这两只队伍是当时最强大,活动地区也是最广泛的,元朝末年的农民起义也是导致元朝最终灭亡的只要原因之一。

12. 高邮之战使元军丧失了优势。在这种有力的条件下,各路起义队伍多路出兵。

13. "等贵贱、均贫富"思想否定了那种维护封建制度的"死生有命、富贵在天"的天命观。

14. 皇族、官僚、僧尼和道士都享有免役的特权,使农民遭受沉重的田租和赋役剥削。

15. 王小波、李顺领导的农民起义第一此提出了"均贫富"的革命口号。

16. 改革开放后的中国,经济急速成长,人民生活水平得以迅速改善,而关于改革红利成为学界、媒体、普通老百姓最为关心的话题,其中"以人为本"成为分析红利和无人不晓的"口号",至于这个"口号"的出处似乎知者甚少。

17. 钟相建立"楚"政权后,依旧没有跳出建等级制度的牢笼,他自封为王,将妻子立为皇后,儿子为太子。

18. 元朝统治者实行民族等级制度反映了蒙古人对汉族的歧视,而这种体现于社会生活方方面面的歧视则导致了汉族人深深的不满,以及蒙汉之间的隔阂。

19. 即使战败,那种宁死不屈的气节总是能够深深打动人们的心灵,包括征服者有时也演抑不住对威武不屈之人格操守的敬佩。

20. 宋太宗爱其忠勇双全,很想收复他。

21. 梁红玉击鼓阻金兵,使兀术军无法夺路北归。

22. 岳飞的道德人格,不特受到宋代许多民众的拥护,即便入侵大宋的金政权亦或是由蒙古人所建立的元王朝,还是由满洲人所建立的清王朝统治着,对岳飞的人格都是尊崇有加。

23. 在宋、金鼎立时期,金人对岳飞即"以父呼之",岳飞的手迹曾被金章宗作为"内府之宝"来收藏。

24. 文天祥在开庆元年的《己未上皇帝书》中,针对当时的实际情况,提出了四点改革意见。

25. 宋保祐四年(1256)举进士,其《御试策》被理宗赏识,"亲拔为第一",初现政治才能。

26. 韩亡国,张良散尽家财募求力士刺杀秦王嬴政,希望为韩报仇。

27. 刘备进去西川时,严颜在巴郡抵御张飞的进攻,被张飞设计生擒。

28. 尤其是在南宋后期朝政腐败、士风姜靡、多数士大夫平时竞逐名利、临难则但求保全身家性命、非降即走、上下解体、祸国殃民的情况下,能临危受命、坚守气节、力主抗元、为民族国家利益而抗战到底、舍身取义,杀身成仁,所表现出来的浩然正气和高尚爱国主义情操成为当时的一面旗帜。

29. 尤其是契丹、党项、女真等少数民族通过与中原汉族的广泛交流,极大地促进了自身封建化进程的发展,一些少数民族开始接受汉族的生产和生活方式,逐渐融入到汉族之中。

30. 所以在编纂《辽史》、《宋史》、《金史》三史时,三史都总裁官、中书右丞相脱脱力主张"三国各与正统,各系其年号"。

31. 直至熙宗时,一次去到析津,开始乘坐金辂,前面有仪仗引导,敲锣打鼓,这种感觉让他焕然一新。

32. 据说当年"楚公"来到契丹,在饭店吃饭,将没有吃完的东西送给店中小二,小二授而不吃,楚公问其原因,小二说,"将以遗父母"。

33. 辽、宋虽然战时频仍,而且宋还不堪一击、屡屡求和,但是对于汉族的文化和制度,辽统治者还是乐于接受的。

34. 他曾教导自己的儿子,不要忘记祖宗的醇厚之风,要勤修道德,做一个谨守孝道之人,做一个明信赏罚之君。

35. 此政策实施之下,官民积极垦殖土地,至宋真宗时期,我国出现了"百姓康乐,户口蕃庶,田野日辟"的繁荣劳人之景。

36. 随着土地所有权关系的变更,赋税关系的变化,使得社会各阶层的经济地位发生较大的变动,出现了"贫贱无定势"的发展状况。

37. 宋元与汉唐相比,虽然仍以农业经济为主要地位,但已生长出城市、货币、商业、信用、海外贸易等诸多工商业文明因子,雇佣劳动、包买商惯例、商业信用、集资合伙等新生事物均有踪迹可觅。

38. 按商人经营的规模划宋元商人又可分为大商人、中等商人和小商贩。

39. 所有这些都表明,宋代商业活动空前活跃。浙江海宁县的长安镇、富阳县的南新镇等即由集市而发展而来的市镇。

40. 北宋国都汴京(今开封),诸行百市不可胜记,有名称见于记载的有 20 多个。

41. 开宝 7 月,东京有商人被冤枉杀害,引起了商人的罢市斗争,迫使官府做出一定的妥协。

42. 元丰年间,东京开封的工商业者大约有一万五千多家,约站总户数的十分之一。

43. 他们竭力贬低农民以炫耀自己的优越感,不但表明市民已失去了农民的那种朴鲁质厚,而且着也正是最初的市民意识,是市民从农民中蜕脱而出的必然否定过程。

44. 宋初对服式服色都有明确规定。到北宋中后期,就日益不受束缚。

45. 这一点也充分说明了商业文化已深深影响了元杂剧的创作,商人已堂而皇之地走入了文学剧场,争得了自己的一席之地。

46. 对商人的肯定,充分说明元代商人社会地位有了提高,人们轻商价值观的实现了根本转变。

47. 例如,17 世纪英国著名的星占学家 W. Lily 编的星占年历,从 1948 年起每年可售出近三万册。

48. 如河南人姚仲实,经商十余年间后累赀巨万,于是在村里构堂树亭,每日引朋啸歌,其间聘名师课子孙,后子孙果然做官。

49. 其次,商人们的社会张力扩展使得他们的社会角色日益重要。

50. 历史演进至宋元时期,商人们终于开始享有入仕资格,商人积极参政、议政甚成社会流行风。

51. 因此,对于工商的态度应当予以转变。

52. 武王伐纣年代的争议范围,最大极限不出100年(公元前1000—前1100年)。

53. 赴京赶考居然还不忘顺便做点儿生意,谋取利益,可见这些士人对功利的爱好已经超似寻常了。

54. 张耒《江南贾客词》就载:江南贾客祈神福,一旦成家起神屋。当然这些行为也体现了商人在致富之后谋求社会承认的一种眩富心理。

55. 在经济发达或人烟稠密的乡村地区,以及水陆码头和交通孔道沿线,"草市"成批涌现,以草市——镇市——区域经济中心为三级构成的地方性市场开始形成。

56. 景佑年间,宋朝廷正式下令允许商人只要缴税,就可以到处开设店铺。坊市制度的崩溃,使城市的商业布局更有灵活性,能根据市民的需要调整空间和时间的分布。

57. 初成的市民阶层以其对利益的肯定性追求赋予道德生活新的涵义,从而撬动了传统道德生活发展革新的新的杠杆。

58. 以马克思之语就是:虽不意味"一切等级的与停滞的消失了,一切神圣的被亵渎了",但多少已对传统等级制及其等级观产生了冲击,因为以财富多寡定身份等级毕竟使"人们终于被迫用冷静的眼光来注视他们的生活地位和他们的相互关系。"

59. "贵"既可藉自己手中的特权确保其财产安全,又可通过傣禄,赏赐及其他投机,违法行为得到大量财富。

60. 宋代时开封、杭州勾栏的观众数每天大约在五万人左右。

61. 南宋虽偏安一隅,但奢靡之风不减,并尤以临安为最。

62. 元时不仅皇室挥霍无度,富商亦喜相互攀比,并以奢侈来进行炫耀。

63. 元代时期,狎妓已成一股社会风气,一些不务正业之人终日活动于"娼忧构栏酒肆之家",寻花问柳。

64. 若论根本原因,实际是宋室王朝所面临的统治危机迫使当时许多文官大臣、思想家必须寻求自求之道。

65. 宋代统治危机有多种表现,主要包括百姓因土地兼并日益贫困,财政因机构臃仲、官员和军队的数量庞大而不堪重负。

66. 应该说,王安石对当时形势的判断,这与此前范仲淹以及程颐的判断大致相同。

67. 实际上,东方管理并非与"西方管理"泾渭分明,而是不断兼收并蓄西方管理核心内核的开放系统,所谓"东方"更强调其文化背景。

68. 实行青苗法本质上是朝廷聚敛财富,它必然加重百姓的负担,使"贫者既尽,富者亦贫"的恶果。

69. 孔子在回答冉有之问:"既庶矣,又何加焉?"时说:"富之。"

70. 所以随着改革进程的展开和反改革派洁责的加剧,同时也为了消除神宗的疑虑以争取更为坚定的支持,王安石反复申述自己为民理财的宗旨是"善理财者,民不加赋而国用饶"。

71. 赵匡胤通过黄桥兵变当上北宋开国皇帝后,为了巩固自己的统治地位,总结五代时期威胁皇权的两大根源。

72. 每个机关彼此互相牵制,"任非其官"的情形很普遍。

73. 这些官名只用作定品秩、俸禄、章服和序迁的根据,因此称为正官或本宫,又称阶官或寄禄官。

74. 各地租税除留够公费开支外,其余全部有转运使运送京城,有三司的左藏库掌管。

75. 农民人身依附关系有所减轻或减弱,劳动者的生产积极性一定的提高,从而促进了宋代社会经济和文化的发展繁荣。

76. 发展到宋仁宗时期,官僚机构越来越庞大,官员人数越来越多,而整个官僚机构却是一派萎靡不振的腐败景象。

77. 维持这支痈肿不堪的雇佣兵的费用,每年要耗去政府财政收入的绝大部分。

78. 尤其在中央集权程度组高的明清时期,朝廷大臣、高官很难善终,总难免在一轮又一轮的政治清洗中垮台,革职抄家身陷囹圄,甚至死后还要被清算。

79. 然而事实上,从君主到各级官吏表面上宣扬儒家修身治国平天下的德治主义理想,暗地里却以趋利避害、欺上瞒下、相互勾结与交易为行为准则。

80. 中国古代士与官僚政治的合流,自春秋战国之际皇权-官僚政治建立之日起既已开始,并由此出现了中国历史上的士大夫政治形态。

81. 宋太祖君臣探讨以往长期动乱的核心症结时,一致认为武力因素超强干预政治是其战乱不已的结果。

82. 他们对宋王室感恩戴德、誓死效忠,即使任途屡遭挫折,也此心不变。

83. 英宗初即位,因疾废事,国家大事皆取决于二府大臣,此时宰辅们的权力不可不谓大,然当时的参加政事欧阳修对太后说:"臣等五六措大尔,举动若非仁宗遗意,天下谁肯听从?"

84. 宋政府的优遇,还大大激发了宋代士大夫践履儒家理想的道德自律精神。

85. 通过改革科举考试方式,使地主阶级各个阶层的知识分子,在考场上凭学识取得官位。

86. 与之对应的宋军水师装备精良,招募的职业水平精湛,不同于屡战屡败的陆军,宋军水师在抗金战争中战功赫赫。

87. 由于相权低落,台谏权重,致政出多门;互相掣肘,官吏因循保守,冗官充斥于朝,行政效率低下。

88. 宋代之中央集权虽有助消除军事割据,然矫枉过正,造成地方之过度羸弱,地方官吏事事听命于中央,施政不能自主,税收又尽归于中央,故地方贫弱。无从建设,一旦有事很难应变。

89. 后来南宋亦偏安一隅,屡败千金,终于为蒙元所灭,此实乃强干弱枝,重之轻武国策之最大流弊。

90. 结果两分法(要么君子,要么小人)成为党派斗争的利器,以攻击对方人品为目标,一竿子彻底否认打死。

91. 理财应从增加社会财富入手,王安石把国家财政同社会生产紧密联系起来,以发展社会生产作为充裕国家财政的前提条件,比单纯强调缩减财政开支的议论,前进了一步,比范仲淹等人的变法主张也大大提高了。

92. 王安石变法触动"上自朝廷,下及田野,内起京师,外周四海,士、史、兵、农、工、商、僧、道"等各个群体利益。

93. 熙宁变法引起的政争和党争,与当时宋朝面临着士风、吏治与"理财"应该以何者为先、如何协调并进的问题。

94. 范纯仁是范仲淹的儿子,与司马光又是姻亲,认为新法只要去掉那些太过份的,"徐徐经理,乃为得计"。

95. 刘挚性格峭直激烈,元祐初任台谏官时嫉恶如仇,无意中开罪了不少人。投机分子邢恕曾与他同学与程颢门下。

96. 高太后见奏,直到侄子大字不识一个,问明了底细,把邢恕发落到永州做酒监。

97. 在"国是"之争中,强化了专制文化性格。而与国事之争相伴随的学术之争,也大大强化了排他性学术文化性格。

98. 南宋绍兴十年、金天眷三年(1140),本来宋军在反击金军的南下中,取得了顺昌、郾城、昌等役的胜利,然而宋高宗与宰相秦桧却唯恐有碍对金的和议,下令撤军。

99. 元祐"更化"在靖康元年就已露出端倪,至绍兴五六年(1135——1136)间取得全面成功。

100. 无数军人、官吏、僧侣、商人、各色人等的远方见闻,又有利于地方志的进一步发展。

第二十七单元

 仔细审读下列各句例句,找出其中存在的各类差错,并纠正这些差错:

1. 编算星占历书固然对开普勒的财政状况不无小补,但他更重要的星占活动是为大人物算命。这些活动给他带来传奇性的声誉。

2. 刘秉忠在元建国之初便向忽必烈上书,赞美"孔子为百万师,立万世法"。

3. 忽必烈和医、僧、道、阴阳等人一起搜访儒士,说明他把儒士当作和僧、道、阴阳人一样能为他祈祷平安的"萨满"对待。

4. 蒙古贵族比起南人更优待"汉人"就是缘于这种朴素的政治基准。

5. 但是中国古代还有些真正的世界第一,用不着会穿凿附会拔高古人的,那些人士却又不大愿意谈了。

6. 元朝廷在云南大量任用上官,《元史·百官志》云:"西南夷溪洞各置官司,秩如下州。达鲁花赤、长官、付长官,参用其上人为之。"

7. 随"大一统"观念不断完善,尽管民众参与政治的状态依旧较为消极的,但人们已将政治道德生活的视野不同志局限于眼前一隅,而是推而广之,开始将目光投向整个亚洲。

8. 其中又以着意于知性反省、造微于心性义理,细致而精微的理学架构成形且为其后中华民族道德生活矗起趋向航标而称于我国思想史。

9. 自唐中期以来进行的古文运动不仅是一场文学方面的变革,同时是一种政治方面的变革。

10. 骈体文本身是一种对仗工整、便于诵读的文体。但是,后来发展越来越形式化,成为达官贵族互相追逐的一种文字游戏。

11. 出于复兴儒家的需要,从义理上对儒家道统进行阐发,从思想上对释道理论进行剖析已达到排斥佛老的目的就成为排佛老斗争的重点。

12. 夫君子之人,推诚以待物,则物以至诚待于己,凡是同心同类之人,届感悦而从之。

13. 《宋史。道学传》指出:儒家道统自孟子之后失其传。

14. 周敦颐(1017—1073年),字茂叔,原名惇实,后因避宋英宗旧讳改名惇颐,亦作敦颐,道州营道县(金湖南道县)人。

15. 《西铭》原名《订顽》,本是张载书于学堂西墙的一篇短文,在很大程度上带有座石铭性质。

16. 朱熹是孔子以后在中国社会影响最大的哲学家和思想家。

17. 朱熹把人欲说成是一切罪恶的根源,主张以天理来克制人欲,要"去人欲,存无理",完全遵守三纲五常的封建道德规范。

18. 朱熹的大弟子黄幹在《徽州朱文公祠堂记》一文中指出,:"尧、舜、禹、唐、文、武、周公生而道始行;孔子、孟子生而道始明。"

19. 以后诸儒出于理论阐发的需要,大多会涉及道统追述的问题,以求对自己的理论体系需求历史权威方面的支持。

20. 南宋胡宏虽无意义仕途,但时刻以社稷的安危为念。

21. 年过不惑他又写了《爱的艺术》,此时奥维德意气风发,裘马轻肥,尽情享受着奢华而放荡的生活。

22. 《悟真篇》云:"二物会时情性合,五行全处虎龙蟠。本因戊已为媒娉,遂使夫妻镇合欢。"这段话里提到了"夫妻"、"交媾"等语,但这还不足以证明所言必为男女双修之事。

23. 理想的人格在承担社会责任的同时又有个人的身心自在,在具有深切忧患意识的同时又不能放弃闲适的心态,在坚守道义情怀的同时又具有洒落胸襟。

24. 为此,既要树立三纲的绝对权威,又要使五常为基本内容的道德规范体系切实有效地约事人的行为。

25. 程灏说："大凡出义则入利,出利则入义。天下之事,惟义利而已。"把义利问题提到很高的高度,朱熹也说:"义利之说,乃儒第一义。"

26. 如何看待情和欲,情和欲之间到底是什么关系,成为理解人性论的一个深层次问题。

27. 大凡一种理论思想发展完备极致之后,总要想方设法进入人们的日常生活中,成为影响人民日常行为的一种力量,最终显示出思想理论对人的指导和制约作用,这就是思想理论的世俗化过程。

28. 何基从学于朱熹及问弟子黄干,得闻程朱学术之渊源,确守师说,是朱熹的忠实信徒。

29. 由于他长达四十年讲学于东阳,从学者千余人,对于推广和传播朱熹的学术思想功劳甚巨,在当时可与北方的理学大家许衡齐名。

30. 圣人之心具在《四书》,而《四书》之义,备于朱熹。

31. 虽然宋代科举取进士的人数之多,但参加科举考试之后仍没有进入权力中心的士大夫人数更多,还有一批根本就没有参加科举考试的读书人、儒士,其数量是相当可观。

32. 这一批士大夫阶层在推进理学伦理世俗化的进程中,起到了特别重要的作用。

33. 同样也在有意识的将其所认同的传统伦理道德观念原则进行维护和宣传,逐渐渗入到民众的日常生活中。

34. 由此就可解释,为何我们发现这些凹地为何相互完全一样,因为它们是按照共同的设计方案建造的。

35. 与此相比较而言,以百姓日常喜于乐见的方式进行理学伦理的世俗化,则获得的效果会更加明显。

36. 宗规在特定范围类对于维护宗族稳定和社会稳定有着国家法律不可替代的作用。

37. 对于中央官学学官的委任,极为重视。常常选派既有一定资历和德行,又具备学术地位的饱学之士担任。为了使选拔教师制度化,元政府有具体的规定。

38. 这一"唯才德是举"的选师标准和倾向一至在元代学校教师的选拔中加以实行。

39. 这一切均与士大夫精神的彰显、推广与弘扬相关,学统与政统在道统的引领下获得相溶共生的特质,重塑和广大着自秦以来的道德生活传统。

40. 北宋中期以后,进士科的考试出现了轻诗赋,重经义的现象,甚至对经意的重视超过了诗赋。

41. "民遇水旱而刘望、兵无以抵蛮夷之军",此题实际上已经管射到当时社会生活中民生,国策问题。

42. 考题的变化,也反映出宋朝统治者希望通过可靠选拔到真正的治国安邦的人才的愿望。

43. 凡及第者,"皆赐袍笏,锡宴开宝寺,帝自为诗二章赐之,甲、乙第一进士及九经,皆授将作监丞、大理评事,通判诸州,其余亦优等授官。"

44. 宋朝开科取士范围的扩大,还表现为考试人员面向社会各个阶层,最突出的就是允许工商人士参加考试。

45. 北宋名臣如王曾、寇准、杜衍、韩琦、范仲淹、包拯、欧阳修、司马光、王安石等,都能修身行己,他们都是由进士出身从而步入仕途,而成就其经世济民之功的。

46. 宋朝科举制考试规则的完善,反映出科举考试的客观性和公正型,在当时及后世均起到了限制门阀,选拔寒庶的作用,同时对社会公平意识的行成也起到了一定作用。

47. 另一方面,几乎所有的读书人都被吸引到科考中来,人人都想铜鼓科举入仕,这就使封建统治者得统治基础更加牢靠,从某种程度上说也维系了中国传统社会的稳定。

48. 绍兴二十四年(1154)春,秦桧之孙埙应试,知贡举魏师逊欲以埙为省元,参详官董德元从誊录所中取得编号而知之,竟然很高兴地面对其他考官说:"吴曹可以富贵矣!"其曲意奉承秦桧之丑陋面目,完全展现,士大夫无耻至此已极。

49. 以后道学甚盛,广宗朝至宁宗朝,外戚与大臣斗争,承袭秦桧之余续,道学被指伪学,强加禁绝。

50. 散文名家的第一本处女作小说——杨朔的中篇小说《帕米尔高原的流脉》

51. 充分体现了孔子因材施教的教学原则,也完全符合古代河洛先王帝王之学的"重德、利用、厚生"的精神,对匡正因科举制度而兴起的华而不适的颓废文风,起到了积极的廓清作用。

52. 历来的官学招收对象皆是官家子弟,王宫贵胄,广大的平民子弟是被排除在外的,这实际上是贵族阶级的一种教育特权,上层教育被统治阶级所垄断。

53. 董仲舒"性三品"中"斗筲之性"的民者是不可教的,"民可使由之,不可使知之",连王安石也反对教育向广大平民子弟开放。

54. 宋以后,在蒙学中伦理教诫的内容大大加重,许多道德箴言是直接取历代圣贤流传以广的嘉言加以改造。

55. 程端礼的《程氏家塾读书分年日程》一书基本上对元代蒙学的教育目的、教育基本原则和基本内容进行了教详细的阐述。

56. 《程氏家塾读书分年日程》集中论述了为学的次序、修身只要、处事接物之道和小学生应具备的礼仪规范等等。

57. 宋元之前的蒙学教材的选编有悠久的历史,流传最广的当属汉元帝时期编写的《急救篇》。

58. 《三字经》说:"养不教,父之过。教不严,师之堕。"又说:"三纲者,君臣义,父子亲,夫妇顺。曰仁义,礼智信,此五常,不容紊。"

59. "香九龄,能温席","头悬梁,锥刺股",儿童在诵读这些字句时,不仅获得了知识,也受到故事中任务的激励。

60. 被列入这个谱系,也就暗示了由这一谱系叙述的道理优先于其他的道理,即应当遵崇的普遍真理。

61. 二程将"格物致知"与"治国平天下"联系起来,使内在道德境界的提高和外在的治国安邦的实际功用相结合,实现了孔子所说的内圣外王之道。

62. 在《大学章句序》里,朱熹写道"以熹之不敏,亦幸私淑而与有闻焉。顾其为书猶頗放失,是以忘其固陋,采而辑之,閒亦竊附己意,補其闕略,以俟后之君子。"

63. 在朱熹这里，正音读，通训诂已和义理阐发融为一体，义理阐发正是站在对经文文艺的充分理解之上的。

64. 按照朱熹的理解，《大学》被列为为学之先，他把《大学》氛围经、传两部分。

65. 这三句话不仅提到了礼是一种表彰人们向善和拨乱反正的工具，而且论及到了仁义表现的方式。

66. 王禹偶任单州成武县主簿期间即提出，"有力田、有孝悌、有义夫、有节妇，在乎助令长申举之、礼厚之、旌别之，则百里之人知劝而易其俗。"

67. 而修建牌坊、树碑立祠、编入史策则不仅影响当世，而且能穿越时空限制，以传统文化载体的形式永恒昭示后世。

68. 陆秀夫最终以自己的忠节之举报效了他的国家。他的努力虽未能重新扶正倾之宋室，但其忠心报国的爱国精神可歌可泣。

69. 约公元前二千二、三百年开始的尧、舜、禹三代为"道教思想的胚胎阶段"。商汤至西周间时期，道教开始充实。

70. 燕、齐、楚、蜀地民众鬼神观念浓烈，这位道教的产生提供了丰厚的土壤。

71. 吕纯阳新兴道教，自他以后，正统道教有了一番新气象。

72. 宋元以来，劝善书广泛流行与社会，对中国社会的民风、民俗、伦理道德及民众心理均产生了重大影响。

73. 王重阳曾作《赠侄》一诗："一首新诗赠七哥，予言切记莫蹉跎。遵隆国法行忠义，谨守君门护干戈。饮膳共为通缉让，言谈歌出用谦和，先人后己为长策，伫看归来唱凯歌。"

74. 丘处机乘机可以向蒙古的最高统治者宣传其教义，劝阻其少杀戮，救百姓与水火之中。

75. 在封建专制的社会里，男子可以三妻四妾，朝轻暮楚，但女子却必须"嫁鸡随鸡，嫁狗随狗"。

76. 陆游走后,唐婉孤零零地站在那里,将这首《钗头凤》词后头至尾反覆看了几遍,她再也控制不住自己的感情,便失声痛哭起来。

77. "生死契阔,与子成说。执子之手,与子偕老。"(《诗经击鼓》)是最美好的爱情理想。

78. 李清照在词中大胆地讴歌自己的爱情,毫不扭捏,毫无病态成份,既象蜜一样的甜蜜,也象水一样的清澈,磊落大方。

79. 正如恩格斯所说:"结婚是一种政治的行为,是一种借新的联姻来扩大自己势利的机会,起决定作用的是家世的利益,而决不是个人的意愿。"

80. 宋词里的爱情最多是发生在文士与歌妓舞女间的卿卿我我。然而,在以"门当户对"为婚配标准的封建社会里,歌儿舞女只是统治阶级的特殊奴隶,是达官贵人的玩物。

81. 爱情是人类文学中永恒的主题。

82. 当老夫人极力维护"相国家谱"的清白,以"三辈子不招白衣女婿"为由,逼迫张生上京赶考时,莺莺嘱咐到:"但得一个并头莲,煞强如状元及第"。

83. 《破窑记》中刘月娥抛绣球择婿,求得是"寻一个知敬重画眉郎",最终选中寒儒士吕蒙正。

84. 白朴的《墙头马上》中的李千金和裴少俊的爱情,在七年之后被裴少俊的父亲活生生拆算,最后李千金虽然不愿意复合,但还是禁不住儿女的哀求,同意与裴少俊复合,全家团圆。

85. 郑光祖的《倩女离魂》中张倩女和张生也是在三年之后,团圆结尾。

86. 数千年前以降,农业都是我国封建社会最主要的生产方式。

87. 缠足适龄期在三至五岁。弱孩迟至五岁,但因脚骨渐硬,仍以三、四岁为宜。但缠足并不是一时之事,要伴随女性一身。

88. 在中国封建社会,男主外,女主内,女子不参加生产劳动,没有独立的经济来源,在经济上完全衣服于男子,故生活好完全取决于嫁得好。

89. 蒙古族入主中原后,以法律形式强力推行其婚姻制度,已近消逝的婚俗如收继婚,因此复活并盛行起来。

90. 几千年的男权中心社会和封建传统使女性们无法与男性共同拥有平等做人的尊严。

91. 周仲由,字子路。家贫,常食藜藿至食,为亲负米百里之外。亲殁,南游于楚从车白乘,积粟万钟,累茵而坐,列鼎而食,乃叹曰:"虽欲食藜藿,为亲负米,不可得也。"

92. 后汉陆绩,年六岁,于九江见袁术。术出桔待之,绩怀桔二枚。及归,拜跪堕地。

93. 孟宗"哭竹生笋"故事讲的是孟宗孝行感动天地,浓冬时节竹笋破土而出。

94. 北宋谢良佐在《戒庵老人漫笔》中说:"莫为一身之谋,而有天下之志。莫为终身之计,而有后世之虑。"告诉人们不要只谋求个人利益,而要有兼济天下之志。不要仅为自己终身谋划,还为子孙后代考虑。

95. 理学家邵雍《戒子吟》中说:"良药有功方利病,白圭无玷始称珍。"

96. 宋元家训在提倡节俭的同时,又提出"寡欲"的思想,"益耀多藏,况无所用,见欲散施,以息咎殃","多蓄之家,盗所凯觎"。

97. 以清正廉洁著称于世的包青天包拯在其家训中说:"后世子孙仕宦,有犯赃者,不得放归本家,死不得葬大茔中。不从吾志,非吾子孙也。"

98. 宋朝中期,士大夫士气高涨,主体呈现出爱国尚义之风,士大夫们心忧天下,忠君爱国,以民为本,为了本朝之社稷江山,是"进亦忧,退亦忧",鞠躬尽瘁。

99. 宋朝中期士大夫不但"先天下之忧而忧,后天下之乐而乐"之志,而且在道德上严格自律,及其注重道德品性的培养。

100. 宋儒还提出了与君主"共天下"的政治伦理观。对此,南宋御史的表述较为清晰,"天下事当与天下共之,非人主所可得私也。"

第二十八单元

 仔细审读下列各句例句,找出其中存在的各类差错,并纠正这些差错:

1. 今人刘咸在《史学述林·北宋政变考》中概括说:真宗以前及仁宗初年,士大夫论治则主旧章,论人则循资格,观人则主禄命,貌以丰肥为福,行以宽厚为尚,言以平易为长,文以缛丽为美,修重厚笃谨之行而贱振奇驰之才。(刘咸炘:《史学述林·北宋政变考》,上海科技文献出版社 2009 年版)

2. 北宋后期和南宋时期,权相奸佞当道,秦桧、韩胄等乱臣先后把持朝政,排斥异己,英雄报国无门,只好隐迹山林。

3. 为了加强官吏道德建设,一些统治阶级和学者先后推出为官之道的有关论述或著作,从主流伦理道德等方面强化了官员道德的意义和价值,发展了自周公以来敬德保民的伦理道德传统。

4. 他们先天下之忧而忧,后天下之乐而乐,有一种励精图治、凤兴夜寐的使命感和责任感。

5. 他当国最久,处事明捷,受谤不计较,荐贤不市恩。

6. 到了元代,政治黑暗,人民期待清官,元杂曲里,大量包公戏流传,保存下来的有,完整剧本的清官断案戏有十六、七种,其中包公断案的,就有十一种之多。

7. 五年后的 1929 年 9 月,刘大白把《旧梦》完全打散,"剔除了些,添补了些,移动了些,订正了些,重新斟酌组合,"把撕碎了的《旧梦》,做成现在的《丁宁》《再造》《秋之泪》《卖布谣》四本诗集。

8. 元成宗时一次就惩罚了一万多名官员,规模之大,古今中外无如其右者。

9. 在官场贪贿之风盛行的情况下,贪赃官吏往往歪曲政令以为己用,使原来本用于排除社会障碍的政令变成政令实施的障碍,自然无法取得预期的行政效果。

10. 宋元时期,在我国黄海、东海、南海碧波万顷的海疆上亚非各国来华贸易的海船像穿梭一样往来行使着。

11. 宋代盐商李二婆卖盐,顾客买一斤,她称给十八两。(注:当时计量单位一斤相当于十六两)。

12. 这些义商以义取利,在取利后热心公益,好善乐施,在义利不能两全时,舍利而去义。

13. 一李姓书生在京城茶水店中遗忘一包金子,数年后在经过此店,店主将这包金子完璧归赵。

14. 一些不义商人故意在官府收购粮食时,估低价格,阻止百姓把粮食卖给政府,而乘机以高于政府的价格收购百姓的粮食,等到官府继续粮食时,又高价卖给政府。

15. 宋代始有"儒医"之称。如宋代朱肱、许叔微都出生于进士,元代朱震亨初为理学家,戴启从曾任儒学教授等。

16. 医者仁心、仁受观的主要内容之一是继承传统"贵人"医德思想,开创新的生命质量观。

17. 钱乙终于摸清了小儿病的诊治规律。创立了以五脏病理学说为纲的儿科辩证治疗法则,其学术成果获得了后人广泛赞誉。

18. 但罗知悌性情高傲,朱丹溪往返十次拜师,竟然不得见面。

19. 在我国传统医德中,宋元医家刻苦求学、严谨治学的习业精神可谓魁宝,值得今人好好学习。

20. 刘完素突破《伤寒论》先表后里的理论,创造了"辛凉解表,表里双解法",纠正当时喜用辛燥之药治疗热性病的偏向,对后世治疗温病和各种传染病产生极大的影响。

21. 在鲁迅的藏书中有两本《山野掇拾》初版本,都是毛边本,一本用白宣纸包着书皮,另一本则是孙福熙所赠,上面有题字:"豫材先生:当我要颓唐时,直接或间接从你的语言文字的教训得到鞭策,使我振作起来。……"

22. 1925年4月间,孙福熙留法学习绘画归来回到家乡绍兴,他原准备稍作休息即刻北上去北京,但一位如花似玉的姑娘进入他的视野,让他驻足不前。

23. 从五湖四海不远千里来从教的老师们,他们大都不仅仅只是为着三亚的美丽浪漫而来,而是为了书写人生天涯落笔教育大文章而来。

24. 中国文明钟爱谦虚的美德,古语云:骄傲使人落后。同学们,你们的成就学校珍藏。今天学校的成就,你们自豪。但是,我们所有的成绩一切都不足以说明我们已经是一所真正的好大学了。

25. 冯至被郭沫若《女神》中的浪漫主义激情所感染,他也尝试着直抒胸意,但他内向含蓄的性格决定了他的诗风不像郭沫若那样激昂奋进。

26. 果真,解放上海,下广东大包抄,云南重庆两支钳子夹击,几乎是像兵旗推演一般。

27. 善恶相对,圣徒与魔鬼并存,西方文学表现得很充分,荷马史诗题材中的恋父恋母情结而终于弑父,唐璜身上的墨菲斯特,僧侣们的阴暗等。

28. 中国被西方人称为"道德社会"(相对法制社会、经济社会),中国后世人不懂古训,一味道德下去,儒学做过了,就压抑人性,就有了灭人欲的企图和误读,就有了心学的微弱抵抗,就有了《儒林外传》中的现世众生的丑相。

29. 1925年初,胡也频结识了蒙打蒙撞给他们周刊投稿的沈从文,相同的命运很快使他们成了知己。

30. 记住,从西欧开始的西方现代化或工业化已经经历了至少三百年的历史,若从它的启蒙时期算起,则至少五百多年。

31. 如果做一个统计,一个名医医死的病人一定比普通医生医死的多得多,说明什么问题?如果进做相关的分析,会发现很简单,病重的、病大的、难以医治的病人才去找名医。

32. 500年前,整个欧洲社会分裂为不下500个小国,城市垃圾遍地,发生一个"黑死病",死掉人口的一半。

33. 和语言一样,每一种媒介都为我们人类的思考、思想和表达提供了新的表达方式,也都创造了自身独特的话语符号体系。

34. 叙事是一种古老的人际交流行为,古老的像人类历史一样,而且无处不在,即使是一个出土文物,它也会无声地叙述着"那过去的事情"。

35. "广播电视"、"体育"、"解说"这3个概念本身都包含有极强的叙事符号特征,也因此对其进行叙事学的研究和关照是一个顺理成章的事情,也是一个亟待解决的课题。

36. 实现由"体育大国"到"体育强国"的历史性转变,是整个国人的期待,也需要国人的共同努力。

37. 由于缺乏理论上的有效指导,目前的解说队伍以及解说学习者的技能的提高和积累,多是依靠依葫芦画瓢似的观察与模仿,以及一些单枪匹马地独自探索。

38. 叙事学(narratology)这个词汇最早出现在托多罗夫(T. Todorov)1969年发表的《〈十日谈〉语法》中。

39. 虽然叙事学的正式确立已仅有半个世纪的时间,但其研究范式已经发生重大的转移。

40. 对于当下小说的创作实践来说,叙事学的本土化发展意义重大,甚至掀起了革命般的叙事运动。尤其对先锋小说影响重大。出现了虚拟叙事、自我颠覆、双重叙事等叙事新颖的叙事手法。

41. 社会学叙事研究把叙事看成是一系列社会行为,叙事的产生、发展和认知尤其显著的社会领域的联系和社会生活规律。

42. 种类研究虽然数量较少,也属于初探性质的研究,框架有待完善,认识也未必周全,但由于是针对人际间互动性质的传播,也都涉及有声语言的话语分析,对广播电视体育解说的叙事学研究来说,有较直接的借鉴意义。

43. 当我们听到广播电视媒介里传出这样熟悉的声音的时候,意味着一场正在进行的体育比赛开始了。

44. 普洛普的著作《民间故事形态学》在1958年被译成英文,在西方国家引起强烈的反响,大大刺激了结构主义者对叙事作品结果分析的兴趣和思考。

45. 巴尔特首先向归纳法发难,指出一个时代、一种体裁地研究叙事作品是不切实际的,因为叙事作品数目的无限膨胀可能使归纳法的方法成为不可能。

46. 法国学者格雷马斯对普洛普的 32 种功能种类进行了压缩，并将其归入了 3 种序列结构：完成型结构（performative）、契约型结构（contractual）和离合型结构（disjunctive）。

47. 采用以上经典叙事学的基本理论，能够为广播电视体育解说文本结构的分析和文本模式的建构提供坚实的理论源泉。

48. 对行为话语层面的叙事研究，这方面的理论价值主要体现在：在叙事时间的理论认识上，对于时距、时序和频率审视及运用；对于叙事空间的认识主要表现在对于叙事习惯的养成促进和对于叙事节奏的调控和掌握。

49. 自从罗兰·巴特的开创性研究依赖，叙事学好像变得可以解释一切，后经典的叙事模式又被称为是"叙事学 + X"的研究模式。

50. 本研究涉及 77 年的《申报》，面对浩如烟海的报道资料，要从中剔罗爬块，形成完整的资料链，阅读量十分之大。

51. 第一部分：为导论，主要阐述本研究的研究目的和意义、采用的研究方法，评述此项研究前人的研究成果，提出本研究要解决的重点、难点、创新点。

52. 鸦片战争之后，随着帝国主义的入侵，中国门户开放，1943 年上海与广州、厦门、福州、宁波等 5 个城市同时开辟为商埠。

53. 《申报》创刊之初就与当时的上海字林洋行办的《上海新报》产生了中国新闻史上的第一次新闻竞争，这次竞争历时 8 个月，最终是《上海新报》的倒闭而告终。

54. 美查办报期间的很多新闻事件，《申报》都能挺身而出，为中国人说话，为下层百姓说话，1974 年的日本入侵中国台湾，《申报》除了详尽报道外，而且其评论都是站在中国人的立场上的。

55. 《新闻报》在福开森接受之后，请汪汉溪担任主编，在商言商，重视发行与广告，事业蒸蒸日上。

56. "成也《申报》，败也《申报》"，史量才经营《申报》获得了巨大的利润和名望，由于不兼容于当时的国民党当局，1932 年对《申报》进行改革，积极宣传抗日，要求停止内战，为蒋介石所嫉恨，1934 年被军统阴谋杀害。

57. 1937年12月,上海沦陷,为抗日计《申报》将机器设备运抵武汉和香港,于1938年分别出版的《申报》分为汉口版和香港版。

58. 西方近代体育的产生式与工业革命仅仅联系在一起的,英国是西方国家中率先完成第一次工业革命的国家。

59. 1863年(同治六年)英国人就组织了海关足球队、英美烟草足球队进行了比赛。

60. 另一方面,西方传教士已在实践中认识到,用西方教育冲破中国人儒文化的坚固思想壁垒,具有坚船利炮所起不到的作用。通过办学校和引进体育组织成为早期上海体育发展的两个重要契机。

61. 1906年6月和10月青年会相继举办了运动大会,通过比赛以提高青年人参加体育运动的兴趣,使比赛以及竞争的观念逐渐在青年人中逐步建立起来。

62. 园内设有高尔夫球场、草地网球场、曲棍球场、棒球场等,但直到1928年,中国人才能被准许能够进入观摩。

63. 1896年,盛宣怀筹办建南洋公学,初设师范学院,目的是培养师资,扩大教育。

64. 在这段时间里,代表人物是早期同盟会的一些领袖人物,如孙中山、黄兴、秋瑾等,这些早年都有日本的访学之经历。

65. 回到美国后,我总忘不了从北魏开始就在云冈石窟里坐着的、坐了六百年的菩萨们。

66. 我写新英格兰的雪,不是因为美国的雪都下到了这里,尽管美国历史上曾有过一场特大暴风雪,席卷过包括新英格兰等六个州在内的整个东海岸。

67. 我以为麻省的波士顿也该在雪城之列,但事实上波士顿下的降雪量还不如科罗拉多州的丹佛市。

68. 从那时开始,人们更是对雪的浪漫主义转向对它的"警惕"和"商业化"利用,滑雪渐渐成为一种时尚。

69. 我看到过美国的官商勾结,看到过美国政客的穷凶极恶,看到过美国生意人跟在政客后面转的巴儿像。

第二十八单元 28

70. 到英格兰看什么呢？如想看文化，可以去座落在康州中部的耶鲁大学，去波士顿查尔斯河西边的剑桥看哈佛大学和麻省理工学院，也可以去参观依然保存完好的早期移民的村落民居。

71. 当然这只是称谓的、交际的平等。政治上、经济上甚至法律上，人人平等？只能说有些人比另外一些人更平等，有些阶层比另外一些民族更平等。

72. 下个月再来，小草枯了，红叶腐为尘泥了，那石块将光脱脱地接受冰雪的凌辱。

73. 读外语，就像嗑瓜子一样，要专心地、一颗一颗地嗑，而不能像牛吃蟹，连肉带骨头活吞下咽。

74. 有的娃跳着跳着不见了影儿，岸上面就有人焦急地喊他的名字，只是过不了多久，有一个声音从很远处传来，原来他被水底的暗流，一下子冲出十几米开外。

75. 日月穿梭，地荒天老，它们生在寻常田埂边，死于荒凉山坡上。

76. 房子是祖传下来的。从出生时候起，我就知道这套房子有着非同寻常的地方。

77. 柳条儿抽丝的时候，五个小姑娘带着还留有上海体温的户口本，插队落户到千里之外的刘山村。

78. 所以，这一时期出现的新报纸，并非是市场增加新的报纸，而是"旧瓶装新酒"——"旧报纸"以"新名称"出现，报纸总数始终为31家。

79. 痖弦闻知消息，亦同时在《联副》以全版评介洪瑞麟的创作生涯。不啻为文化界共襄盛举、彼此成就的一件美事。

80. 历史表明，最有希望、最有创造性的管理理论往往产生于经济迅速起飞的国家和地区。自人类文明以来，人们就在共同的劳动中产生了管理。

81. 中华文化源远流长，精神体大；中国领土地大物博，居世界中心；中国人口在千亿以上，占全人类四分之三；像这样的国家，哪有不强、不盛之理。

82. 那是在最狂热的1969年冬天，我们这些"耿耿丹心，跃跃红日"的青年学生来到祖国的心脏，准备接受伟人的接见。

83. 五十年前,那位"捧着一颗心来,不带半根草去"的教育家陶行知先生,就怀着深深的忧虑批评过这种学生为考试而教的现象。

84. 一位来自宝岛台湾的女孩得了一等奖,她的文章题目是《亡国必先亡史》。她在文章中分析了不重视历史的原因和危害,指出"学习历史是塑造一个人的爱国情怀,建立正确世界观的重要部分",她深为自己是炎黄子孙而自豪。爱国之情,溢于言表。他的文笔朴实,自然流畅,文章短小而内容厚实,且有学术气,与大学接轨,反映出两岸文风、学风的不同。

85. 就在他们即将进考场的前一天,我抬着几箱镜框,走进教室。

86. 1900年10月,武昌起义爆发,各省纷纷宣布独立,清朝的统治开始走向瓦解。清帝于1912年2月12日正式退位,标志着中国两千多年来的君主制的正式结束。

87. 古人方位的认识,也是建立在更多感性的基础上。他们认为地球是方的,而我们中国人就居住在地球中央。

88. 前几年有一件事轰动全市,一个男青年因求爱不成,就用"消呛水"浇在女友头上,毁了她的容。

89. 什么叫同,就是千篇一律,千人一面,干部一腔,就是大家都说套话、空话、大话、假话。

90. 原因很多,但我们的语文教学、作文教育违背教育的规律,也是其中一个重要原因。

91. 这个人大家也许不太熟悉,此人不以教育家出名,是一个社会学家,他是梁启超的学生费孝通的老师,他叫潘光旦。

92. 最近在《教育参考》看到一篇徐平利的文章很有启发,他对素质教育和应试教育的提法提出了质疑。

93. "我们的教育方针,是使受教育者在德智体多方面得到发展,成为有社会主义觉悟的劳动者","教育为无产阶级政治服务,教育与劳动生产相结合",这些话,我们大家都熟悉。

94. 不久前上海市委领导开一个座谈会,我参加了,一位上海最牛的中学校长说要树立典型标兵。

95. 他上当受骗,破了财,伤了身甚或致残致死,忍无可忍,又无处投诉或无脸投诉,才出此下策。

96. 孔子把竹简上的几十斤重的《周易》抱回家,逐字逐句仔细研读,一遍、两遍、三遍……这样翻来覆去,因为读的遍数太多,把串联竹简的牛皮带子都给磨断了三次,后人就称这段趣事为"韦编三绝"。

97. 我幼年时读书,有一册课本,第一篇就是一首山歌:"天上没有玉皇,地上没有龙王,喝令三山五岳开道,我来了。"

98. 新华社十六日专电:"浙江省文物考古所所长曹锦炎表示,从雷峰塔舍利子中提取的国宝文物金涂塔将不再打开。"

99. 过去,上海曾流行过"混呛水"的口头禅。如果说"混呛水"不过是指蒙混过关,滥竽充数,是不得已而为之,是消极被动的;那么,这"掏浆糊"则完全出于主动,是故意在那里"混"、"掏",可恶多了。

100. 我明白了杨老师的深意,同时也理解了她为什么对老校长视同慈父。这是一位年轻的老人对比他更年轻更老的老人的由衷的敬意。

第二十九单元

 仔细审读下列各句例句,找出其中存在的各类差错,并纠正这些差错:

1. 日本约1580年时从政的幕府将军海帝尧西(Hideyoshi)因长相难看而被其臣民称为"猴脸"。

2. 中国古时候的妇女生活在深闺中。

3. 宋代的林捕,在《省心录》中说:"知不足者好学,耻下问者自满。一为君子,一为小人,自取如何耳。"

4. 严格的封建君臣等级制度以及专制的文字怨使得应考或上书人必须谨小慎微地遵循一定的礼貌规范,隐喻含蓄,不能直抒己见,而只能饶圈子说,若即若离。

5. "官倒"利用手中的权利或以权利为靠山,倒卖重要生产资料和紧缺物质,从中牟取暴利。

6. 所选的作品文字都很美,论述也非常精道,很有点阳春白雪的味儿。

7. 然而,即使您学富八斗,才溢三江,您能穷尽知识的海洋吗?

8. 您将在《漠不关心》里感受到《查特莱的情人》一书作者 D·H·劳伦斯对环境的精确观察,在《戴奥真尼斯和亚历山大》中回到尘封的历史中会晤两位伟大的人物。

9. 如果想从旧书堆里掏出金子,就请您到《买书》一文里;想长点见识的话,请看一看《美容业》。

10. 拉什卡(即塞尔维亚)就是这些公国中的其中一个。

第二十九单元

11. 大概就是这个时期,威尼斯水手们开始称呼洛夫钦山为蒙特哥内罗(Montenegro)。

12. 17世纪的一系列战争使得无所不催的奥斯曼土耳其帝国暴露了其军用机械的弱点。

13. 利用对塞尔维亚-克罗地亚内战的恐惧,1929年1月6日,亚历山大王宣布皇室独裁,废除政党和议会政府,因此破除了变为民主政体的可能。

14. 二战期间,许多布德瓦人民为反抗法西斯侵略者英勇牺牲。

15. 建造圣母岩石教堂圣坛的材料包括来自卡拉拉的大理石、来自西恩纳的黄色大理石制涂料以及来自埃及的埃及艳后大理石。

16. 不幸的是,在刺绣完成后,西雅辛特双目失明。该刺绣的特别之处在于每平方厘米就需要缝制700针。

17. 清乾隆时期《四库全书》总教官陆费墀的五世孙陆费找到投资人,成立中华书局,很快编订出新版教材,并推向市场。

18. 大门上方刻有科托尔从纳粹获得解放的日期、代表共产党的五角星以及摘自"Tito"的引文。

19. 国王尼古拉皇宫博物馆:尼古拉皇宫修建于1885年,雄伟的城墙依水而建。

20. 他的小说《唐吉诃德》中的人物杜尔西内娅(Dulcinea)的名字就源于囚禁他的这个城镇。

21. 此处景观独特,以至于乔治·萧伯纳(George Bernard Shaw)发出了"我是在天堂呢还是在月亮之"的惊呼。

22. 这里是湖区最佳游泳之地:湖水清澈,水草摇荡,探足水中,簇拥的小鱼将会轻啮你的脚丫。

23. 1958年开始的"反右"运动中,"党性"更是成为映照和鉴定知识分子身份的一面"明镜"。

24. 由此出发,她发现,革命虽与常态生活相异、但并不排斥日常生活、且可视作日常生活的组成部分;革命文学虽可能与讲述日常生活的文学相异、但与文学表现人及人性这一基本命题并不相悖,假如我们以这样的"革命世俗观"来重新考察和讨论1942—1965年文学的具体情形,那么,当代文学变迁史可说是一部文学"世俗性"失而复得、得而复失、或得失胶着的浮沉进退史,这也是革命世俗性与1942—1965年中国文学的内在关联性。

25. 及至后来有了关键的面试机会,先生更是不遗余力,随手拿起电话,拨通数个电话,多方请托,交代芸芸。

26. 人生的面貌本身是混杂的、灰色的、或是斑驳陆离的;人的情绪有时是高亢的、健康的、振奋的,有时则是低迷的、病态的、或是消沉的;人性有时是超越的、崇高的、或是舍我的,人性更多的时候是贴着世俗生活行走的。

27. 直到1927年9月,上海光华书局才以"广州文学会丛书"的名义出版了欧阳山的长篇小说《玫瑰残了》,这是欧阳山出版的第一部作品,是他早期至情文学理论的重要作品。

28. 1965年无产阶级文化大规模提出"破四旧":破除旧习惯、旧风俗、旧思想和旧文化。

29. 那种静中寓藏着的浑厚定力,是我多年来亟亟以求而始终未能如愿的;那种静中弥漫着的历史宿命,搅动了我潜意识深处的东方文化情结。

30. 第二次是十几年前逛上海书城,偶尔看到复旦大学出版南怀瑾先生著的禅与道概论、静坐修道与长生不老、论语别裁、定慧初修等二十七本一套的书,痴痴地翻阅了半天。

31. 《红岩》中江姐的国仇与家恨是无法分离的。

32. 这两部小说有高度相似的情节:将有产者和无产者两类人物作两级性划分之后,然后将矛盾发展为你死我活的残酷斗争。

33. 革命在经济上的最终目的是要通过生产资料的人民化,进而实现更高意义上的生产资料的公有化,从而实现社会主义乃至共产主义的远大理想。

34. 然而,社会矛盾与人性冲突此类问题构成了小说的创作动力。

35. 当我们总结出先锋企业的四个导入因素(英雄领袖、中国理念、西方标准、渠道驱动、利益共同体)和四个导出因素(企业文化、核心竞争力、快速反应、远景使命)的时候,我们还知道先锋企业更注重的是如何把这八个因素运用在实践之中,这才是我们必须敬仰的东西。

36. 他们的研究范畴基本覆盖了应用经济与管理学两个领域的学习,当然多数同门专修管理学方向,而我则结合管理学较差思维,解决多年来被困扰的关于经济分析方法的疑惑。

37. 作为一直从事的经济学研究侵染的我,能够在东西方人文哲学认识论与方法论为指导,以比较思维重新认识经典经济学分析的前提性框架、分析路径、方法,探究经典框架约束下分析的条件、原则等方面存在的不足,实属幸事。

38. 常听说先生家是住华侨公寓,也去拜访过,影响最深是先生与师母年轻时的合影大照片,黑白的,恩爱画面,犹如电影里的老照片,很有诗意,而坐在先生家靠窗的沙发上,白色纱窗飘拂,很是温馨。

39. 有人说中国人不懂悲剧,我说中国人也许不懂悲剧,可是外国人也不懂。假如团圆是中国的规律的化,为什么外国人不来懂懂团圆?

40. 至20世纪90年代后期,我硕士毕业分配至上海海事大学(当时前身称为上海海运学院)任教。疑惑终不能解,自此又开始了求师问道之旅。

41. 林丽爱上了出生于被压迫阶级的无产阶级战士,而她的父亲何大拿和兄弟何志武则沦为汉奸。

42. 这一逻辑关系也同样适用于对张弦《甲方代表》的批评,我和白玫的爱情尽管是在革命理性的整体架构下展开的,但真正支配男女主人公关系的实质联系却非革命理性,而是爱情双方的感性体验:白玫欣赏"我"的男子气,而"我"爱慕的则是白玫身上那种"上海姑娘"的婉约气质。

43. 这是作家刘绍堂关于小说《我怎样写〈新式杖犁〉》答复读者的一段"创作谈",这段"创作谈"的目的不仅只是试图表明他的阶级倾向,更重要的是以此表明他对农民与农村的亲近立场与态度。

44. 学术生命的本质是"觉悟",它的目的是由于正确的认识论与方法论的指导,从而形成对事物形成"洞观"的认识。

45. 李准的小说《芦花放白的时候》中,三十多岁的中年男人男主人公何干是个进城的干部,在省卫生部门当科长。

46. 中国繁荣昌盛,边疆地区会竞相示好,争取对中贸易和其他交流。

47. 高中时期,孙犁老师是一位举人,要求学生用文言文作文,"习作古文,均得佳评"。

48. 但在解放初,战争时期的余风尤烈,进城以后,我还是写了不少东西。

49. 最迟是在 1830 年代,the masses 变成了一个普通通用的词汇,这个词与 Ustrial Revolution(工业革命)的关系似乎是明显的。

50. 但如果我们怀揣激情,求知若渴又优容自如,对历史鞭擗近里,对未来深思极虑,那么他的故事,就不再是偶闻偶见之事了。

51. 继承唐代文化的不是新中国,而是 21 世纪的东亚共同体。

52. "道生一,一生二,二生三,三生万物";"天道园园,各复其根"。

53. 以德修身、以德立威、以德服众;要求别人做到的,自己必先做到;要求别人不做的,自己坚决不做;言必行,行必果。

54. 举例来说,古希腊哲学家提出"以太"这个概念的时候叫"父"或"无名天地之始"。

55. 作者是幽默的,最恬静最耐寻味的幽默,一种七弦琴的的余韵,一种素兰在黄昏人青时微透的清芬。

56. 1928 年 3 月,上海北新书局初版了"绿漪女士"的散文集《绿天》,这就是苏雪林的第一本文学创作处女作,共收散文 6 篇。

57. 许地山还是掩饰不住笑的答道:"你这写的很有意思,你应该把书稿寄给在上海编《小说月报》的郑振铎。"

58. 小说以一个叫老张的小学校长兼杂货铺老板为主线,描写了他经商为钱、当兵为钱、办学堂也为钱的市侩哲学思想,同时用两对青年恋爱经历做附线,讲述了北平城市平民在嬉闹生活中的悲剧故事。

59. 萨珂与凡宰特是旅美的意大利无政府主义者,因为反对波士顿警察杀害革命党,被美国政府嫁祸于抢劫杀人罪被捕入狱并判了死刑,抗议风暴由美国波及到全世界。

60. 他读得多是左翼推荐的"五四"新文学作品和苏俄与欧洲的经典文学作品,其中他最喜欢契可夫的小说。

61. 这个陌生的名字被人误认为是鲁迅的笔名,招的那些御用文人纷纷写文章攻击鲁迅。

62. 在哈尔滨不到一年的时间里,他结识了一些有理想报复的左翼文学青年,在他们那听说了以鲁迅为代表的上海左翼文学阵营的情况。

63. 姚雪垠在晚年以长篇巨著《李自成》蜚声文坛,实现了他年轻时的梦想,成为一个很了不起的文学史家。

64. 他想通过戏剧形式宣传抗敌英雄的愿望总算在儿子身上实现了,回到住所他挥笔写下了"流涕唏嘘记国殇,中华男子自堂堂,虫声鸟语皆歌泣,万古千秋姓氏香"。

65. 著名散文家吴伯萧的处女作集问世颇费了翻周折,作品集出版他居然一点不知道,直到八年后作家孟超寄给了他一本,他方才知晓,此时他已经有出版两部作品集了。

66. They have got their reward.(他们已经得到了他们的回报。)

67. 为别人写作,就是以自己的作品介入他人的生活,并对他人进行影响。

68. 一般咸认,他的一生是人所过的、哲学上最多产的人生之一。

69. 但毫无疑问,我们是被给予了一个体系。

70. 历史上没有哪一个朝代,能够像唐朝那样让诗歌和王朝的兴衰结合的那样精密。

71. 他在《唐璜》这部诗体小说中,对这种现实进行严厉地批判。

72. 有一天,本自言自语的说:"为什么风不能帮我过河呢?我要试一试。"

73. 一种是只注意名人的动向,同朋友谈论名人也只是为了娱乐,这样的人要快乐的多。

74. 买了一大堆东西之后,珍妮心情愉快的走出了商店。

75. 董事长吩咐办公室主任去买一张双飞往返商务仓机票。

76. 矿石商人仅只看到矿石的货币价值,而看不见矿石的美的特性。

77. 这篇扩展阅读的资料选择可斟酌,感到统观全篇,有些叙述在概念上有点混乱。——此纯属个人看法,不作错对依据。

78. 我是一个生命,生命的愿望是生存,在生命的中途,她愿意活着。

79. 在电影院看电影时,你的领坐旁若无人地讲话,你感到烦不烦?

80. 他们是专家,但又超过专家;他是通人。

81. 抗战其间,各部门都感到人才缺乏。

82. 在翰林院学习3年后,张元济转到刑部,后考入总理各国事物衙门,任章京,品级虽不高,实权却相当大。

83. 小康系对应于大同而言,二者俱出自《礼记·礼运篇》。

84. 孙中山题词,最喜手书"大道之行也"一段语录及"天下为公"四字,是以实现大同为其一身奋斗的终极目标。

85. 实现阶级斗争的消灭和世界的大同,也是中国共产党、中华人民共和国、中国人民的最高理想。

86. 儒家讲仁义礼智信,讲道德,讲伦理,讲礼仪,讲伦理,凸显了这是小康社会中绝对不可轻视或漠视的重点。

87. 老子说:"曲则全,枉同直,洼则盈,敝则新,多则得,少则惑"。

88. 韩非说:"安术有七,有六。安术:一曰赏罚随是非,二曰祸福随法度,三曰死生随法度,四曰有贤不肖而无爱恶,五曰有愚智而无非誉,六曰有尺寸而无意度,七曰有信而无诈。"

89. 韩非说:"今日尧、舜得势而治,桀、纣得势而乱,吾非尧、舜为不然也。虽然,非一人之所得设也。"

90. 《墨子·鲁问》说:"凡入国,必择务而从事焉。国家昏乱,则语之尚贤、尚同;国家贫,则语之节用、节葬;国家熹音湛湎,则语之非乐、非命;国家淫僻无礼,则语之尊天、事鬼;国家务夺侵凌,即语之兼爱、非攻。"

91. 针对当时"强之劫弱、众之暴寡、许之谋愚、贵之敖贱"的弱肉强食的社会现实,墨子提出要"以兼相爱、交相利之法易之"。

92. 墨子说:"诸侯相爱则不野战,家主相爱则不相篡,人与人相爱则不相贼,君臣相爱则惠忠,父子相爱则慈孝,兄弟相爱则和调。"

93. 建设中国特色社会主义的总布局是一般的原则要求,而特定阶段的战略目标和战略举措则要求使一般的原则要求在历史现实的基础上被具体化。

94. 这些年依然在加剧的城市与农村之间、东西之间,乃至于不同代际之间的差距,与资本的快速扩张是有直接关系的。

95. 套用一句行话:制度并非万能,但没有制度却万万不能。

96. 现代文明在很大程度上是激进革命的产物,但如果总是不断革命,则与传统往往是断裂性的政治逻辑无异。

97. 中国传统思维就有很强的合解而不是分解的特点,擅长从整体、辩证、统一角度认识世界,这与马克思主义世界观是共通的。

98. 在改革时期,随着民族解放运动高潮的结束,和平与发展成为时代的两大问题。

99. 为此,寻求一种组织化力量就成为了现代政治形态建立的一个工具性前提。

100. 我在前面说过,佛教并没有否定婆罗门教的神只,只是看做是一种众生,后来有些神只被吸收到佛教中来成为护法,这是一方面的情况。

第三十单元

 仔细审读下列各句例句,找出其中存在的各类差错,并纠正这些差错:

1. 1953年斯大林去世,同年召开的第二十次党代会上揭穿了对斯大林的"个人崇拜",这一事件"成为苏联文艺生活中的里程碑"。

2. 别林斯基甚至指出社会主义现实主义典范之作《钢铁是怎样炼成的》中的悲剧性在于"个人自发的喜好与责任感之间的冲突及人的天性与其命运赋予他的位置之间的矛盾"。

3. 而在"文化大革命"期间,中国现实主义文学全面异化,阶级斗争理论被片面夸大,并在此基础上产生了以"三突出"为基本创作理念的革命样板戏(即在所有人物中突出中心人物;在正面人物中突出主要英雄人物;在主要英雄人物中突出最重要的即中心人物)。

4. 在军事训练教室里学习战略时,我想要学的是我所观看的影片中播放的实战技巧,如影片《孤岛浴血战》(Guadalcanal Diary,1943)和《决不撤退!》(Retreat Hell,1952)等,而不是学习枯燥的军事理论。

5. 其中一路汉军,在郁成遭到强烈抵抗,千余军队,尽遭覆灭,只有数人逃归大本营。

6. 汉武帝死前还有四个儿子,即李姬生的燕王刘旦和广陵王刘胥,李夫人生的昌邑王刘髆,最小的儿子赵婕妤生的刘弗陵,也就是他指定的接班人。

7. 没有任何一个王朝能摆脱"其兴也勃,其亡也忽"的历史周期律,因为无论官方的话语如何变化,但万变不离其宗,"历代都行秦政治",哪一朝都在"千古一帝"秦始皇规范的圈子里打转。

8. 周王朝至于秦汉,由于生产力水平的低下,无从接触更不了解遥远的世界。

9. 显然这是刘邦要拿他开刀的借口。但韩信手中也有一点小把柄,当年项羽麾下有一员大将,名叫钟离昧,破楚之后,刘邦索之甚急,钟离昧是韩信的朋友,韩信当了楚王,就把钟离昧保护起来。

10. 刘邦死,吕后残害戚夫人,断其手足,剃光头发,灌药使之喑哑,置猪栏中,称为"人豕"

11. 那年秋天,京城喋血动乱的消息传到了代地。年轻的诸侯王刘恒注视着遥远的京城,内心充满了忧惧和不安。执掌大汉朝政的吕后刚刚死去,大臣们和刘姓王侯就发动了诛灭诸吕的兵变。

12. 史上抗击匈奴立下赫赫战功的卫青和霍去病两位大将军就是卫氏两代女人与人偷情的私生子。偷情和野合的狂放情欲乃女人之创造历史的有力武器。谁云不然!

13. 为了应付巨大的开销造成的亏空,从1788年起莫扎特开始举债度日。莫扎特拆东墙补西墙,辰年吃卯年粮,最后弄得家徒四壁,不能不让人感到唏嘘叹惋。

14. 西藏中路及福州路与云南中路间,时一长身戴眼镜之鸠行告鸟面者向路人乞钱,识者谓欺人名戴仲宁,在敌伪时期,曾在浙江任警察局长。

15. 当然,哲学家、思想家、学问家,尽可以提出种种"叉代宗教"的理论,因为他们的目的是建立世俗学说,排挤"迷信"空间。

16. 大哲学家康德说:"哲学是不能教授的,充其量只能教你思维方法"。佛教认为"师傅领到门,入道靠自己"。

17. 讲清楚了便成为知识,便可以传授传播,变脱离了人的脑子而成为"物";讲不清楚则"存疑"在脑子里,那一天讲清楚了,"脱口而出"成为知识。

18. 你管它叫"桌子"也好,叫"稀里哗啦"也罢,桌子和椅子的定义及用途没有丝毫没变,全世界一模一样!

19. 否则,《道德经》就是白纸黑字五千字,任凭你倒背如流、也无济于事!

20. 毛泽东在《矛盾论》中指出:"辩证唯物主义的观点看来,矛盾存在于一切客观事物与主观思维之中,矛盾贯穿于一切过程的始终,这是矛盾的普遍性和绝对性。矛盾着的事物及其每一个侧面各有其特定,这是矛盾的特殊性与相对性。矛盾着的事物按照一定的条件有同一性,因此能够共居于一个统一体中,又能够转换到相反的方向去。"

21. 越战前,发达国家的全国性报纸和电视台都反映政府的观点。所以《纽约时报》《华盛顿邮报》,以及主要电视网络反映美国的世界观。

22. 各国因文化和传统差异,对可谓公正与得体,看法也不同。

23. "不有二则无一"(张载《正蒙。太和》),意思就是"没有对立面也就没有统一体",没有对立面的"一"什么都不是。

24. "无中生有"与"有中生有"的对立统一,就是"常道"与"非常道"的对立统一,这对矛盾贯彻《道德经》始末,成为老子哲学思想的"主线"。

25. 整个世界就是一个由"有的世界"与"无的世界"的对立统一体。

26. 老子只有道德学而没有伦理学,孔子只有伦理学而没有道德学,道德学与伦理学,不是一回事。

27. "劳动"的定义是"智力与体力结合,有目的的作用于事与物"。

28. 知识与智慧又是"同质"的,"同出而异名,同谓之玄",都是人脑的产物,因此又构成"玄之又玄,玄妙之门"。

29. 这种三元的思想是关于对立统一规律的一种表述,说出了世界有矛盾组成的大致情景。

30. 一路艰辛万苦下来,最后说不清、说不出的智慧终于转化和转变成了知识。

31. 唯物主义认为思维与存在,两者统一于物质;唯心主义则认为思维与存在,两者统一于思维。

32. 中国古代"帝"是"最高"和"最早"的意思(《辞海》第353页)。

33. 不要说公元前五、六世纪时的老子,就是公元后十七世纪的法国哲学家笛卡尔,也很难表达清楚"思维与存在的同一性"这个复杂深刻的哲学思想。

34. 《坛经》云:"世界虚空,能含万物色像,日月星宿,山河大地,泉源溪间,草木丛林,恶人善人,恶法善法,天堂地狱,一切大海,须弥诸山,总在空中。世人性空,亦复如是。"

35. "白眉"为三国马季长之喻,以此比喻云谷亦贴切。

36. 1956年9月,中国佛学院正式开学,由喜饶嘉措大师担任第一院长,招生来自全国24个省会。

37. 通过机体内各种排泄多余的水分排出。

38. 激光以上的特性,给激光的力学内容赋予了新的内涵。

39. I will sit still in your arms.(我可以坐在你的胳膊上,不会乱动的。)

40. You are not too fat to trot as far as the barn.(你还没有胖到连谷仓都没法跑过去。)

41. 现在,我的这本拙著就要付梓出版了,使我感到欣慰的同时又有几分惴惴不安。

42. 1845年11月29日,上海道台公布了租地条款23条(后被称为"上海土地章程"),划定杨泾浜以北、李家厂以南之地,准租予英国商人建房及居留之用。

43. 中俄银行合同条款全文摘录如下。

44. 初租人英商宝顺洋行大班兰士禄·颠地原业主向华民奚尚德等永租。座落25保3图圩,土名斗鸡场。

45. 在西人众多的活动中,和盛宣怀竞争最激烈的是便华俄道胜银行欲组建中俄银行和海关税务司赫德欲组建中英银行。

46. 势力的校长嫌贫爱富,见风使舵。

47. 该机构拒绝为将近约1,800华裔学生提供额外的英语教学。

48. 自孙中山去世后,围绕领导权的继承问题,就开始了不断地内斗,特别是在汪精卫、胡汉民、廖仲恺、许崇智等党内大佬之间展开。其中真正的公开分裂,则是西山会议派从党内独立,另组国民党中央党部。而蒋介石在这一系列的纠纷中,纵横捭阖,联合一方打击另外几方。

49. 他在经济管理方面比起军事政务方面远远缺乏经验,但他不止一次而是两次地创造了经济奇迹。

50. 中日战争爆发,中国物资严重缺乏,国民政府派上海金融家,也是"资源委员会"委员陈光甫赴美,洽谈易货借款方式。

51. 在国际争端中,承诺与妥协尽管不乏为消除争端的一种必需的方式,但有效性难以保证。

52. 世界和平的维持,既要社会主义国家、第三世界国家,也要发达国家的劳动大众,还要靠联合国一类国际组织的积极作用。

53. 1955 年 8 月 1 日,中国政府以派驻波兰大使王炳南为代表,在华沙与美国驻捷克大使尤·阿·约翰逊开始两国间关系的外交谈判。

54. 如今,新兴的职业,如律师、会计师、电算师、导购师、品酒师、营养师、按摩师、摄影师、建筑师、设计师、园艺师、造型师、化妆师、资产评估师、各类公务员、医生、私人教师、私人保安、私人保姆、家政服务、病房陪护、导演、演员……大力发展起来,其规模与影响也越来越大,成为社会职业成员的重要组成部分。

55. 1950 年 6 月 1 日,政务院发出了《关于开展职工业余教育的指示》,决定在全国各地简历职工业余教育委员会,推行职工业余教育。

56. 周总理把雷锋精神全面而精辟地概括为"憎爱分明的阶级立场、言行一致的革命精神、公而忘私的共产主义风格、奋不顾身的斗志"。

57. 同年 5 月、6 月在纪念毛泽东《在延安文艺座谈会上的讲话》的活动期间,现代京剧《智取威虎山》《红灯记》《沙家浜》《奇袭白虎团》《海港》,以及芭蕾舞剧《白毛女》《红色娘子军》和钢琴伴唱《红灯记》等八个"样板戏"同时在首都舞台上演,历时 37 天,演出 218 场。

58. 这种理念认为,在当期的政治生活和社会生活中,始终存在着不同阶级的斗争,特别是无产阶级和资产阶级的斗争。

59. 经过统计,发现前缀和后缀加起来约近 337 个。

60. 这些派生词往往表达比原来的词表达更为复杂的意义。

61. 乃弛弓而自后缚之。（于是把弓弦放松，从后面把他绑住。）

62. 在他们的农业中没有扁担的工具。

63. 西奥多·罗斯福也是由于现任总统死亡而宣誓就职的第五任总统。

64. 我刚到圣路易、得识陶氏夫妇时，创业犹新，经营艰苦。往后打响于业界，越干越旺，为华人起了显著的示范作用。

65. Sun Quan, in order to secure the loyalty of Zhou Yu, gave his wife's sister, here referred to as Xiao Qiao, in marriage to the young commander.（孙权为了确保周瑜的忠心，将妻妹小乔嫁给这位年轻的统帅。）

66. 鹧鸪天　林断山明竹隐墙，乱蝉衰草小池塘。翻空白鸟时时见，照水红蕖细细香。

67. 西方文化自古希腊时期，到文艺复兴和资产阶级革命时期始终强调天赋人权。

68. 正如马克思在《资本论》和手稿中所例证的："骑兵团和各个单独行动的骑兵不可能产生骑兵团在冲锋时所达到的效果。"

69. 我们每一个人都是在一定文化中成长起来的，文化是我们心灵的软件，是指导我们行动的指南使我们戴着的一付滤色镜，要完全摆脱我们在社会化过程中获得的各种观念和看法是不可能的。

70. 艾萨克·西莫夫（Isaac Asimov，1920～1992），美籍犹太人，为20世纪顶尖的科幻小说家之一，曾获代表科幻界最高荣誉的雨果奖和星云终身成就"大师奖"。以他的名字为号召的"艾西莫夫科幻杂志"，是美国当今数一数二的科幻文学重镇。

71. 天文学家尼古拉斯·考珀尼克（Nicolaus Koppernick）不知道萨拉油（salad oil）；沃利斯在《Works》第一卷（1695）的前言里提到牛顿的微积分；以自然选择理论闻名的克莱尔·达尔文也研究情感；一个名叫约翰·沃森的美国心理学家发现了叫做行动主义的心理学派。

第一部分 纠错练习

72. 人们试图建立种种机制，比如联合国、世界科教文组织、世界银行、货币基金组织等等，但战争始终像幽灵一样伴随着人类发展历程。

73. 2016年9月3日杭州《G20峰会》前习主席和奥巴马共同提交批准的《巴黎协定》。

74. 第22条的上述限制是针对著作权所有人非法占有出版者、表演者、录音录像制品制作者和广播电视播放者权利的情况。

75. 该公司还在法国和美国设立了办事处。仅2004年就在50个国家组织了80个演出（项目），演出4,000场，观众人数达90,000人。

76. 1978年，邓小平两度下台，后再上台，领导中国走上政治经济发展的新里程。为了向中国人民发出变革的信号，媒体大幅报道邓小平访美的里程。邓小平在得克萨斯州观看牛仔竞技表演时，戴上了宽边牛仔帽、笑容满面，太平洋对岸的亿万中国人民无不震惊。

77. 尽管拉美在80年代出现债务危机，日本在90年代经济停滞，两国经济关系因此降温，但日本仍旧是拉美的重要伙伴。

78. 在不少国家，工资和物价挂钩的。

79. 在工作时，米开朗琪罗不得不仰卧着进行绘画。

80. 城市基础建设经过周详规划，城内与城际之间有高速列车穿行，机场规模可比北京机场。

81. 在第二次世界大战期间意大利和德国结成同盟国。

82. 陆羽从栖霞山麓来到苕溪，与长年隐居湖州机杼山妙喜寺好诗又喜茶的诗僧皎然，结为忘言之交凡四十余年，直至相继去世。

83. 她曾经读过大学，具有生物学的学位。

84. 根据唐朝高僧玄奘在7世纪留下的文字记载，那烂陀校舍辉煌一时，藏书阁共九层楼，佛塔高耸入云梢。

85. 他由保定起香，三步一叩，朝拜五台山。一路上风餐露宿，忍饥挨饿，仍虔诚叩拜，拜了6个月，磕了22多个响头，到达了五台山。

86. 古代汉朝的镜子上，刻着太极阴阳图，还有道教的八卦阵。

87. The decision of one age or country is a wonder to another.（一个时代或一个国家的决定对于另一个时代或国家而言是令人惊奇的。）

88. The zones are distinguished by differences of climate.（气候是根据气候差异划分的。）

89. 俄国共济会在思想上引起的这种西化和试图在俄国实现民主制度与俄国当时现有的专制制度的根本矛盾，直接导致了20世纪初俄国的政治冲突。

90. 雪莱的这种论点，可溯源于柏拉图的诗为理会的摹仿说。

91. 在维诺科夫的努力下，仅在莫斯科，书店的数量就增加了10倍，从原来的2家增加到了20家。

92. 在一些社会上层人士中间，那些有着浓厚宗教情节的人加入了天主教。

93. 我们是世界上孤独的人们，我们没有给世界以任何东西，没有教给它任何东西；我们没有给人类思想的整体带去任何一个思想，对人类理性的进步没有起过任何作用，而我们由于这种进步所获得的所有东西，都被我们所歪曲了。

94. 会员的年龄也趋年轻化，平均年龄达到了25岁。

95. 拉斯普廷1872年生于西伯利亚的一个农民，年轻时做过盗马贼。

96. 在泰国，"摩诃朱拉隆功佛教大学"是一所佛教高级教育机构，由泰国著名的拉玛五世"朱拉隆功"泰皇（King Rama V Chulalongkorn C.E.，1862—1910）所创。

97. 这部分的校勘工作，看似简单，实则绝不轻松，凸显了作者严谨扎实的学风与精准的判断选择能力。

98. 《剑桥中华民国史》认为:"中国历史并非发生在中国一切人的思想观念,而是发生在中国人中的思想观念。"

99. 《中华民国公报》也曾大肆制造假新闻,如报道说"清摄政王昨晚暴卒,清皇太后自组死"。

100. 苏珊见到丈夫当夜就死了。

第二部分　参考答案

第一单元

1. 【引文脱字】歌德的原文是："永恒的女性，带领人类飞升。"著述文字，引文应该相对完整，断章取义会导致误解。
2. 【概念错误】应该是"新学东来"。作者误以为"西来"是"从西边来"。按句意本是"到东方来"。或可按前人说法"西学东渐"。
3. 【遣词冗赘】"先后被红、白双方的军队所逮捕"应改作"先后被红、白双方军队逮捕"。"所"字是多余的。
4. 【衍字】应该删去"和"字。一般说来，并列成分的最后一项若用"和"字，则前面不应该用逗号。但在此句中不适用，因为最后并列叙述的不是和前面一样的名词，而是动词词组。
5. 【年份表达错误】此句说到的是1968年欧洲的学生运动，应该使用完整的"1968年"。将"1968年"简化作"68年"，在口语中读作"六八年"，听着不会误解。但在书面语里易生歧义，被误解成"六十八年"。另外，"二十世纪"在这里宜改作"20世纪"，以保持上下文里数字表达法的一致。
6. 【句式不当，语意不清】此句宜改作：
   全体俄国人民，即组成俄国民族的每一个个人，都为所谓的集体利益而正当地被牺牲了，而这种利益是以国家官僚主义为代表的。
7. 【成语错误】"身微言轻"应改作"人微言轻"。使用成语应当规范化。
8. 【错别字】不少作者不识"祇"和"祗"两字的含义和区别，将"神祇"错写成"神祗"。在古汉语里，"神"指"天神"；"祇"(qí)指地神；"神祇"是总称。而"祗"(zhī)的意思是"敬重""有礼"。
9. 【引文错误】引号里的直接引文既有遗漏，又有错误。正确的引文应该是：
   "革命不是请客吃饭，不是做文章，不是绘画绣花，不能那样雅致，那样从容不迫，文质彬彬，那样温良恭俭让。革命是暴动，是一个阶级推翻一个阶级的暴烈的行动。"
10. 【遣字错误】"年届"与句意不符。"届"：达到，用于年纪较大者，例如"年届八十"。对年轻人的年龄，一般的正确表述是"年仅"。

11. 【遣词冗赘;遣词错误】"这其间"应改作"其间",并删去逗号。"整整近"应改作"将近"。"整整"用于修饰整数,不用于修饰约数。
12. 【错别字】"侦察"是军事行动术语;"侦查"是司法行动术语。应改作"侦查委员会"。"联在一起"应改作"连在一起"。"连"侧重"相连";"联"侧重"相合"。
13. 【遣词错误;表述错误】"行当"的代词应该用"它"。"可以"应改作"或许可以"。"死刑"应改作"死"。否则,作为一句判断句,内容有不当之处。
14. 【翻译错误】"慕尼克"应该用通译的"慕尼黑"。此外,删除"奥地利的",因为该大学在德国。
15. 【遣词错误】"世代"指某一代或好几代人;凡使用"以来",理应指一个特定事件或时间,但此句中并非如此,所以"世代以来"应改作"世世代代"。"和火刑柱"应改作"火刑柱",或删除前面的逗号。或改变"镣铐、黑牢和火刑柱"。
16. 【衍字】就句子本身而言,"对于"两字用在这里属于语法错误,应该删去。另外,此句所述并非事实。即使在共产党执政的国家,也并非每一个识字的公民都熟悉《国际歌》。"共产国家"的说法带有西方意识形态色彩。以文字含义而论,迄今没有一个国家是"共产"国家。
17. 【书名脱字】《波拿巴的雾月十八日》应改作《路易·波拿巴的雾月十八日》。
18. 【年份表述错误】"96年"应改作"1996年"。
19. 【错别字;表述不当】"呼息"应改作"呼吸"。句子表述不当,可改作:
但她仍然在工作,即使住进医院也不休息,直至停止呼吸。
20. 【遣词错误】用词不规范。"名份"应改作"名分"。
21. 【错别字】"鹤咀锄"应改作"鹤嘴锄"。"咀"系异体字。
22. 【句读错误】全句应改作:
康有为的许多追随者遭到逮捕、监禁、革职和流放,谭嗣同等6位青年维新分子(史称"六君子")被处死,血溅菜市口。
23. 【语病】"甚或"应改作"甚至"。"指责说"应改作"指责说他们"。"操之过急"后面逗号应改作句号。"这些"应改作"但这些"。全句应改作:
有人分析说,维新派改革所牵涉的面太大,甚至指责说他们不讲策略,操之过急。但这些都不是根本原因。
24. 【遣词错误;史实错误】义和团之名是自立的,不是山东巡抚"尊"出来的。"口号"应改作"旗号"。"以至"应改作"甚至"。"外交人民"应改作"外交人员"。
25. 【句读错误】句中应该删去第二个逗号。无缘无故地断开句子,是不少写作者易犯的通病。
26. 【遣词错误】按规定不可称"满清"。应该删去"满"字。1956年2月18日,国务院发出《关于今后在行文中和书报杂志里一律不用"满清"的称谓的通知》:"……为了增进各民族的团结,……除了引用历史文献不便改动外,一律不要用'满清'这个名称。"
27. 【句式错误;关联词错误;成语错误;缺主语】"所"是赘字。"无以伦比"应作"无与伦比"。句子应改作:

无论在速度、范围,还是在持久性方面,它都是直到当时为止的近代世界史上无与伦比的。

28. 【错别字】"所以这些"应改作"所有这些"。
29. 【遣词错误】"以至"应改作"以及"。"其他"二字应该删除。
30. 【概念错误】句中名称表述不准确。"哥伦比亚"一词可以有多种指称。"哥伦比亚哲学博士"可以误解成哥伦比亚(那个国家)的哲学博士。故在此句中应改作"哥伦比亚大学哲学博士"。
31. 【史实错误】批判新编历史剧《海瑞罢官》开始于 1965 年 11 月;1966 年发生的、标志"文革"开始的事件是 5 月 16 日的"五一六通知"或 6 月 1 日《人民日报》社论《横扫一切牛鬼蛇神》。事实上,"文化大革命"不是"突然引爆"的。
32. 【史实错误】"中央文革"的组长是陈伯达;康生在其中的职务是"顾问"。
33. 【错别字】"克尽职守"应改作"恪尽职守"。
34. 【遣词错误;句读错误】"大抵"是指事实,而"文学批评家大抵接受过秘书训练"不是事实,应改作虚拟的"仿佛接受过"。第二个逗号应该删去。
35. 【错别字】"言诠"应改作"言筌"。
36. 【遣词错误】句中的"以致"应改作"以至"。"以致"和"以至"的错用或混用是当下文章中的常见错误。两者的区别用法可参见《现代汉语词典》条目。
37. 【人名错字】"卢隐"应改作"庐隐"。系"五四"时期女作家黄淑仪的笔名。
38. 【错别字】"萧葭苍苍"应改作"蒹葭苍苍"。语出《诗经》。
39. 【脱字;知识性错误】"三次浪潮"应改作"第三次浪潮"。应该删去"同时"二字。托夫勒所说的"三次浪潮",第一次浪潮时期是农业阶段,历时数千年;第二次浪潮时期是工业化,历时三百多年;第三次浪潮是当今的信息化时期。三次浪潮不可能"同时"。
40. 【年份表达法错误;史实错误】"89 年"应改作"1989 年",以避免歧义。"知识分子"前应该加限定词"一部分"。"抬头"应改作"一度抬头"。
41. 【遣词错误】"窃窃自语"应改作"喃喃自语"。"窃窃"用于"窃窃私语"。
42. 【知识性差错】《大江袍》应改作《大红袍》。"戏曲"应改作"评弹节目"。句中列举的作品都是"曲艺"类中的"评弹"形式作品。
43. 【错别字】"故实"应改作"故事"或"史实"。"时应当"应改作"是应当"。
44. 【错别字】"想像"应改作"想象"。"书刊检察官"应改作"书刊检查官"。
45. 【错别字】"夜兰"应改作"夜阑"。
46. 【遣词错误】"势所至"应改作"势所必然"。
47. 【数字表达法不规范】按照规范表达法。"4 千万册"应改作"4 000 万册"。
48. 【脱字;观点错误】"不可思"应改作"不可思议"。句中表述的观点有立场问题之嫌。可改作:"正是这种所谓的'革命'"。
49. 【遣词错误】"所惯于称道的"应改作"一般所说的"。"称道"意为"赞许,夸奖",用在此句中不合适。
50. 【语法错误】"超过工人"应改作"超过对工人"。

51.【标点符号错误】引号内应该用连接号"－",不用破折号"——"。连接号用于复合名词;破折号的后面文字是对前面文字的进一步说明。

52.【遣词错误】"批评施政"应改作"批评时政"。

53.【知识性错误;标点符号错误】此人"姓"扬-拉帕夫,不是"名叫"。此姓氏是复姓,应该用连字符,不用连接号。

54.【知识性差错】"民族社会主义"应改作"国家社会主义"。

55.【用词不规范】"成份"应改作"成分"。在应该使用"成分"之处误用"成份",系常见错误。

56.【错别字】"有"应改作"由"。此系常见错误。

57.【翻译错误】从概念来看,"鱼"和"薯条"是两种食品,所以英文句中表达的"and"不应该译成"和",而应该译作"加上"。此句准确的翻译应该是"鱼加上薯条是一种很出名的吃食。"

58.【知识性错误】"锅庄"是藏语发音,指一种藏族舞蹈,不是"村庄"。详细解释可参见《辞海》条目。

59.【脱字】"维多利亚"应改作"维多利亚博物馆"。

60.【知识性差错】"元宵"是"汤圆"的别名,不是"饺子",而是一种小圆团子。里面包甜馅,江南有些地区也有包咸馅的,都称为"汤团"。

61.【知识性错误】"蒙古人"应改作"蒙古族人",否则就产生国籍错误了。

62.【量词错误】"每个感谢"应改作"每一份感谢"。

63.【知识性错误;句式错误】"道教经典"应改作"道家经典"。"普遍可获得出现的"是一种错误的表述方式。句子意思表达不清。如果"玄学"一词不当,则应该有一个替代的术语,否则应改作:

艾德玛和哈夫特认为"玄学"是一个误导性术语,实际上它是对儒家思想的再造,它同道家经典《庄子》和《易经》一样普及。

64.【遣词错误】"对酒精的喜好"应改作"对酒的喜好"。"酒精"和"酒"不是同一个概念。

65.【遣词错误】此句中有两处不当使用了双重否定的概念,造成意思混乱。应改作:

在最初试图为自己的行为辩护之后接近40年时间里,台湾官方简单地否认1947年发生的血案。

66.【遣词错误】不应使用西方意识形态术语。应改作"中国大陆也开始改革开放"。

67.【逻辑错误;政治性错误】"据说有"和"这一传闻"指向特定事件,而"常常会"用于一般情状,两者不能关联。这段文字是假言"不同文化",编造来抹黑中国人的,应当全部删去。

68.【翻译差错】"安德森"应改作通译"安徒生"。

69.【史实错误】历史上、史书上都无此"中央帝国"的说法。英文 Middle Kingdom 只是西方学者对"中国"二字的并非准确的字面译法,不可回译作"中央帝国",再说 kingdom 也只能译作"王国",而"帝国"的英文是 empire。

70.【错别字】"弥坚"应改作"弥艰"。

71. 【姓名错字】"陈人周"应改作"陈从周"。同济大学已故著名教授。"喻老":复旦大学已故教授喻蘅。

72. 【句读错误;错别字;句式不当】第一个逗号造成破句,应该删去。"将掖后进"应改作"奖掖后进"。句式不当,作者不懂什么时候用逗号,什么时候用句号。全句应改作:复旦大学教师陈国栋爱画水墨虾,他请喻老为作品题诗。喻老为了奖掖后进,不辞辛苦,为作品一一题诗。诗句新意迭出,无一雷同。

73. 【遣词错误】"截止到"应改作"截至"。此系常见错误。

74. 【错别字】"合其长期合作"应改作"和其长期合作"。

75. 【句式错误】此句要表述的究竟是谁在放声痛哭？是"我们"？还是"竹农"？句子应改作:我们下乡时,目睹竹农对着满山断竹放声痛哭。

76. 【概念错误】句中"那家伙"身上如何会长着"羊"的毛？依据逻辑,当是"结果回来时发现自己家里的羊身上的羊毛被人剪光了"。

77. 【引文错字;标点符号错误】"富且归"应改作"富且贵"。"与我"应改作"于我"。作为完整的直接引语,句末的句号应该在后引号之前。

78. 【引文错误】"已二年余了"应改作"已有二年余"。"最不能忘的"应改作"最不能忘记的"。引用经典散文的文句,任何错字、衍字或脱字都可能破坏原文的含义或音韵节奏。凡著述文章,引文应当根据原著严格校核,这是写作的规矩之一。

79. 【英文脱词】明朝和清朝是两个朝代,原句括号里英文却只注明明朝,而 Dynasties 用的又是复数,故括号里应改作 The Ming and Qing Dynasties。

80. 【遣词冗赘;知识性错误】"数量不可计数"是冗复的表述,在一般情况下,正常的表述只需"难以计数"四字。而"语境还有着数量不可计数的其他特征"这一说法过于夸大,不符合语言学常识。应改作"语境还有很多别的特征"。

81. 【名称错误】"加州伯克利分校"应改作"加利福尼亚大学伯克利分校"。

82. 【语序错误】"女人工智能专家"应改作"人工智能女专家"。此人是"女专家",而不是研究"女人工智能"的专家。

83. 【引文错字】"银缸"应改作"银釭"。"釭"音 gāng 或 gōng,意为"灯"。

84. 【关联词错误】"之所以……,则……"应改作"之所以……,是因为……"。

85. 【概念错误】"算法水平上"应改作"算法层面上"。

86. 【表述不当】"这些可能性中的这个或者那个"应改作"上述某一种可能性"。

87. 【关联词错误;遣词错误】"无论是……,以及……"应改作"无论是……,还是……"。"处理"应改作"解释"。

88. 【知识性错误】这里有两处事实错误:(1)获得诺贝尔文学奖的作家中没有"苏格纳",同海明威并列的应该是"福克纳";(2)1960年代光是获得诺贝尔奖的文学大师就有:斯坦倍克(1962),萨特(1964),肖洛霍夫(1965),阿斯图里亚斯(1967),川端康成(1968),贝克特(1969),更何况没有机会获得诺奖的许多真正的大师,以及在1960年代已经成名并在后来获得诺奖的大师们,例如马尔克斯《百年孤独》出版于1967年。句中应该删去"因为二十世纪六十年代以前,我们还知道有海明威、苏格纳这些作家得奖。但是到

261

了六十年代,我们几乎就看不到一个大师"。

89. 【知识性错误】英国不是天主教国家。大多数英国人信基督教新教。

90. 【知识性错误】什么是"单行稿纸"?难道一张稿纸上只能写一行字?根据常识,应改作"单线格稿纸",或"单行线稿纸"。

91. 【知识性错误】道家有说"无为而治",或如老子《道德经》第37章所说"道常无为而无不为"。但"无为而为"一说无法成立,而且同"不战而胜"没有关系。此句属于引证不确,信口开河。对此句的处理方案是将整句都删去。

92. 【遣词错误;姓氏错字】"其他世界各国"应改作"其他国家"。"巴米塞"应改作"巴比塞"。

93. 【脱字】句中脱一字,造成表达错误。"老朋友们的回忆"应改作"对老朋友们的回忆"。

94. 【概念错误】"规模"和"题材"扯不到一起。根据上一句,指的是该书发行量的规模,而题材属于作品内容范畴,不能构成修饰关系。句中的"发行"应改作"发行量"。"类似这种规模的题材"应改作"类似这种题材的作品"。

95. 【知识性错误】"纳博科夫"是一个完整的姓氏,不能误解成例如"他姓纳,名博科夫"式的笑话。同样,只可以说"卡尔·马克思"姓"马克思",不可以说"马克思"姓"马"。

96. 【概念错误】"美国留学生"指到别国去留学的美国人;"英国留学生"指到别国去留学的英国人。句中应改作"陈观烈留学美国";"胡其安留学英国"。此类错误历来有之。可对比"复旦大学的美国留学生戴维·坎南","伦敦大学的中国留学生伍蠡甫"。

97. 【常识错误】"人次"和"总人数"是不可以算比率的。如果要算,则应该是"总人次数"同"旷课人次"之比。句中的百分比也是算错的,计算下来应该是19.3%,不到20%,更不到25%。对此句的纠错方案是删去"占总人数的百分之二十至百分之二十五"。

98. 【知识性错误】从2004年8月到2008年底,大约是4年又4个月,不是4.25年(4.25年意味着4年又3个月)。应改作"四又三分之一年",或径作"4年又4个月"。

99. 【书名衍字;标点符号错误】《中国历史文论选》应改作《中国历史文选》。句中的顿号应改作逗号。

100. 【知识性错误】蒙古语和藏语不属于同一个语系。蒙古语属于阿尔泰语系、蒙古语族。藏语、汉语属于"汉藏语系"。句中"蒙藏"应改作"汉藏语系"。"我们属于蒙藏语系"应改作"我们的汉语属于汉藏语系"。

第二单元

1. 【史实错误】蔡祖泉1978年晋升教授,1981年担任复旦大学副校长,其时已经不讲阶级斗争。句中应当删去"提升为物理学教授"一句,才符合当时的历史事实。
2. 【错别字】"渡过"应改作"度过"。系常见错别字。
3. 【引文错误;史实错误】"千头万绪"应改作"千条万绪"。"归根到底"应改作"归根结底"。这段话虽未收入《毛泽东选集》,但早在1949年12月20日就公开发表于《人民日报》。句中应删去"不是延安过来的人,是不会知道的,这也可见这些红卫兵的背景"。
4. 【错别字】"括起来"应改作"刮起来"。
5. 【史实错误】在"文化大革命"中,所谓"三反",指"反党、反社会主义、反毛泽东思想"。
6. 【书名错字】"《野瘦曝言》"应改作《野叟曝言》。
7. 【人名错字;年份错误】"陈庚"应改作"陈赓"。中国人民解放军授衔是在1955年。"分别被授予元帅和大将之衔"应改作"于1955年分别被授予元帅和大将之衔"。
8. 【知识性差错】"致仕"指辞去官职。句中"致仕"应改作"出仕"。
9. 【英文单词拼写错误】"Boos"应改作"Boss"。
10. 【错别字】"创使人"应改作"创始人"。
11. 【语法错误】"体育比赛"应改作"看体育比赛时",后加逗号。
12. 【语法错误】句子应改作:
    当别人在讲话时,不要随便打断对方。
13. 【语法错误】句中存在语言逻辑错误:食物既然已经"吃完",又如何再"随便乱丢"?句子应改作:
    饮料等食物吃完之后,不要随便乱丢包装盒袋,应该分类整理好再丢到垃圾桶。
14. 【错别字;标点符号差错】"侵淫"应改作"浸淫"。引文脱后引号。
15. 【错别字;量词错误;遣词不当】"溶合"应改作"融合"。"一个"应改作"一种"。"时空体叙述"概念不当。句子应改作:
    过去与现在融合在一种时空统一的叙事之中。
16. 【衍字;错别字】达雷尔是英国小说家,不是作品人物。句中第一个"对"是衍字。"交待"应改作"交代"。句子宜改写成:
    在小说的最后部分,达雷尔对焚烧公司文件室之后将要发生的事情未作明确交代。
17. 【错别字】"借其和诗"应改作"惜其和诗"。
18. 【错别字】"期间"应改作"其间"。

19. 【遣词错误】"暗藏之后"应改作"暗藏其后"。
20. 【概念错误】"准东方主义"应改作"伪东方主义",英文 pseudo 意为"伪""假"。
21. 【错别字】"籍此"应改作"藉此"。系常见错别字。
22. 【语病】"大量的读者群"应改作"大量读者",或"庞大的读者群"。"众多文学批评家"用了"众多",后面不可以用"们"。两处属于同一类性质的错误。
23. 【衍字;遣词错误】第二个"的"是衍字。"文学届"应改作"文学界"。"享誉盛名"应改作"享有盛名"。"誉"和"盛名"同义反复。
24. 【遣词错误;成语错字】"人类"是个集体名词,是单一性的,应该删去"间"字。或改作"人与人之间"。"成规陋习"应改作"陈规陋习"。
25. 【遣词错误】"迷恋情节"应改作"迷恋情结"。"情结"是心理学或精神分析学术语,是对英文 complex 的翻译。"情结"误作"情节",系常见错误。
26. 【错别字】"吹的一干二净"应改作"吹得一干二净",补语。
27. 【量词错误】"一副"应改作"一幅"。
28. 【遣词错误】"达利的文学引用"应改作"达利引用的诗句"。"由于情绪"应改作"忧郁情绪"。
29. 【遣词错误】"高额代价"应改作"高昂代价"。"高额"意指具体数额很大;"高昂"用于概指代价很大。
30. 【错别字】"安静的"应改作"安静地",状语。"拉"应改作"啦",语气助词。
31. 【遣词错误】"顾忌国事"应改作"顾及国事"。
32. 【错别字】"更好的思考"应改作"更好地思考"。状语。
33. 【遣词不当】"蒙蒙小雨"应改作"蒙蒙细雨"。"蒙蒙"形容雨点细而密。若保留"小雨",则删去"蒙蒙"二字。
34. 【知识错误】"本体论上的不确定性"应改作"对本体的不确定感"。哲学概念。"本体论":哲学中研究世界的本原或本性问题的理论。"本体":与"现象"相对,指只能用理性才能理解的本质,是理性直观的对象。"后现代经验"是对"本体"的看法,不是对"理论"的看法。
35. 【遣词错误】"神奇般得清干净"应改作"神奇地清除干净",状语。
36. 【知识性错误】"新的小说身份"应改作"新的小说人物身份"。
37. 【错别字】"在于他者"应改作"在与他者"。
38. 【句法错误】应该删除句末"的观点"三字。或改写作:
   萨特在《存在与虚无》中提出"自我是他者注视下的客体"的观点。
39. 【标点符号错误;概念错误】"充满清教徒主义的国家"应改作"清教主义的国家"。句子宜改写成:
   如他所说:"我想国人无法理解这种现象。"为了找到自我,他决定离开英国这个清教主义的国家。
40. 【知识性错误】"另外两名……主人公"应改作"另外两名……重要人物"。依据文学常识,"主人公"只有一个(或男或女)或两个(一男一女)。此句中说"另外两名主人公"即意味着主人公不止两位,违背常识。"而成为"前面使用了逗号,宜改作"因而成为"。

41. 【知识性错误】克里奥佩特拉是"埃及女王",不是"王后",故不能称"艳后"。

42. 【错别字】"醍醐灌顶般地"应改作"醍醐灌顶般的",因为这里的动宾词组是"受到……激励",作为宾语,"激励"是名词,应该用定语"……的"修饰。

43. 【知识性错误】"十字军东征"是基督教发动的战争。此处 crusade 一词应当译成"圣战"。句式宜改作:
在此背景下,埃及政府不能容忍纳洛兹领导的反抗英国殖民主义的、具有民族主义色彩的"宗教圣战"(religious crusade)。

44. 【遣词错误】"以致"应改作"乃至"。

45. 【遣词错误;错别字;语病】"婚庆景象"应改作"婚庆场面"。"不无感叹的说"应改作"不无感叹地说",动词前面须用状语形式。"我身处文化的代言人"应改作"我所身处的文化的代言人"。

46. 【遣词错误】"招摇撞骗"应改作"造谣撞骗"。"招摇撞骗"则是司法认定的一种罪。

47. 【概念错误;句读错误】在涉及一种具体观点时,不宜使用"国外学者还指出"这样笼统而且模糊的说法,应改作"国外某学者"的表述方式。"相继独立"后面应改作顿号,"情况下"后面宜加逗号。句子可改作:
有一位外国学者还指出,在意识到战后因殖民地相继独立、大英帝国势力日渐萎缩的情况下,达雷尔更加致力于促进英国殖民文化对东方的渗透,试图以此维系"大英文化帝国"。

48. 【表述错误】由于表述错误,句中将"埃及开罗和亚历山大"归到了英国名下。所以,"暂居埃及开罗和亚历山大"应改作"并曾暂居埃及开罗和亚历山大城"。

49. 【错别字】"强烈的多"应改作"强烈得多",作补语。

50. 【英文单词翻译错误】"吃人是一个受欢迎的主题"应改作"野蛮残忍是他喜爱的母题"。cannibalism:(1)食人肉,同类相残;(2)嗜血成性,残忍,野蛮。motif:母题(此系文学批评术语)。

51. 【翻译错误】"魔幻现实主义"应改作"幻觉中的现实"。"魔幻现实主义"是 magic realism,不是 hallucinatory。此句中宜译作:"将幻觉中的现实同民间故事、历史与当代融合在一起"。

52. 【数据错误】一个国家的图书产业,即使早在 1820 年,也不可能只有 250 美元。根据上下文,应该是:250 万美元。"550 万"后面应该加货币单位"美元"。

53. 【概念错误】19 世纪的上半叶是 1801~1850,而 1857 年在"下半叶"。句中所述,是时间归属错误,宜删去"上半叶 50 年间"。

54. 【知识性错误】美国独立战争不是"内战"。此处当是"以美国南北战争为背景"。

55. 【句式不当;标点符号错误】全句应改作:
奥斯丁一生没有遇上像达西那样德财兼备的男人——汤姆·莱夫罗伊遵从家族的意志,娶了伦敦的富小姐;某位在巴斯海滨和奥斯丁投缘的先生还未来得及向她求婚,就离开了人世——出于友谊,奥斯丁接受了哈里斯·比格-维瑟的求婚。

56. 【脱字；错别字】"教育史"应改作"教育史上"。"低位"应改作"地位"。
57. 【知识性错误】"全国人民广播电台联播"应改作"中央人民广播电台新闻联播节目"。作者记忆差错。(当年这档节目的呼号是"中央人民广播电台,新闻联播节目,现在开始播音"。)
58. 【错别字；引文脱字】"刍尧之忆"应改作"刍荛之议"。"忘记意味着背叛"应改作"忘记过去就意味着背叛"。
59. 【表述不当】一句可以清楚地、简单地表述的句子,写得曲里拐弯。句子应改作:
    由短文倒数第四句话可知,乔姆斯基认为人类学习语言的能力是天生的。
60. 【错别字】"讲消极思想"应改作"将消极思想"。
61. 【概念错误】"这个词汇"应改作"这一名称"。一个单词、一个词组、一个短语都不可称作"词汇"。
62. 【地名错字】"渚暨"应改作"诸暨"。
63. 【错别字】"摘菜"应改作"择菜"。意指烹调前对蔬菜的整理,去除不宜吃的部分。而"摘菜"是指到菜地里取菜。"摘摘"改作"择择"。
64. 【遣词错误】"欠奉"应改作"欠佳"。"干敷敷"应改作"干乎乎";语气助词。
65. 【量词错误；脱字；遣词不当】"有个小说"应改作"有一篇小说"。"说的"应改作"说的是"。"中年男女"应改作"中年男女的"。"事务"宜改作"故事"。
66. 【句式错误；遣词重复】句中"烧"字重复使用。"也就能烧给家里"应改作"只能给家里"。语序不当,宜改作:
    当然,江村归旌德。要不是江村成为旅游景点,估计这个女人也只能给家里男人孩子烧个家常菜。
67. 【遣词重复；标点符号错误】"越是水温越高,炒米越软,"应改作:"水温越高,炒米越软。"第二个逗号应改作句号。
68. 【知识性错误；关联词错误；逻辑错误】"人生果"应改作"人参果",典出《西游记》。"因为……但是……"应改作"因为……所以……"。"猪八戒吞人生果"意指吃得太快,囫囵吞枣,不辨滋味,跟"太少吃"不构成逻辑关系。
69. 【错别字】"姿容婉转"应改作"姿容婉丽"。"婉转"用于形容声音或语气;"婉丽"用于形容身姿或容貌。"倒余韵绵绵"应改作"到余韵绵绵"。
70. 【遣词错误；逻辑错误】"中国人"应改作"北方人"。"江南香菜非中国人所说的香菜"应改作"江南香菜并非北方人所指的芫荽"。"芫"音 yán;"荽"音 suī。芫荽,俗称"香菜"。
71. 【引文错误】根据《西游记》所述,句中的"玻璃盏"应改作"琉璃盏"。
72. 【错别字；脱字】"都是外婆包出来的"应改作"都是像外婆包出来的那样"。"两三两"应改作"二三两"。
73. 【错别字】"本份"应改作"本分"。
74. 【错别字；知识性错误】"明"应改作"名"。"点"应改作"菜"。"煮干丝"不是点心,而是淮扬菜系的一道著名菜肴,常称"扬州干丝"。"淮扬明点"应改作"淮扬名菜"。
75. 【遣词错误】"涉及到"应改作"涉及"。"及"意即"到",故后面不宜再添一"到"字。此系常见错误。

76. 【错别字】"水份"应改作"水分"。
77. 【错别字】"有的吃有的穿"应改作"有得吃,有得穿",作补语。
78. 【错别字】"塌实"应改作"踏实"。"塌实"系不规范词形。
79. 【成语错字】"韬光隐晦"应改作"韬光养晦"。
80. 【语法错误】"有一种郑重的敬意"应改作"令人产生一种郑重的敬意"。
81. 【知识性错误】"其他七仙"后只列举了六种,漏了一种"莲藕"。"水芹一样"应改作"水芹、莲藕一样"。
82. 【错别字】"素的彻头彻尾"应改作"素得彻头彻尾",作补语。
83. 【错别字】"有的一比"应改作"有得一比"。
84. 【知识性错误】"梅兰芳"应改作"刘兰芳"。梅兰芳是京剧演员,刘兰芳是说书艺人,句中张冠李戴。
85. 【知识性错误】"钢筋锅"应改作"钢精锅"。"钢筋"是建筑材料;"钢精"是铝的俗称;"钢精锅"指铝制的锅。
86. 【错别字】"知礼仪"应改作"知礼节"。
87. 【错别字】"淡薄"应改作"淡泊"。
88. 【句读错误;标点符号错误】全句应改作:
"永忆江湖归白发,欲回天地入扁舟"也是要在功成名就,"请君暂上凌烟阁,若个书生万户侯"之后。没有之前,之后的一切毫无意义。
89. 【衍字】"使一个人的世故"应改作"使一个人世故"。
90. 【叙事错误;脱字;标点符号错误】《诗经》应该加书名号。"考证"的主语不应是《诗经》。全句应改作:
据说从《诗经》里一共考证出25种野菜。这哪里是思无邪的咏叹?简直就是一座远古野菜种植园。
91. 【错别字】"绩布"应改作"织布"。
92. 【标点符号错误;错别字;脱字】第一个逗号应改作句号。"安静的"应改作"安静地",作状语。"宛在眼前"应改作"往事宛在眼前"。
93. 【错别字;语法错误】"裹腹"应改作"果腹"。"自小就没有"应改作"自小就没有得到"。
94. 【错别字】"经验老道"应改作"经验老到"。此系常见错别字。"眼神雪亮"应改作"眼睛雪亮"。
95. 【错别字】三处"吃的"都应改作"吃得",作补语。
96. 【错别字】"想像"应改作"想象"。"想像"是不规范词形。
97. 【错别字】"好象"应改作"好像"。系常见错别字。
98. 【错别字】"兄妹三"应改作"兄妹仨"。或改作"兄妹三人"。
99. 【知识性错误;错别字】"20世纪前期"应改作"20世纪90年代前期"。"合"应改作"和"。
100. 【知识性错误】句子应改作:
岳飞是南宋朝将军。他抵抗北方民族金人的入侵,被中原地区人视为汉民族英雄。

第三单元

1. 【概念错误】"从属"意即"依从,附属",不可以解作"从来属于"。若要表述"从来属于",当用"向属"。
2. 【遣词错误;衍字】"感到愤怒"应改作"感到焦虑"。anxiety 不是"愤怒",而是"焦虑"。"逆选择的原理"应改作"逆选择原理"。
3. 【语法错误;地名错误】动词"投入"后面缺失宾语。"以……高潮下"是错误句式。"外白渡桥路"应改作"外白渡桥"。"苏州河路"应改作"苏州路"。全句应改作:
   如此大的城市投入了以"反饥饿、反内战"为口号的运动,在交通大学、同济大学有学生牺牲时达到了高潮,愤怒的学生队伍游行到外白渡桥苏州路(今南苏州路),在英国驻沪领事馆门口示威。
4. 【语病】"接受"应改作"接受任务"。
5. 【术语错误】"历史通俗小说"应改作"通俗历史小说"。
6. 【知识性错误】"日本傀儡国满洲关东军"应改作"日本关东军控制的傀儡满洲国"。
7. 【叙事错误】"弟弟咏诗安慰"应改作"弟弟死前咏诗安慰"。
8. 【史实严重错误】1953 年之后,有 1955 年的"肃反"运动、1956 年的农业合作化运动和工商业"公私合营"、1957 年的"反右"运动,而"大跃进"发生在 1958 年,不是 1953 年之后"立马"发动的。
9. 【史实严重错误】"社会主义教育运动"亦称"四清运动",与"文革"时期的"红卫兵"毫无干系。
10. 【翻译错误】按照括号里的英文,应该是《绿皮书》,但在上世纪 70 年代时通译作"小绿书"。
11. 【名称错误】后半句应改作"并非现在的朝鲜劳动党"。句中所述的"朝鲜共产党"于 1928 年秋解散。1945 年 10 月 10 日重建"朝鲜共产党"。1949 年 6 月 30 日,南朝鲜劳动党与北朝鲜共产党合并,建立统一的"朝鲜劳动党",直至今日。
12. 【知识性错误】1978 年以前(包括以后),无论是在全民所有制的还是集体所有制的工厂,都不存在"劳资关系"。"劳资关系"应改作"企业与职工之间的关系";"严格计划下基于政治分工的部门生产"应改作"严格计划下分工的部门生产"。
13. 【叙事不清】"虽然没有严嵩那么多"应改作"虽然没有给严嵩的那么多"。
14. 【知识性错误】后半句应改作"18 世纪末、19 世纪初的德国古典哲学中黑格尔和费尔巴哈的哲学思想"。德国古典哲学起始于 18 世纪末;创始人是康德;代表人物还有费希特和谢林。
15. 【史实严重错误】此文的作者是"姚文元"。属于典型的"张冠李戴"式的错误。
16. 【人名错字;知识性错误】"邵询美"应改作"邵洵美"。"北四川路、南京路口"应改作"四川中路、南京路口"。上海市区的"北四川路(今称四川北路)"在苏州河以北,而南京路在苏州河以南,无法构成交叉路口。与南京东路交叉的是"四川中路"。
17. 【知识性错误】霍达所著的长篇小说名作是《穆斯林的葬礼》。不是"婚礼"。
18. 【知识性错误】"胡同文化"应改作"弄堂文化"。上海不称"胡同",称"弄堂"。
19. 【翻译错误】national literature 应该译作"民族文学",不是"国民文学"。nation-state 应该译作"民族国家",不是"国民国家"。
20. 【人名错字】"钟书和"应改作"钟叔河"。"陈代熙"应改作"程代熙"。"崔鬼"应改作"崔嵬"。
21. 【知识性差错】"旧石器时代的第一把石刀"是有歧义的陈述,准确的表述应该是"第一次找到旧石器时代的石刀"。"可能找到"的说法不能成立,不应该猜测未发生的事。"人类始祖""第一个"的说法不对,因为泥河湾只能说是与东非一样的古人类的发祥地之一。
22. 【知识性错误;引文脱字】麦新创作的歌曲名为《大刀进行曲》。引文应改作"大刀向鬼子们的头上砍去,全国爱国的同胞们,抗战的一天来到了……"连续引用时,若要省略中间一句"全国爱国的同胞们",当用省略号代替。
23. 【引文错误】"断竹、断竹"应改作"断竹、续竹"。语出《弹歌》,可参见《古诗源》。
24. 【错别字;知识性错误】"剑"应改作"箭"。铊不是化学元素。"铊"字按《现代汉语词典》规范应该简化为"钍"。
25. 【遣词错误】"功到垂成"应改作"功到自然成"。作者混淆了成语"功败垂成"。属于不明字义而又随意组词造成的错误。
26. 【知识性错误】秦始皇只是"统一币制",在此之前,各国就有了刀币、布币、环钱等等金属钱币。
27. 【遣词错误;错别字;引文错误】"往往要出现"应改作"往往会读到"。"娥媚"应改作"蛾眉"。"谁弦"应改作"上弦"。准确的引文是"上弦如半璧,初魄似蛾眉"。
28. 【地名错字】"松泽"应改作"崧泽"。
29. 【错别字;衍字;知识性错误】"有衍生出"应改作"又衍生出"。用引号来引出例子时,"如"系衍字。"鱼肚白"不是双音词,应该删去。
30. 【错别字;知识性错误】"熏"应改作"薰"。"臭味"应改作"香味"。句子应改作:《左传》里说到的"薰",意思是香草,它与臭草放在一起,即使过了十年,也还会有香味。
31. 【知识性错误;标点符号错误】新秀的"秀"是人物,后两个"秀"不是前述意思,是指"表演"。第一个句号应改作逗号。句子应改作:
"秀"也常用来形容拔尖人物,如"新秀"等等。
32. 【概念错误;知识性错误】"六畜"指"猪、牛、羊、马、鸡、狗"。"家禽六畜"应改作"六畜"。"宁为鸡口,不为牛后"的意思不是"大材小用"。

33. 【知识性错误】《堂·吉诃德》是长篇小说，不是"剧作"。塞万提斯死于1616年，但其成名作即该小说第一部出版于1605年，不是临死前才写成的；他在1615年写成的是该小说的第二部。

34. 【知识性错误】"语言中"应改作"在相关的语言使用中"。"毁誉不公，褒贬不允"一说过于偏激。狗性并非只有优点，没有缺点。此句所列举的一系列俗语或成语只是比喻，即使是贬义词，也无关公允是非。

35. 【遣词冗赘】"见仁见智不同"意思重叠，应改作"见仁见智"。

36. 【叙事不当；引文错字；衍字】"诗文中常常遇上一些草"应改作"诗文中常常会出现一些草的名称"。"苤苡"应改作"芣苢"。"采采卷耳卷，不盈倾筐"应改作"采采卷耳，不盈顷筐"。

37. 【表述错误】"其中有"应改作"其中，点号有"。点号只列了六种，漏列一种"冒号"。

38. 【错别字】"乞力马拉罗"应改作"乞力马扎罗"。"塔梯"应改作"搭梯"。

39. 【错别字；遣词错误】。"报导"应改作"报道"。"何等惨烈"应改作"何等凶残"。

40. 【错别字；叙事错误；脱字】"带'雪'结构的字"应改作"带'彐'结构的字"。"也有除义"四字意思错误。"彗心的彗"应改作"彗星的彗"。"雪鸡生于"应改作"雪鸡是生于"。

41. 【错别字】"岳楚书社"应改作"岳麓书社"。

42. 【引文错字】"御征衣"应改作"卸征衣"。

43. 【引文错字】"拍案"应改作"拍岸"。"远景"应改作"远影"。"嫁于"应改作"嫁与"。

44. 【脱字；地名错误】"有孔子澹台灭明名字命名的"应改作"有以孔子弟子澹台灭明名字命名的"。"鄱阳"应改作"鄱阳湖"，而"鄱阳"一般指"鄱阳县"。"候鸟越冬区"宜改作"候鸟越冬区之一"。

45. 【错别字】"举柳"应改作"榉柳"。

46. 【知识性错误】"数千米"应改作"数十米"。说浪潮"数千米"是明显违背常识的，那是飞机飞行的高度。

47. 【错别字；脱字】"木柴"应改作"木材"。末句脱一"呈"字，应改作"木材呈紫褐或黑褐色"。

48. 【知识性错误】"华钙"应改作"钙华"（化学名词，系碳酸钙的化学沉淀物）。"该瀑布面由华钙组成"应改作"该瀑布水里含有钙华"。

49. 【知识性错误】"灿稻"应改作"籼稻"。

50. 【史实错误】句子应改作：
至元十四年（1277年）华亭县升为华亭府，次年改为松江府后，松江水道改名为吴淞江。

51. 【史实错误】"唐天宝长庆年间"应改作"唐长庆年间"。天宝：742—755。长庆：821—824。根据括号里表达的年份，与"天宝"无关。

52. 【错别字】"咸谆"应改作"咸淳"。

53. 【知识性错误】"同治二十年"应改作"同治十二年"。"同治"一共只有13年。1873年是"同治十二年"。

54. 【知识性错误】按英制，1加仑＝4.546升。"50加仑"如何能"连续不断地向租界供水"？

查英商杨树浦水厂于1883年6月建成,8月1日开始供水。当年平均每天供水3 698立方米。1立方米=1 000升,那么3 698立方米=3 698 000升。按英制,1加仑=4.546升。3 698 000升=813 462加仑。因此,句中的"50加仑"应改作"约81万加仑"。

55. 【语序错误】句中"板"字位置错误。"铺上木地作为板观景带"应改作"铺上木地板作为观景带"。

56. 【地名错误】"南苏州河路"应改作"南苏州路",系上海市中心区苏州河东端的南岸路名。

57. 【知识性错误】"摧毁"应改作"压垮"。典出阿拉伯寓言故事。

58. 【引文错字】引文中"变换"应改作"变幻"。应是"城头变幻大王旗"。系鲁迅诗句。

59. 【史实错误】"解放之后"应改为"抗战胜利之后"。

60. 【知识性错误】根据中国历史分期,"近代"指1840年至1919年。而中国共产党确立毛泽东思想在党内"一切工作的指针"是在1945年4月的中共七大,在此之后,才有"研究毛泽东思想的文献"。"近代以后"应改作"1945年以后"。

61. 【遣词错误;知识性错误】"审阅"应改作"审视"。句中将"革命"的定义说错了。一般说来,革命必定带来新思想,当然其中也必定夹杂着许多传统的思想,而不是"使大众的思维简单化"。全句应改作:
扩大到世界范围来审视,革命无疑是一种带有彻底的社会否定性力量的展示过程,其本质就是改造不适应社会发展的社会机制。

62. 【知识性错误】在中国的神话传说中,杨戬和二郎神是同一个神,不是两个不同的个体。将神话故事中的人物看作战神或武神,并非中国古代的思想传统,应改作孙武、关羽、岳飞等真实历史人物。句子应改作:
中国古代的战神或武神有孙武、关羽、岳飞等。

63. 【知识性错误】按准确的算法,解放战争从1946年6月到1950年6月,历时4年整。

64. 【知识性错误】句中对"文化偶像""文化英雄"的定义不明确。鲁迅是真实的人,而阿庆嫂等只是虚构的艺术形象,两者不可偷换概念地并列。

65. 【史实错误】傅雷早在1966年去世,而"改革开放"是1979年以后的事。句中应该删去"尤其是改革开放以来"。

66. 【错别字;概念错误;观念错误】"以人类学"应改作"从人类学"。此句作者对人类学的理解是错误的。句子表达的是非理性的错误观念。健全人的理想状态不是作者主张的动物状态,而将阅读贬低为"心身有缺陷"更是错误的观点。

67. 【知识性错误】人类在事实上可以排斥宗教而生存。原句应改作:
人类是唯一的一种可以有宗教生活的地球生物,凡是真正信仰宗教的人,他们对宗教的依赖是强烈的。

68. 【观点错误】此句表达的是法西斯主义观点。

69. 【观点错误】。此句表达的是错误的世界观和政治观。

70. 【知识性错误】上海,乃至整个中国,按地理概念是在东亚,与句中所说的"东南亚"绝对无关。

71.【语序错误】前半句"这些石刻画像假如把它们有系统地搜集起来"应改作"假如把这些石刻画像有系统地搜集起来"。

72.【定义错误】在西方戏剧理论中,"第四堵墙"指为了使演员造成生活真实的幻觉,忘却观众的存在,而要求演员想象在台口存在"第四堵墙"。

73.【知识性错误】句子表述的是颠倒的说法,应改作"优视网踢中了你的阿喀琉斯之踵"。"阿克琉斯之踵"意指"致命的要害之处"。典出《荷马史诗》中的《伊利亚特》。

74.【脱字;观点偏激】"这两尊大菩萨"应改作"对这两尊大菩萨"。作者认为需要否定中国传统文化,态度偏激,观点错误。

75.【衍字】"公元后1世纪"应改作"公元1世纪"。自公元1世纪开始至今,都"在公元中",除非"公元"结束,否则不可能有"公元后"的概念。

76.【史实错误】"魏太武帝"是曹操死后追谥的,他生前只是"魏王",不能被称作"魏太武帝"。

77.【知识性错误】"舍弟"应改作"其弟",或"他的弟弟"。"舍弟"用于说话人对他人谦称自己的弟弟。谦称被误用,亦系常见错误。

78.【知识性错误】东汉纪年是25～220,延续196年。若要表达"延续四百年"的说法,那应该是从西汉到东汉(公元前206～公元220,共426年),不能光说"东汉"。

79.【知识性错误】句中应改作"马克思的专著《路易·波拿巴的雾月十八日》"。这是一部专著,不是一篇"短论"。

80.【知识性错误;标点符号错误】"纽约泰晤士报"应改作《纽约时报》"。《泰晤士报》是英国报纸。需要注意的是,美国的《纽约时报》(The New York Times)、英国的《泰晤士报》(The Times)、美国的《时代周刊》(Times)三者的译法已经固定,但常被混淆。

81.【知识性错误】"文艺复兴早期"一般指14世纪至15世纪,而笛卡儿(1596—1650)生于16世纪末,死于17世纪中期,已是"古典主义时期"了,他不可能在"文艺复兴早期"即14至15世纪活动。

82.【概念错误】"医疗精神病学"应改作"临床精神病学"。系专业术语。

83.【知识性错误】"西医扎针"应改作"中医扎针"。

84.【概念错误】"白崇禧部队"作为一个整体概念,并没有全体起义。根据史实,1949年10月起义的是白崇禧的一部分旧部。1949年11月底,广西大部分地区被解放,桂系精锐几乎全部被歼灭。

85.【叙事错误;衍字】"战国韩非著陈奇猷释"应改作"战国韩非著、今陈奇猷释"。"唐孔颖达正义《尚书正义》"应改作"唐孔颖达《尚书正义》"。

86.【史实错误】此句在乱写历史。事实是:哥伦布于1492年10月到达新大陆附近,1493年3月返回西班牙(他是受西班牙王室派遣的),同英国毫无关系。此句有3个错误:(1)哥伦布返回的国家是西班牙,而不是英国;(2)哥伦布的"犹太人"身份并无定论,写作时应避免不确定的东西;(3)说句笑话,即使1493年哥伦布"返回英国",他也不可能见到"女王",因为当时的英国国王是亨利七世,是男性国王,而不是女王。

87.【语序错误;错别字】"得胡首房"应改作"得胡房首"。"破得"应改作"夺得"。

88. 【逻辑错误】"尽量避免"应改作"尽量做到"。否则与写作意图相反。
89. 【概念错误】"红色恐怖"应改作"白色恐怖"。指"麦卡锡时代"。
90. 【叙事错误】"一起在白宫长大"应改作"一起在白宫执政"。"在佛罗里达州断送了自己的政治生命"应改作"在佛罗里达州竞选失败"。
91. 【概念错误；标点符号错误】"唐朝的旗袍"应改作"唐朝的服装"。"旗袍"是清朝服装。前三处顿号都应该改作逗号，或将第一个逗号改作顿号，使前后一致。
92. 【知识性错误】"《草书廉颇兰相传卷》"应改作"草书《廉颇蔺相如列传》卷"。
93. 【知识性错误】NGO意即"非政府组织"，按规范应该先译出中文，然后用括号附注英文。"文明社会"不是"非政府组织"。"美国的NGO（非政府组织、文明社会、教会组织）"应改作"美国的非政府组织（NGO，包括教会组织）"。
94. 【脱字】"生活于公元前660年"应改作"生活于公元前660年前后"。"生活于"不可能只有一年。实际上，琐罗亚斯德的生卒年月是"约前628—约前551"，公元前660年他尚未出生。
95. 【翻译错误】"马里扬省"应改作"摩腊婆省"。系印度历史地名。
96. 【知识性错误】"亚里士多德的'超人'政治理念"应改作"亚里士多德的'完人'政治理念"。"埃斯特拉巴德"应改作"兹德拉卡尔达"。地名译音不能太离谱。
97. 【语序错误】应改作"阿尔德一度（公元前80～前76年）独揽大权"。括号内的年份放在人名后面是生卒年月，显然他不可能只活了4年；放在"一度"后面，则是他执政的年份。
98. 【概念错误】"逃入碉堡内"应改作"逃入城中"，如此才与下一句的内容相符合。
99. 【翻译错误】根据古罗马史实，"为了与凯撒伍克塔维斯斗争"应改作"为了同屋大维皇帝作战"。
100. 【逻辑错误】"怀疑它是"应改作"怀疑它不是"。否则意思同写作意图相反。

第四单元

1. 【翻译错误】fraction 虽然可以译作"片段"(但不是"断"字),但也还有其他译名,例如"一部分""小部分""派别"等等。此处根据上下文,应当译作"一部分"。此句应改作:
   也就是说,一个人的阶级位置,或者他或她在所处的那个部分(fraction)中的位置,是随同时间一起变化的。
2. 【翻译错误】"《法国世界报》"应改作"法国《世界报》"。
3. 【遣词错误;表述不当】"社会世界分化"应改作"社交界的分化"。"社会世界"这一生硬的术语大多来自对 social world 的错误翻译,而这一英文词组的含义是"社交界"。句子应改作:
   每一个试图弄清社交界的分化情况的人,都要首先分清群体内外人们所关心的利益。
4. 【翻译错误】根据括号里的英文,"散漫的语义表达"应改作"散漫的结合"。articulation 可译作"结合成系统整体"。
5. 【翻译错误】subordination 应译作"隶属关系",不是"压迫"。
6. 【翻译错误】"所谓的共同体"应改作"所说的'法理上的社会集群'"。
7. 【翻译错误】classlessness 的意思是"无阶级性",故此处应改作"非平等主义的无阶级性"。
8. 【遣词错误】"成像技术"应改作"造影技术"。系医学专业术语。
9. 【知识性错误】根据生物学谱系,句中的"脊椎动物支"应改作"脊椎动物门"。
10. 【遣词错误】"现代科学"是一个总体名词,不可以用"许多"来修饰。句中的"许多现代科学"应改作"许多现代学科"。
11. 【遣词错误】"世故的词"意思不通。"世故"指人的心理和行为。应改作"成熟的词"。
12. 【知识性错误;错别字】根据句子中括号里的英文,"萨伊·让-巴蒂斯特"应改作"让-巴蒂斯特·萨伊"。定语错用"地"字。"准确地"应改作"准确的"。
13. 【知识性错误】皮亚杰是瑞士人,不是瑞典人。
14. 【错别字;遣词错误】"钱锺书"应改作"钱钟书";现代汉语词典的规范字里不收生造的"锺"字;繁体字"鐘""鍾"二字都只简化作"钟"。句末的"依然"应改作"亦然"。
15. 【引文错误】引号里作为连续引文,中间脱很多字。正确的歌词是"三九严寒何所惧,一片丹心向阳开。……唤醒百花齐开放,高歌欢庆新春来"。如果只引这两句,就应该分别使用引号,改作"三九严寒何所惧","高歌唤起新春来"。"高歌唤起"应改作"高歌欢庆"。

16. 【语序错误】句子应改作：
小说《林海雪原》中的定河道人以河神庙为藏身之地。
17. 【遣词错误】"家道小康的家庭"用词重叠,应改作"小康家庭"。"过人之欲"应改作"过人之处"。
18. 【错别字】"绵羊"应改作"绵延"。
19. 【遣词错误】"再来是中餐"应改作"再有就是中餐馆"。
20. 【错别字】"既是"应改作"即是"。
21. 【成语错字】"一尘不变"应改作"一成不变"。
22. 【遣词错误;标点符号错误】"奇突"应改作"奇特"。句中的分号应改作逗号。
23. 【错别字;遣词错误;标点符号错误】"临屋"应改作"邻屋"。"刺猬头"应改作"刺儿头"。"波;利亚科夫"这一人名中间误植分号。
24. 【翻译错误;脱字】根据英文,"我们这一代"应改作"我们的时代"。"知识分子"应改作"英国知识分子"。
25. 【遣词错误】"国营院校"应改作"国立院校"。
26. 【姓名回译错误】"王侦听"应改作"王正廷",此人在民国时期曾任外交部长。译者随意乱译。人名回译时的错误,例如将"孟子"乱译成"孟修斯",将"孙子"乱译成"桑·楚",将"蒋介石"乱译成"常凯申",都属于这一类错误。
27. 【遣词错误】"侦察笔记"应改作"侦查记录"。"侦查"误作"侦察",系常见错误。
28. 【叙事错误】"尊重'砍手党'成员等流动人口"应改作"尊重流动人口"。社会不应该尊重罪犯。
29. 【叙事错误】"犯罪化学反应方程式"系杜撰概念,故前半句应该删除。"每个党员干部"应改作"每个党员干部或非党员干部"。"都可能"应改作"都有可能"。
30. 【语病】"判处死刑还不是死刑"应改作"判处还是不判处死刑",或"判处死刑或不判处死刑"。
31. 【叙事错误】说"致死致伤42人",但陈述的死伤人数"1 + 16 + 14 = 31",数字明显不相符。
32. 【知识性错误】《礼记》所说"七情"是:喜、怒、哀、惧、爱、恶、欲。句中最后一项错写成"憩"。
33. 【年份表达错误;概念错误】"83年"应改作"1983年"。"严打"应改作全称"严厉打击刑事犯罪活动"。"中国执政党"应改作"中国政府"。打击刑事犯罪活动是政府职能,不是政党职能。
34. 【翻译错误;错别字】这家出版公司的名称应该正确表达为"利特尔—布朗出版公司"。而且宜表达为"是美国一家历史悠久的出版公司"。"已出版"应改作"以出版"。
35. 【标点符号不规范;遣词错误】"文革"两字应该加引号。"侧目"的意思是鄙视、反感,这与作者意图相反,应改作"瞩目"。
36. 【遣词不当;数字表达法不规范】句中两处"政府"都应改为"政府机构"。"87700"应改作"87 700",根据数字表达法的规范,原千分撇改为空半格。

37. 【史实错误】此句子有两处错误。(1)1966年5月并无"革命委员会"。到8月8日公布的"文化大革命十六条"里,才规定成立各级"文化革命委员会",领导运动。然后到1967年的"一月革命"时,才出现"革命委员会"的名称。(2)1966年6月尚无"五七干校",时间要到两年以后,即1968年5月,才有"五七干校"。全国第一所"五七干校"是黑龙江省柳河地区五七干校,建立于1968年5月。

38. 【名称错误】此条中的"牯岭路革命委员会"和"新华路成立革命委员会"的说法,不符合当时的事实细节。按上海的行政建制,市政府之下是区政府,区政府之下是街道办事处,街道办事处之下是以里弄为区域的居民委员会。因此,"第一个革命居民委员会"应改作"街道革命委员会";"牯岭路"应改作"牯岭路街道";"新华路"应改作"新华路街道"。

39. 【遣词错误】"或要"应改作"火药"。"刻意"应改作"可以"。"罗盘针"应改作"指南针"或"罗盘"。

40. 【叙事错误;句读错误】"从研究与叙述角度,研究辩证法"是错误说法。宜改作"用阐释与分析方法研究辩证法"。

41. 【错别字】"奥密"应改作"奥秘"。

42. 【遣词错误】"从野蛮走向和平"应改作"从野蛮走向文明"。

43. 【概念错误】"哈拉帕文化"应改作"哈拉帕文化区"。"前巴基斯坦"宜改作"孟加拉独立之前的整个巴基斯坦"。原巴基斯坦分为"东巴基斯坦"和"西巴基斯坦"。1971年印巴战争后,原东巴基斯坦分离,成立孟加拉国。巴基斯坦现在仍然是一个国家,故不宜称"前"巴基斯坦。

44. 【错别字;标点符号错误】"熟能"应改作"孰能"。末尾的引文出处"《春秋繁露·王通道三》"应该加括号。

45. 【人名错字;句读错误】"冯天祥"应改作"文天祥"。"这些"之前的句号应改作逗号。

46. 【错别字;概念错误】"富源"应改作"幅员"。"自然资源"应改作"各地的自然资源"。

47. 【遣词冗赘】"不止一次而是两次地"应该简述作"两次"。

48. 【知识性错误】三原色是"红、黄、蓝",不是"红、绿、蓝"。

49. 【错别字】"极其"应改作"及其"。

50. 【遣词冗赘】"10Mbps就表示每秒传输的速度是每秒传输10Mbits"中"每秒传输"出现两次,应改作"10Mbps就表示每秒传输的速度是10Mbits"。

51. 【遣词冗赘】"想要需要通过"应改作"想通过"。

52. 【遣词错误】"权力"应改作"权利"。系常见错误。

53. 【遣词错误】"权利"应改作"权力"。系常见错误。

54. 【遣词错误】"权利"应改作"权力"。

55. 【遣词冗赘】"在数量保持上保持"应改作"在数量上保持"。

56. 【遣词错误】"参展"应改作"参战"。

57. 【错别字】"肄业"应改作"肄业"。

58. 【错别字】"满招孙"应改作"满招损"。

59. 【错别字】"雾蔼"应改作"雾霭"。
60. 【错别字】"久负胜名"应改作"久负盛名"。
61. 【错别字】"借住"应改作"借助"。
62. 【错别字】"侦察员"应改作"侦查员"。"一摊水"应改作"一滩水"。
63. 【知识性错误】这是由于翻译错误造成的。Cardinal Richelieu 中的 Cardinal 意为"枢机主教"(一作"红衣大主教"),Richelieu 通译"黎塞留"(一译"黎希留")。因此,"卡尔迪纳尔·里什琉"应改作"枢机主教黎塞留"。
64. 【错别字】"拊卧撑"应改作"俯卧撑"。"名星队"应改作"明星队"。
65. 【遣词错误】"信心知足"应改作"信心十足"。
66. 【错别字;知识性错误】"一手"应改作"一首"。《桃花潭绝句·赠汪伦》应改作"《赠汪伦》(又名《桃花潭绝句》)"。
67. 【遣词错误】"反应"应改作"反映"。
68. 【成语错误】"前车之鉴,后车之覆"应该是"前车之覆,后车之鉴"。
69. 【知识性错误】"公书上书"应改作"公车上书"。
70. 【错别字】"旧陷"应改作"旧馅"。
71. 【错别字】"叠起高潮"应改作"迭起高潮"。"叠起"指堆叠起来;"迭起"指一次又一次发生。
72. 【错别字】"弥兵"应改作"弭兵"。弥:填,补。弭:平息,消除。
73. 【遣词错误】"干政论证"应改作"干政论政"。
74. 【遣词错误;地名错字】"奏准户部"应改作"准户部奏",或"批准户部"。"西郊民巷"应改作"西交民巷"。
75. 【错别字】"泊来的"应改作"舶来的"。
76. 【人名错字;标点符号错误】"赵家壁"应改作"赵家璧"。"发起组织主编"应改作"发起、组织、主编"。)
77. 【人名错字】"陈贷孙"应改作"陈岱孙"。
78. 【遣词错误】"综合势力"应改作"综合实力"。
79. 【人名错字】"杨光"应改作"杨广"。
80. 【遣词错误;语法错误;叙事不当】"封存"应改作"尘封"。后一句"1937 年 4 月出生的我,3 个月后就爆发了'七·七卢沟桥'日本侵华战争"应改作"我出生于 1937 年 4 月。3 个月后,发生了卢沟桥'七七事变',日本侵华战争爆发"。
81. 【遣词错误】"去医院进行下体检"易生歧义,使人误解成去医院做"下体"检查。"进行"一词系滥用。应改作"去医院做体检"。
82. 【词义重叠;量词错误;错别字】"最早的"与"第一"同义反复。"菜市"不能称"条"。应删去"第一条"三字。"共和台"应改作"共舞台"。"大世界"是旧时上海最大的游乐场,"共舞台"是旧时上海的大戏院之一。
83. 【错别字】"焚"应改作"梵"。
84. 【遣词错误】"敦化"一词指"仁爱敦厚,化生万物","大德敦化,此天地之所以为大也","大德敦化,厚生万物,喻天子也"。此词用在这里很不恰当,宜改为"教化"。"风韵初存"也不恰当,宜改为"风韵初显",或"风韵初现",因为要到年老珠黄时才说风韵犹"存"。

85. 【概念错误】"皇室"应改作"王室"。"女皇"应改作"女王"。英国从古到今只有"国王"（king）和"女王"（queen）,从来不称"皇帝"（emperor）或"女皇"（empress）。许多人不知道其中的区别,往往错用"女皇""皇室""皇家"等概念于从未有过"皇帝"称号的欧洲国家,这也是一种常见的知识性错误。

86. 【知识性错误】"也就是"应改作"也是"。"取代他的部属"应改作"区分他的部属"。"八旗"是清代兵制,也是社会组织形式,兼有军事、行政、生产三方面的职能。

87. 【知识性错误】"旗装作为封建社会"是错误概念。应改作"旗装是满族服装"。"如果不根据满族服装要求来穿着的话"应改作"在清代,如果不按照满族对服装的规定来穿着"。

88. 【逻辑错误;遣词冗赘;知识性错误】"旗袍""面料""做工"和"女子"之间不能作"比拟"。"一般"与"普通"重叠。"比拟"一词在这里属于错用。应改作"都不是普通女子穿的旗袍所能比的"。

89. 【句法错误】句子应改作:
胡先生告诉我,他父母的朋友都是当年的海上文人。

90. 【遣词错误】"杜月笙的颜色"应改作"杜月笙的脸色"。

91. 【知识性错误】"跑片"是一个"旧名词",不是"新名词"。或表述为"我新学到了一个名词"。电影院里用的是"银幕",而不是电视机的"屏幕"。"据说"宜改作"据他说",后面加逗号。

92. 【错别字】"除了京城"应改作"除了金城"。

93. 【叙事错误】句中"音乐会"和"片子"不一致。按常识,"音乐会"是"听"的。所以"看完了片子"应改作"听完了音乐"。

94. 【遣词错误;句读错误;错别字】"更加深厚"应改作"更加深"。"……形象旋律……"应改作"……形象,旋律……"。"回向"应改作"回响"。

95. 【错别字】"就是年代初"应改作"九十年代初"。这类错误大量存在,多数是由于用电脑键盘输入文字时产生的"同音错字",写作者不可不注意防止。

96. 【衍字】"展出了有"应改作"展出了"。

97. 【逻辑错误;量词不当】"是巴黎边上"应改作"在巴黎边上"。句式和用词可改作:
那一年我随团出访法国,有一项活动是去参观学校。那所学校在巴黎附近的一个小镇上,叫"马兰小学"。该校一共才一百多个人、三间教室。

98. 【概念错误;句式错误】"新疆等一些民间故事里,表现机智人物的故事"应改作"新疆等地方的一些民间故事里表现机智人物的故事"。

99. 【错别字;概念错误】"或的"应改作"获得"。"外国与"应改作"外国语"。"将得奖证书附件寄给你"应改作"将得奖证书随信寄上"。

100. 【知识性错误】此句讲的是电影作品中的形象,不是"美影厂……的人物"。所以"家喻户晓的人物"应改作"家喻户晓的作品人物形象"。

第五单元

1. 【地名错字】"南京眉山"应改作"南京梅山"。
2. 【遣词错误】"当时的老照片"应改作"当时刊发的老照片"。"这照片是他的姑妈"应改作"这照片上是他的姑妈"。
3. 【衍字;代词错误】"不受时空所限制的"应改作"不受时空限制的"。"忘记她"应改作"忘记它"。
4. 【知识性错误】"叛徒"应改作"叛教者"。"康斯坦苏司""尤里扬努斯"宜改作通译的"康斯坦丁""朱利安"。
5. 【概念错误】"皇室"应改作"王室"。"特洛亚"通译作"特洛伊",系《荷马史诗》中的古希腊一王国,设国王。
6. 【知识性错误】"神圣的控制"应改作"神的控制"。
7. 【引文错别字】经查核,该书的译名是"沙福克里斯"和"尤里比底斯"。此句中错了两个字。(一般将古希腊三大悲剧作家的姓氏译作"埃斯库罗斯""索福克勒斯""攸里庇得斯"。)
8. 【脱字】"哥伦比亚英文系"应改作"哥伦比亚大学英文系"。
9. 【遣词错误】"皇家孩子"应改作"王家孩子"。
10. 【错别字】"瞑酊大醉"应改作"酩酊大醉"。
11. 【语序错误】"写作一本理论著"应改作"写一本理论著作"。
12. 【叙事不当】"反倒是马克思本人及其后来的马克思主义者视为理论敌手的那些人"应改作"反倒是被马克思本人和后来的马克思主义者视为理论敌手的那些人"。其中脱一"被"字。"及其"二字在此句中是错误的表述。
13. 【知识性错误】应该写作"英国人威妥玛",因为 Thomas 已经译成"妥玛",若再添上"托马斯",是画蛇添足了。
14. 【叙事不当】句子应改作:
    在这些学术活动中,都有中国的重要学者和欧美、日本的汉学家参加研讨。
15. 【知识性错误;语法错误】句首应该有主语"他"。"两岸三地(美国、中国大陆和台湾)学术论坛上的"应改作"美国、中国大陆和台湾学术论坛上的"。
16. 【叙事错误;遣词错误】句子应改作:
    西方有人说"翻译者即叛逆者"。
17. 【遣词错误】"它其中"应改作"其中"。"它""其"两字重叠。

18.【引文错字】"署芋"应改作"薯芋"。"薰鼠"应改作"熏鼠"。
19.【错别字】"份量"应改作"分量"。
20.【语病】"家人"同"母亲和兄弟姐妹"不应该并列。"与父亲"同到一地,就不应该说是"只身"。应改作"远离母亲和兄弟姐妹,与父亲来到这里"。
21.【遣词错误】"代表"应改作"加入"。
22.【年份表达错误】"74年"应该为"1974年",否则有歧义。
23.【语序错误】"前球员和自诩为哲学家的"应改作"自诩为哲学家的前球员"。
24.【错别字】"收到"应改作"受到"。
25.【错别字】"亦或"应改作"抑或"。
26.【脱字】"排球教"应改作"排球教练"。
27.【衍字】"刚更升入"应改作"刚刚升入"。
28.【概念错误;比喻失当】"金球奖"应改作"金球奖杯"。"像多米诺骨牌一样倒下"应改作"接踵而来"。
29.【标点符号错误;遣词冗赘;知识性错误】"马踏匈奴"应该加引号。"它或许受到来自西方雕塑艺术的影响"应改作"它或许受到外国雕塑艺术的影响"。"来自"系赘词。古埃及在非洲,亚述帝国地跨亚非,都不是"西方"。
30.【词序错误;量词错误】"小篆写有"应改作"写有小篆"。"另一条"应改作"另一块"。
31.【衍字】"之一的"应改作"之一"。
32.【量词错误】"每支俱乐部"应改作"每所俱乐部",或"每家俱乐部"。
33.【表述错误】"寻求对社会的改变"应改作"寻求改变社会"。
34.【遣词错误】"巴西"应改作"巴西队"。"常胜将军"应改作"常胜军"。
35.【量词错误】"一个"应改作"一种"。
36.【遣词冗赘;表述错误】"方方面面多维度"应改作"多维度"。"从政治、经济、文化、宗教、交通等方方面面多维度对亚洲学的研究文章"应改作"不同专业博士生的政治、经济、文化、宗教、交通等多维度亚洲学研究文章"。"亚洲学"本意就是对亚洲问题的研究,不应该表述为"对亚洲学的研究"。
37.【概念错误】"五个手印"应改作"五个手指印"。打一记耳光只会留下一个手印。
38.【句读错误;脱字;表述错误;语法错误】"浮屠太子也"应改作"浮屠,太子也"。"母云"应改作"母云莫邪"。"浮屠身黄色服饰"应改为"浮屠身服色黄"。"曾梦白象而怀孕"应改作"其母曾梦白象而怀孕"。
39.【错别字】"眷养"应改作"豢养"。
40.【标点符号错误】"距离当天目的地:新墨西哥州首府圣菲,大约还有七八十公里的路程"中,冒号和逗号都应该删去。
41.【成语错字】"少安毋躁"应改作"稍安勿躁"。
42.【错别字】"行左实右"应改作"形左实右"。
43.【语法错误】"网络建立的初衷"应改作"建立网络的初衷"。在使用动宾词组时,将宾语置于动词之前,系常见语法错误。

44. 【语法错误】"文字使用"应改作"使用文字"。

45. 【概念错误】"印佛教"应改作"印佛教典籍"。

46. 【书名错误；概念错误】《新教伦理与资本主义制度》应改作《新教伦理与资本主义精神》。"马克思·韦伯"通译"马克斯·韦伯"。"动力源"应改作"动力"。

47. 【知识性错误】"最早的电讯"应改作"最早的电讯工具"。"1844年"应改作"1837年"。"电报"应改作"电报机"。这句简单的句子，纠正三处错误之后，句子应改作：
最早的电讯工具是1837年由美国人莫尔发明的电报机。

48. 【概念混乱】煤窑？砖窑？句中将这两个不同的行业混淆在一起。根据句意，"山西一些砖窑矿主"应改作"山西一些煤矿主"。

49. 【知识性错误】"几乎所有的国际航线都经过这里"是不可能的事。最多只能说"很多国际航线经过这里"。

50. 【知识性错误】"索引派"应改作"索隐派"。

51. 【引文错误】"不要病家开口"应改作"病家不用开口"。参见《沙家浜》剧本。

52. 【姓名错字】"徐长太"应改作"徐常太"。

53. 【姓名错字】"李石岑"应改作"李石曾"。

54. 【引文语序颠倒】引文应改作"淡泊以明志，宁静而致远"。

55. 【错别字；知识性错误】"凿空"二字出现得毫无理由。应改作"张骞出使西域"，此系常识。"汉室与外国文化"应改作"汉族文化与西域文化"，或改作"汉室与西域各国"。

56. 【错别字】"己占有"应改作"已占有"。

57. 【叙事颠倒】"已将我的名单划归这个教研室了"应改作"已将我划归这个教研室的名单了"。

58. 【错别字】"凑刀"应改作"奏刀"。语出庄子，见"庖丁解牛"章，"奏刀騞然"。

59. 【引文错误】句中的引文不准确。应该是："使我们对这个问题，有比较清醒的认识，有一条马克思列宁主义的路线。"而且原句里的"比较有一条"也是语序错误。

60. 【标点符号错误；错别字；简繁体文字不统一】"本碑凡46枚"后面逗号应改作句号。"《札记》15碑"应改作"《礼记》15碑"。"金日碑"的"碑"字应简化作"碑"。

61. 【遣词冗赘】"……自刻成后，经历短暂的风光之后，不久就……"应改作："……自刻成并经历短暂的风光之后，就……"。

62. 【知识性错误】"张旭作文"应改作"张昶作文"。

63. 【知识性错误】"魏武帝"应改作"曹操"。"建安"是汉献帝年号。曹操死后才由其子魏文帝曹丕追谥"魏武帝"。

64. 【错别字】"余续"应改作"余绪"。

65. 【脱字】"不是对付太的雨水"应改作"不是对付太多的雨水"。

66. 【标点符号错误】"时间——动作"应改作"时间—动作"。用连接号，不用破折号。

67. 【概念错误】"崇拜不同上帝"应改作"崇拜不同的神"。

68. 【遣词错误】"侧目"形容畏惧或怒恨。"频为侧目"应改为"频频注目"。

69. 【遣词冗赘】"能使我们能够"应改作"能使我们"。

281

70. 【知识性错误】这句话是歌德说的,不是马克思说的。它表达一种启蒙思想,不是马克思主义箴言。
71. 【概念错误】"后宫前朝"应改作"后宫前廷"。
72. 【知识性错误】俞樾对《七侠五义》所做的不是"改编",而是"校订"。
73. 【知识性错误】1600年是17世纪的第一年,不是"最后一年"。
74. 【遣词不当】"迫令"应改作"诱惑"。
75. 【知识性错误;衍字】"奴才首领"应改作"奴隶首领"。按清代朝廷规矩,非旗籍的汉人没有资格称"奴才"。"便不许有"中的"便"系衍字。
76. 【错别字】"皇太极集重个人"应改作"皇太极倚重个人"。
77. 【知识性错误】"词语分册"应改作"语词分册"。
78. 【知识性错误】"中世纪"究竟是什么概念?时间如何划分?"中世纪"是欧洲概念,它的时间上下限是公元4世纪至14世纪。中国历史上不曾有过"中世纪"。若按此句中的说法,则中国的"中世纪"比欧洲的中世纪早开始500年,这显然是错误的。在此句中,"中世纪"三字应删去。
79. 【错别字】"几事"应改作"凡事"。
80. 【政治性错误】句末"为贤者讳"的说法是错误的。对这样一个军国主义的罪魁祸首,不应称其为"贤者"。
81. 【知识性错误】如今中国各地的不少佛寺内,仍悬挂"鱼梆"或"云板",并未"消失"。
82. 【知识性错误】"共产主义的经济政策"应改作"社会主义的经济政策"。
83. 【滥用语词】"初度地驰骋狂飙"应改作"初度驰骋"。"引而不发,跳跃如也"应改作"引而不发,跃如也"。
84. 【量词错误】"一尊"应改作"一条"。即便是间接引用严复的名言,也不宜添字,故"翻译事三难"应改作"译事三难"。
85. 【修辞套用不当】"曾经沧海难为水"以水比水,十分贴切。而将人名"汉娜"套用,同"水"放在一起比拟,非常生硬而且不妥。此句中可以译作"永失汉娜,永失爱情"之类。
86. 【翻译错误;英文大小写错误】"有严格部署的"应改作"性格固执的"。"民粹活动家"应改作"民粹派活动家"。"好战的和平主义者"概念自相矛盾,应改作"好斗的和平主义者"。括号里的英文单词都是普通语词,不是专有名词,首字母都不应该用大写。
87. 【书名错误;知识性错误;英文大小写错误】《中国文学史》应改作《中国文学导论》。在书名里,literature 一词的首字母应该大写"L"。"中国文学史之一"应改作"中国文学史著作之一"。
88. 【脱字】"无功利性和纯粹性"应改作"无功利性和纯粹性的思想"。
89. 【知识性错误】"译成英文"应改作"译成中文"。
90. 【错别字】"亦或"应改作"抑或"。但该书中文版书名为:《托尔斯泰或陀思妥耶夫斯基》,浙江大学出版社出版。
91. 【衍字】"第一个侧面"应改作"一个侧面"。"对非理性思潮"应改作"非理性思潮"。
92. 【知识性错误】"心理分析"应改作"精神分析"。"情节"应改作"情结"。

93. 【句读错误；遣词错误】句中应删去第二个逗号。"评论员"应改作"评论家"。全句应改作：

在18世纪，大西洋两岸的政界人士和政治评论家都害怕暴民会"失控"。

94. 【衍字】"梅能嫩尼乌斯"应改作"梅能尼乌斯"。

95. 【知识性错误；翻译错误】1848年在后，1789年在前，所以后者的"幽灵"不可能倒回59年去做"鬼魂"。此句出自一部翻译作品。查原文是：The spectre that was hunting Europe in 1848 was the ghost of the Bastille mob.）故应改作：

1848年在欧洲游荡的幽灵就是1789年巴士底狱暴民的鬼魂。

96. 【概念错误】"猎杀"应改作"嗜杀"。"猎杀的恶狼"意思是"被杀死的恶狼"，明显不符合句意。

97. 【翻译错误】书名应当译作《法国革命反思录》，或《对法国革命的反思》。若译作"法国革命的反思"，则颠倒了主体与对象。

98. 【脱字；衍字；标点符号错误；语序错误】"凡尔赛合约"应改作"《凡尔赛和约》"。"群众-军队"应改作"群众——军队"，用连接号。"对巴黎和会"应改作"是对巴黎和会"。译文语序也有问题，全句应改为：

群众——军队合二为一，是对巴黎和会限制德国军队规模的公然蔑视，因为领袖意志的胜利显示，德意志民族很快就要成为一支军队，并最终成为这种群众-军队。而正规的、得到《凡尔赛和约》允许的军队只能旁观。

99. 【衍字】"恐怖的是"应改作"恐怖是"。

100. 【翻译错误；标点符号错误】法文 ancient regime 意为"旧制度"，不是"王政时期"，更不应该使用书名号。后半句应改作"他们使旧制度下有教养阶级的冒牌的礼貌会话自惭形秽"。

第六单元

1. 【表述错误】在"但他们对于家庭伦理的社会化即家庭生活的价值观念能否上升为社会生活的基本原则各有参差"这一句子中,"对于……的基本原则各有参差"缺失句子成分,应表述为"对……的基本原则的看法各有参差"。句子可改作:
但他们对于家庭伦理的社会化(即家庭生活的价值观念能否上升为社会生活的基本原则)的看法却各有参差。
2. 【脱字】"相当的启示与借鉴"应改作"相当的启示与借鉴作用"。
3. 【遣词错误】"打败"应改作"超越"。
4. 【遣词错误】表达约数,"不到"和"左右"不宜并用,只取其一。应改作"迄今不到两百年时间"。
5. 【逻辑错误】"墨子、庄子、列子"都在"诸子百家"之列,句中不应该用"和"字。应改作"包括墨子、庄子、列子在内的诸子百家"。
6. 【知识性错误】"数据"无所谓"真理性"。应改作"真实性"。
7. 【表述错误;遣词冗赘;语序错误】"认为"与"被认为"重叠。"对政府权力限制"应改作"限制政府权力"。直接引语部分应改作"当权力被多数人控制时,人们才开始认为没有必要限制政府权力"。
8. 【关联词错误;表述不当】"即使……"后面缺失连接的关联词。全句的表述方。应改作:
人类学家发现,并非所有的早期农业社会中都存在原始民主制度,但至少可以肯定,民主制度不是工业时代西方文明的原创。
9. 【关联词错误】"至少没有"应改作"也至少没有"。使用"即使……,也……"结构。
10. 【脱字】"经济学们"应改作"经济学家们"。
11. 【遣词冗赘】"代际之间的不平等"的表述中,"代"与"之间"重叠。应改作"代际的不平等"。
12. 【遣词冗赘】"人们完全一无所知"应改作"人们一无所知"。"一无所知"已经表达了"完全"的意思。
13. 【错别字】"不分阶层的"应改作"不分阶层地"。状语。
14. 【关联词错误;成语错字;代词重复】"如果……我们……"应改作"如果……那么我们……"。"我们于是既很难"应改作"那么我们很难"。"劳命伤财"应改作"劳民伤财"。"尤其难以想象"的前面应删去"我们"。全句应改作:

如果巫术只是毫无内容的形式(这意味着它绝不会有真正的回报),那么我们很难想象人们为什么长期为之不惜劳民伤财,尤其难以想象人类何以能够普遍地通过巫术的方式从蒙昧过渡到理性与文明。

15. 【概念错误】"中国"应改作"中原"。
16. 【叙事不当】讲西洋人的饮食,不宜使用"料理"一词;"料理"意为日本的"饮食",不是西洋人的饮食。"取奶酪为比天经地义"应改作"取用奶酪是天经地义的"。
17. 【知识性错误】"黑暗时代"应改作"黑铁时代"。欧洲史上有"黑铁时代"(即"黄金时代""白银时代""青铜时代""黑铁时代"的分法;"黑铁时代"指上古时期最坏的、战乱不断的时代)和"黑暗时代"(指"中世纪")两个概念。此句中所述,不是中世纪,所以两处"黑暗时代"都应改作"黑铁时代"。
18. 【代词错误】"西方文明"的代词应该用"它",而不是"他们"。
19. 【知识性错误】"商民族"应改作"商部落"。"众多信仰鸟崇拜民族"应改作"众多鸟崇拜部落"。
20. 【标点符号错误;语法错误】句子应改作:
甲骨文中已有"龙"字。龙是人们在祈雨时求助的神之一。
21. 【句读错误】句子中间不应该滥用逗号。应改作:
中国古代文献对龙多有记载。
22. 【遣词错误】"坚强的理由"应改作"可靠的理由"。
23. 【表述错误】"距今约6 500年前"应改作"距今约6 500年"。
24. 【知识性错误】龙的图像中有"四爪",并不是"有手有脚"。"把龙想象成有手有脚"应改作"把龙想象成有爪"。
25. 【遣词错误】"漂没"应改作"淹没"。"顽固"应改作"坚固"。"一桩简单的事业"应改作"一桩简单的事情。"
26. 【脱字】"辄"应改作"动辄"。
27. 【遣词错误】"更长时间的沟洫与疏浚"应改作"更长时间的疏浚"。沟洫:名词,田间的水道。不能当动词用。或将"更长时间的沟洫与疏浚"改作"更长时间开挖沟洫,疏浚河道"。
28. 【脱字】"由于生长期短"应改作"由于农作物生长期短"。
29. 【脱字;句读错误】"甲骨文中的祭品活人都是不能吃的"应改作"甲骨文中所说的祭品,活人是不可以去吃的"。
30. 【遣词错误】"将率之才"应改作"将帅之才"。
31. 【遣词错误】"完全看不出坚强的理由"应改作"看不出有任何可靠的理由"。
32. 【遣词错误】"大剂量"应改作"大量"。
33. 【脱字】"如果"应改作"如果说"。
34. 【叙事错误】"学生为考试而教"应改作"学生为考试而学"。
35. 【句式错误】"考试也被明文规定"应改作"也被明文规定在考试时"。
36. 【标点符号错误;引文错误】"大路大旗"应改作"大路、大旗"。"磺"应改作"璜"。"殷民六旅"应改作"殷民六族"。"索民"应改作"索氏"。"尾勺民"应改作"尾勺氏"。"少皞之虚"应改作"少皞之墟"。

37. 【关联词错误】"即有"应改作"既没有"。
38. 【人名错字】"王道时"应改作"王造时"。
39. 【表述错误】按照句中前面列出的三组比例,后面的"几十比一"应改作"一比几十"。
40. 【观点错误】认为女性"参与公共经济生活"、"管理公共事务"、"参与公共物质生产"导致"对家庭生活的严重损害","当代文明的精神或道德危机与女性参与公共物质生产对家庭生活所造成的离析和压迫高度相关",这种观点是错误的。
41. 【错别字】"根源与"应改作"根源于";"委婉地"应改作"委婉的"。
42. 【叙事不当】"中国夏商时代的神——神是人的影子"应改作"中国夏商时代的神是人的影子"。
43. 【观点错误】此段文字表述的观点(认为中国会走向扩张主义)是一种严重的政治性错误。
44. 【衍字】"卫后庄公"应改作"卫庄公"。
45. 【概念错误】"物品的使用'价值'"应改作"物品的'使用价值'"。
46. 【遣词冗赘;叙事不当】"学长何教授学长"应改作"学长何教授"。"七十一寿辰"不是整寿数,不像"七十寿辰""八十寿辰",一般不与"建校三十周年"之类的概念相提并论。
47. 【脱字;句式不当】"有一种琳琅满目、目不暇接的感觉"应改作"琳琅满目,有一种令人目不暇接的感觉"。
48. 【遣词错误】"美国国务院所属的外事学院"应改作"美国国务院属下的外事学院"。"所属"用于小概念对大概念、下对上。此处表述颠倒了关系。
49. 【叙事错误】"并不能迫使"应改作"并未使"。
50. 【知识性错误】"子曰斯文"应改作"子曰诗云"。
51. 【遣词错误】"鼎力"应改作"鼎立"。
52. 【衍字】"到多伦多上去"应改作"到多伦多去"。
53. 【句式错误】句子应改作:
本书介绍的古典学者还有皮博蒂、吉帕斯基、勒努和卢特里奇,他们均有不小成就。
54. 【脱字;概念错误】"口头传统学者"应改作"研究口头传统的学者及其研究方向"。"科萨人的"后面缺句子成分。应该将"研究南非口语民族科萨人的"改作"研究南非科萨族的口语"。
55. 【遣词冗赘】"必须要"应改作"必须"。已经用"必须",就无须再用"要"字。此系常见错误。
56. 【遣词冗赘;句式错误】"术语"一词前后重复使用。句子应改作:
此外,各学科还普遍使用一些貌似中性的术语,比如"前逻辑"、"前文字"、"无文字"。
57. 【脱字】"技术垄断对传统"应改作"技术垄断是对传统"。
58. 【遣词错误】"消涨"应改作"消长"。
59. 【滥用词语】应该删去在句中显得非常不协调的"不以为耻"四字。

60. 【错别字】"身前"应改作"生前"。
61. 【遣词冗赘】"必须要在"应改作"必须在"。
62. 【代词不当】"他们"指代不明,易生歧义。应改作"才能削弱日本军队战到最后一兵一卒的决心"。
63. 【表述错误;逻辑错误;标点符号错误】从全句的意思来看,"拯救革命"应改作"拯救历史",否则前后讲述的不是同一话题。逻辑上存在严重错误,未能正确表述到底是要"拯救革命"还是要"拯救历史"。"不是死人看的"应改作"不是给死人看的"。应该使用句号时,误用逗号。全句应改作:

    想起有一本书的书名是《拯救历史》。但"拯救历史"是为了活着的人,不是为了死去的人。书写历史须存"救赎"之心,方能"拯救历史"。

64. 【错别字】"衷愁"应改作"哀愁"。
65. 【年份数字表述错误】"弘治十五、六年"应改作"弘治十五年、十六年"。
66. 【错别字】"拳其背日"应改作"拳其背曰"。
67. 【脱字】"与达观之间"应改作"与他同达观之间"。
68. 【遣词错误】"同属王门左派"应改作"同属一派"。或改作"同属旁门左道"。
69. 【标点符号错误;遣词错误】"媒妁之言"后面的句号应该在后引号前面。"梦幻时代"应改作"梦幻时"。
70. 【名称错误】"英国皇室"应改作"英国王室"。
71. 【错别字】"丁父尤"应改作"丁父忧"。丁忧,指遭逢父亲或母亲的丧事,泛指守丧。
72. 【错别字;标点符号错误】"乾隆五拾年"应改作"乾隆五十年"。后括号后面脱后引号。
73. 【史实错误】"合作化"应改作"公社化"。农业合作化运动至1956年基本完成,1958年开始"大跃进"和"人民公社"化运动。
74. 【姓名错字;错别字】"左邱明"应改作"左丘明"。"辩昭穆"应改作"辨昭穆"。
75. 【错别字】"缝掖之士"应改作"逢掖之士"。逢掖:古代读书人穿的一种袖子宽大的衣服,"逢掖之士"喻指"读书人"。
76. 【错别字】"本乘律纪"应改作"本乖律纪"。乖:违背。
77. 【数字表达错误】"八九百余人"应改作"八九百人"。"八九百"是约数,后面不可跟"余"字。
78. 【量词错误】"第一个"应改作"第一顿"。
79. 【错别字】"余续"应改作"余绪"。指流传给后世的部分。
80. 【知识性错误】《童子军连歌》应改作《童子军歌》。
81. 【名字颠倒】句中人名前后对照,两处"齐公"应改作"公齐";两处"道公"应改作"公道"。
82. 【遣词错误】"截止到"应改作"截至"。系常见错误。
83. 【脱标点符号;文字表述不合理】后一句应改作:

    本次修订主要包括:"互联网与新媒体"一章全部重写;增加"新闻生产"一章的内容;增补"新闻媒介的传播效果"一节;增加"受众和媒体认知"一节;增加"互联网宣告精准营销的来临"一节,等等。

84. 【句读错误】"无论是赞扬、还是批评"应改作"无论是赞扬还是批评"。
85. 【术语不准确】"非典型肺炎"应改作"传染性非典型肺炎",或"重症急性呼吸综合征"。
86. 【姓名错字】"斯亚伍特"应改作"斯图尔特"。
87. 【错别字;语法错误】"制定"应改作"制订"。"政策制定的目的"应改作"制订政策的目的"。动宾词组中,动词和宾语不宜倒置,因为倒置常常导致误解。
88. 【脱字】"新闻选择传播工具演进过程的描述"应改作"对选择新闻传播工具演进过程的描述"。
89. 【概念错误】"论述"应改作"描述"。报道体裁的文章不是写论文。
90. 【衍字】"从1998年9月"应改作"1998年9月"。
91. 【计算错误】"加上标点也只有30字"应改作"只有25字,3个标点符号"。总数是28个字符。
92. 【概念错误】"股市的消涨"应改作"股市的涨跌"。"消费的消涨"应改作"消费的消长"。
93. 【错别字】"孤立的"应改作"孤立地"。状语。
94. 【量词错误】"一个信息"应改作"一条信息"。"一个决策"应改作"一项决策"。
95. 【名称错误】"兰的卡"应改作"蓝涤卡",系"蓝色涤纶卡其"的简称。
96. 【概念错误】"数学语言"应改作"数字语言"。数学语言是一种非数学专业的人读不懂的语言。此句中的本义是主张用数字来说话。
97. 【语法错误】"受众相信的人就不会怀疑他"应改作"受众相信的人不会被怀疑"。"受众怀疑的人就不会相信他"应改作"受众怀疑的人不会被相信"。或改作"受众相信谁,就不会怀疑他;受众怀疑谁,就不会相信他"。
98. 【名称错误】"上海作协主席"应改作"上海作协书记处书记"。
99. 【量词错误,概念错误】"一个资本主义企业"应改作"一种资本主义企业"。"新闻事业"应改作"新闻行业"。"行业"和"事业"不是同一个概念。
100. 【名称错误】"宋征宗"应改作"宋真宗"。

第七单元

1. 【翻译错误】根据括号里的法文,《泰纳论法国革命》应改作《法国革命史家泰纳》。其内容不是泰纳关于法国革命的论述,而是欧拉尔评述作为法国革命史家的泰纳。
2. 【错别字】"群主的犯罪"应改作"群众的犯罪"。
3. 【翻译错误】根据括号里的法文,"圣彼得的伯纳丁"应改作"圣彼埃尔的伯纳丁"。
4. 【翻译错误】"现代世界是群众的世界"应改作"现代的时代是群众的时代"。modern age 意为"现代",没有"世界"的意思;era of crowds 中,era 是"时代",crowds 可译作"群众"。
5. 【遣词错误;叙事错误】"制定"应改作"制订"。"即使最肤浅的霍布斯读者"宜改作"连霍布斯著作的最肤浅的读者"。
6. 【遣词错误;关联词错误】"相当英雄的"应改作"想当英雄的"。"一个是……,一个是……,另一个是……"应改作"一个是……,另一个是……,还有一个是……"。
7. 【错别字】"专治"应改作"专制"。
8. 【句读错误;错别字;遣词错误】"她的存在"应改作"他的存在"。"敏感丰富"应改作"情感丰富"。"隐晦个性"应改作"内在个性"。应改作全句应改作:
如果一个男子没有让一个女人感觉因为他的存在而更喜欢自己,没有让她觉得自己比独处的时候更情感丰富,没有通过他而认清她的内在个性和特质,并因此而认定是一种魅力……那么,她将不会爱上他。
9. 【错别字】"床第"应改作"床笫"。此系常见错字。"笫"音 zǐ。
10. 【错别字】"迷入"应改作"迷恋"。
11. 【错别字;量词错误;标点符号错误】"过度"应改作"过渡"。"这是一个充满色彩,充满符号的过度"应改作"这是一种充满色彩、充满符号的过渡",其中逗号应改作顿号。
12. 【错别字;衍字】"思辩"应改作"思辨"。"在挖虚拟世界"应改作"在虚拟世界"。
13. 【错别字;句读错误】"除了问题"应改作"出了问题"。"如果离开信来了该怎么办"应改作"如果离开,信来了,该怎么办"。
14. 【标点符号错误;错别字】"尽管,我们必须承认"应改作"尽管我们必须承认"。"不与批评"应改作"不予批评"。
15. 【错别字】"一是鲁莽"应改作"一时鲁莽"。"隔断"应改作"割断"。
16. 【遣词错误】"公元前第二世纪"应改作"公元前2世纪"。
17. 【错别字】"所谓'禹疏九河'"应改作"所谓'禹疏九江'"。

18. 【引文错误】"死有重于泰山"应改作"或重于泰山"。(见司马迁《报任少卿书》)
19. 【错别字】"老三届情节"应改作"老三届情结"。此系常见错误。"真确地"应改作"准确地"。
20. 【错别字】第一句里的"趋稳定结构"应改作"超稳定结构",与第二句里的说法一致。
21. 【句读错误,知识性错误】"暗流"两字后面应删去逗号。"十几米"应改作"几十米"。"十几米"不是"很远处"。
22. 【错别字】"亦或"应改作"抑或"。
23. 【遣词错误】"亦然"应改作"皆然"。
24. 【错别字】"不易近人"应改作"平易近人"。
25. 【错别字】"浮士绘"应改作"浮世绘"。
26. 【知识性错误】与杨玉环发生爱情的是唐玄宗,即唐明皇李隆基,不是唐太宗。
27. 【知识性错误】葛朗台不是《高老头》里的人物。应改作"《欧也妮·葛朗台》里的葛朗台"。
28. 【语法错误】"通过"和"使"只能选用一个。
    这是一个典型的案例。人们对"通过……,使……"的句式习以为常,却未意识到其中的语病。句子虽然简单,却涉及基本的语法问题。以下是两种正确的表述:
    (1) 通过教师的详细解说和分析,学生们明白了应该如何解答这个难题。
    (2) 教师的详细解说和分析使学生们明白了应该如何解答这个难题。
29. 【语法错误】句中缺主语。应改为"在试题编写过程中,作者充分注意到……"
30. 【姓名错字】"阿萨"应改作"阿隆"。
31. 【错别字】"最早的"应改作"最早的"。
32. 【知识性错误;错别字】这里引用的是"民谣",不是"俗语"。"坐皇帝"应改作"做皇帝"。
33. 【人名错字】"陶孟如"应改作"陶孟和"。
34. 【人名脱字】"步济"应改作"步济时"。
35. 【年份错误;遣词错误;句式错误】"1956 年"应改作"1965 年"。"发表"应改作"发表的"。"导火线"用在此处不当,应改作"序幕"。
36. 【错别字】"大烤其奸"应改作"大售其奸"。
37. 【概念错误】"当代"应改作"现代"。
38. 【叙事不当】"数十年来"和"三十多年来"应该是同一个时段,说"数十年来陷于停滞不前",又说"三十年来……得到了长足的发展",叙事上下矛盾。宜将"数十年来"改作"曾经"。"精萃"应改作"精粹"。
39. 【标点符号错误】"知识青年到农村去接受贫下中农的再教育"脱逗号,应改作"知识青年到农村去,接受贫下中农的再教育"。"初中、高中和大学"应改作"初中、高中、大学"。
40. 【概念错误】"后毛泽东时代"应改作"1976 年以后"。
41. 【表述不规范】"51 年生"应改作"1951 年生"。"原港务局开船,曾下岗现退休"宜改作:"原在港务局当船舶驾驶员,曾下岗,现已退休"。

42. 【叙事错误;引文不准确】"不要浦东一套房"应改作"不要浦东一间房"。"49.7%的浦东人不愿迁到浦西"颠倒了事实,应改作"49.7%的浦西人不愿迁到浦东"。
43. 【遣词错误】浦东开发以前,那里已有一批大型国营企业,还有许多中小企业,有一望无际的良田沃土,农业发达。将它形容成"万户萧瑟鬼唱歌"极其不妥,应改作"灯火阑珊"。
44. 【概念错误】"许多语言"应改作"许多种语言"。
45. 【脱字;错别字】"书材料"应改作"书写材料"。"蔡候纸"的"候"应改作"侯"。
46. 【引文错误】在引文里,有9处文字错误。正确的文字是:
早在1934年1月27日,毛泽东在《关心群众生活,注意工作方法》一文中强调:"我们不但要提出任务,而且要解决完成任务的方法问题,我们的任务是过河,但是没有桥或没有船就不能过,不解决桥和船的问题,过河就是一句空话。不解决方法问题,任务也只是瞎说一顿。"又说:"一切工作,如果仅仅提出任务而不注意实行时候的工作方法,……那末,什么任务也是不能实现的。"
47. 【成语文字颠倒】"地荒天老"应改作"天荒地老"或"地老天荒"。
48. 【遣词错误】"限止"应改作"限制"。
49. 【错别字】"伺晨"应改作"司晨"。
50. 【知识性错误】"螺丝钉安在齿轮上"应改作"螺丝钉和齿轮安在机器上"。
51. 【语法错误】"本身是带实质性的"脱主语,应改作"它本身是带实质性的"。
52. 【语法错误】"司仪一般的"应改作"像司仪一般地"。"是日常语言的"应改作"是对日常语言的"。
53. 【标点符号错误】"圣-琼-佩斯"应改作"圣·琼·佩斯"。
54. 【姓名错字】"麦克维尔"应改作"麦尔维尔"。《白鲸》的作者。
55. 【错别字;知识性错误】"座落"应改作"坐落"。"北京路"应改作"北京东路"。"延安路"应改作"延安中路"。上海市路名。
56. 【史实错误;衍字】上世纪80年代派出的公费留学生不是"中国第一批"。清末的官费留学生,民国时期的公费留学生,新中国成立后的50年代和60年代上半期,乃至"文革"后期(1973~1976)都有公费派出的留学生。此处应改作"中国改革开放初期第一批"。"去到了纽约大学"应改作"去纽约大学"。
57. 【错别字】"出入意料"应改作"出人意料"。
58. 【叙事错误】"风牛马不相及"形容得不符合事实。祖母和外婆之"相及",是因为她们是儿女亲家,而不是因为第三代的关系。"她们可能风牛马不相及"应改作"她们可能不大来往"。
59. 【错别字】"外国与电影"应改作"外国语电影"。
60. 【遣词错误】"步慢差费"应改作"少、慢、差、费"。
61. 【表述错误;翻译错误;脱字】"中世纪的骑士军队使得封建社会组织不可避免地出现"应改作"中世纪的骑士军队是不可避免地出现的封建社会组织"。"奥兰治莫里斯"应改作"奥兰治的莫里斯"。"纪律部队"应改作"有纪律的部队"。

62.【翻译错误】absolutism 在不同的学科里概念不同。在哲学界译作"绝对主义",但此句是政治学叙事,应译作"专制政体"。

63.【衍字;翻译错误】"必须要"应改作"必须"。"提取式政府"的概念不可理解,系错误译法。extractive 这个单词有一项词义是"血统传代的",更符合此处的原义,应改作"血统传代式的政府"。"给定条件"应改作"特定条件"。

64.【翻译错误】句中前后说法自相矛盾。"欧洲中心论"即主张欧洲优于其他一切地方。此处应该译作"这本著作的叙事以欧洲为中心"。

65.【翻译错误】译作"男爵们"在句中不合理,查原文是 baronage,意思是"贵族(总称)",故此处应该译作"贵族们"。句子应改作:
无论在兰尼米德(Runnymede),还是在别的地方,贵族们都一再重申王室服从法律的原则。

66.【翻译错误】根据括号里的英文,"家政政府"应改作"家族式室政府"。

67.【翻译错误;代词错误】baronage 在此句中意指"贵族集团",此处应改作"一个更为强大的、统一的贵族集团"。"他"应改作"它"。"关键平衡的另一端"应改作"平衡的另一端的关键"。

68.【英文拼写错误;翻译错误;错别字】Maclwain 应改作 MacIlwain。"麦基文"应改作"麦克伊尔文"。"皇家政策"应改作"王室政策"。

69.【翻译错误】"帝国"应改作"皇帝"。"侯爵们"应改作"君主们"。prince 可译作"王子;亲王;君主"。而"侯爵"是 marquis。

70.【句式错误】句子应改作:
王室和贵族之间权力平衡的第三个重要结果包含了临时协议。

71.【句式错误】句子应改作:
将个体地产贡献给军事领主,以换取有条件的占有,更重要的是换取保护。

72.【翻译错误】corpus 在这里应该译作"主体",而不是"文集"。"法律思维"应改作"法律思想"。句子应改作:
为了规定并保障这些权利,产生了法律思想的主体。

73.【概念错误】"人口学上的变化"应改作"人口变化"。这里叙述的是历史事实,不是人口学理论研究。

74.【句式错误】"各种形式的地方政府应该进行区别"应改作"应该对各种形式的地方政府作出区别"。

75.【翻译不当】根据括号里的德文,"法兰克福"应改作"美茵河畔法兰克福"。德国有两个城市名为"法兰克福",必须指明是哪一个。

76.【翻译错误;句式错误】此处的 islands 是复数形式,不可以译作"这座小岛"。句子应改作:
首先是领主和王室热切地想要控制各块带有资本主义性质的地方。

77.【语序错误;错别字】"对他们领主"应改作"他们对领主"。"临近"应改作"邻近"。

78.【翻译错误;语序错误】concepts 不是"观点",而是"观念,概念"。princes 不是"侯爵",

第七单元

而是"君主"。individual 在这里不是"个人",而是"各别的"。全句应改作:
罗马法来自古代的帝国体系,拥有中央权威的内在基础:观念、程序、各别法庭都依赖于并直指以君主为最高级的上诉与行政层级。

79. 【翻译错误】根据括号里的英文,"军事殖民地"应改作"军事区"。
80. 【量词错误;句读不当】"一只军队"应改作"一支军队",后面加逗号。
81. 【翻译错误】根据句意,括号里的英文应该是指具体的战斗,"战役计划"应改作"战术计划"。
82. 【遣词错误;概念错误】"精工部队"应改作"进攻部队"。"法国"应改作"法国军队"。
83. 【错别字】"弱不经催"应改作"弱不经摧"。
84. 【表述不规范】"破坏封建军队上"应改作"在破坏封建军队方面"。
85. 【概念错误】"新形势的"应改作"新式的"。
86. 【翻译错误】根据括号里的英文,"将其与个人兵团附加在一起"应改作"将其配置给各个兵团"。
87. 【译名错误;脱字】"龙骑士"应改作"龙骑兵"。"骑士侦察"应改作"骑兵侦察"。"伞兵"应改作"散兵"。"龙骑士骑士侦察"应改作"龙骑兵的骑兵侦察"。
88. 【知识性错误;叙事错误】1630s 是 17 世纪 30 年代,不是 16 世纪。"关于瑞典军事力量的上"应改作"关于瑞典的军事力量"。
89. 【翻译错误】"补偿"应改作"补充"。
90. 【脱字】"30 万"应改作"30 万人"。
91. 【遣词重复】前后两个"的确"必须删去一个。
92. 【错别字】"娴嬺"应改作"妍嬺"。
93. 【语序错误】句子陈述错误,应改作:
刘庆邦的眼光不是统摄全句,他只专注于局部。
94. 【错别字】"戎夷目"应改作"戎夷曰"。
95. 【史实错误】上海在元朝初期就已建县,距今七百多年。说四百年前还是荒凉的小渔村,是违背史实的。
96. 【成语错字;遣词错误】"五方杂居"应改作"五方杂处"。"限止"应改作"限制"。
97. 【遣词错误】"要到吏部云南司"应改作"要到户部云南司"。吏部管"组织人事",户部管"经济"。括号里是正确的。
98. 【知识性错误】"湖南熟"应改作"湖广熟",系著名谚语。
99. 【错别字】"多辆社会"应改作"多轴社会"。
100. 【成语错字】"方所欲为"应改作"为所欲为"。

第八单元

1. 【脱字;衍字】"更有益的"应改作"更有益的是"。"拘囿于小天地中"应改作"拘囿于小天地"。
2. 【引文错误;标点符号错误;脱字】"'杨延辉,坐宫院'自怒自叹,"应改作"'杨延辉,坐宫院,自思自叹,……'"。"我本是……"后面应该用句号。"不久京、昆早就不景气了"出语矛盾,"早就"应改作"就"。"也不必悲观"应改作"我们对此也不必悲观"。全句应改作:

    我父亲是半个票友,青年时代迷京剧,迷得神魂颠倒,一天到晚唱"杨延辉,坐宫院,自思自叹","我本是……"。其实,不久京、昆就不景气了,现在很少人听,我们对此也不必悲观。
3. 【遣词冗赘】"从而拉开了中国比较文学学科在中国发展的序幕"中,"在中国"三字系多余,应删去。中国比较文学学科不可能在外国发展。
4. 【遣词错误】"已经涉及了"应改作"已经涉足"。
5. 【语病;句读不当】主语错杂。应该删去",人们"。全句应改作:

    可见,这一时期的比较文学只是以比较为手段,旨在通过比较认识中国社会,唤起民众的觉醒,其终极目的不是为了文学本身。
6. 【概念错误】"质素"应改作"素质"。"一向自诩'欧洲中心'论的西方学者"应改作"一向持'欧美中心论'的西方学者"。
7. 【遣词冗赘;概念颠倒;同义反复】两处"主要"重复,应该将"主要围绕文学关系"中的"主要"两字删去。"欧美的西方"应改作"西方的欧美"。"都概莫能外"中的"都"和"概"语义重复,应该删去"都"字。
8. 【衍字】"率领部"应改作"率部"。
9. 【句读错误】不应该随便用逗号将主语与谓语断开。
10. 【错别字】"放对方一码"应改作"放对方一马"。
11. 【遣词错误】"向警方敞开心扉"应改作"向警方坦白"。因为这里说的是"招供"。
12. 【逻辑错误】"而不是一名银行出纳"应改作"而不是一名单纯的银行出纳"。
13. 【遣词冗赘】"很多诸较小概率事件"中应该删去"诸"字。
14. 【句式错误;错别字】"曾经,教育,唤醒人的生命"应改作"教育曾经唤醒人的生命"。"开廓"应改作"开阔"。
15. 【叙事错乱】"第一个层次"和"第二个境界"都是"看起来有文化",那又为何要分第一、第二呢？应改作"第一个层次,让你看起来没有文化"。

16. 【观点错误】此句显示偏见,事实上,文化程度很高的可能变成圣人,也可能是小人;而文化程度很低的可能是个小人,也可能是圣人。

17. 【量词错误;标点符号错误】"一个纸"应改作"一张纸"。"灰尘"后面应该是句号。

18. 【引文错误;标点符号错误】查《论语·雍也》,无"惟自孔子以后,而儒业始大变"一句。"孔子告子夏"应作"子谓子夏曰"。《孔子传》在这里是作为引文出处出现的,应加括号,改作"(《孔子传》)"。

19. 【数字错误;标点符号错误】引文不是八个字,而是九个字。"文明和实用之间,和功利之间"应改作"文明和实用之间、和功利之间"。

20. 【概念错误;遣词冗赘】"苏联文学解体"应改作"苏联解体"。"后来当……后"应改作"后来当……时"。

21. 【遣词错误】"因为这是为公款消费所拉动"应改作"因为这是由公款消费拉动的"。

22. 【句读错误;遣词错误】应该删去第一个逗号,主语和谓语不应该断开。"为暴君"应改作"被暴君"。

23. 【史实错误;错别字】"在中国的早期"概念不明,宜改作"早在商朝"。"没有"应改作"设有"。"称为'太史公'"应改作"称为'史'"。"史"即"巫史"。西周、春秋设"太史"。"太史公"是后人对汉朝司马迁的尊称。

24. 【错别字】"起到"应改作"祈祷"。

25. 【引文错误;概念错误】"墙头"应改作"城头"。"旧瓶装新酒"应改作"新瓶装旧酒"。

26. 【数字表达错误】"五百多余"中"多""余"两字重叠。应改作"五百多处"或"五百余处"。

27. 【句读错误;英文字母大小写错误】"皆有所本于是乎"应改作"皆有所本,于是乎"。括号里的英文单词是普通名词,不是专有名词,首字母s应该小写。"一个重要发现"宜改作"一项重要发现"。

28. 【概念错误】"新实在主义"应改作"新实在主义论者"。"批判实在主义"应改作"批判实在主义论者"。

29. 【衍字】"第三卷卷"应改作"第三卷"。

30. 【句读错误】"希腊哲学盖因"应改作"希腊哲学,盖因"。

31. 【句读错误;错别字】"要理解康德必须懂得"应改作"要理解康德,必须懂得"。"理性轮"应改作"理性论"。

32. 【脱字】"论文"应改作"论文中"。

33. 【遣词错误】"烟硝"应改作"硝烟"。

34. 【错别字】"小小之徒"应改作"宵小之徒"。

35. 【成语错误】"转呈起合"应改作"起承转合"。

36. 【同义反复;标点符号错误;错别字】"快感""愉悦"同义,应删去"和愉悦"三字。"被观看"后面的顿号应改作逗号。"一或"应改作"抑或"。

37. 【遣词错误】"题中应有之意"应改作"题中应有之义"。义:义理。

38. 【遣词错误】"赏赏美食小吃"应改作"尝尝美食小吃"。

39. 【语法错误;错别字】"一个句子的思考"应改作"对一个句子的思考"。"不再思考一个句子是"应改作"不再思考一个句子时"。全句应改作:

对一个句子的思考与这个句子的"真"混淆起来了,看来人们必须记住,正像当我们闭上眼睛时太阳不会消失一样,当我们不再思考一个句子时,它也不可能不再是"真"的。

40. 【遣词错误】"蓬荜生辉"应改作"熠熠生辉"。

41. 【人名错字;脱字;遣词错误】"李熠"应改作"李煜"。"像中国五代时期李熠的诗词,俄国托尔斯泰表现贵族农奴主情感生活的小说,"应改作"像中国五代时期李煜的诗词、俄国托尔斯泰表现贵族农奴主情感生活的小说一样,"。"普遍命题"应改作"普遍现象"。列举的四种是人类生活的普遍现象,不是"人类生活的普遍命题"。

42. 【知识性错误;错别字;标点符号错误】《玉娇李》应改作《玉娇梨》。"发迹变态"应改作"发迹变泰"。引文前面用了冒号,句末的句号应该在后引号前面。

43. 【成语错字】"风花雪夜"应改作"风花雪月"。

44. 【遣词错误;语法错误】"下定"应改作"定下"。"进行学校申请"应改作"申请学校"。

45. 【语法错误】"图书馆占座需要指责"应改作"需要指责在图书馆占座的现象"。

46. 【错别字】"和平翁主"应改作"和平公主"。

47. 【衍字;标点符号错误】"触及到了"应改作"触及"。"及"已经含有"到"之意,故不应再重复使用"到"字。类似的还有"涉及到""顾及到"等等,都属于同样性质的差错。"参与、或拒绝"应改作"参与或拒绝",删去顿号。

48. 【知识性错误】"书写"应改作"描写"。"通过这一本能的书写"应改作"通过对这一本能的描写"。

49. 【错别字】"逾来逾"应改作"愈来愈"。

50. 【引文脱字;错别字】查原文,"大人们都很平和"应改作"大人们脾气都很平和"。"有漂亮"应改作"又漂亮"。

51. 【语序错误;错别字】"汉位"应改作"汗位"。括号里的年份不应该作为生卒年月附在"皇太极"后面,而应该作为在位年份附在"汗位"后面。句子应改作:

1626年,清太祖努尔哈赤去世,八子皇太极即后金汗位(1626—1643)。

52. 【错别字】"高蠧暴动"应改作"高蠡暴动"。

53. 【知识性错误】"汉碧光流"应改作"流光碧汉"。这四个字应该从右到左读,作者却从左到右误读了。

54. 【遣词错误】说"李自成叛军"是概念错误。李自成的军队是农民起义军,不是明朝军队里的叛军。"叛军"应改作"起义军"。

55. 【人名错字】"赵孟俯"应改作"赵孟頫"。

56. 【错别字;观点错误】"呢呢哝哝"应改作"伲伲侬侬"。整句句子表达的观点非常偏激,在城市与乡村的对比方面乱作绝对化的、违背事实的归纳。

57. 【人名错字;遣词错误】"注文宣"应改作"汪文宣"。"抗日战争毁灭了他的美梦"应改作"日本侵华战争毁灭了他的美梦"。

58. 【标点符号错误;表述错误;遣词错误】"一二八"应改作"一·二八"。"首先经受时代风云的洗礼"表述不当。整句应改作：

直至"九一八事变"发生、"一·二八事变"发生之后，地处河北的保定才第一次经受战火的考验。

59. 【错别字】"爱玛·高德曼于阿格妮丝·史沫特莱"中间的"于"字应改作"与"。
60. 【遣词错误】"渡过外白渡桥"应改作"经过外白渡桥"。
61. 【关联词错误】前面用了"如果……"，后面"他的每个脚印"之前应该用"那么"。
62. 【错别字；叙事不当】"大块朵颐"本应是"大快朵颐"。在作品中，杨子荣是"为剿匪，先把土匪扮"，但在这句句子中将此评论为"洒脱生活"，属于描述不当。可改作"描写杨子荣打入虎穴后故作洒脱地大碗喝酒，大块吃肉"。
63. 【错别字】"绑上的"应改作"扎上的"。如剧中杨白劳的唱词："扯上了二尺红头绳，给我喜儿扎起来"。一般只说"扎辫子"，不说"绑辫子"。
64. 【量词错误】"一个"应改作"一种"。
65. 【遣词错误】"自然而然"与"必然"意思冲突，二者应删去其一。
66. 【知识性错误】中国文化与印度文化不是同质的，两者的文明起源不同，几千年来在各自的发展过程中差异很大，两者的当代文化也都不一样。中日两国的近代、现代、当代文化差异也很大。此句中"同质文化""异质文化"的概念应改作"中国与亚洲其他国家文化""中国与欧洲文化"。
67. 【概念错误】此句讲述的是比较文学，所以"来自社会各类人物"应改作"来自各门不同的学科"。
68. 【错别字；语法错误】书名《孝女耐儿传》在第二次出现时，"传"错成"转"。末句"《孝女耐儿转》他写道"应改作"在《孝女耐儿传》卷首语中，他写道"。林纾是译者，不是作者，他的见解不在翻译的作品中，而是在前言中。
69. 【句读错误】"在罗马帝国的中心，米兰，教授雄辩术"应改作"在罗马帝国的中心米兰教授雄辩术"。或"在罗马帝国的中心——米兰——教授雄辩术"。
70. 【知识性错误】"神祇"在汉语里是对神的总称。"许多神祇和女神"应改作"许多男神和女神"。
71. 【衍字】"取获得"应改作"取得"，或"获得"。
72. 【错别字】"思辩史"应改作"思辨史"。"这个变化"宜改作"这种变化"。
73. 【错别字】"治理的"应改作"治理得"。补语。
74. 【错别字】"神祗"应改作"神祇"。"给于"应改作"给予"。
75. 【错别字】"打跨"应改作"打垮"。
76. 【错别字】"劝戒"应改作"劝诫"。
77. 【衍字】"在这喜欢这一点"应改作"在喜欢这一点"。
78. 【错别字】"涌进去"应改作"拥进去"。
79. 【错别字】"想望"应改作"向往"。
80. 【错别字】"倍受"应改作"备受"。句读方式宜改作：

因为在这个问题上同我们有分歧的不是普通人，而是备受罗马人高度崇敬的哲学家。

81. 【脱字】"特伦斯中"应改作"特伦斯的著作中"。
82. 【错别字】"不详"应改作"不祥"。
83. 【翻译错误；外文括注位置错误】全句应改作：
    弗雷格一直强调的是，逻辑是去"发现真的规律"(discovering the laws of truth)，而不是"视事物为真的规律或思考的规律"(the laws of taking things to be true or of thinking)。
84. 【错别字】"报有好感"应改作"抱有好感"。"给于"应改作"给予"。
85. 【错别字】"完美无暇"应改作"完美无瑕"。
86. 【错别字】"之高"应改作"至高"。
87. 【错别字】"自行其事"应改作"自行其是"。"德行的生活"和"德性的生活"前后不统一。应该统一于"德性的生活"。
88. 【错别字】"颠峰"应改作"巅峰"。
89. 【代词错误；错别字】"他们"应改作"它们"。"鼓惑"应改作"蛊惑"。
90. 【衍字】"划分为三个种"应改作"划分为三种"。
91. 【句式错误】整句应改作：
    另外，虽然他还不甚了解希伯来人习俗的真正性质，但他还是颇为体面地用朴素的语言对自己的看法作了补充说明。
92. 【引文错误】句中"摩西没有砸石块而水也没有真正地流出来"的表述，查《圣经》，应改作"摩西没有击打磐石，而水也没有真正地流出来"。
93. 【表述错误】"那只蛇"应改作"那条蛇"。"这个任务"宜改作"这项任务"。"肉体"应改作"身体"。"细小"应改作"细长"。"弯曲的"应改作"弯曲地"。
94. 【量词错误】"一个戒律"应改作"一条戒律"。
95. 【遣词错误；量词错误】"沉重或困难的戒律"应改作"沉重的或难于遵守的戒律"。"坚韧"应改作"坚定"。"一个提醒"应改作"一种提醒"。
96. 【遣词冗赘；错别字】"我必须折返我的脚步"应改作"我必须折返脚步"。"细节地"是错误表述。整句应改作：
    但是我现在必须折返脚步，对亚伯拉罕时期之后俗世之城的发展作进一步的细节描述。
97. 【名称错误】"外甥"应改作"外孙"。女儿生的是外孙；姐姐或妹妹生的才是外甥。
98. 【名称错误；史实错误】"大"应改作"大帝"。史称"亚历山大大帝"(Alexander the Great)。根据史实，他"征服"的只是亚洲、非洲、欧洲的各一部分国家，并非整个亚洲，更非整个世界。
99. 【遣词冗赘】"人际之间的关系"应改作"人际关系"。"际"就是"之间"。
100. 【滥用赘词】"进行观看"应改作"观看"。在当代写作中，不少人喜欢滥用"进行"一词来取代本应生动地表现动作的各种动词，甚至将"进行"叠加在动词前面(此句就是一例)，这种常见错误表现出作者的语词贫困或缺乏基本的语法知识。

第九单元

1. 【概念错误；标点符号错误】"曲调"应改作"歌曲"。"曲调"只是音调,而有歌词者应称作"歌曲"。斜线应在逗号或分号后面。完整的引文末尾,句号应在后引号前面。
2. 【知识性错误】用于"男同性恋"的英语单词,除了 homosexuality 之外,另一个单词是 gay,其本义是"快乐的",故在香港称"乐仔"。作者搞错英语单词,记作 guy,而这个词的本义是"家伙",并非"不见于正经的英语词典"。作者记错了一个英文单词,引出了一段错误议论。
3. 【知识性错误】当今高等院校授予的"博士"是学位名称,不是学衔、职称。
4. 【知识性错误】"到"字读第四声。"倒"字即可作第三声字,又可作第四声字。"倒挂"中的"倒"读第四声。都是第四声,有何不同?括号里应改作"(两字发声相同)"。
5. 【释义错误；标点符号错误】compact disc 的准确译名是"密集刻录的唱盘"。此处应改作"直译是'密集刻录的圆盘'"。
6. 【解释错误；错别字】"经济信息"这四个字组成的词组本身信息量并不富有,应该解释为"这个专栏意味着有丰富的信息"。"银屏"应改作"荧屏"。
7. 【翻译错误】括号里英文单词 also 未翻译出来,所以此句应该准确地翻译成"破坏也是创造"。
8. 【错别字】"喃吽啊弥陀佛"应改作"南无阿弥陀佛"。
9. 【知识性错误】此句讲述沪语。"拉士卡"应改作"拉斯卡"。按准确的沪语发音,当用"斯"(不卷舌音)而不是"士"。"拉斯卡"在沪语中的延伸意思是"最后一个"。派对不一定是交际舞会,有时只是喝酒、聊天、享受食品。"罨巴温"(罨,yǎn)是广东音,沪语音是"那摩温",或记作"拿摩温",意思是"第一个",还指旧时纺织厂的男女工头。
10. 【引文错误】应改作"台湾海峡两边的所有中国人"。
11. 【英文错误】"摇摆舞"的英文是 rock and roll,或 rock'n'roll,也指"摇滚乐"。
12. 【知识性错误】沪语里"洗头"二字的发音,以字记作"汏头",不能记作"打头"。在沪语里,"汏"字发音是(dá),而"打"字在沪语里不发这个音。
13. 【遣词不当】"致献"应改作"题献"。
14. 【遣词不当】"驾驶员"应改作"马车夫"。
15. 【遣词错误】前面翻译对了,后面重复错了。"老好人"应改作"好人",这是两个不同的概念。
16. 【表述错误】"讽刺的是"应改作"具有讽刺意味的是"。否则产生歧义,将后面所说的内容变成了讽刺的对象。此系常见错误。

17. 【遣词错误】"沦陷"应改作"被攻占"。
18. 【法文人名错误】Louis-Napoléon 应改作 Louis Bonaparte。
19. 【概念错误】最后三项不属于"劳动"。句末应改作"……烘焙面包,另外还要避免出行远足、生育婴儿、肆意大笑等。"
20. 【译名不当】"米尔内夫"应改作"密涅瓦"(专司智慧、艺术、发明、武艺的女神),古罗马神话人物通译名。
21. 【人名错误】"路易-拿破仑"应改作"路易·波拿巴"。
22. 【遣词错误】"德国法籍"应改作"德裔法国"。
23. 【概念错误】"法国女性文学作家"应改作"法国女作家"。
24. 【表述不当】"接纳了两位姨太"应改作"娶了两房姨太太"。
25. 【错别字;衍字】"趋逐"应改作"驱逐"。句末"的"字应该删去。
26. 【遣词错误】"本校"应改作"该校"。
27. 【脱字】"外在事物的真实摹写"应改作"对外在事物的真实摹写"。
28. 【表述错误】"得以精确的描述"应改作"得到精确的描述"。得以:可以,能够。用在此处不通。
29. 【表述错误】删除顿号。"应该是被"应改作"应该能被"。"所描述"应改作"描述"。"现实可以、并且应该是被直陈式的语言所描述"应改作"现实可以并且应该能被直陈式语言描述"。
30. 【衍字】"视作是再现"应改作"视作再现"。
31. 【表述不当】"未知世界的探索者"在叙事中是"他们",然而句中紧接着说"我们",不一致。当句中用"并且""而且"来联接时,顿号是多余的。"把……进行……"的表述方式不是书面语的规范表述。整句应改作:

未知世界的探索者只能用已经熟悉的、相对具体的范畴来将抽象的和捉摸不定的人类经验概念化。

32. 【错别字】"澜言"应改作"谰言"。
33. 【表述错误;关联词错误】"词汇语法选择"应改作"对语词作语法选择"。"不单是……而是……"应改作"不单……而且也……"。
34. 【句法错误】"……更为全面的认识,隐喻研究……"应改作"……更为全面的认识使隐喻研究……"。
35. 【句法错误】"在人类经验构建和选择过程的重要影响"应改作"对人类经验构建和选择过程的重要影响",或改作"在人类经验构建和选择过程中的重要影响"。
36. 【错别字】"寻着"应改作"循着"。
37. 【概念错误】"理论学家"应改作"理论家"。
38. 【关联词错误】"不仅仅指……而是指……"应改作"不仅仅指……而且也指……"。
39. 【句法错误;错别字】"就会在语言上便体现"的表述中,应删去"就会",或删去"便"。"语言上"应改作"语言中"。

40. 【量词错误;标点符号错误】"每个语言"应改作"每一种语言"。"历史"二字后面脱后引号。

41. 【句法错误】此句由于在陈述的过程中缺失逻辑关联,遣词不当,脱字,造成句子不通顺。句式应改作"如果只承认……是隐喻性的,而不承认……,那么对语言的隐喻性质的研究……"。

42. 【关联词错误;量词错误;遣词错误】"亚里士多德时代"应改作"从亚里士多德时代"。"几个主要隐喻理论"应改作"几种主要隐喻理论"。"学术界对于隐喻研究出现的"应改作"学术界在隐喻研究方面出现的"。

43. 【关联词错误;脱字】"科学语篇中"应改作"那么科学语篇中"。"必须替代为"应改作"必须被替代为"。

44. 【错别字】"法架"应改作"法驾"。法驾:语出《史记·吕太后本纪》,"天子法驾"。

45. 【脱字】"打得"应改作"被打得"。

46. 【遣词错误;英语引文错误】"加入"应改作"假如"。this is a question 中错两个单词,应改作 that is the question。

47. 【衍字】"变之则生"应改作"变则生"。"变"意指改变自己,而"变之"是"改变它",在句中指向"世界潮流",如此一来,变成要去改变世界潮流,违背了句意逻辑,而句子的本意是说,人要顺应世界潮流才能生存。误用一个字,意思就相反了。此句疑是作者想引用孙中山先生的话而记忆错误。孙中山先生于 1916 年在上海写下名言:"世界潮流浩浩荡荡顺之则昌逆之则亡"(原题词无标点)。

48. 【书名错误;语序错误】《新教伦理与资本主义》应改作《新教伦理与资本主义精神》。"也实际是"宜改作"实际也是"。

49. 【表述错误】"若干年长时段"应改作"在若干年内"。或将"若干年长时段是唯一的使命"改作"这是长期的、唯一的使命"。

50. 【遣词冗赘】两处"制度"重叠,应该删去前一处。"对一所大学的制度而言,制度是否合理与优越"应改作"对一所大学而言,制度是否合理与优越"。

51. 【遣词冗赘】"仅仅只是"应改作"仅仅是"。

52. 【成语错字】"山河日下"应改作"江河日下"。

53. 【数字表达法不统一】同时出现"10 年"和"十年"。应统一作"十年"。

54. 【脱字;表述不当】"长和平"应改作"长久和平"。"长和平渴望的萌生与受挫"应改作"对长久和平的渴望从萌生到受挫"。

55. 【遣词错误】"苏联崩溃"应改作"苏联解体"。

56. 【翻译错误】根据括号里的英文,《保护知识产权法案》应改作《关于防止在网上实际威胁经济创造和盗窃知识产权的法案》。

57. 【英文大小写错误】UrDu 应改作 Urdu。

58. 【标点符号错误】马克思这部著作的书名里没有"在"字。"《在路易》"应改作"在《路易》"。

59. 【英文错误】"公民"的英文对应词应该是 citizen。"国民"的英文对应词不是 national people,而是只用一个单词 national。可查《英汉大词典(第二版)》。

60.【概念错误】"自秦汉以来就形成了"应改作"自秦汉至清末形成"。

61.【英文错误】"国民"后面括号里 nation 应改作 national。

62.【书名脱字】《新民主宪政》应改作《新民主主义的宪政》。

63.【知识性错误】"王菲《寓言·阿修罗》"应改作"林夕《寓言·阿修罗》"。歌词作者是林夕,王菲只是唱唱而已,不可以作者身份出现。

64.【标点符号错误】报刊名称中文都应该加书名号。"娱乐周刊、纽约每日新闻、纽约邮报、新闻日报、纽约客、时代、纽约时代、今日美国、乡村之音、华尔街杂志等"应改作"《娱乐周刊》《纽约每日新闻》《纽约邮报》《新闻日报》《纽约客》《时代》《纽约时代》《今日美国》《乡村之音》《华尔街杂志》等"。

65.【知识性错误】"权力运动"应改作"黑人权力运动",即 20 世纪 60 年代美国黑人的 Black Power 运动。

66.【表述错误】"放眼过去"应改作"着眼过去";"着眼未来"应改作"放眼未来"。

67.【遣词错误】"基本"应改作"即便"。

68.【错别字】"参杂"应改作"掺杂"。

68.【标点符号错误】"马尔科姆 X"应改作"马尔科姆·X"。中间有间隔号。

69.【遣词冗赘】"实际上""其实"两词应删其一。

70.【知识性错误】"伏毒教"应改作"伏都教",西非土著宗教之一。

71.【标点符号错误;错别字;概念错误】"圣约翰大学"后面逗号应改作顿号。"华西协合大学"应改作"华西协和大学"。"授予"应改作"设置"。

72.【知识性错误】"官位体系"同"学位制度"是两种体制,不可作比较;况且西方学位制度中的"博士""学士"名称只是汉语翻译的问题,为何如此,只能去问始作俑者了。"颠鸾倒凤"一词用错,"如此颠鸾倒凤"应改作"次序如此不同"。"颠鸾倒凤"多比喻男女交欢。

73.【错别字】"赞美不置"应改作"赞美不止"。

74.【脱字】"上海外语学院"应改作"上海外国语学院",即今"上海外国语大学"。

75.【衍字】"是否是"应改作"是否"。

76.【标点符号错误】括号里 de 后面不应该有缩略号。

77.【英文单词拼写错误;句子表述不规范】A Projections 应改作 A Projection,不应该用复数。按规范,论文题目英文应该译出中文;句首的英文单词也应该译出中文。句子应改作:
"社会语言学"(sociolinguistics)这个学科名称最早见于美国学者丘利(H. Currie)的论文《社会语言学刍议:言语与社会地位之关系》(A Projection of Sociolinguistics: The Relationship of Speech to Social Status,1952)。

78.【脱字】"一"应改作"一种"。"洋泾浜字"应改作"洋泾浜"英语和文字。原句语义不清,会被理解成"一个洋泾浜字"。

79.【错别字】"居首"应改作"句首"。

80.【知识性/政治性错误;脱字;句读错误】"日本在台期间"应改作"日本侵台期间"。"实施"应改作"实施的"。第二个逗号应该删去。

81. 【标点符号错误】《1844年,经济学哲学手稿》应改作《1844年经济学哲学手稿》。

82. 【错别字;标点符号错误;脱字】"分部"应改作"分布"。"引起"应改作"对引起"。"……分部规律。但引起……"应改作"……分布规律,但对引起……"。

83. 【句读错误】断句不当。应该删去句中的逗号。若要突出释义部分,可将句子表述成:"科学定律的解释功能"是指"能对自然事物或现象及其成因作出某种合理的解释或说明"。

84. 【语序错误】"所有列宁身上的"应改作"列宁身上所有的"。

85. 【错别字】"强烈地"应改作"强烈的"。此句的毛病是语序不当。后半句其实也可以改作"浸透着对自由的强烈渴望"。

86. 【遣词不当】在杂志上发表作品,即使是在像《纽约人》这样著名的杂志上发表作品,也是很平常的事情,谈不上"殊荣"。"此项殊荣"可改作"这种机会"。

87. 【标点符号错误;关联词缺失;概念错误】"政治——意识形态"应改作"政治—意识形态"。破折号改为连接号。"因为"之后应该连接"所以"。"话题"应改作"主题"。

88. 【语病】"工业化进程中所导致的"应改作"工业化进程导致的"。

89. 【表述错误】若中国一年就消耗了全球15%的能源,岂非只需不到7年,全球的能源就被消耗光了?此句应改作:

2007年,中国的GDP占全球GDP的6%,但能源消耗却占了全球当年消耗总量的15%,消耗了54%的当年生产的水泥和30%的当年生产的铁矿石(亚洲发展银行,2012)。

90. 【脱字】"公众健康、增长质量的重要制约"应改作"对公众健康、增长质量的重要的制约"。

91. 【遣词错误】"情义"应改作"情意"。"情义"用于兄弟姐妹、朋友、同事之间。"情意"用于男女之间的情爱。

92. 【遣词冗赘;量词不当】"总体上""主体""主要"三词连续重叠。应该删去"总体上""主要"两个词,表述为"本书主体包括"即可。"分析"用"个"作量词属于不当搭配,可改作"项"。

93. 【句读不当】全句55个字,句意比较复杂,但只在句末使用句号,影响阅读和理解。应改作:

在内生增长框架下纳入技术进步的偏向性,以考察偏向型技术创新对经济增长的影响,以及偏向型技术创新对节能减排的作用机制。

94. 【叙事不清】句子应改作:

知识和技术源于厂商为使利润最大化而努力作出的投资决策,这完全是内生行为,而知识、技术的数量是与人们为此作出的贡献成正比例的。

95. 【标点符号错误】句中脱一个顿号,两个间隔号。句子应改作

本书作者是伊朗著名历史学家、德黑兰大学教授阿卜杜·侯赛因·扎林库伯(殁于2005年)。

96. 【语序错误】句中因果陈述颠倒。句子应改作：
但是由于缺乏微观基础和未能与经济增长理论结合这两个重要原因,最终未能引起经济学家的足够重视。
97. 【遣词冗赘;遣词错误】应删去第二个重复的"他们"。"发现类似的结论"应改作"得出类似的结论"。
98. 【句读不当;语序错误】句子应改作：
由于数据不可得和计量方法本身存在的局限性,决定了还需要进一步认识偏向型技术进步。
99. 【脱字】"本书的技术进步"应改作"本书所说的技术进步"。
100. 【错别字】"延用"应改作"沿用"。

第十单元

1. 【概念错误】"逻辑的创始人"应改作"逻辑学的创始人"。"逻辑这门科学"应改作"逻辑学这门学科"。
2. 【知识性错误】"公元前第一个千年的中叶"应改作"公元前一千年中叶"。"第一个"系错误概念——谁也无法说清公元前一共有多少个千年,谁也不知道"第一个"千年是从何时开始的。
3. 【概念错误】上下文说的都是"皇族",故他们争夺的应该是"皇权",而不是"王权"。
4. 【句读错误】"文明的发展"之后误植句号,应该删去。
5. 【语序错误】"耶的稣降临"应改作"耶稣的降临"。
6. 【量词错误】"牛"的量词是"头"。"一个牛"的说法听起来很可笑,但不止一个作者这样写,而且许多作者只会用"个"来取代一切量词,这只能说明当代许多作者的量词知识实在贫乏。
7. 【错别字】"特格伊战争"应改作"特洛伊战争"。荷马史诗《伊利亚特》叙述的故事。
8. 【遣词错误】"不利"应改作"不力"。
9. 【知识性错误】"马其顿·菲利普斯"应改作"马其顿国王菲利普"。
10. 【知识性错误】"以金币作为武器的射手"应改作"用金币雇佣的射手"。作者在写作时缺乏思考。"以金币作为武器的射手"——难道打仗时将金币作为武器纷纷射向敌人?
11. 【遣词错误】根据句意,"崇洋排外"应改作"崇洋媚外"。
12. 【错别字】"诸候"应改作"诸侯"。此系常见错误。
13. 【语序错误】"阿尔德(公元前80—前76年)一度独揽大权"应改作"阿尔德一度独揽大权(前80—前76)"或"阿尔德一度(前80—前76)独揽大权"。若像此句中将括号内的年份放在人名后面,就错成了生卒年月。
14. 【知识性错误】根据史实,克拉苏是"罗马执政",不是"国王"。
15. 【知识性错误】克莉奥佩特拉不是"埃及王后",应改作"埃及女王"。
16. 【错别字】"鞭爆"应改作"鞭炮"。
17. 【叙事错误】"照未毙俘虏给予同样嘉奖"应改作"照未毙俘虏计数,并给予俘敌部队同样嘉奖"。此句错误地说成给予俘虏"嘉奖"。
18. 【标点符号错误;错别字;概念错误】全句应改作:
邕龙、邕钦、邕宾各线,寇军出扰均遭我军痛击。水口关祠附近一带无寇军踪迹。寇军拆下大塘、小董铁轨,运到钦州,搬到军舰上。

19. 【遣词错误】"侦查"应改作"侦察"。军事术语。
20. 【遣词错误】"窃取财务"应改作"窃取财物"。
21. 【概念错误】"开幕"应改作"开张"。
22. 【遣词冗赘】"5月15日布什宣布"应改作"5月15日宣布"。
23. 【关联词错误；衍字】句首用了"尽管",但是后面没有联接的关联词。根据句意,应该删去"尽管"二字。"有关较为深入"应改作"有较为深入"。
24. 【叙事不清】全句应改作：
    所以当时就决定请袁教授来当校长,希望由一位教授当校长,能务实,但更要有理想、有高度。
25. 【脱字】"建设规划1996年"应改作"建设规划制订于1996年"。
26. 【遣词错误】"自我地工作"应改作"忘我地工作"。
27. 【遣词错误】"和欧洲的自由文明所交融、所碰撞"应改作"和欧洲文明交融、碰撞"。滥用"所"字,造成句子不通。另外,不宜在两种文明之间用"自由"来定义欧洲文明,应该删去"欧洲"二字。
28. 【遣词冗赘】应该删去"有一个"三字。
29. 【错别字】"有西柏坡"应改作"由西柏坡",或"从西柏坡"。
30. 【错别字】"单页出现了"应改作"但也出现了"。
31. 【概念错误】"铜片"应改作"铜板"。旧时通行的金属钱币。查此段文字原引自1934年3月22日江西瑞金中华苏维埃共和国中央执行委员会委员、中央审计委员会主任阮啸仙给粤赣省苏维埃的信。
32. 【概念错误】"中共"应改作"中共中央机关"。"中共"即"中国共产党",指全党。而1949年离开西柏坡的是"中共中央机关"。
33. 【错别字】"砸乱"应改作"砸烂"。
34. 【错别字】"一九六零"应改作"一九六〇"。
35. 【错别字；比喻不当】"这个监督"应改作"这种监督"。将狼与羊群比作制度与人,不伦不类。全句应改作：
    这种监督除了人员监督,更重要的是制度监督。人只有在制度的约束下,才能更好地进步。
36. 【史实错误；错别字】"1972年"应改作"1970年"。"高效"应改作"高校"。1970年,北京大学、复旦大学、同济大学等一批高校正式招生。
37. 【概念错误】"失去了党的领导权"应改作"失去了在党内的领导权"。
38. 【句读错误】"一度取消了军委统由前委指挥"应改作"一度取消了军委,统由前委指挥"。
39. 【错别字】"路曼曼"应改作"路漫漫"。
40. 【概念错误】"新教徒"应改作"清教徒"。"建立"应改作"订立"。
41. 【叙事错误】"从小江姐小萝卜头的故事就耳熟能详"应改作"许多人从小就对江姐和小萝卜头的故事耳熟能详"。甫志高是"叛徒",不是"汉奸"。

第十单元

42. 【错别字】"被铺"应改作"被捕"。
43. 【标点符号错误】"红岩"应改作"《红岩》"。加书名号。
44. 【叙事错误；遣词错误】"与其他优秀的"应改作"与优秀的"。这里滥加"其他"，就把叛徒也算作是优秀的共产党员了。"令人为之汗颜"应改作"令人不齿"。
45. 【俗语引文错误】"十年清知府"应改作"三年清知府"。
46. 【脱字；标点符号错误】"暴政"应改作"实施暴政"。"骄奢淫逸、横征暴敛、百姓疾苦"应改作"骄奢淫逸、横征暴敛，造成百姓疾苦"，后面逗号应改作句号。
47. 【遣词错误；表述错误；句式错误】句子写得毫无章法。全句应改作：
严厉打击享乐主义，惩治违法违纪官员，并且长期抓，持续抓，而不是只抓一阵，导致过后反弹。
48. 【语序错误】"剥取的利益腐败"应改作"剥取利益的腐败"。
49. 【概念错误】"这两场横跨60多年的反腐斗争"应改作"相隔60年的这两场反腐斗争"。
50. 【错别字】"仅仅只争"应改作"进京执政"。这是典型的文字输入时的同音错字，系写作者常犯的错误现象。
51. 【标点符号错误；概念错误】"取代"应改作"被取代"。"兴盛——停滞——衰亡——取代"应该用连接号代替破折号，改作"兴盛—停滞—衰亡—被取代"。破折号用于引出行文中解释、说明的部分。连接号的用法之一是"几个相关的项目表示递进式发展"。（可参见中华人民共和国国家标准《标点符号用法》。）
52. 【错别字】"其兴也浡"应改作"其兴也勃"。
53. 【概念错误】"原来的多数共青团陆续恢复"应改作"原先的共青团组织多数陆续恢复"。
54. 【错别字；标点符号错误】"卖菜的老百姓、"应改作"卖菜的老百姓，"顿号改逗号。"化装的展示"应改作"化装的战士"。
55. 【错别字；表述错误】"打地主"应改作"大地主"。全句应改作：
譬如对"大地主"的定义，在有的地方，拥有土地二百亩以上者算大地主，可是在部分贫困地区，拥有几十亩土地就算大地主。
56. 【错别字；遣词错误】"其它"应改作"其他"。"相匹敌"应改作"相匹配"。
57. 【知识错误】雅各·德安科纳、马可·波罗这两个人都不是传教士。"基督教"也属于"西方文明"范畴，不应该作为并列概念。句子宜改作：
明清时期，西方传教士大量进入中国。他们除了在中国传播基督教之外，还带来了西方的科学技术。
58. 【错别字】"提款"应改作"题款"。
59. 【错别字】"斧劈皱"应改作"劈斧皴"。"斧劈"应改作"劈斧"。皴：中国传统山水画技法之一。
60. 【语序错误；叙事不当】"文献回顾"应改作"回顾文献"。"结合前人研究者的经验"应改作"结合前人的研究经验"。"对于概念进行历史的探讨和现实的把握"应改作"探讨和把握概念的历史含义和现实含义"。
61. 【错别字；叙事不当】"题肢"应改作"题旨"。"研究做了一共两场焦点小组座谈"应改作

"举行了两次焦点小组座谈"。

62. 【标点符号错误；叙事不当】全句应改作：
中国的对外传播面对的受众，是有智慧、有辨别力、能够在"观点的自由市场"上消费的群体。

63. 【句式不当】全句应改作：
在华外国人使用电视的动机并不强烈，来到中国这样一个变化显著的环境之后，有意识使用电视的动机又普遍降低了。

64. 【句式不当】"以至于"宜改作"以致"。"新文化运动"后面应该加逗号。全句应改作：
中国在洋务运动后发生的戊戌变法、辛亥革命，以及1915年发生的新文化运动，在一定意义上说，都是模仿西方现代化模式的结果。

65. 【遣词错误】"下半夜"应改作"下半叶"。

66. 【遣词错误】"障碍"应改作"阻碍"。

67. 【错别字】"减杀"应改作"灭杀"，或"扼杀"。

68. 【概念翻译错误】《权利精英》应改作《权力精英》。

69. 【概念错误】"这一词汇"应改作"一词"。一个单词不构成"词汇"。

70. 【叙事错误】"有一篇引用了复旦大学教授的文章指出："应改作"有一篇文章引用复旦大学某教授的话，指出："。

71. 【错别字】"文艺体育届"应改作"文艺体育界"。

72. 【概念错误；英文大小写错误】"自助式"应改作"自助类"。Self 应改作 self，首字母小写。

73. 【遣词冗赘】"这样评论美国文化，他写道："应删去"他写道"三字，改作"这样评论美国文化："。

74. 【叙事不当】"灰姑娘"三字应该加引号。"最有名的童话故事"应改作"最有名的童话故事之一"。

75. 【语法错误】"名流研究源自明星的研究"应改作"对名流的研究源自对明星的研究"。

76. 【脱字】"每一个"应改作"每一个人"。

77. 【错别字】"同科"应改作"痛苦"。语出毛泽东《为人民服务》。

78. 【概念错误】"所有的剧组"应改作"剧组的所有演员"。"前苏联作者"应改作"苏联作家"。苏联的国名全称"苏维埃社会主义共和国联盟"，1922年成立，1991年解体。"苏联"的名称所指时间段明确，用不着多此一举地加"前"字。

79. 【错别字】"人居可支配收入"应改作"人均可支配收入"。

80. 【句读错误】全句应改作：
苏美尔—阿卡德文明在公元前2371年至公元前6世纪先后建立苏美尔—阿卡德帝国、乌尔第三王朝、巴比伦王朝、亚述帝国。

81. 【成语错字】"夫子之道"应改作"夫子自道"。

82. 【关联词错误】"而"应改作"反而"。

83. 【错别字；语序错误】"线形"应改作"线性"。"线形的发展"应改作"线性发展的"。

第十单元

84. 【成语错字】"断羽而归"应改作"铩羽而归"。
85. 【概念错误】"韦伯的"应改作"韦伯指出的",或"韦伯所说的"。
86. 【概念错误】"情节"应改作"情结"。
87. 【脱字;量词错误;概念错误】"中国政治转型"应改作"对中国政治转型"。"一个积极探索"应改作"一种积极探索"。"1982年立宪"应改作"1982年制定的第四部宪法"。
88. 【衍字;脱字】"新罕布什威尔"应改作"新罕布什尔"。"境内"应改作"各州境内"。
89. 【错别字;标点符号错误】"佛理德里希 — 恩格斯"应改作"弗里德里希·恩格斯"。
90. 【知识性错误】"现为通县"应改作"现为北京市通州区"。"豫东"应改作"冀东",地处河北,不是河南。
91. 【句读错误】应该将句中的逗号删去。
92. 【脱字;术语错误;错别字】"装卸的都是中外远洋轮"应改作"装卸货物的都是中外远洋轮"。"冰冻猪肉"应改作"冷冻猪肉"。"半版"应改作"半爿"。猪在被宰杀后,全身纵向对劈开成两半,每一半就是"半爿"。"爿"音pán。"搁板"应改作"货板"。"分摊"应改作"摆齐"。全句应改作:
装卸货物的都是中外远洋轮,我记得最多的货物是冷冻猪肉,船上的吊机把成批地放在货板上的半爿冻猪肉往下吊进货舱,我们就在货舱里堆放这些猪肉。
93. 【错别字】"阿瓦"应改作"阿佤"。系佤族人的自称。
94. 【知识性错误】"下马调整"应改作"调整、巩固、充实、提高"。(当时称"八字方针"。)
95. 【错别字】"识于不识"应改作"识与不识"。"蜂𧕿"应改作"蜂虿"。虿:音chài,有毒的虫类。
96. 【概念错误】"美籍华人教授"应按照规范说法改作"华裔美国教授"。
97. 【标点符号错误;句式错误;知识性错误】"假发"应改作"平头"。全句应改作:
在《访日归来》中,巴金提到一位日本朋友S,在"文革"期间,S轻信极左思潮的宣传,讲过假话。真相大白后,他为了惩罚自己,剪了平头。(查巴金《访日归来》,原文是:"……原来他的发型变了:他剪了平头。")
98. 【句式错误;概念错误】"对于'文革'叙述的作品"应改作"叙述'文革'的作品"。"叙述对象"应改作"叙事内容"。
99. 【遣词错误】"葛藤账"应改作"葛藤"。"大批"应改作"大判"。
100. 【句读错误】句子应改作:
用林贤治的话来说,胡风做了"台前幕后不相一致的近于双面人格的表演"。(否则会引起曲解。)

第十一单元

1. 【叙事错误】"鲁迅那吃人的宴席的诅咒"应改作"鲁迅对那'吃人的宴席'的诅咒"。
2. 【概念错误】"法国犹太军官"应改作"犹太裔法国军官"。
3. 【概念错误】"上海文汇系统"应改作"上海《文汇报》系统"。"为巴金召开电视斗争大会"应改作"组织对巴金的电视批斗大会"。
4. 【句读错误】"与别人不同"后面应该加逗号。
5. 【错别字】"毛房"应改作"茅房"。"作"同"做",但宜改作"做"。
6. 【衍字】"第16卷本"应改作"第16卷"。
7. 【错别字】"心理话"应改作"心里话"。
8. 【错别字】"一遍"应改作"一般"。
9. 【句读错误】"尽管,我很清楚"应改作"尽管我很清楚"。
10. 【遣词错误;脱字】"以至于"应改作"以致"。"知识真正客观性的"应改作"知识的真正客观性的"。(关于"以至""以至于""以致"的用法区别,可参见《现代汉语词典》。)
11. 【翻译错误】根据括号里的英文,"强权即公理"应改作"强权制造公理"。以往所说的"强权即公理"的英文是 might is right。但在此句中,英文不是 is,而是 makes。
12. 【遣词冗赘;遣词错误】"他或她"在句中前后重复。"他或她自己"应改作"自己"。"流畅地"应改作"顺畅地"。
13. 【概念错误;错别字】"认识论家"应改作"认识论理论家"。"研究者中认知权威的关系"应改作"研究者与认知权威的关系"。
14. 【翻译错误】《约翰·布朗》应改作《约翰·布朗传》,因为须译出 A Biography。《黑人的重建》应改作《美国黑人的重建》,因为须译出 in America。《黑人的过去和现在》应改作《黑人大众的过去与现在》,因为须译出 Folk。
15. 【遣词错误】"亲密关系"应改作"密切关系"。)
16. 【关联词缺失】"女性主义者"应改作"与其说女性主义者"。
17. 【脱字;表述错误】"在二战"应改作"在二战之后"。"六七十年代之后"应改作"20世纪70年代之后"。有了"70年代之后","60年代"就多余说了。
18. 【概念错误;错别字】"欧洲文化的语言学转型"应改作"欧洲学术界的语言学转型"。"难于逾越"应改作"难以逾越"。
19. 【错别字】"缪托"应改作"谬托"。
20. 【错别字】"长期以往"应改作"长此以往"。成语。

第十一单元

21. 【遣词错误】"恐惧情节"应改作"恐惧情结"。
22. 【遣词错误】"瑞士报刊《论中国》"应改作"瑞士报纸《中国报》"。papiers：[法语]报纸。
23. 【人名错字】"张纬"应改作"张炜"。
24. 【翻译错误】根据括号里的英文，《艺术之声》应改作《声音的艺术》。
25. 【英文刊名错误】Publisher's 应改作 Publishers，Publishers Weekly 系专有名词。
26. 【句法错误；知识性错误】"那种……方式"应改作"从那种……叙述方式中"。"萨洛特·西蒙"应改作"克洛德·西蒙"，或改作"娜塔莉·萨洛特、克洛德·西蒙"。他们和罗伯-格里耶同是法国新小说派的代表作家。
27. 【遣词错误】"获奖及其落选"应改作"获奖及落选"。
28. 【人名错字】"李幼燕"应改作"李幼蒸"。
29. 【衍字】"华丽丽的"应改作"华丽的"。
30. 【错别字】"显诏"应改作"显昭"。
31. 【脱字】"不再互相间的战争"应改作"不再发动互相间的战争"。
32. 【错别字；句读错误；概念错误】"内于"应改作"由于"。"成员的数目"后面应该加逗号。"先验地"应改作"就先"。"认识力量"应改作"气势"。句子应改作：
    不管是装饰性的还是恐怖化的，由于其成员的数目，在气势上就先压倒了每一个个体。
33. 【语法错误；遣词错误】"无从阶级分化过程"应改作"无从讨论阶级分化过程"。"身历的苦难"应改作"所经历的困难"。全句应改作：
    在今日中国讨论性别，似乎便意味着站在超然于其他社会问题尤其是阶级现实的社会立场，因而也无从讨论阶级分化过程，尤其是下层妇女在这一社会转型过程中所经历的困难。
34. 【人名错字；错别字】"陈保国"应改作"陈宝国"。"与各大主要城市上映"应改作"于各大主要城市上映"。
35. 【错别字；衍字；脱字】"活跃自由主义"应改作"或曰自由主义"。"呈现为的"应改作"呈现的"。"至少"应改作"至少表现出"。
36. 【表述错误】"未经炒作热映"应改作"未经炒作就已热映"。
37. 【概念错误】"21世纪以来"应改作"21世纪开始以来"，或"进入21世纪以来"。
38. 【名字翻译错误】Alexander 不应该译作"亚历克斯"，应改作"亚历山大"。
39. 【外文姓名拼写错误】Yanuovych，漏字母 k，应该拼写作 Yanukovych。
40. 【脱字】"中西结合"应改作"中西医结合"。"范小青的后窑"应改作"范小青笔下的后窑村"。
41. 【标点符号错误】句子应改作：
    只有将本族语同其他语言进行比较，才能真正懂得自己的语言。——恩格斯。
42. 【表述错误】全句应改作：
    分析原因——对图表承载的信息作出评论，即阐述和议论图表中反映的问题或现象，分析其原因和结果。
43. 【衍字】"没有无"应改作"没有"。

44. 【错别字】"有2篇文章组成"应改作"由2篇文章组成"。系常见错误。
45. 【句式错误;错别字;概念错误】"手机"应改作"搜集"。"制定"应改作"制订"。"战略"应改作"策略"。全句应改作：
世界银行认为,基本公共卫生功能可分为：制订政策,为卫生政策、策略和行动搜集和传播信息,疾病预防与控制,等等。
46. 【表述错误】"是整个市场政府处于支配地位"应改作"是在整个市场上,政府处于支配地位"。
47. 【叙事错误】"得益于2003年SARS事件"应改作"得益于2003年SARS事件的教训"。
48. 【关联词错误】"不只仅限于"应改作"不能只限于"。"而应"应改作"还要"。
49. 【错别字】"福旨"应改作"福祉"。
50. 【量词错误】"一个狗"应改作"一条狗"或"一只狗"。
51. 【量词错误】"三个"研究应改作"三项"研究。
52. 【脱字;量词错误】"土地"应改作"土地面积"。"一个房子"应改作"一所房子",或"一幢房子",或"一栋房子"。
53. 【量词错误】"三个"著作应改作"三部"著作。
54. 【量词错误】"一个"小说应改作"一部"小说。
55. 【量词错误】"一个"生活应改作"一种"生活。
56. 【句法错误】"回想我俩刚来台湾时的场景还犹在眼前"应改作"刚来台湾时的场景犹在眼前"。"回想我俩"和"还"都是赘字。
57. 【句读错误】"刘铭传"后面应该加逗号。
58. 【遣词错误】"血海深情"应改作"骨肉深情"。
59. 【句法错误】应该删去破折号;删去"进行"二字。
60. 【概念错误】"在火车轮下飞翔"应改作"在火车轮子的下方飞翔"。
61. 【错别字】"心里创伤"应改作"心理创伤"。
62. 【衍字;句读错误】"即使是"应改作"即使"。"并没有,也不可能"应改作"并没有也不可能"。
63. 【引文错字;遣词错误】"宇宙的精英"应改作"宇宙的精华"。语出莎士比亚《哈姆雷特》。"渐趋萎缩"应改作"渐趋猥琐"。
64. 【句法错误】"惯用一种、也是常被人们所忽略的"应改作"惯用一种常被人们忽略的"。
65. 【知识性错误】"易卜生的译者"应改作"易卜生作品的英译者";"阿彻"应改作"阿切"(William Archer)。
66. 【脱字;概念错误】24.6万人无论如何"包括"不了33万人。全句应改作：
1871年都柏林有24.6万人,另有郊区人口33万。
67. 【脱字】"该篇作者"应改作"该篇评论的作者"。
68. 【概念错误】"将乔伊斯与当时大多数的英国文学相比"应改作"将乔伊斯与当时大多数英国作家相比"。
69. 【概念错误】"当代"应改作"同时代"。"爱尔兰文学"和"爱尔兰作家"都应改作"爱尔兰文学作品"。

70. 【遣词错误】"毫无保留"程度已到极致,不用"更加"。
71. 【脱字】"租处"应改作"租住处"。
72. 【句读错误】应该删去第二个逗号。否则句子产生歧义。
73. 【概念错误】"使知识分子"应改作"使多数知识分子"。事实上,"思想改造运动"是一部分知识分子批判另一部分知识分子。
74. 【名称错误】"普华甬道"应改作"普华永道"。
75. 【错别字】"柯特胶卷"应改作"柯达胶卷"。
76. 【遣词冗赘】应该删去",墨子言曰"。
77. 【遣词冗赘】"当即基于"中,"当""即"应该删去其一。
78. 【遣词错误】"在为毛泽东专门推荐的"应改作"在他那后来得到毛泽东专门推荐的"。避免歧义。
79. 【年份表述错误】"政和"应改作"征和"。"(公元89年)"应改作"(公元前89年)"。
80. 【数字错误】"占全球四分之一"应改作"占全球近五分之一"。2014年6月,中国人口13.6407亿,占世界人口18.84%,不到五分之一。
81. 【概念错误】"现代社会以来"应改作"进入现代社会以来"。
82. 【叙事错误】"在台上"应改作"曾经在台上"。
83. 【遣词不规范;概念错误】"邓小平视察南方讲话"应改作"邓小平南方谈话"。"政治文明形态复原阶段结束"应改作"一个新的政治文明时代的开始"。
84. 【知识性错误】"东南大学"在南京,在上海并且有服装设计专业的是"东华大学"。
85. 【概念错误】"共产主义国家"应改作"社会主义国家"。
86. 【翻译错误】Tammy应该译作"坦米",而不是"坦尼"。policy machine不应译作"政治机器",而应该译作"政策机器"。
87. 【人名错误】"阿马蒂·亚森"应改作"阿马蒂亚·森"。
88. 【逻辑错误】"不再运用一种理论或方法"应改作"不再运用旧的理论或方法"。因为后半句所说的"运用新的理论或模型"仍然是"一种"理论或方法。
89. 【遣词错误】"引起震撼"应改作"引起反响"。
90. 【年代错误】国共合作发生在20世纪,不是"19世纪"。句中的"19世纪20年代"应改作"20世纪20年代";"19世纪40年代"应改作"20世纪40年代上半期"。有些写作者将"19××年"写成"19世纪",也是一种常见错误。
91. 【标点符号错误】破折号应改作连接号:"民进中央—清华大学"。
92. 【衍字】"会造成了"应改作"会造成"。"会""了"两字不能同时使用。
93. 【表述错误;遣词冗赘】"……等"应改作"在……等地"。"日趋走向国际化"应改作"日趋国际化"。"趋"和"走向"冗复。
94. 【表述错误】全句应改作:
   "一带一路"是新时期为优化经济发展空间格局而重点实施的三大国家战略("一带一路"、京津冀协同发展、长江经济带)之一。

95. 【表述错误】此句逻辑有问题。应改作：
因此,"一带一路"不是中国版的马歇尔计划,而是与马歇尔计划有着本质上的区别,是有利于相关国家共同发展的。
96. 【错别字】"甚廖"应改作"甚寥"。
97. 【遣词繁复】"曾经一度"应改作"曾经"。
98. 【遣词繁复】"全面广泛"应改作"广泛"。
99. 【标点符号错误】根据括号里的英文,"比格勒·麦卡锡"应改作"比格勒-麦卡锡"。
100. 【脱字】"任何意义学习"应改作"任何有意义的学习"。

第十二单元

1. 【衍字】"马尔科姆艾"应改作"马尔科姆"。"种族主义问题"应改作"种族主义"。
2. 【遣词错误；句式错误】"那些……人们"应改作"那些……人"。句式应改作：剧中另一位16岁的学生演员爱丽思(Iris)选择为那些常常被社会忽视的人说话。
3. 【数字表达不规范】约数应该用汉字表达。"200余个"应改作"二百余个"。"6 000余种"应改作"六千余种"。句中数字表达法原本就不一致。
4. 【遣词错误；脱字】"英国实力的高涨"应改作"英国实力的增强"。"在16世纪伊丽莎白一世"应改作"在16世纪伊丽莎白一世时"。
5. 【叙事不当】笼统地说"希腊人"如何如何，"中国人"如何如何，实在太武断，而且存在一褒一贬的倾向。事实上，中国人闯关东，走西口，下南洋，去北美，扎根欧洲，东渡日本，遍布世界。其实，大多数希腊人也是眷恋故土的，否则现在希腊岂非没人了？有些写作者为追求生动的表达而罔顾事实和常识，爱说绝对话，这也是一种常见的错误。
6. 【概念错误】"在整个东方"应改作"在整个东欧"。在历史上，西欧人自称是世界中心，而将东欧、南欧说成"东方"，与现在的"东方"概念不是一回事。
7. 【数字表达错误】"3 700百万"意味着"37亿"。应改作"3 700万"。
8. 【知识性错误】"摆草根儿"应改作"摆蓍草"，即用蓍草来算卦。
9. 【观点错误】为官者若圆滑世故，不是好事；私设小金库是违法乱纪行为。作者认为"无伤大雅"，这种主张是错误的。
10. 【遣词错误】"众口难调"应改作"众说纷纭"。
11. 【错别字】"子夜十分"应改作"子夜时分"。
12. 【人名错字】"荀域"应改作"荀彧"。
13. 【错别字；概念错误】"神祇"应改作"神祇"。"神祇们"应改作"神祇"。"神祇"是对神的总称，不用"们"。
14. 【脱字；成语错误】"各个领域"应改作"经济学的各个领域"。"人言人殊"应改作"言人人殊"。
15. 【翻译错误】"或然性"应改作"偶然性"。contingency：可能性，偶然性；偶然事件。"或然性"的英文是probability。
16. 【遣词不当】"从而获得的解释"应改作"因此作出的解释"。
17. 【语病】后半句应改为"但韩国并没有参与，相反却表明了同中国关系正常化的强烈愿望"。

18. 【名称错误】"12号阁"应改作"12号楼"。
19. 【遣词错误;句式错误】"这是韩国建国以来第一次的总统访中事件"应改作"这是韩国第一次由总统访华"。
20. 【错别字】"那被双方"应改作"南北双方"。
21. 【遣词冗赘;句式错误;用词不当】应该删去"随即遭到了"五个字。"外交部随即"应改作"外交部立即"。
22. 【表述错误】韩国来华人数增多或减少同发生在美国的"9·11事件"毫无干系,将这两件事情连在一起是很荒唐的。全句应改作:
    2001年,韩国到中国的人数不仅没有减少,反而有大幅度的增加,达到170万人。
23. 【语法错误】将"青岛市"作为主语,造成表述与意愿相反的结果。"2007年青岛市……"应改作"2007年,在青岛市采取……"。否则,就理解为青岛市采取了非正常手段,而事实上是一部分韩资企业采取了非正常手段。语法错误导致事实错误,或至少可作歧义解释,此为一例。
24. 【事实错误】说"全球每个大城市几乎都有唐人街",这句话没有事实根据,也不可能。说"这些唐人街是中国文化的象征"是概念错误,随便乱说。说"也是吸引中国投资的重要渠道",言下之意,吸引了中国向全球几乎每个大城市都投资,这是杜撰。一句话讲了四件事情,却有三件是错的。全句应改作:
    全世界许多大城市有唐人街,这些唐人街也是吸引向中国投资的重要渠道,而韩国没有唐人街。
25. 【概念错误;遣词错误】"中国建国以来"应改作"新中国成立以来"。"打算积极加强"应删去"打算"二字。因为中国一向积极加强同周边国家的友好关系,并非从2013年开始才有打算。
26. 【语序颠倒】"27所优秀大学的学生"应改作"27所大学的优秀学生"。
27. 【错别字】"出家"应改作"出嫁"。妇女"出家"意味着去做尼姑。
28. 【错别字】"敲猪杠"应改作"敲竹杠"。意即"敲诈"。
29. 【错别字;标点符号错误】"为保长"应改作"伪保长"。标点符号错误造成意思混乱。全句应改作:
    长春高级社7名正副社长内有一贯道坛主1名,办道人员1名。4个会计中有3个历史不清。6个饲养员中有反革命分子1名,小土匪1名,赌棍1名。记工员内有特嫌1名,伪保长1名,小道首1名,道徒6名。
30. 【叙事错误】"只有"应改作"竟然有"。"都是"二字应该删去。
31. 【叙事错误】说"一天等于二十年",那么30年应该是"一天半",不是"一年半"。
32. 【史实错误】"1965年"应改作"1966年"。
33. 【错别字;脱字】"何其它"应改作"和其他"。此句抄录法规条文,却严重脱字。全句应改作:
    严禁任何单位和个人自制、复制、出租、出售、贩卖淫秽书画和其他诲淫性物品,违者,除没收其录音录像设备和非法所得外,对个人处十五日以下行政拘留,追究单位主管

316

人和直接责任者的责任,构成犯罪的,依法惩处。

34. 【遣词冗赘;数字表述错误】句末有"发放了土地使用证",句首"经过调整发证"应删"发证"二字。数字表述错误,误加"万"字,造成误差一万倍。"110 000万多亩"应改作"11万多亩";"400 000多万亩"应改作"40多万亩"。又,两处都是约数,宜改作:"十一万多亩""四十多万亩"。

35. 【错别字】"哈赤哈赤"应改作"哈哧哈哧"。拟声词。

36. 【错别字;概念不当;句读错误】"缸豆架"应改作"豇豆架"。"中年母鸡"是什么概念?如何定义母鸡的"中年"? 按照常识,对母鸡年龄的区别说法是"小母鸡""母鸡""老母鸡"。此处用"母鸡"即可。"母鸡"后面的逗号应该删去。

37. 【错别字;概念错误】"大衣厨"应改作"大衣橱"。"新工房"应改作"新公房"。此概念源自与"私房"相对的"公房"。而"工房"指务工者集中居住的宿舍。

38. 【错别字】"有学者称"应改作"有学者问"。

39. 【遣词冗赘】"来进行展示和流通"应改作"来展示和流通"。此处"进行"是赘词,系常见错误。

40. 【遣词冗赘】"不仅只是"应改作"不只是"。

41. 【遣词冗赘】两处"我们"应删其一,甚至可以都删去。

42. 【表述不清】。全句应改作:
这样,以往思想家们所写的思想原著不仅被看成可供今人研究的思想性文本,更是被看作思想家本人使用言语和修辞来写作的文本。

43. 【概念错误;遣词冗赘】"关于""这样的""时间为"都是赘词。将"16—19世纪"划为"近代早期"是错误的。"近代"指16至19世纪,16世纪是其"早期",而"19世纪"则是其"晚期"。全句应改作:
起初,斯金纳应约为企鹅出版社写一本16—19世纪近代政治思想史概述著作。

44. 【英文大小写错误】neo-roman应改作neo-Roman。

45. 【标点符号错误;文字表述不规范】句中的英文按规范都应该译出。全句应改作:
例如,法国学界研究托克维尔最负盛名的学者雷蒙·阿隆、弗朗索瓦·富海、弗朗索瓦兹·梅洛尼欧提出了托克维尔思想中的民情内容,而未有系统研究。在英国学术界具有代表性的著作、切里尔·B·韦尔奇主编《剑桥版托克维尔研究指南》(剑桥大学出版社,2006)也未就这一问题进行讨论。

46. 【英文字母大小写错误】括号里字母P应该小写。虽是专业术语,却非专有名词,按英文写作规范,词首不应该大写。

47. 【语序颠倒】"轶卷浩繁"应改作"卷帙浩繁"。

48. 【错别字】"支端末节"应改作"枝端末节"。

49. 【句法错误】"直至1983年以后,小平同志说,要把我国银行建设成真正的银行以后"应改作"直至1983年小平同志说要把我国银行建设成真正的银行以后"。

50. 【衍字】"则是将购货企业将销货企业的物资"有两个"将"字,前一个"将"字明显是错误的,应该删去。

51. 【遣词错误;标点符号错误】"为不同国家所组成"应改作"由不同国家组成"。"黄金外汇"应改作"黄金、外汇"。
52. 【概念错误】"1949年国民政府正式迁台"应改作"1949年国民党政府逃往台湾"。
53. 【遣词不当】"货币需求为央行所决定"应改作"货币需求由央行决定"。
54. 【表述不当】全句应改作:
人类历史上最早的纸币——宋朝的交子——就发端于民间,因为交子铺要以自己的资产作为发行的担保,所以发行量有限,而币值稳定。
55. 【遣词错误】"反之亦反是"应改作"反之则反是"。
56. 【句读错误;脱字;叙事不清】"加上,人民币"应改作"加上人民币"。"不会造"应改作"不会造成"。句子后半部分缺必要的关联词,语句结构关系模糊。全句应改作:
加上人民币发行与外汇收入同步增长,国际收支顺差不会造成人民币相对减少。如果人民币升值难以到位,国际收支持续顺差,那么人民币发行就越来越多。
57. 【衍字】"长期中"应改作"长期"。
58. 【知识性错误;标点符号错误】"人大代表必须是"应改作"人大代表中必须有"。说"人大代表必须是会计师,审计师和律师",这既不合情理,也不符合事实。"会计师,审计师和律师"应改作"会计师、审计师和律师",逗号改顿号。
59. 【错别字】"商务印刷馆"应改作"商务印书馆"。
60. 【衍字;句式不当】"进步是"应改作"进步"。"绝大多数人参与管理,即'社会自治'的程度来衡量的"应改作"靠绝大多数人参与管理,即靠'社会自治'的程度来衡量的"。
61. 【标点符号错误;脱字】"社会——历史"应改作"社会—历史"。此处不能用破折号,应该用连接号。"从一开始同"宜改作"从一开始起就同"。"东西"二字可删。后半句脱字。全句宜改作:
使马克思的"自然"概念从一开始起就同其他种种自然观区别开来的,是马克思的"自然"概念中的社会—历史性质。
62. 【脱字】"在本质上历史的"应改作"在本质上是历史的"。
63. 【错别字】"想像和意像"应改作"想象和意象"。
64. 【概念错误】"卢卡奇的物化过程"应改作"卢卡奇所说的物化过程"。不是卢卡奇这个人"物化"了。
65. 【错别字】"形式阶级统治权力"应改作"行使阶级统治权力"。在键盘上输入文字时出现的同音错词。系常见错误现象。
66. 【错别字;标点符号错误】"正就出来"应改作"拯救出来"。系同音错词。句末的句号前应该加后括号。
67. 【语序错误】"(以下简称《人权宣言》)"不应该放在"《独立宣言》"后面,应该在"《人权与公民权宣言》"的后面。否则变成知识性错误。
68. 【概念错误】"自身的意见"应改作"自己的意见"。
69. 【知识性错误】"蒙太奇般的理想梦幻"应改作"海市蜃楼般的理想梦幻"。作者不懂"蒙太奇"是什么意思。montage:电影、电视片制作中的"剪辑"手法,系艺术与技术术语。

70. 【概念错误】"国际间的"应改作"国际",或"国家间的"。系常见错误。

71. 【概念错误】"编写年限已久"应改作"编写年份已久"。

72. 【关联词错误】"而是教育理念的退步"应改作"只看到教育理念的退步"。

73. 【成语理解错误】"差强人意"应改作"不如人意"。成语"差强人意"意思是"大体上还能让人满意",显然与作者的本意不符。系常见错误。

74. 【知识性错误】"巴甫洛夫的条件作用"应改作"巴甫洛夫的条件反射作用理论"。

75. 【名称错误；英文单词拼写错误】"《英国大百科全书》(袖珍本)第1卷"应改作"《简明不列颠百科全书》第1卷"。axioloyy应改作axiology。

76. 【知识性错误】1948年是"民国37年",不是"民国38年"。

77. 【错别字；知识性错误】句中写作"寅夜",当是"夤夜"之误。夤夜：深夜。作者接着又错上加错地做了一条注释。

78. 【遣词不当；标点符号错误】"创造了"应改作"发明了"。《速成识字法》的书名号应改作引号。

79. 【叙事错误】口号里有"联"字,但没有"民"字。此句子不能成立。

80. 【事实错误；遣词不当】上海人称呼苏北人为"江北人",不是"苏北人"。"象征"应改作"代名词"。

81. 【知识性错误】说"紫檀木……材料比红木还贵",是不知"红木"是什么概念。"红木"是紫檀木、鸡翅木、花梨木等几种贵重木材的统称,紫檀木是红木的一种。句中"材料比红木还珍贵"应改作"材料是红木中最珍贵的"。

82. 【错别字】"廉子"应改作"帘子"。

83. 【概念错误】"他下面"不会有"兄",只会有"弟"。"兄妹"应改作"弟妹"。

84. 【概念不准确】"鞋底的前后"应改作"鞋底的前掌后跟"。

85. 【史实错误】"查清'十八代祖宗'"应改作"查清三代"。在以往的"政审"中,按照严格的政策,要查有关人员的三代人有无政治或历史问题。"三代"指本人一代,父母一代,祖父母和外祖父母一代。再往上的曾祖一代不在调查之列。要说"十八代祖宗",若以20年为一代,则18代意味着360年,而要查某个人的360年前的家庭情况,是不可能的,这只能当笑话讲。

86. 【错别字】"柯"(kē)应改作"诃"(hē)。规范的译名是"堂·吉诃德"。

87. 【年代错误；引文错误】"1970年代"应改作"1980年代"。"我们的理想"应改作"我们的家乡"。引文出自歌曲《希望的田野上》。

88. 【错别字】"甲季"应改作"甲基"。中国江南农村在上世纪60年代和70年代使用的一种抗病虫害的农药,化学名称"甲基对硫磷",俗称"甲基1605",通常简称"1605",药性和药效比另一种农药"1059"强。当"1059"不起作用时,就使用"1605"。

89. 【错别字】"出跳"应改作"出挑"。"成"字位置应该在引号之外。

90. 【知识性错误；脱字】"工人阶级毛泽东思想宣传队"应改作"工人毛泽东思想宣传队"。后脱"队员"二字。

91. 【语法错误】此句应改作"这段历史需要得到认真的反思"或"对这段历史需要进行认真

的反思"。

92. 【错别字】"急巴"应改作"结巴"。指人在说话时口吃。
93. 【概念错误】"排名"应改作"排行"。"3个女姐妹"是一种可笑的表述,姐妹当然是女的,用不着以"女"字来修饰。根据句中意图,应改作"3个妹妹"。
94. 【错别字】"几件平房"应改作"几间平房"。
95. 【错别字】"晕菜"应改作"荤菜"。"时而觉得"宜改作"时常觉得"。
96. 【错别字】"竹塌"应改作"竹榻"。用竹子做成的床。
97. 【概念错误】"神经病人"应改作"精神病人"。
98. 【错别字】"缸豆"应改作"豇豆"。"豇"音 jiāng。"1长排"应改作"一长排"。
99. 【概念错误】"国家的分配"应改作"上级分配农药"。"照葫芦卖瓢"应改作"照葫芦画瓢",或"依葫芦画瓢"。确切地应表述为"照本宣科"。
100. 【叙事错误】"容易陷进泥里"应改作"不容易陷进泥里"。

第十三单元

1. 【量词错误】"几颗秧"应改作"几棵秧"或"几株秧"。
2. 【错别字】"训牛"应改作"驯牛"。
3. 【年份表述错误】按规范,"70年"应改作"1970年"。
4. 【错别字】"身理缺陷"应改作"生理缺陷"。
5. 【错别字】"腌掉"应改作"阉掉"。"线鸡"应改作"阉鸡"。
6. 【知识性错误】"药械"不是"农药",而是指用于喷洒农药的器械,在江南农村主要指农药喷雾器。
7. 【知识性错误;错别字】籼米同粳米相比,只是吃起来口感不同,并非"质量较差"。"扎出来的米"应改作"碾出来的米"或"轧(音 gá,或 yà)出来的米"。
8. 【知识性错误】"根据情况确定"应改作"根据每户配给粮食总量确定"。此系计划经济时代的做法。
9. 【错别字】"化钱"应改作"花钱"。
10. 【句读错误】"几千年民族历史"中间不应该有逗号。
11. 【错别字;衍字;脱字】"构建者"应改作"构建着"。"也始终将"应改作"也终将"。"生活于"应改作"以生活于"。"境域"应改作"境遇"。
12. 【脱字】"在孔子思想是"应改作"在孔子思想里是"。
13. 【脱字;句读错误】"完善的社会,必由"应改作"认为完善的社会必由"。
14. 【脱字;标点符号错误】"不妄语信、"应改作"不妄语者信,"。
15. 【语法错误】全句应改作:
    事实上,研究中国哲学史的特点比研究它的规律更为重要。
16. 【知识性错误】毛主席的指示是"时代不同了,男女都一样",而"妇女能顶半边天"不是他说的话。
17. 【句读错误】"三位一体、不可或缺"应改作"三位一体不可或缺"。
18. 【引文错误】"咬定青松不放松"应改作"咬定青山不放松"。语出郑板桥的诗。
19. 【错别字】"不积硅步"应改作"不积跬(kuǐ)步"。
20. 【脱字】"无论学科和组织"应改作"无论在哪个学科或组织"。
21. 【概念错误】"招收助理主任"应改作"招生部门助理主任"。"登记管理专家"应改作"注册管理专家"。
22. 【句读错误;词序颠倒】"我从事这项工作因为我希望起初"应改作"我从事这项工作,是因为我起初希望"。

23. 【遣词错误】"在高等教育"应改作"在高校"。"令人惊艳"应改作"令人艳羡"。"驱使"宜改作"促使"。

24. 【句式错误】此句语序前后颠倒。全句应改作：
就学校内外的各种机会而言,上级总是一个很好的信息源。

25. 【句式错误】应改作：
对新手来说,同领导学生工作的人接触,也是理解全新环境的一个很重要的方面。

26. 【语序错误;句读错误】"高级学生工作管理人员"应改作"学生工作高级管理人员"。"带领新人给予支持和鼓励"应改作"带好新人,给予支持和鼓励"。

27. 【叙事混乱;句法错误】应改作：
由于从不同的来源产生的很多要求,我们的工作很容易使新的专业人员感到不堪重负。

28. 【错别字】"二朗腿"应改作"二郎腿"。指坐着的时候,一条腿提起来,搁在另一条腿上。民间口语称"跷二郎腿"。

29. 【衍字;错别字】"包括哪些"应改作"包括："。"获得工资的权利""批评和建议的权利"中的"权力"都应改作"权利"。系常见错误。

30. 【遣词错误;脱字】"上场"应改作"就职"。"日趋紧张"应改作"关系日趋紧张"。

31. 【词序错误;遣词错误】"各种世俗当前的事实"应改作"当前的各种世俗事实"。"响应"应改作"回应"。

32. 【遣词错误;错别字】"任何人也明白"应改作"任何人都明白"。"应侍官场上的"应改作"应付官场的"。

33. 【句式错误;遣词错误;脱字】应改作：
学校究竟应该侧重教中国人学英语,还是教英国人或欧洲人学汉语。

34. 【遣词错误;括注外文位置错误】"更在地的"应改作"地方化的"。"作出更在地的传教路线(localization)"应改作"规划出地方化(localization)的传教路线"。

35. 【成语错误】"密锣紧鼓"应改作"紧锣密鼓"。

36. 【概念错误】"不著撰人"应改作"不署撰著者"。

37. 【遣词冗赘】"接着"与"旋即"同义反复。应删去"接着,"。

38. 【错别字】"《退尔贯珍》"应改作"《遐迩贯珍》"。

39. 【脱字】"撰文于"应改作"撰文发表于"。

40. 【错别字】"一代"应改作"一带"。

41. 【句读错误;遣词错误】"及其爱情"应改作"和爱情"。原句的前后两部分存在逻辑问题。前面讲"生活的艰难困苦",后面讲"研究过程",故应将"终究是有益的"用句号句断。

42. 【关联词错误;脱字;句式错误】应改作：
总之,论题本身和很多细节都需要深化,而需要进一步研究的问题尤多,这些都是努力的方向。

第十三单元

43. 【遣词冗赘】"必须"和"要"同义反复,而且"必须"比"要"语气更强烈。"必须要对"应改作"必须对"。
44. 【遣词错误】"打下了伏笔"应改作"埋下了伏笔"。
45. 【遣词错误;语法错误】"切身聆听"应改作"亲身聆听"。"都亲身聆听"前缺主语,以致造成主语混乱。"都切身聆听了"应改作"德里达和福柯都亲身聆听了"。
46. 【遣词错误;句式错误】"这是自古希腊以降的传统即身体是灵魂的监狱。"应改作"这是自古希腊以降的传统观念,即认为身体是灵魂的监狱。"
47. 【错别字】"做实"应改作"坐实"。
48. 【衍字】"政治和甚至是"应改作"政治甚至是"。
49. 【句读错误;脱字】句中有两处逗号使用不当。"形势判断"应改作"对形势的判断"。全句应改作:
   当然,这里面涉及苏共二十大之后国际共产主义的理论策略。一方面,赫鲁晓夫治下的苏共被谴责为犯了修正主义的错误;另一方面,法共自身缺乏正确的理论和对形势的判断,犯了教条主义的错误。
50. 【衍字】"然而这和他们所处的世界"应改作"然而他们所处的世界"。
51. 【名称错误】徐霞客的著名作品的书名不是《地理笔记》。应改作《徐霞客游记》,或《徐霞客西游记》。
52. 【同义反复】"付梓"就是"出版","出版"就是"付梓"。连用则意思重叠。在句中应删其一。系常见错误。
53. 【翻译错误】"多尔凯"应改作"多凯尔"。
54. 【叙事错误】"桑杰被判了死缓"应改作"闹柔被判了死缓"。原句中桑杰先被打死,后被判死缓,岂非笑话。如今很多写作者落笔仓促,又不事修改,往往留下很多"硬伤"。
55. 【知识性错误】"挖掘全球生态环境恶化的文学文化根源"意谓文学是全球生态恶化的根源,未免太无知。"并试图对当下濒危的生态环境找出文学救治的良方"也是异想天开,文学最多对社会活动产生一些影响,但不可能具备救治生态的力量。
56. 【错别字】"小量"应改作"少量"。
57. 【错别字】"娜娜柳枝"应改作"婀娜柳枝"。"洩露"应改作"泄露";"洩"是异体字。"洞澈"应改作"洞彻"。
58. 【关联词错误】"假如吴永刚……,孙瑜……"应改作"假如说吴永刚……,那么孙瑜……"。
59. 【错别字;关联词错误】"共渡终身"应改作"共度终生"。"侍奉……"应改作"除了侍奉……"。
60. 【错别字】"但在理而言"应改作"但在礼而言"。
61. 【量词错误;逻辑错误】"一个……智慧"应改作"一种……智慧"。句子所述内容的逻辑有很大问题:(1)仅仅说"养生",并不意味着"舍得";只有当人们为了"养生"而放弃对名利和财富的追求时,才算是"舍得"。(2)"得到了名利财富"和"失去了健康"两者之间不存在必然关系;所以,"比如得到了名利财富,失去了健康"应改作"比如说,为了得到名利财富而失去健康,这是愚蠢的"。

62. 【知识性错误】"在古希腊一座智慧神庙的大门上"应改作"相传在古希腊的德尔斐神庙的门楣上"。

63. 【脱字;知识性错误】"是年纪长"应改作"是指年纪"。"寿"字的"最常见用法"还有与句中意思相反的"短寿"。

64. 【语病】"一只被称为毛里求斯乌龟"应改作"有一只毛里求斯乌龟"。

65. 【脱字】"据说目前的最高纪录"应改作"据说目前人类寿命的最高纪录"。

66. 【错别字】"昝"应改作"咎"。咎(jiù):罪责,过失。昝(zǎn):我。

67. 【遣词错误】"主张要"应改作"主张的"。

68. 【脱字;代词错误】"他饮食之道"应改作"他的饮食之道"。"他认为我当前"应改作"他认为自己"。

69. 【引文错误;脱字严重】"人老多忧虑"应改作"人老多忧累"。"一裘鞍马多"中间脱20字。应改作"一裘暖过冬,一饭饱终日。勿言舍宅小,不过寝一室。何用鞍马多"。

70. 【脱字】"是他那"应改作"是与他那"。

71. 【引文错误】引文14个字,却错了3个字。"八十老翁玩似铁,三更风云采云归"应改作"八十老翁顽似铁,三更风雨采菱归"。

72. 【引文错误】"钟馨香"应改作"钟馨清"。

73. 【脱字】"靠塾师"应改作"靠做塾师"。

74. 【知识性错误】林肯并非死于疾病,而是死于被暗杀。

75. 【概念错误】"灿若云星"应改作"灿若星云"。"文坛老松"应改作"文坛不老松"。

76. 【句法错误】"周有光先生,除耳有点背外,周老的思维清晰"应改作"周有光先生除耳有点背外,思维清晰"。

77. 【句读错误;英文拼写错误】"暴动"后面应加逗号。Iister应改作Lister。

78. 【句读错误;概念错误】"国社"应改作"国社党"。德文Putsch意即"暴乱,政变"。"七月中国社变叛(Nazi Putsch)时"应改作"七月中,国社党暴乱政变(Nazi Putsch)时"。

79. 【脱字】"晚出20多年"应改作"晚出生20多年"。

80. 【句读错误;标点符号错误;脱字】全句应改作:
该派认为,历史学的任务不是直接的政治斗争,而是对历史作科学的研究,确定正确的历史事实。

81. 【概念错误】"中国世界史的实情"应改作"中国的世界史研究的实情"。

82. 【引文脱字】"看风景人"应改作"看风景的人"。

83. 【引文脱字】"向前向前向前进"应改作"向前,向前,向前进展"。

84. 【错别字;标点符号错误】"无以复佳"应改作"无以复加"。"尽善尽美,"应改作"尽善尽美、",逗号改作顿号。

85. 【错别字;关联词错误】"划刮地皮"应改作"搜刮地皮"。"上而至于……下而至于……"应改作"上自……下至……"。

86. 【引文错字】"大道发"应改作"大道废"。语出老子《道德经》。

87. 【错别字】"椎心裂眦"应改作"锥心裂眦"。
88. 【名称错误】"华东政治学院"应改作"华东政法学院"。
89. 【概念错误】"潜生态"应改作"浅生态"。英文 shallow 是"浅"的意思。
90. 【概念错误】"16 万人类"应改作"16 万人"。
91. 【遣词错误】"默默"应改作"沉默"。
92. 【脱字；概念错误】"勤奋"应改作"与勤奋"。"勤奋和率真"同"浮躁和趋时"在词义上严格说来不构成对立。
93. 【叙事错误】句中罗列了 4 个人的姓名,故"3 位"应改作"4 位"。
94. 【概念错误】"梯形教室"应改作"阶梯教室"。"梯形"是几何图形。
95. 【事实错误】"教学评估"是教育界、学校的具体工作,说它"已成为社会焦点",属夸大其词。
96. 【脱字】"……在内的"应改作"包括……在内的"。
97. 【错别字】"仿造"应改作"仿照"。
98. 【衍字】应该删去"用于"二字。
99. 【遣词错误】"进攻台湾海峡"应改作"侵入台湾海峡"。事关史实,一词之差,概念不同。
100. 【表述错误】句中对年代的表达前后矛盾。若说"20 世纪 60 年代以后",应指 70 年代及以后,而不能将 1968 年说成"60 年代以后"。应改作"进入 20 世纪 60 年代以后",叙事才准确。

第十四单元

1. 【遣词错误；错别字】"进行"应改作"组织"。"经常实在"应改作"经常是在"。"潮流转移"应改作"潮汐变化"。"明白易懂"应改作"非常清晰"。全句应改作：
   当然，很多联盟都是由国家来组织的，而且经常是在很短的时间内组织起来的，而战争的潮汐变化使新的联盟非常清晰。
2. 【翻译错误】"军事-官僚绝对主义"应改作"军事—官僚专制政体"。
3. 【遣词错误】"在十三四世纪"应改作"在13世纪和14世纪"，不可用约数表达法。"必须要"应改作"必须"。"引发"应改作"导致"。
4. 【译名错误】"大选侯"应改作"大选帝侯"。
5. 【概念错误】"两种东西"应改作"两者"。这里说的是人。"一直到晚近"应改作"一直到很晚时候"。"晚近"指的是"最近"。
6. 【句法错误】"13世纪末期勃兰登堡和波美拉尼亚的等级会议首次进行了召集"应改作"13世纪末，勃兰登堡和波美拉尼亚首次召集了等级会议"。
7. 【句法错误】"得到了很好地确立"应改作"很好地得到了确立"。
8. 【德文字母大小写错误；知识性错误】Wittelsbachs，首字母大写。"路易十一"应改作"路易十四"。罗马大写数字XIV是"十四"。
9. 【同义反复】"农民仅仅只需要"应改作"农民只需要"。"仅仅"和"只"意思重叠。
10. 【句式错误】"其贫瘠的资源必须要进行动员，并在等级会议的抗议之中，建立起现代军队"应改作"必须动员其贫瘠的资源，并且不顾等级会议的抗议，建立起现代军队"。
11. 【句式错误】句子在陈述中出现了语序错误，造成主语"联盟"被说成"世纪"。应改作：勃兰登堡—普鲁士联盟在俾斯麦之前的铁血世纪中铸成。
12. 【概念错误】"绝对主义从来不是完全绝对的"应改作"专制政体从来不是完全专制的"。
13. 【遣词错误】"必须要经得"应改作"必须经"。
14. 【表述不规范】"(r.1710—1740)"应改作"(1710—1740在位)"。"未被选帝侯或腓特烈大帝所认同"应改作"未得到选帝侯或腓特烈大帝认同"。"国社党时期（National Socialist）"应改作"国社党（National Socialist）时期"。
15. 【量词不当；遣词错误；翻译错误；叙事不当】"一个……动力"宜改成"一种……动力"。"嗣子"意为帝王或诸侯的继承人，多为嫡长子。此处应改作"儿子们"。"年轻的少年们"的表述法很可笑。根据括号里的英文，应该译作"长子以下的儿子们"。第二次译成"年轻的儿子"也是错误的。[注：根据近代欧洲传统，唯长子才有继承权，故次子及

以下的儿子们不得不外出冒险,以求财富和荣誉。]全句应改作:

最后一种融合的动力是教会神职的缺失,根据传统,在宗教改革之前,贵族们会将他们的儿子们安置在教会中。长子以下的儿子们得不到这种传统的出路,他们唯一的职业安排就是在国家机构或军队之中,这样才能得到与他们的出身相一致的地位与荣誉:"常备军的崛起为很多贵族家庭解决了他们该如何为长子以下的儿子做好准备的问题,这个问题在宗教改革一开始就非常迫切。"

16. 【概念错误;语序错误】"降低所有税"应改作"减少征税财产"。括号英文位置错误。全句应改作:

    农民们为了减少征税财产(to reduce taxable property)而宰杀牲口,这必然会带来绝对的经济衰退。

17. 【句式错误;概念错误】"捍卫者"应改作"辩护者们"。"农业及类似的产业"不合常识。全句应改作:

    辩护者们(the defenders)这样说道:常备军"创造了很多就业机会,并促进了农业和其他产业"。

18. 【句式错误】"如果没有战争的话,一位虔诚的作者这样想:'人类将会多么堕落啊!'"应改作:"一位虔诚的作者这样想:如果没有战争的话,'人类将会多么堕落啊!'"

19. 【脱字】"欧洲其他国家的威胁"应改作"对欧洲其他国家的威胁"。

20. 【翻译错误】"委托-代理"应改作"委托人—保护人"。

21. 【语序错误】"不过很显著的是(并不是极为重要的)"应改作"不过很显著的(并不是极为重要的)是"。

22. 【翻译错误】"军事革命"应改作"军事改革"。

23. 【句式错误;概念错误】全句应改作:

    遍及各个乡村与城镇的王室代理人制度有时候会非法征税,这几乎可以恰当地说是专制政体的开端。

24. 【翻译错误;遣词错误】"被压迫的地方集合"应改作"强行征税"。"遭受入侵"应改作"遭到侵犯"。

25. 【翻译错误】"三十年战争最初是(began as)由于"应改作"三十年战争起因于"。

26. 【遣词错误;错别字】"欧洲大陆的"应改作"欧洲大陆时"。"陷于胶着状态"应改作"受阻"。"包围"应改作"保卫"。

27. 【脱字;概念错误】"更大的军队与舰队"应改作"更庞大的陆军与舰队"。"真正能够承受的"应改作"真正能够承受的程度"。

28. 【脱字;表述不规范】"三十年战争的"应改作"三十年战争时的"。"见 Bonney,Harding,Mosnier 等人"应改作"见博尼(Bonney)、哈丁(Harding)、莫斯尼埃(Mosnier)等人"。外国人名在中文环境里必须译出中文。

29. 【表述错误】句子的表述方式颠倒了因果关系。全句应改作:

    科尔贝尔建立了全国海军征兵制度,为1690年的法国海军提供了数以千计的兵员,同时造成了商船队短缺水手。

第二部分　参考答案

30. 【句式错误；翻译错误】全句应改作：
    1666年，科尔贝尔建立了法国王家科学院，从事地形学、化学、工程学研究，为海战服务。

31. 【翻译错误】"早期"应改作"最初几个阶段"。"最为谦卑的"应改作"地位最卑微的"。

32. 【翻译错误】"波旁绝对主义"应改作"波旁专制政体"。"夺取了萦绕在其周围的"应改作"去除掉萦绕在它周围的"。

33. 【句式错误】全句应改作：
    正如很多历史学家所说，法国贵族们服从于君主，就像英国贵族在1688年服从他们的君主政体一样。

34. 【翻译错误】"物理现实"应改作"物质现实"。

35. 【表述错误；句式错误】全句应改作：
    原先设计的自由否决权是用来制衡波兰君主的专制政体的，结果成了为俄罗斯帝国服务的工具。

36. 【句式错误；翻译错误】"对于军事改革的反对还在于"应改作"反对军事改革的原因还在于"。"等级劳力"应改作"庄园劳动力"。Estate在此句中解释为"庄园"，而不是"社会等级"。

37. 【概念错误；句式错误】全句应改作：
    波兰在17世纪的战场上获得成功，关键不在于近代军事结构，而在于外国的资助和同外国的联盟。

38. 【概念错误】"3.1万名军队"应改作"3.1万名士兵"。"带领"宜改作"率领"。

39. 【句式不当】全句应改作：
    摄政王时期的政治历史是护国公同国会之间在宪政安排问题上持续不断的冲突，但克伦威尔在很多方面都作出了让步。

40. 【译名不当；表述不当】"查尔斯"应改作"查理"。"和……的人中，达成了……"应改作"还有……的人，都达成了……"。全句宜改作：
    在17世纪30年代，反对斯图亚特王朝的好斗的激进分子和三心二意地反对国王查理的政策的人达成了共识，他们认为，经过一两场战争后，就会形成和解局面。

41. 【译名错误】"首席部长"应改作"首相"。

42. 【遣词错误】"一点也不在话下"应改作"一点也不差"。

43. 【遣词错误】"一叠"应改作"一大堆"。

44. 【翻译错误；句式错误】"兼容性"应改作"匹配"。句子应改作：
    需要进一步讨论这种参战能力是否同宪政政府匹配。

45. 【标点符号使用错误；词序错误；句式错误】叠用括号时，应该先用圆括号，再用方括号。全句应改作：
    古斯塔夫最初依靠德国雇佣兵从丹麦赢得了独立，但很快就发现他们在镇压反对宗教革命的叛乱（1543年的达克叛乱［Dacke's Revolt］）上极不可靠，而且对于国库而言，雇佣兵是沉重的负担。

46.【错别字】"装配"应改作"装备"。
47.【错别字】"对弈"应改作"对阵"。
48.【翻译错误】"华伦斯坦波罗的海的力量"应改作"华伦斯坦发起波罗的海战役"。"并不在意瑞典"应改作"目标并不是瑞典"。
49.【遣词错误】"统治不利"应改作"统治不力"。"且将"应改作"而且将"。有不少写作者喜欢将"而且"简缩成"且",有时会造成歧义,因为"且"还有"却""暂且""姑且""况且"等意思。
50.【概念错误;逻辑错误;表述错误】"土地分配系统"应改作"土地分配制度"。"大选侯"应改作"大选帝侯"。"避免瑞典不会"错误使用双重否定,使表述违背写作意图。"以及后者"所指不明。全句应改作:
土地分配制度"使瑞典避免了与大选帝侯的军需总部有任何相似之处,以及由此可能导致的社会与宪政后果"。
51.【句式错误】"施以高税收以及外部力量的企图"应改作"强征高税收,也阻挡各种外部势力的企图"。
52.【翻译错误】"详细审查"应改作"严密监视"。
53.【翻译错误】"提取税收"应改作"征收各种新税"。
54.【关联词错误】"荷兰从"应改作"荷兰也从"。
55.【语法错误】"资源不得不进行转移应对"应改作"它不得不以转移资源来应对"。
56.【遣词错误】"收麾旗下"应改作"收至麾下"。
57.【知识性错误;脱字】"西班牙继承战争"应改作"西班牙王位继承战争"。"荷兰共和国战争中"应改作"荷兰共和国在战争中"。句子应改作:
必须充分重视从尼德兰革命到西班牙继承战争末期荷兰共和国在战争中的联盟。
58.【量词错误;名词错误】"29只"应改作"29艘"。"2万名水手"应改作"2万名水兵"。
59.【翻译错误】"私有的神圣财产"应改作"私商的财产"。
60.【量词错误;概念错误】"2 000支能够发动战争的船只"应改作"2 000艘能够投入战争的船只"。
61.【译名错字;遣词错误;翻译错误】"布拉干萨"应改作"布拉班萨"。"打开了反对西班牙的另一战场"应改作"开辟了反抗西班牙的另一战场"。"在意大利的西班牙公司"应改作"西班牙在意大利控制的一些地区"。holdings在这里不是"控股公司",而是"控制的地区"。
62.【翻译错误;词序错误】"法国的地方当然也存在张力"应改作"法国当然也存在地区性的紧张局势"。"但是投石党(1648—1653)运动"应改作"但是投石党运动(1648—1653)"。
63.【概念错误】"绝对君主"应改作"专制君主"。"独立"应改作"独力"。句子应改作:
在共和国里不会有专制君主对财政的控制和专制君主独力制造战争的能力。
64.【概念错误】"王子"应改作"君主"。"是具体情况而非王子的观念或误解促成了议会的解散"宜改作:"促成议会解散的是具体情况,而不是君主的观念或误解"。

65. 【错别字；句式不当】"轨迹"应改作"诡计"。"因为众多（by numbers）及外国的轨迹（intrigues）而瘫痪"应改作"因为外国的许多（by numbers）阴谋诡计（intrigues）而瘫痪"。

66. 【翻译错误】"人民委员会（political commissar）制度"应改作"政治委员（political commissar）制度"。

67. 【代词错误；遣词重复】"他们拥有"应改作"它们拥有"，因为前句的主语是"议会""原则""自由"。"民主会慢慢地从这个最资产阶级的国家中慢慢发展起来"用了两个"慢慢地"，应该删除其一。

68. 【翻译错误；遣词错误】"绝对主义（authoritarian）"应改作"威权主义（authoritarian）"。"镇压"应改作"压迫"。"羸弱的商业冲动"应改作"商业动机不足"。全句应改作：近代早期欧洲的战争引发了军事近代化，并且利用国内资源，这对于威权主义（authoritarian）政治结果而言，至少与压迫劳动者的农业制度和微弱的商业冲动一样重要。

69. 【概念错误】"家庭式统治"应改作"家族式统治"。"选侯"应改作"选帝侯"。

70. 【概念错误】"劳动力镇压式的商品化"应改作"压制劳动力的商品化"。

71. 【句式错误】后半句应改作"关于内战，用资产阶级革命来解释就行得通了"。

72. 【翻译不当】"普力夺社会"应改作"军人专制社会"，即 praetorian society 的本义。将 praetorian 翻译成"普力夺"，貌似兼顾音译和意译，其实意思不准确，也令人颇为费解。

73. 【遣词冗赘】"妄图要"应改作"妄图"。"妄图"已经包含"要"的意思，而且比"要"语气更强烈。"进行"宜改作"实行"或"实施"。

74. 【翻译错误】"欧洲中心论的"应改作"以欧洲为论述中心"。"欧洲中心论"即主张欧洲优于其他一切地方，此译法不仅不合句意，而且造成前后表述自相矛盾。

75. 【翻译错误】"家政政府"应改作"王室政府"或"家族政府"。

76. 【脱字】"而意大利城市为了摆脱帝国和教会与贵族结盟"应改作"意大利城市则是为了摆脱帝国和教会而与贵族结盟"。

77. 【词序不当；遣词错误】"第三个王室和贵族之间权力平衡的重要的结果"应改作"王室和贵族之间权力平衡的第三个重要结果"。"共同同意"犯同义反复的错误，应改作"一致同意"。

78. 【句式不当】"以换取有条件的占有以及，更为重要地，换取保护"应改作"以换取有条件的占有，更重要的是换取保护"。

79. 【遣词错误】"人文关怀"是人类的情怀，不能用于描述狮子。应该删去"人文"二字。代词"他们"应改作"它们"。

80. 【概念错误】"人口学上的变化"应改作"人口变化"。变化的是人口，而不是"人口学"。

81. 【语法错误】"各种形式的地方政府应该进行区别"应改作"应该将各种形式的地方政府区别开来"。

82. 【知识性错误】对应于"外公外婆"的，应该是"外孙和外孙女"，而不是句中的"外甥和外甥女"。"作"宜改作"做"。

83. 【翻译错误；概念错误】"权威"应改作"当局"。句中 islands 是复数,不能译作"这座小岛",应改作"地方"。句子应改作:
首先是领主和王室当局热切地想控制各块带有资本主义性质的、有利可图的地方。

84. 【概念错误；句式错误】"普通法法庭"应改作"普通法"。全句应改作:
在 12 世纪的英格兰,乡村百户区在普通法里占据核心内容;瑞典地方政府反对国王,结果大众不服从国王的法令(在某种意义上相当于我们现在的"公民不服从权"[the civil disobedience]),并驱逐了国王。

85. 【翻译错误；关联词错误】根据括号里的英文,"大法院"应改作"主教法院"。"王宫"应改作"王家法院"。"虽然……"后面缺失关联词。"罗马体系"应改作"罗马法体系"。"法律制定"应改作"制订……法律"。全句应改作:
虽然人们经常认为习惯法与罗马法没有关系,但是罗马法通过主教法院(chancery)的教士们进入习惯法。教士们通常采用比较完整的罗马法体系来制订王家法院(royal courts)的法律。

86. 【翻译错误】"人造"应改作"人为的"。

87. 【翻译错误；叙事不当】"俄国时期"应改作"莫斯科大公国时期"。句子应改作:
这一系列事件使教会避免了像东正教在莫斯科大公国时期(Muscovite)那样成为一种甘做附庸才得以合法的机制。

88. 【英文单词拼写错误；翻译错误；句式不当】Norgorod 应是 Novgorod,第三个字母是 v。"行政军事前沿阵地"应改作"治下的军事前哨"。全句应改作:
除了诺夫哥罗德(Novgorod)在短时间内是个例外,城镇要么是附属经济中心,要么是沙皇政府治下的军事前哨。

89. 【历史人物专名错误；量词错误；脱字】"奥古斯都"原是罗马皇帝屋大维的称号,后来在欧洲沿用于称"皇帝"或"国王"。此处讲述法国历史,应该译作"国王"。"菲利普·奥古斯都"应改作通译的"腓力二世"。"一只"应改作"一支"。"附庸"应改作"附庸国"。句子应改作:
在法国,国王腓力二世组建了一支雇佣军来征服顽固的附庸国,扩展其王国疆域。

90. 【翻译错误；遣词错误】"战役计划"应改作"战术"。"控制中场"是足球术语,不是军事术语,应改作"居中控制"。句子应改作:
英国的战术是让骑兵居中控制,而弓箭手从两翼包抄,与对手厮杀。

91. 【错别字；词序错误】"精工"应改作"进攻"。"阿金库尔(Agincourt,1415)战役"应改作"阿金库尔战役(Agincourt,1415)"。

92. 【概念错误；错别字】"骑士们"应改作"骑兵们"。"弱不经催"应改作"弱不经摧"。

93. 【表述错误】"破坏封建军队上"应改作"在破坏封建军队方面"。

94. 【翻译错误】"新形势"应改作"新式"。

95. 【翻译错误】"将其与个人兵团附加在一起"应改作"将其配置给各个兵团"。

96. 【翻译错误】"龙骑士"应改作"龙骑兵"。"伞兵"应改作"散兵"。

97. 【遣词错误】"不断发展的灵活性以及火力"应改作"不断改进灵活性和火力"。"骑士"

应改作"骑兵"。"消弭于"应改作"融入"。"所引导"应改作"来引导"。
98. 【英文字母大小写错误；翻译错误】Conscription 应改作 conscription，首字母小写。"补偿"应改作"补充"。
99. 【概念错误】"战役"应改作"战斗"。"情况"宜改作"情形"。
100. 【脱字】"为国外的军队"应改作"为在国外的军队"。

第十五单元

1. 【量词错误；句式不当】"60只"应改作"60门"。全句应改作：
私掠船和改装商船逐渐被淘汰，它们被真正的海军取代：国家拥有的主力战舰是专门为战争而建造的，拥有60门甚至更多的火炮。
2. 【概念错误】"北欧"和"西方"不是并列概念。应改作"北欧作家的作品随同西方其他作家的作品一起"。
3. 【表述错误；遣词冗赘】"后中世纪世界"应改作"中世纪之后的欧洲"。根据所述内容，应是欧洲的史实，而不是指全世界。后一句中，"的确"一词重复使用，两处应删其一。
4. 【量词错误；句读错误】"一个……对抗"应改作"一种……对抗"。后半句误用逗号，应删去。
5. 【句读错误】应删去第一个逗号。
6. 【遣词错误；错别字】"这说"应改作"此说"。"极先锋"应改作"急先锋"。
7. 【错别字；遣词错误】"畜奴"应改作"蓄奴"。"果不是"应改作"岂不是"，或"难道不是"。
8. 【错别字】"至是"应改作"至于"。"水乳交溶"应改作"水乳交融"。
9. 【句读错误；英文表述错误】句中应删去逗号。"capitalist revolution"应改作"bourgeois revolution"。capitalist 意为"资本主义的"；而"资产阶级的"应是 bourgeois。
10. 【英文单词拼写错误】英文单词 intelligentia 中漏了一个字母 s，应改作 intelligentsia。
11. 【英文错误；表述错误】threefoldstructure 应改作 three-fold structure。"人民或农工商"的表述法将"人民""农工商"并列，系概念错误。应改作"人民，或称农工商"
12. 【错别字】"折……自己之台"应改作"拆……自己之台"。
13. 【错别字】"堤防"应改作"提防"。
14. 【人名错字】"顾正洪"应改作"顾正红"。
15. 【标点符号错误；英文单词错误】"史前甘肃人种之生理的特征"是书名，应加书名号，改作"《史前甘肃人种之生理的特征》"。Prehis Toric 应改作 Prehistoric，系一个单词，被误拆成两个错误的单词。
16. 【错别字】"象字"应改作"像字"。
17. 【遣词错误；错别字】"艰险"应改作"艰难"。"奏刀騞然"应改作"奏刀騞然"。语出《庄子·养生主》。"騞"音 huō。
18. 【人名错字】"柳植荀"应改作"柳直荀"。

333

19.【错别字】"二个"应改作"两个"。
20.【衍字】"并钱谦益语"应改作"钱谦益语"。
21.【错别字】"嫁聚"应改作"嫁娶"。
22.【概念错误】"所生的神祇"应改作"所生的神"。"神祇"是集合名词,是对所有的神的总称,不用于指某一位神。
23.【句读错误】"20世纪,中叶"应改作"20世纪中叶"。
24.【错别字】"主人翁"应改作"主人公"。"一样的"应改作"一样地"。
25.【脱字】"并非一位"应改作"并非只有一位"。
26.【错别字】"历史的"应改作"历史地"。
27.【量词错误】"三个……电影理论"应改作"三种……电影理论"。
28.【翻译错误】"言语(speech-act)理论"应改作"言语—行为(speech-act)理论"。
29.【叙事错误】此处两段引文在《共产党宣言》里是后一段在前,前一段在后,因此不能用"接着……继续指出了",应改为"他还指出了"。
30.【脱字;句读错误】句中脱"人口"二字。"迅速形成了几十万,甚至上百万的"应改作"迅速形成了人口达几十万甚至上百万的"。
31.【概念错误;表述错误】"近代的"应改作"近代对"。句子应改作:
他以近代对古今、中西思潮演变的论述为坐标。
32.【错别字】"缧丝厂"应改作"缫丝厂"。根据史实,清代归侨陈启沅在广东南海西樵简村创办"继昌隆缫丝厂"。"缫丝"是从蚕茧抽出丝来的工艺。
33.【标点符号错误】《英美诗歌专题》应改作"英美诗歌专题"。课程名称用引号,不用书名号。
34.【关联词错误】"不仅是……而是……"应改作"不仅是……而且是……"。
35.【知识性错误】"伏尔泰"应改作"狄尔泰"。伏尔泰是法国人。句首的"阐释循环说"宜加引号。
36.【知识性错误】"对应的词汇"应改作"对应的词"。"等词汇"应改作"等词"。god应改作God。首字母小写god是"神";首字母大写God是"上帝"。其实作者的英语知识很欠缺,与汉语"天"对应的英语应该译作heaven。
37.【量词错误;概念错误;知识性错误】"这个文化……另一个文化"应改作"一种文化……另一种文化"。"词汇"应改作"词"。"文体"应改作"体裁"。作者的知识十分欠缺:藏族的《格萨尔王传》、柯尔克孜族的《玛纳斯》、蒙古族的《江格尔》都是中国的史诗体裁的作品。
38.【遣词冗赘;知识性错误】"生物学术语名词"应改作"生物学术语"或"生物学名词"。"该词是中世纪英语词汇"应改作"该词是中世纪英语单词"。"词是……词汇"的说法本身是逻辑错误。
39.【遣词错误】"西方人至今仍"应改作"西方至今仍有人"。笼统地说"西方人",是概指所有的西方人,但与事实不符。
40.【翻译错误】三个文件名称的中文翻译都脱字。应改作《里约环境与发展宣言》(句中脱

"与"字)、《联合国生物多样性公约》(句中脱"联合国"三字)、《森林可持续管理原则》(句中脱"可持续管理"五字。

41. 【知识性错误】括号内列举的6种文本,前3种可归类为"文学文本与非文学文本",但后3种"文本"的性质同是否文学文本无关,只是属于技术手段的差异。

42. 【句读错误】"直到把老蒋赶去台湾建立了新中国"缺一个逗号,成了政治性和知识性差错。应改作"直到把老蒋赶去台湾,建立了新中国"。若要使句子不产生任何歧义,应改作:

可就是这样一群人,却打败了有美国支持的蒋介石八百万正规军,直到把老蒋赶去台湾。也正是这样一群人,建立了新中国。

43. 【错别字;脱字】"尽量的亲切温和"应改作"尽量地亲切温和",或"尽量亲切温和"。"要春天般温暖"脱"像"字,应改作"要像春天般温暖"。此处既是引文,应该严格按照雷锋的原本文字。

44. 【错别字】"一百另点儿"应改作"一百零点儿"。

45. 【错别字】"叨个"应改作"叼个"。

46. 【错别字】"报屈"应改作"抱屈"。

47. 【错别字】"令人吃惊的"应改作"令人吃惊地",状语。

48. 【句读错误】应该删去第二个逗号。

49. 【英文错误】Bernal' 脱末尾字母 s,应改作 Bernal's。

50. 【史实错误】第一个括号内(1966~1972年)应改作(1966~1970年);(1972~1976年)应改作(1970~1976年)。1970年,全国一批重点大学恢复全面招生,其余学校试点招生。

51. 【史实错误】"中国的"应改作"1966~1970年间,中国的"。

52. 【脱字;衍字;标点符号错误】这一引文出自《关于无产阶级文化大革命的决定》(即"十六条"),引文与原文有出入。"不但学文"应改作"不但要学文"。"批判资产阶级的'文化大革命'斗争"应改作"批判资产阶级的文化革命的斗争"。标点符号有4处错误。全句应改作:

学生以学为主,兼学别样。也就是不但要学文,也要学工,学农,学军,也要随时参加批判资产阶级的文化革命的斗争。

53. 【史实错误】"中央文革小组发出《大中小学校复课闹革命的通知》"应改作"中共中央、国务院、中央军委、中央文革发出《关于大中小学校复课闹革命的通知》"。"参加大串联和上山下乡"两件事放在1967年10月之后是失实的。"大串联"发生在1966年8月至11月;上山下乡从1968年下半年开始。

54. 【遣词错误】"经典"应改作"典型"。

55. 【量词错误】"一个新闻"应改作"一条新闻"或"一则新闻"。

56. 【遣词错误;句读错误】"暗示"应改作"昭示"。应该删去第三个逗号。"至少我们感觉到的世界,在某些方面并非如其所是"应改作"我们感觉到的世界至少在某些方面并非如其所是"。

第二部分 参考答案

57. 【概念表述错误；句式不当】"许多科学的增长"应改作"科学的许多发展"。后半句连用4个"的"字，修饰关系不明。全句应改作：
    确实，科学的许多发展都取决于日益减少对感觉经验的依赖，而感觉经验是以前搜集材料的主要方式。

58. 【译音错字】"查克诺瓦提"应改作"查克拉瓦提"。ra 不应该译成"诺"，而应该是"拉"。

59. 【概念错误】"同盟"应改作"同盟者"。

60. 【句式错误】表述混乱。全句应改作：
    后现代主义的挑战：正在兴起的"科学学"是对传统展开文献的、社会学的和历史的研究。它认为，科学、知识、证据和真理都是"由社会建构的"。

61. 【叙事错误】"承诺的是……不可观察实体"不合情理。句子或可改作：
    第二，实在论承诺的是对科学研究中提出的大部分不可观察实体做出解释。

62. 【标点符号错误；语病】全句应改作：
    自然科学还告知我们，在对实在的基本结构的研究方面，事物的最终本性常常取代形而上学。

63. 【句读错误；翻译错误】"语义学主题，认为科学理论……"应改作"语义学理论认为，科学理论……"。"本身价值"应改作"表面价值"。face 不是"本身"。

64. 【外文人名错字母】Wicolaus 应改作 Nicolaus。

65. 【标点符号错误】Realism-Knowing 使用的连字符将两个单词错误地变成了复合词。造成中文与英文不对应。应改作 Realism — Knowing。

66. 【遣词错误】"承诺"应改作"承认"。"维度"宜改作"角度"。"维度"是空间概念，不宜随便使用。

67. 【遣词错误；表述错误】全句应改作：
    如果说，成功的新预测是实在论在总体上承认相符理论的一种标志，那么解释主义认为，做出新的理论预测时所不可或缺的，是实在论所承认的那个同理论最相符的部分。

68. 【概念错误】"成熟的科学"应改作"成熟的学科"。"前理论"应改作"先前的理论"。在写作时，"科学"与"学科"这两个词应该有严格区别："科学"是总体概念；"学科"是具体概念。

69. 【概念错误】"论证之一"应改作"论证方法之一"。

70. 【表述错误】句子应改作：
    因为他认为，科学理论的证实和证伪是不对称的。

71. 【逻辑错误】此例不能成立。因为在逻辑推理过程中偷换了概念。大前提是"人均月薪"，而结论却变成特定个人的月薪。合理的推理结果应该是："王五在人均月薪 7 112 元的地方工作。"

72. 【逻辑错误】此例设计得不对。大前提与小前提之间没有必然的逻辑联系，因为张超不一定属于那 80% 的学生之内。小前提与结论之间也没有必然的逻辑联系，因此造成推理错误。合理的推理结果应该是："张超可能是外省市学生。"

73. 【概念错误；句式错误】"编撰者"应改作"阐释者"。全句应改作：

皮尔斯著作的阐释者掩盖了他的思想——从认为退出一种解释假说的溯因推理可能是某种确证的形式,转变到认为它只是一种已发现的微弱的形式。

74.【量词错误;脱字】"一个假说"应改作"一种假说"。"这种假说不能接受"应改作"这种假说不能被接受"。"仅仅有个理论"应改作"仅仅用某一种理论"。

75.【表述不清;关联词错误】"有些问题是解释问题"应改作"有些问题只是需要解释的问题"。"如果……,而且……,只要……。"应改作"如果……,而且……,那么只要……。"

76.【遣词错误;句式错误】"得出"应改作"找出"。不应该说"得出原因",应该是"找出原因"。"对将来以及过去正确地计算出这些运动"应改作"正确地计算出这些运动的过去和未来"。

77.【概念错误】"拯救行星运动现象"应改作"拯救'行星运动现象'学说"。

78.【错别字】"假释"应改作"假设"。

79.【脱字】"第二次世界期间"应改作"第二次世界大战期间"。

80.【量词错误】"一簇"应改作"一组"。

81.【概念错误】"欧元国的货币"应改作"欧元国的原货币"。

82.【遣词错误】"促进了帝国主义"应改作"造成了帝国主义列强"。

83.【概念错误】"写个申请"应改作"写一份申请书"。

84.【衍字】应该删去"则"字。

85.【遣词错误】"食众人寡"应改作"食众田寡"。指吃饭的人多,可耕种的田少。

86.【年份错误】康熙五十年是1711年,不是1712年。

87.【脱字】"17世纪"应改作"17世纪时"。"每一个国家有"应改作"每一个国家都有"。

88.【脱字】"100周年"应改作"100周年时"。

89.【错别字】"水利纺纱机"应改作"水力纺纱机"。

90.【遣词错误】"删去"应改作"隐去"。"选择正确的词汇"应改作"选择正确的单词"。

91.【错别字】"静思"应改作"近思"。

92.【遣词不当;句式错误】句子应改作:
农民阶级又发起义和团运动,后来在中外反动势力的联合镇压下失败了。

93.【遣词错误】"进攻"应改作"开进"。

94.【衍字;脱字;句读错误】"如"应改作"例如",后面冒号改作逗号。"差异"应改作"差异态度"。"必须要"应改作"必须"。全句应改作:
例如,通过对以上材料的分析,以及近代中、英两国对铁路这个新生事物表现出来的差异态度,可以得到的启示是:国家要强大,必须发展经济;要发展经济,必须更新观念。

95.【脱字】"和改革。"应改作"和改革(Reform)。"

96.【遣词错误】"总统提出"应改作"总统提名"。

97.【表述错误】句子应改作:
联合国教科文组织将哥伦布到达美洲的日子定为"全球纪念日",是从这一事件对世界历史发展所产生的影响来做评价的;而美洲的许多国家将此定为"种族日",是愤怒抨击欧洲殖民者对美洲的侵略和掠夺。

98.【遣词错误；句式错误】"维新派进行了资产阶级改革"应改作"维新派倡导改革"。"掀起戊戌变法运动"应改作"发起戊戌变法运动"。"因那拉氏的镇压戊戌政变失败"应改作"后因那拉氏的镇压,戊戌变法失败"。
99.【概念错误】"拥有统一主要政府的"应改作"拥有统一主权政府的"。
100.【遣词错误】带有歧视性质的词"残废"应改作不带歧视色彩的词"残疾"。

第十六单元

1. 【脱字】"能根据"应改作"能否根据"。
2. 【知识性错误】"土地占有"应改作"土地占有数量"。"地主、富农、贫农"应改作"地主、富农、上中农、下中农、贫农、雇农"。
3. 【知识性错误】"是在最高领袖直接领导下,根据中共中央部署进行的"应改作"是在中共中央直接领导和部署下进行的"。
4. 【知识性错误】"混沌体"应改作"混合体"。"很像一座巨大的冰山。冰山之上是上层建筑,冰山之下是经济基础"应改作"很像一座巨大的冰山,水面之上部分是上层建筑,水面之下是经济基础"。
5. 【知识性错误】"洛克菲勒的三个独生子"的表述是可笑的错误。应改作"洛克菲勒的三个儿子"。
6. 【遣词错误】"截止到"应改作"截至"。系常见错误。
7. 【概念错误】"在英美国家"应改作"在英美两国"。
8. 【句读错误】"谷歌,正是"应改作"谷歌正是"。删去不应该插入的逗号。
9. 【遣词错误】"恍如雨后春笋"应改作"犹如雨后春笋"。"约有312个"应改作"有312个"。准确数字不用"约"字。
10. 【脱字】"8500万"脱货币单位,应改作"8 500万美元"。
11. 【脱字】"的国家领导人"应改作"的国家的领导人"。脱一"的"字,造成概念错误。
12. 【错别字】"违犯逻辑"应改作"违反逻辑"。
13. 【标点符号错误】"七巧板—红楼两年问题"应改作"七巧板——'红楼两年'问题"。用破折号,不用连接号。
14. 【表达不规范】"30余年"应改作"三十余年"。根据规范,约数用汉字表达。
15. 【概念错误】"印刷"应改作"印刷术"。
16. 【遣词错误】"智慧型态"应改作"智慧类型"。"智慧类型"意即知识类型;语词可以归属"类",但不可能归属"态"。"特出"应改作"突出"。
17. 【名称错误】"(加利福尼亚大学)"应改作"(圣芭芭拉加利福尼亚大学)",或"(加利福尼亚大学圣芭芭拉分校)"。"UCSB"中的"SB"是"圣芭芭拉"的英文缩写。"University of Utah(犹他州大学)"应改作"The University of Utah(犹他大学)",校名英文里有冠词"The"。"犹他大学"中间无"州"字。
18. 【表述不当】句子应改作:

当语句是以直陈方式出现的时候,便相应地也可以作为真值的承担者。

19. 【表述不当】句子应改作:
这里所说的力量,指的是组织的领导人的承诺、能力、道德观念和团结能力。

20. 【知识性错误】"新劳动党"应改作"新工党"。英国工党于1997～2010年执政。

21. 【遣词错误;遣词冗赘】"国家政府"应改作"政府"。"进行直接往来"应改作"直接往来"。

22. 【遣词冗赘】既然用了"决定性",就不必再用"关键"。句子应改作:
因此,政府对非政府组织的态度是一种决定性因素。

23. 【遣词错误】"自己的植物"应改作"自己栖身的植株"。

24. 【名称错误】"加州伯克利分校"应改作"加利福尼亚大学伯克利分校",或"伯克利加利福尼亚大学"。

25. 【语序错误】"基因视角下的演化(gene's eye viewpoint)"应改作"基因视角(gene's eye viewpoint)下的演化"。

26. 【俄文单词错误】句中的俄文是一个单词 интеллигенция,不是两个单词,中间不应该错误地分开成 инт еллигенция。

27. 【概念错误】"价值"应改作"价值观"。

28. 【衍字】"来提供的话"应改作"来提供的"。

29. 【量词错误;概念错误;知识性错误】"若干个"应改作"若干种"。"公共杂志"应改作"公开出版的杂志"。《走向未来》《文化:中国与世界》是丛书,不是杂志,不应该罗列在内。

30. 【概念错误】"广阔的背景或社会背景"应改作"广阔的社会背景里"。

31. 【翻译错误】根据英文,"评论性的论说文化"应改作"批判性话语的文化"。

32. 【错别字】"苟同"应改作"苟同"。

33. 【衍字;错别字;标点符号不当】"'文革'及运动"应改作"'文革'运动",或"'文革'等运动"。"太多得"应改作"太多的"。"运动中,"应改作"运动中——"。用破折号来表达补充说明的内容时,按规范应该在前后各用一个引号。"运动"二字也应该加引号。句子应改作:
我一生中——尤其在"文革"运动中——经历了太多的残暴、冷酷、兽性。
或将破折号改成括号:
我一生中(尤其在"文革"运动中)经历了太多的残暴、冷酷、兽性。

34. 【错别字;句读错误;句式错误】"与逃亡路上"应改作"于逃亡路上",或改作"在逃亡路上"。句子应改作:
凌晨光在逃亡路上饥寒病弱濒死之际回忆起自己的一生,而这回忆始终贯穿着他对亡妻绿娘的悲悼之情。

35. 【名称错误】"人民大学"应改作"中国人民大学"。

36. 【句读错误】应该删除第一个和第三个逗号。句子应改作:
"电影作为艺术"仍是一则抗辩式的宣言,其真意并非为电影声辩。

37. 【书名错误】《1844年哲学、政治经济学手稿》应改作《1844年经济学—哲学手稿》。

38. 【句读错误;脱字】应该删去第一个和第四个逗号。"(日语言)"应改作"(或曰语言)"。句子应改作:

若说三种结局的并置更多地显现了70年代和80年代之交中国电影人对叙事与影像形式(或曰语言)的试验热情,那么,影片对叙事/摄制行为的自我暴露却有效地实践着对艺术家/知识分子之社会角色的(自我)彰显和指认。

39. 【标点符号错误;句读错误】"形而上的视点——叙事观点与基调"应改作"形而上的视点——叙事观点——与基调"。(在补充说明同一个概念的时候,应该在前后各用一个破折号,否则,同前面第33例一样,若只用一个破折号,其后的文字可能会引起异读。)"此人物的眼睛,成了影片叙事的视觉中心"应改作"此人物的眼睛成了影片叙事的视觉中心"。

40. 【标点符号错误;脱字】句中两处冒号用错。在此句中,应该改用括号来表达。"寻根写作"、"伤痕写作"和"政治暴力阉割"都应该加引号,以便句意在外行读者读来也一目了然。"隐现"应改作"隐现的"。全句应改作:

在社会政治实践的转喻形态(历史文化反思运动)之中,"寻根写作"中隐现的叙事主题(无水的土地与无偶的男人)成为"伤痕写作"中"政治暴力阉割"故事的变奏形态。

41. 【衍字】"《侦察查员的功勋》"中"察""查"只能用一个字。"侦察"一般指军事行动中探知敌方情报;"侦查"一般指刑事调查。作者弄不明白究竟是哪一个字,结果将两个字都放进去了。应改作《侦察员的功勋》,苏联1947年拍摄的故事片,这是当时在中国上映时的译法。

42. 【错别字;标点符号错误】"与日本求学"应改作"在日本求学"。"20世纪中国最重要的思想者"脱后破折号。

43. 【遣词错误;衍字;句式错误】"间或"应改作"或许是"。"由又"应改作"由"。"遭受"应改作"到遭受"。"堕为"应改作"而堕为"。句子应改作:

这或许是由于中国在短暂的100年间,经历由古老帝国、世界文明与商贸中心到遭受帝国主义"坚船利炮"的暴力冲击与掠夺而堕为"东亚病夫"的创伤性落差相关。

44. 【遣词错误】"为"应改作"由于"。"中日战争"应改作"抗日战争"或"日本侵华战争",此类表述带有政治性质。

45. 【译名错误;表述不当】"魏斯曼"应改作"魏斯勒"。句子应改作:

正是同一位演员乌尔利希·穆尼(Ulrich Mühe),既出演了《窃听风暴》中有良知的东德秘密警察魏斯勒(Hauptmann Gerd Wiesler),又出演了身为纳粹党员却又成为"理性"与"人性"之证明的拉贝。

46. 【史实错误】事实上,"文革"十年中是批判斯坦尼斯拉夫体系的。句子应改作:

以20世纪50年代中国戏剧界作为艺术金科玉律的斯坦尼斯拉夫斯基戏剧理论和表演体系为例。

47. 【错别字;脱字】"薛蒿"应改作"薛嵩"。"刺客到来之时"应改作"在刺客到来之时"。句子应改作:

而在《万寿寺》中,薛嵩为抓捕红线而造的囚车(此间极富情趣的是,红线热情洋溢地参

341

与"组装"这具自己的牢笼),在刺客到来之时,却成了他们的庇护所。

48. 【脱字】"并它"应改作"并将它"。
49. 【错别字】"几近偏执的"应改作"几近偏执地"。"所要着"应改作"索要着"。"权力"应改作"权利"。
50. 【错别字;脱字;衍字;关联词错误】"真正的"应改作"真正"。"换缪"应改作"荒谬"。"矛盾陷落"应改作"矛盾心理"。"不仅是……,而且……"应改作"不仅是……,还有……"。"单纯地"应改作"单纯的"。
51. 【错别字;标点符号错误】"猛兽,尤其是狮虎"应改作"猛兽尤其是狮虎"。"自猎狗"应改作"从鬣狗"。
52. 【人名错字;错别字】"陈保国"应改作"陈宝国"。"西岸电影制片厂"应改作"西安电影制片厂"。"与各大主要城市"应改作"于各大主要城市"。
53. 【错别字】"右者分子"应改作"右派分子"。
54. 【错别字;脱字】"奥斯汀"今通译"奥斯丁"。"同时"应改作"同时也是"。
55. 【错别字】"新旧中国的间"应改作"新旧中国之间"。
56. 【脱字;标点符号错误;遣词不当】"易先生形象的充实参照了"应改作"易先生形象的充实是由于参照了"。"头目:戴笠"应改作"头目戴笠",删去冒号。"汪政府"应改作"汪伪政府"。
57. 【叙事错误;错别字】"竟有"应改作"经由"。"国、共之间的党争"应改作"国、共之间的斗争"(国、共之间的斗争不是单纯的"党争")。"撕裂……明晰"动宾词组搭配错误。全句应改作:
事实上,国、共之间的斗争,尤其这一事实经由冷战年代的放大,实际上造成了对中国抗日战争历史的不同叙述。
58. 【标点符号错误;句式错误;错别字】"间谍"二字应加引号。"之为"应改作"之间"。"曝光"应改作"暴露"。"全球化时代,……于世"句子不通。应改作:全球化时代的民族/国家之间不甚紧密耦合的"叙事"便再度暴露出来。
59. 【语序错误】"别样的可能性和出路(alternative)"应改作"别样的(alternative)可能性和出路"。
60. 【语法错误】句子起首的主语是"大学应用语文课程",代词"它"在第二次出现时,表述为"它是人们社会交往、思想交流的重要工具",这时的主语应当是"应用语文",所以不能再用"它"来指代。句子应改作:
大学应用语文课程的开设正是适应现代社会转型及应用的需求,它在高级应用型人才培养方面有着极其重要的作用。应用语文是人们社会交往、思想交流的重要工具,适用范围十分广泛。
61. 【语序错误】"集团组建"应改作"组建集团"。
62. 【表述错误】"工程、装修设计任务"内含歧义。可以理解为(1)工程建设和装修设计;(2)工程设计和装修设计。为避免歧义,应该作出完整表达,或选(1),或选(2)。
63. 【错别字;标点符号错误】"权力"应改作"权利"。"权力义务对等"应改作"权利、义务对等"。

64. 【句式错误;遣词不当;标点符号错误】句首"合同",句末"协议",不一致。全句应改作:
协议期满,若甲方不再需要乙方所派遣的员工,可即行终止本协议。经双方协商一致,可续订本协议。

65. 【遣词错误】"传统认为"是不规范的表述,应改作"传统观点认为",或"按照传统观点"。

66. 【概念错误;衍字】"前言后语"应改作"前言后记"。"对具体技术性的看法和意见"不等同于"理念"。"理念"应改作"经验"。"均是奠基于此"应改作"均奠基于此"。

67. 【概念错误】此句说的是巴金的翻译作品,后面列举了各种体裁,不能全归于"专著"。"巴金共译介出版专著五十余种"应改作"巴金共出版译著五十余种"。

68. 【句子表述错误】句子应改作:
因此,我不会将命令句的涵义称为思想。

69. 【遣词错误;衍字】"正在为"应改作"是为"。"被任意的解读"应改作"被任意解读"。

70. 【知识性错误】"无裤党人"应改作"无套裤党人"。不是不穿裤子,而是不穿套裤。

71. 【史实错误;知识性错误】这段文字中存在很大的问题。(1)1902年到1917年,还没有"苏联"的概念。"苏联"是1922年成立的。列宁领导的十月革命发生地是"俄国"。(2)当时没有"苏共"的概念。列宁领导的是"俄国社会民主工党"中的多数派,即"布尔什维克"。(3)说"1917年(苏联的崩溃以及党内的'分化')"是概念错误。当时没有苏联,何来崩溃?(4)"无产阶级政治能力"应是"无产阶级政治力量"。全句应改作:
列宁的布尔什维克模式的特征是它具备的政治条件(即无产阶级必须认识到自身的政治能力,而政党是它的具体表现),其场所是俄国,它发生的时间在1902年(列宁的《怎么办?》)到1917年(俄国十月革命)之间。

72. 【知识性错误;句意表述不清】法国的议会模式是从法国大革命时开始的,不是从1968年才开始。"加快了国家的功能性和共识决定"属于概念错误。句子宜改作:
法国议会模式的独特性使国家的功能得到强化,在决策时能很快达成共识(因此,政党是一种国家组织,而不是一种政治组织)。

73. 【衍字;翻译词序错误】"在以萨特所谓的"宜改作"在萨特所说的"。"恐惧—友爱"按括号里的法文词序应是"友爱—恐惧"。

74. 【概念错误】"国民工会"宜改作"国民公会"。

75. 【衍字】应该删去冒号后面的"即"字和句末的"等"字。

76. 【英文单词拼写错误】televisio后面脱字母n,宜改作television。

77. 【英文单词拼写错误】ultrasonography的词头是ultra,不是ulrta。

78. 【英文单词拼写错误;表述不规范】"Hippoerates"应改作"希波克拉底(Hippocrates)"。第六个字母是c,不是e。

79. 【表述不规范;脱字】外文人名应当译出。"在23岁"应改作"在23岁时"。句子应改作:
辛德勒(Schindler)的妻子加柏丽尔(Gabriele)当时是一名助手,在23岁时与辛德勒结婚。

80. 【衍字;脱字;表述不规范】外文人名应当译出。"的造成"应改作"造成"。全句应改作：
目前，世界各国基本采用E·H·斯保尔丁(E. H. Spaulding)1968年设立的"斯保尔丁分类法"——分类的根据是医疗器械造成感染的危险性大小，以及患者使用过程中对消毒或灭菌的要求。

81. 【表述不规范;词序错误】"WHO"应改作"世界卫生组织（WHO）"。"推荐肝炎病毒的消毒剂"应改作"推荐的肝炎病毒消毒剂"。

82. 【概念错误;表述不当;衍字】澳大利亚也属于"西方"，所以前面的"西方各国"应改作"欧美各国"。"有长期接触戊二醛的暴露浓度限制"应改作"对长期接触戊二醛的暴露浓度有限制"。"在未来"应改作"在未来，戊二醛"。"被其他产品所取代"应改作"被其他产品取代"。

83. 【概念错误;衍字】"做生物学进行检测"应改作"做生物检测"。"进行生物学检测"应改作"做生物检测"。

84. 【概念错误】"芝诺（公元前320）"应改作"芝诺（生于公元前320）"。

85. 【错别字】"仅有物质组成"应改作"仅由物质组成"。

86. 【表述错误;语法错误】"近600多年"应改作"600多年"。约数的表达，后面既用了"多"，前面就不能用"近"。全句的毛病出在对主语使用混乱。句子应改作：
伊壁鸠鲁的哲学流行了600多年，伊壁鸠鲁派的哲学家们自始至终保持着对其创始人教义的忠诚，直到罗马人偏好于斯多葛派时，伊壁鸠鲁派哲学才日趋没落。

87. 【概念错误】"柏拉图学院"应改作"柏拉图学园"。柏拉图创办的不是现代意义上的"学院"，因此通译"学园"，其英文是 academy。

88. 【错别字】"数都等不过来"应改作"数都数不过来"。

89. 【遣词错误】"生命体验及其爱情"应改作"生命体验和爱情"。"研究过程"宜改作"在研究过程中，"。

90. 【语法错误;遣词错误】"切身"应改作"亲耳"。"寻求"应改作"寻找"。主语混乱，"都切身聆听了"应改作"德里达和福柯都亲耳聆听了"。"寻求马克思与黑格尔断裂的主要方式"应改作"寻找马克思摆脱黑格尔局限性的主要方式"。全句应改作：
在后结构主义的代表人物（利奥塔、福柯、德里达、德勒兹）中，德里达和福柯两人同阿尔都塞是亦师亦友的关系，他们都亲耳聆听了阿尔都塞对马克思的重新解读，并在这种重读中寻找马克思摆脱黑格尔局限性的主要方式。

91. 【表述错误】"这是自古希腊以降的传统即身体是灵魂的监狱"应改作"这是自古希腊以降的传统观念，即认为身体是灵魂的监狱"。

92. 【错别字】"做实"应改作"坐实"。

93. 【衍字】"政治和甚至是军事干预"应改作"政治甚至是军事干预"。

94. 【句读错误;脱字】"形势判断"应改作"对形势的正确判断"。全句应改作：
当然，这里面涉及苏共二十大之后国际共产主义运动的理论策略。一方面，赫鲁晓夫治下的苏共被谴责为犯了修正主义的错误；另一方面，法共自身缺乏正确的理论和对形势的正确判断，犯了教条主义的错误。

95. 【脱字】"罗素事实概念"应改作"罗素的'事实'概念"。
96. 【衍字】"然而这和他们所处的"应删去"这和"二字,改作"然而他们所处的"。
97. 【错别字】"结构纬度"应改作"结构维度"。"具体的马克思主义"宜改作"具体的马克思主义学说"。
98. 【错别字】"关照现实"应改作"观照现实"。将"观照"写成"关照",也是常见错误之一。
99. 【外文错误】括号里标注人名,一个俄文词,一个英文词,犯了混搭错误。
100. 【引文脱字、脱标点符号;语序错误】"毛泽东有名言为证"应改作"有毛泽东名言为证"。引文应改作"与天奋斗,其乐无穷;与地奋斗,其乐无穷;与人奋斗,其乐无穷"。

第十七单元

1. 【错别字】"中华人中共和国"应改作"中华人民共和国"。看到居然会出这样的差错,令人觉得匪夷所思。
2. 【衍字;错别字】应该删去句首的"关于"二字。"无产阶级志政"应改作"无产阶级专政"。
3. 【年份错误】"反右倾"发生在1959年,不是1957年。1957年发生的是"反右",相差一个字,却不是同一个概念,不是同一次政治运动。
4. 【表述不当】"这时的你,执子之手"于理不通。"子"是"你"的意思。"琴瑟合鸣"应改作"琴瑟和鸣"。对此句的修改方案是将"执子之手,琴瑟和鸣"加上引号。
5. 【成语错字;语法错误】"声形并茂灵魂的冲击"应改作"声情并茂的灵魂冲击"。"深刻着……心房"属于动宾词组搭配错误,应改作"打动着大家的心"。
6. 【错别字】"兰花布衣"应改作"蓝花布衣"。将"蓝"字写成"兰",系常见错误。
7. 【遣词不当;标点符号错误;衍字】"既往"宜改作"以往"。"疾病"后面顿号应删去逗号。"又再次发生"中"又"与"再"重叠,应改作"又一次发生",或"再次发生"。
8. 【遣词错误;标点符号错误】"既往"应改作"以往"。"发病率"三字脱后引号。应该删去句中的逗号。句子应改作:
以往定义的"发病率"是指某一种疾病的易感人群(population at risk)在一定时期内发生新病例的频率。
9. 【句子表述混乱】应改作:
6月3日乘坐从成都到九寨沟的CZ6659航班共有乘客110人,其中有7人发病,都是一个由23人组成的旅行团的成员。而在九寨沟新加入旅行团的7名游客中,又有2人发病。
10. 【成语错误】"圆枘方凿"应改作"方枘圆凿"。
11. 【标点符号错误;衍字】"暂且不管"后面应改作句号。"登上中国历史舞台的"应改作"登上中国历史舞台"。
12. 【词序错误】第二句起首的"牦牛水"应改作同上文一致的"水牦牛"。
13. 【标点符号错误;衍字;逻辑关系混乱;遣词错误】第一句句子是完整引语,句号应在引号内。后面的"不但……,而且还……,同时也……"三个分句,后两个分句所述内容并不包含在第一句简单的陈述句里。全句应改作:
"中国禅,实质上始于马祖。"(入矢义高《马祖语录序》)这句话指出马祖的教义构成了中国禅思维的起点。而马祖门下对他的教义既有继承又有反抗,这一对立局面决定了后来的禅思想史的发展轨迹。

14. 【句式错误】句子应改作:
《祖堂集》卷3"靖居和尚"章(即"青原行思"章)载有与菏泽神会的问答。

15. 【错别字】"汝婀爷"应改作"汝阿爷"。

16. 【简繁体不一致;引文错误;错别字】"执巾箒"的"箒"字应简化作"帚"。第二句句子里的"执巾扫"属引用前文错误,应该是"执巾帚"。"从事底下活动"应改作"从事低下活动"。

17. 【衍字;年份表达不规范】"一任"应改作"任"。"42年"应改作"1942年"。

18. 【遣词错误】"见赠"意为"赠送给我",与此处原意恰恰相反。(参见《汉语大词典》"见"字条下"见赠"的释语。)此处宜改作"将该文呈送"。

19. 【表述不当】"现代背景下智库保持影响力就要站在全球视野中寻求发展"应改作"现代背景下的智库想要保持影响力,就要以全球视野来寻求发展"。

20. 【表述不当】句子应改作:
任何事物都具有两面性,仅因某一方面的原因就放弃所有的方面,是不明智的。应当全面把握事物,才能寻求发展。

21. 【名称错误;译文错误】查核该校网页,其名称是 The London School of Economics and Political Science,故"伦敦政治经济学院"应改作"伦敦经济与政治学院"。句中括号里的英文漏了 and Political Science,应改作全名。

22. 【遣词错误】"每个国家之间"应改作"各个国家之间"。

23. 【遣词错误】"整个全球"应改作"全球"。"很多的国家"应改作"很多国家"。

24. 【遣词冗赘;表述不当】"出口总额"四字重复。"且"应改作"其中"。后半句乱用"及"字。应改作"其中超过六成是高附加值的电器、电子、运输设备、机械、精密仪器等产品"。滥用"且""及"系常见错误。

25. 【关联词错误】句子应改作:
苹果公司的成功不是由于在技术创新方面的重大进展,而是得益于商业模式的创新。
或改作:
苹果公司的成功并不仅仅因为在技术创新方面的重大进展,而且也得益于商业模式的创新。

26. 【标点符号错误;遣词冗赘】第一句句子是完整引语,句号应该在引号内。"国外许多国家"应改作"许多国家"。

27. 【衍字】前面用了"能"字,说明句子陈述的是可能情况,故后面所述并非已经发生的事。"有效地解决了"应改作"有效地解决"。删"了"字。

28. 【错别字】"实质性的"应改作"实质性地"。或将后半句改换句式,陈述为"并没有起到实质性的道德教育作用"。

29. 【关联词错误】"不只是……,而是要……"应改作"不只是……,而且还要……"。

30. 【脱字】"各种政策导向"应改作"要用各种政策导向"。

31. 【概念错误】"纬度"是地理概念,亦即空间概念。"时间纬度"应改作"时间"。
32. 【翻译错误;英文大小写错误】括号内的 information piracy 意即"盗窃信息";sponsor 意思是"主持",故"国家撑掇盗版"应改作"国家主持盗窃信息"。State 一词的首字母应该是小写:state。
33. 【遣词不当】句中既然称"中日",就应该将"清国"改为"中国"。
34. 【遣词冗赘;遣词错误】"乘船途经扬州府"应改作"途经扬州府"。"城外局地图"应改作"城外地形图"。
35. 【年份错误】"1972 年"应改作"1872 年"。
36. 【错别字;词序颠倒】"一心想望"应改作"一心向往"。"实现条件"应改作"现实条件"。
37. 【脱字】缺失关联词。"经历了"应改作"而是经历了"。
38. 【翻译错误】"治理危机"应改作"治理能力危机"。governability 的意思是"治理能力"。
39. 【遣词错误】"由人民选出"应改作"由选民选出"。
40. 【语序错误;错别字;遣词错误】"领导选拔过程"应改作"选拔领导者的过程"。"足够地时间"应改作"足够的时间"。"对道德问题和政治问题进行系统性的反思"应改作"就道德问题和政治问题作出系统的反思"。
41. 【语序错误】"前中共中央党史研究室副主任"应改作"中共中央党史研究室前副主任"。"前"字在句中位置不恰当地放在现今并未发生变化的机构名称之前,系常见错误。
42. 【概念错误;错别字】"改革开放以后"应改作"改革开放以来"。"做作了"应改作"做出了"。
43. 【错别字;句子冗赘重复;句读错误】"报导"应改作"报道"。"我们阅读西方媒体的涉华报导,尤其是西方媒体的涉华报导"应改作"我们阅读西方媒体的涉华报道时,可以发现"。"从政治角度来看中国与我们不同"脱逗号,应改作"从政治角度来看,中国与我们不同"。
44. 【概念错误】"改革开放前"应改作"改革开放前期"。
45. 【句式错误】"把创建共同体的认识起点进行了革命性的变化"应改作"于是在创建共同体的认识起点方面发生了革命性的变化"。错用了"把"字。
46. 【表述错误】"相对于出现对于官员"应改作"相对于出现官员的"。
47. 【史实错误】苏联解体发生在 1991 年,不是 1989 年。
48. 【知识性错误】弗洛伊德并不认为性是罪恶的。应该删去句末"的罪恶"三字。
49. 【脱字】"农业文化进程"应改作"农业文化进程中"。
50. 【错别字】"柔情万锺"应改作"柔情万种"。
51. 【错别字】五个"象"字都应该改作"像"。
52. 【错别字】"21 中"应改作"21 种"。
53. 【漏译文字】"或(the three-stage picture)"应改作:"或'三阶段图'(the three-stage picture)"。
54. 【遣词错误;关联词错误】"一个运动理论"应改作"一种关于运动的理论"。"必须要"应改作"必须"。前半句应改作"一种关于运动的理论究竟是必须解释物质微粒之间引力

348

的原因呢"。

55. 【书名错误；拉丁文抄录错误】《天球运行论》应改作《天体运行论》。括号里的拉丁文书名抄错，既有拼写错误，又漏了单词。书名应该是 De Revolutionibus Orbium Coelestium。

56. 【表述错误】"可译为《科学中的合理性和客观性》，或《汤姆·库恩遇见汤姆·贝叶斯》"是对英文的理解错误，应改作"可译为《科学中的合理性和客观性》，或：汤姆·库恩遇见汤姆·拜厄斯》"。这是一篇论文的标题，不是两篇各自独立的论文的标题。

57. 【遣词错误】"两次世界战争间"应改作"两次世界大战之间"。

58. 【错别字】"即是"应改作"既是"。"适当地"应改作"适当的"。

59. 【错别字】"手绘租界"应改作"收回租界"。同音错字。

60. 【脱字；表述错误】"这种"应改作"这种目的"。"新城规划与建设的选择的'纪念碑性'状况的出现和维持"表述不清楚，应改作"选择新城规划与建设方案时坚持它的'纪念碑性质'"。"是与"应改作"这是"。全句应改作：

因此，笔者认为，这种目的不仅体现于纪念碑的设立和纪念像像主的选定，也体现在选择新城规划与建设方案时坚持它的"纪念碑性质"，这是上海市内欧美殖民式强权与华人（特别是华界执政者）的民族情绪对峙的结果。

61. 【脱字】"极大贡献"应改作"极大贡献者"。

62. 【遣词错误】"威尔逊十四点原则引领下"应改作"威尔逊十四点原则引起的"。"与各殖民地"应改作"各殖民地"。"阿尔贝·加缪的文学"应改作"阿尔贝·加缪的小说"。

63. 【概念错误】"从吴淞口的四行仓库"应改作"从吴淞口到四行仓库"。"四行仓库"地址在上海市中心城区，苏州河北岸，西藏北路西侧。

64. 【概念错误】"西区（西藏路以东）"应改作"西区（西藏路以西）"。

65. 【知识性错误】"团体婚礼"，或叫做"集体婚礼"是一直有的做法，包括现在。应该删去"今日看来匪夷所思之事"。

66. 【表述错误】句子的表述不应该用日本侵略者的语言，应改作：

自然，这两种目的又是殊途同归于日本侵占中国的核心主张下的。

67. 【错别字】"就你有人迎面揭发"应改作"就像有人迎面揭发"。

68. 【表述错误】"汪政权"应改作"汪伪政权"。

69. 【句读错误；衍字】主语与谓语不可断开，句中应该删去第一个逗号。"重要领域上"应改作"重要领域"。

70. 【遣词错误】"广大德意志民族"应改作"广大德意志民众"。

71. 【遣词错误】"德意志民族"应改作"德意志民众"。

72. 【句式错误】"国际银行家们的行为"重复出现，成为冗赘之词。句子应改作：

纵观"一战"后20年间，国际银行家们的行为为"二战"爆发推波助澜，成为除政治、能源、地缘原因外的又一原因。

73. 【遣词错误】"民众们"应改作"民众"。

74. 【句读错误】"容克及军队等右派不支持民主的新政府希望回归帝制"应改作"容克及军

队等右派不支持民主的新政府,希望回归帝制"。

75. 【政治观点错误】全句应改作:
然而希特勒认为,自己的民族"受着异族——犹太人、斯拉夫人、黑人——的威胁",以此为借口,他对内推行"优生",对外扩张领土。

76. 【遣词错误】用错成语。作者不知道"差强人意"的确切含义,造成意思同意图背道而驰。应改作"表现极差"。此错误如今也已成为常见错误。

77. 【表述错误】"中日甲午战争收官、中国签订《马关条约》"应改作"甲午战争结束、中国被迫签订《马关条约》"。

78. 【表述错误】句子应改作:
今年是第二次世界大战结束、世界反法西斯战争胜利70周年。

79. 【表述错误】"劣等民族"四字应该加引号。否则就是错误观点。

80. 【语序颠倒】"历史初学者"应改作"初学历史者"。

81. 【错别字】"老道"应改作"老到"。系常见错误。

82. 【关联词错误】"而是"应改作"而且也是"。

83. 【概念错误】"美籍华人"应改作"华裔美国人"。"钱锺书"的"锺"应改作规范的"钟"字。

84. 【概念错误】"美籍华裔汉学家"应改作"华裔美国汉学家"。

85. 【表述错误】"严歌苓开始一发而不可收,她转战海内外及两岸三地,多年来……"应改作"严歌苓一发而不可收,她转战海内外,多年来……"。

86. 【错别字】"台湾原著民作家"应改作"台湾原住民作家"。

87. 【人名错字】"梁宏志"应改作"梁鸿志"。

88. 【脱字;遣词错误】"(万航渡路)"应改作"(今万航渡路)"。"安全机构"应改作"特务机构"。"一个袭击名单"应改作"一份袭击目标名单"。

89. 【遣词错误】"政治上很熟练"应改作"政治上很老练"。

90. 【知识性错误】"20世纪五六十年代"应改作"20世纪50年代",因为60年代已经没有这种说法。"电灯电话、楼上楼下"宜改作"楼上楼下,电灯电话",因为上世纪50年代的流行说法的顺序如此。"苏维埃加电气化"应改作"苏维埃政权加电气化"。

91. 【概念错误;引文脱字】"故乡世界"应改作"乡土世界"。"三山五岳开道"应改作"喝令三山五岳开道"。

92. 【遣词冗赘;脱字】"如今现在"应改作"如今"。"打一枪换一个地方"应改作"打一枪换一个地方者",或"打一枪换一个地方的现象"。

93. 【简繁体不一致;标点符号错误;脱字】"羣方"应改作"群方"。"《后汉书卷八十三》"应改作"《后汉书》卷八十三"。"可以深思"应改作"可以令人深思",或"值得深思"。

94. 【遣词错误】"更牛逼的"应改作"更牛的"。行文应当避免使用粗鄙的语词。

95. 【概念错误】"1966年代的"应改作"1966年的"。特定的一个年份不可以称"年代"。

96. 【知识性错误;标点符号错误】根据契诃夫作品中的情节,"打了一个呵欠"应改作"打了一个喷嚏"。"主人公因为在将军面前打了一个呵欠。一直在琢磨将军是否为此将惩罚他"应改作"主人公因为在将军面前打了一个喷嚏,所以他一直在琢磨将军是否为此将惩罚他"。

97. 【地名错误】"虹桥公园"应改作"虹口公园"。上海市中心著名的公园之一,在虹口区。虹桥地区在上海西部,以前未曾有过、现在也没有"虹桥公园"。
98. 【概念错误】"藩国"指附属国,用在此处则大谬。应改作"其他民族"。
99. 【遣词错误】"被时间结构了"应改作"被时间解构了"。
100. 【遣词错误】"很牛 B"应改作"很牛"。行文应当避免使用粗鄙的语词。

第十八单元

1. 【错别字】代词错误。"他"应改作"它"。
2. 【遣词冗赘】"(春秋—战国时期)""春秋战国时期"重复。"当时的春秋战国时期诸侯割据"应改作"当时诸侯割据"。
3. 【概念错误;常识错误】"学习和作息"是错误的说法,"作息"中就包括了"学习"。"学习和作息空间高度紧张"中"空间"是个错误概念,应改作"作息时间高度紧张"。
4. 【衍字;表述错误】句中三个"上"字都是多余的。全句应改作:
当下有不少学者在研究简牍,其研究成果常见诸各类载体,研究方向各有偏重,对书法的研究还主要在学术方面。
5. 【遣词错误;量词错误;叙事不当】"此间"应改作"在此期间"。"一个巨大的变革"应改作"一次巨大的变革"。"东方六国"应改作"东部六国"。"同时为了加强管理统一了全国的文字"应改作"同时也统一了全国的文字"。
6. 【概念错误】句末"文献价值"应改作"文献"。
7. 【量词错误】"一个特色课程"应改作"一门特色课程"。
8. 【叙事错误;遣词错误】句中主语是"多位优秀的学者专家",后句却说他们"掀开了以笔和墨作为书写形式的新纪元",造成史实错误。叙事结构混乱。应改作:
自从秦简牍出土以来,许多优秀的专家、学者对它的墨书做了深入研究,认为秦简牍开启了以笔和墨作为书写形式的新纪元。
9. 【遣词冗赘;标点符号错误】"方式"两字重复。"戛止(突然)停"应改作"戛止(突然停)"。全句应改作:
收笔主要归纳为3种方式:回锋、戛止(突然停)、出锋,与起锋用笔相对应。
10. 【表述错误】"豕"的"平行向左下方等距列置"的不是"五撇",而是"三撇"。
11. 【标点符号错误;错别字】"左直撇,右直竖"应改作"左直撇、右直竖"。"间练"应改作"简练"。
12. 【遣词错误】"把整字平衡"应改作"使整字平衡"。
13. 【错别字;标点符号错误】"双人傍"应改作"双人旁"。句中"左下角倾斜与日,寸,横画走向基本一致"应改作"左下角倾斜,与日、寸、横画走向基本一致"。
14. 【概念错误】"三钉子"应改作"钉子"。"撇、捺,竖三笔以三钉子形组合"应改作"撇、捺、竖三笔以钉子形组合"。
15. 【概念错误】"文学"应改作"文学作品"。"音乐手稿"应改作"乐谱手稿",或"音乐作品手稿"。

16. 【脱字；量词错误】"过去到现在"应改作"从过去到现在"。"一副"应改作"一幅"。
17. 【符号错误】"27 英尺 * 2 英尺"应改作"27 英尺×2 英尺"。
18. 【脱字】"午餐叫做 dinner"应改作"把午餐叫做 dinner 的人"。
19. 【名称错误】"英国女皇"应改作"英国女王"。
20. 【单词拼写错误】"trs gulile"中的 trs 应改作 très,法语,意即"很""非常"。
21. 【标点符号错误】"希拉斯图尔特"应按规范使用间隔号,改作"希拉·斯图尔特"。
22. 【引文错误】"要做那泰山顶上一棵松"里错两个字,应改作"要学那泰山顶上一青松",语出《沙家浜》。后面的"不做泰山顶上一棵葱"系杜撰,唱词里没有这一句,应该删去。
23. 【引文错误】"恢复华夏"应改作"恢复中华"。确切地说,孙中山先生一生致力的是"天下为公"。
24. 【脱字】"七万绿营"应改作"七万绿营兵"。清代兵制,汉兵用绿旗,称"绿营兵"或"绿旗兵"。"绿"音 lù。可参见《辞海》"绿(lǜ)"字条下的例词"绿营兵"及释义。
25. 【脱字】"传为笑话"应改作"被传为笑话"。
26. 【关联词错误；句读错误；表述错误】"如果不是"应改作"尽管"。"在自家骨肉眼里"后面不应该用句号,应改作逗号。"至高无上"后面加逗号,删除括号。句子应改作:
    尽管传统的三纲五常还在血液里暗地发生作用,在自家骨肉眼里老人依然至高无上,但这种传统也岌岌可危了。
27. 【错别字】"捆绑的"应改作"捆绑得"。
28. 【知识性错误】句中的三个问题不是莎士比亚提出的。"那个问题"应改作"那三个问题"。"古典作家莎士比亚提出的那个问题"应改作"古希腊哲学家柏拉图提出的那三个问题"。
29. 【错别字】"灰尘扑扑"应改作"风尘仆仆"。
30. 【量词错误】美术用品中的颜料(句中是"孔雀蓝")的量词不应该用"一只",应改作"一支",或"一管"。
31. 【标点符号错误；外文单词拼写错误】句首"叙事"两字后面应该用逗号。句末的句号应该置于括号后面。拉丁文单词拼写错误,lcetio 应改作 lectio,后置逗号。
32. 【翻译错误；外文拼写错误】"先天"应改作"先验"(康德哲学的概念)。apriori 应改作 a priori。拉丁文,其中 a 和 priori 是两个词。
33. 【引文错误】"静得皆自观"应改作"静观皆自得"。
34. 【翻译错误】Stoicism 通译"斯多葛主义"。
35. 【遣词错误】"羽翼"比喻辅佐的人或力量,多用于贬义。句中应该删去"的羽翼"三字。根据句意,也可改作"将他们从文学研究会宁波分会中析离出来"。
36. 【遣词错误】"透过他们的的关系"应改作"通过他们的关系"。"深具教育大爱"应改作"深怀大爱"。
37. 【简繁体不一致】"为僊"应改作"为仙"。
38. 【错别字】"老粑子路"应改作"老靶子路"。旧时上海市路名。

39. 【史实错误】"70年代"应改作"60年代"。"号召"指1968年12月毛泽东关于知识青年上山下乡的指示。

40. 【错别字】"雅顺"应改作"雅驯"。雅驯:典雅纯正。

41. 【引文错误】"食不厌细"应改作"食不厌精";"脍不厌精"应改作"脍不厌细"。语出《论语》。

42. 【概念不当】"21世纪以来"应改作"进入21世纪以来"。21世纪刚刚开始,不可说"21世纪以来"。

43. 【叙事错误】"(误用甚至滥用)"应改作"(尤其是误用,甚至滥用)"。否则就意味着括号里的内容是对括号前名词概念的直接说明,变成了所谓对语言的使用只有"误用""滥用"两种,而排斥了"正确使用",这显然是概念错误。

44. 【引文错误】引文衍字。"一言可以兴邦"应改作"一言而兴邦"。"一言丧邦"应改作"一言而丧邦"。见《论语·子路》。

45. 【错别字】"会犬叫"应改作"会吠叫"。

46. 【句式错误】句首的"既然"是赘词,应该删去。此句不是关联句。

47. 【标点符号错误】"僚或鸠僚"应改作:"僚"或"鸠僚"。"掸或擅"应改作:"掸"或"擅"。

48. 【概念错误】"文艺"指"文学和艺术"。句中"文艺或文学作品"应改作"艺术或文学作品"。

49. 【错别字;语序不当】"书箱"应改作"书籍"。句子应改作:
这一论文后来正式出版,并且被台湾的出版社引去,以同一书名作为MBA教材出版。

50. 【错别字】"畫唐人詩"应改作"書唐人詩"。此句是繁体字句。今常见书写繁体字时"書"(书)、"畫"(画)、晝(昼)三字相互混淆出错。

51. 【错别字】"就戳"应改作"就戮"。

52. 【错别字;知识性错误】"辰、戊、"应改作"辰、戌、"。句中罗列的是"地支"名称,而"戊"是"天干"名称。两处地支名称排列顺序都出错,应改作"丑、辰、未、戌"和"子、卯、午、酉"。在日常文字书写中,常见"戊"(wù)、"戌"(xū)、"戍"(shù)三字相互混淆出错。

53. 【词序颠倒】"拙稚"应改作"稚拙"。

54. 【遣词错误】"用以"应改作"用作"。

55. 【概念错误;衍字】主语是"它",后面变成"它们",前后不一致。"感到它们的"应改作"感到它的"。句首"它是以"应改作"它以"。

56. 【错别字;概念错误;病句】"木雕仙宫像"应改作"木雕仙官像"。"当代"应改作"当时"。"不仅是人物的形象、服饰装束,也都是当代流行的样式"并非关联句,应删去"不仅是"三字,删去逗号,改作"人物的形象、服饰装束也都是当时流行的样式"。

57. 【衍字】"罗汉像却反映着"应改作"罗汉像反映着"。删去"却"字。句中无转折关系。

58. 【知识性错误】"石头的量感"应改作"石头的质感"。

59. 【标点符号错误;叙事错误】"更为细腻"后面应该加逗号。"据说是皇太极的坐骑,用白石雕刻"应改作"据说是按照皇太极坐骑的样子用白石雕刻的"。

60. 【句式错误】"与明代几乎无异。显得过于纤巧,还是建设者的骨子里都已缺乏了恢宏和大气。不但失去了"中应该删去多余的"还是建设者的"六字;两个句号应改作逗号。"英武有力"宜改作"孔武有力"。全句应改作:

除文官武将的满族服饰特点外,其精细的雕工与明代几乎无异,显得过于纤巧,骨子里都已缺乏了恢宏和大气,不但失去了孔武有力的高大形象,而且还给人以英雄气短之感。

61. 【标点符号错误】句中的破折号是多余的。"只有一个例外的,就是清代名将——施琅的墓主像"应改作"只有一个例外,那就是清代名将施琅的墓主像"。

62. 【句式错误】句子应改作:
明清陵墓石雕总体上注重石像的立体效果。

63. 【遣词冗赘】"尽管九龙壁的雕塑虽缺乏真正的内在力度"句中"尽管"和"虽"重叠使用,应该删去其一。

64. 【概念错误】"清末年间"应改作"清朝末年"。"海内华侨"应改作"海外华侨"。

65. 【脱字;概念错误】"吸取了"前面缺主语,应改作"它吸取了"。"不同民族"应改作"各种艺术"。

66. 【衍字;标点符号错误】"被列入到了卑贱者的行列中"应改作"被列入卑贱者的行列"。"到了""中"三字都与"列入"重复,应该删去。"观念"后面逗号应该删去。

67. 【知识性错误】"制造局"应改作"织造局"。

68. 【脱字】"光绪"应改作"光绪朝"。"光绪"不是作者,而是编撰该县志的年代。

69. 【引文错误】"气运生动"应改作"气韵生动"。"应物写形"应改作"应物象形"。"随类敷彩"应改作"随类赋彩"。"传模移写"应改作"传移模写"。

70. 【衍字】"并非将照搬原作"应改作"并非照搬原作"。

71. 【语法错误】主语重复。句式错误。"除苏绣已经形成鲜明的地方风格之外,苏绣也为苏州的地方经济发展做出了重要贡献"应改作"除了已经形成鲜明的地方风格之外,也为苏州的地方经济发展做出了重要贡献"。

72. 【遣词错误】"矗立这"应改作"站立着"。"矗立"意为高耸直立,白头翁不是高山,不是高楼大厦,不是高大的纪念碑,更不可能"矗立"在花枝上。

73. 【错别字;叙事错误】"白鸟朝奉"应改作"百鸟朝凤"。前面说"以孔雀为主",那么在"也有……"里就不应该再出现"孔雀开屏"。全句应改作:
粤绣纹样以孔雀为主,也有表达吉祥寓意的百鸟朝凤、三阳开泰、松鹤延年、五福捧寿等,都是其常见主题,象征美好、富贵、长寿等。

74. 【遣词冗赘】"取各流派精华之所长"中使用了"精华",再使用"之所长"就是叠床架屋了。应改作"取各流派精华",或改作"取各流派之所长"。

75. 【遣词错误】"授徒学艺"应改作"收徒授艺"。

76. 【遣词冗赘】"寓意吉祥含义的图像"中"寓意"与"含义"冗复,应改作"寓意吉祥的图案"。"福寿安康"出现两次,应删其一。"代表着满族人民表达对美好生活的祈愿"应改作"表达了满族人民对美好生活的祈愿"。

77. 【表述错误】"提出了刺绣的技术的品评标准"应改作"提出了对刺绣技术的品评标准"。

破折号后面应该删去"用"字。"成为苏绣的"应改作"成为对苏绣的"。

78. 【概念错误】"结构比率"应改作"结构比例"。可参见《现代汉语词典》第 6 版第 67 页对"比例""比率"的分别解释。

79. 【遣词冗赘;表达不规范】句首"根据"二字应该删去。人名未译出。"(Joshu Lerner)教授"应改作"乔舒·勒纳(Joshu Lerner)教授"。

80. 【错别字】"制定"应改作"制订"。制订:创制拟定。制定:定出。尚未最后完成者,应作"制订"。

81. 【概念错误;衍字】"国家和海南省"应改作"中央政府和海南省"。"海南应该走"应改作"海南应该"。

82. 【表述错误】以"海南旅游"作主语,代词不可以用"她"。"有助于生命的生养"和"修养生命"都是错误的表述。"圣地"应改作"胜地"。一句句子当中,"旅游者来此旅游"和"旅游者在海南旅游"前后重复。全句应改作:

海南旅游的魅力就在于那里的自然环境较少受到污染,旅游者来此旅游,可以感到身心放松,和大自然融合在一起,有助于身心健康,可以感受到海南是修身养性的天赐胜地。

83. 【遣词错误】"对旅游饭店、旅游交通、旅游景区等接待能力"中的"等"字应改作"的"字。否则将饭店、交通、景区说成"能力",属于定义错误。

84. 【同义反复】"新增"和"增加"重复。"新增适龄劳动力的增加"应改作"新增适龄劳动力"。

85. 【错别字】"最大限度的"应改作"最大限度地"。"人手"应改作"入手"。

86. 【表述错误】句子应改作:

尽可能提高旅游发展给当地居民带来的收入,使岛内居民能够从旅游发展中分享好处。

87. 【表述不当】句子宜改作:

转换工作岗位的成本和新岗位的学习成本导致劳动者不愿意自己付钱参加职业培训。

88. 【遣词冗赘】"三亚市"三字在句中冗复,两处应删其一。

89. 【遣词错误;标点符号错误】"存精去伪"应改作"存精去芜"。"精"和"伪"不构成对立。"作者认为"后面宜加逗号。"参与度"后面不应该是句号,应改作逗号。

90. 【脱字;错别字】"在媒体的"应改作"在对媒体的"。"不容小视"应改作"不容小觑"。

91. 【错别字】"吸着拖鞋"应改作"趿着拖鞋"。"趿"音 tā。

92. 【表述错误】句子应改作:

黛安芬不仅仅是在做女性内衣,而且也在改善女人的衣着文化。

93. 【姓名错字】"徐谓"应改作"徐渭"。徐渭,字文长,明代文学家、书画家。

94. 【概念错误】"多米诺效应"本身意为"连锁效应",不应该再加上"一系列"三字。后半句应改作"必定会带来一种'多米诺效应'。"或改作"必定会带来一系列良好效应。"

95. 【遣词错误】"截止到"应改作"截至"。系常见错误。

96. 【遣词错误】"中东部"应改作"中部和东部",否则概念不清。

97. 【术语翻译错误；遣词冗赘】句中 11 个术语有 7 个翻译错误。以下是正确的译法：metaphor（隐喻）、metonymy（换喻）、personification（拟人法）、understatement（不完全陈述）、parody（戏仿）、synesthesia（联觉）、paradox（悖论）。句末"修辞手法"四字与前面重复，应删去。
98. 【错别字】《"圣德台子"的诞生》应改作《"圣德太子"的诞生》。
99. 【概念错误；标点符号错误】"注重结构主义分析"应改作"注重结构分析"。"进口替代"后面一个加逗号。
100. 【错别字】"第九界"应改作"第九届"。

第十九单元

1. 【衍字；标点符号错误】"情报虽然是普遍存在于人类社会中。"应改作"情报虽然普遍存在于人类社会,",逗号改句号。"是""中"为赘字,应该删去,后面句号应改作逗号。关联句中间不应该用句号隔开。
2. 【错别字】"谋报"应改作"谍报"。
3. 【脱字】"提供知识思想"应改作"提供知识与思想"。
4. 【概念错误；衍字；脱字；标点符号错误】"收集市场"应改作"搜集市场信息"。"有这样一种认识:即"使用了冒号,后面不应该再用"即";如果要用"即",那么前面的冒号应改作逗号。"即影响企业的许多因素"应改作"在影响企业的许多因素中间"。引号内是完整引文,句末的句号位置应该在引号里边。
5. 【词序颠倒】"竞争情报获取的主要方式"应改作"获取竞争情报的主要方式"。在一般情况下,动宾词组中的动词和宾语位置颠倒属于语法错误。
6. 【句式错误】此句陈述得冗复而且不合理,概念也不准确。句子应该精简,改作:
体育情报学已经发展成为一门新兴的学科。
7. 【概念错误】"体育情报学与情报学的关系"应改作"体育情报学与一般情报学的关系"。或将"体育情报学"和"情报学"分别加上引号。
8. 【表述错误；概念错误】全句应改作:
体育竞争情报来源于专门的信息、情报,带有一般情报所具有的表征、依附、传递、知识、效用等属性。
9. 【遣词冗赘】语义重复。"训练、参赛和竞技比赛,"应改作"训练、参赛,"。
10. 【句读错误；叙事不当】"战胜竞争对手"后面应该加顿号。第二句应改作"它包括竞争对手针对己方的竞争战略、竞争战术和竞争对策等各种情报"。
11. 【遣词错误】"因时因利地"应改作"因时因地"。
12. 【句式错误】句子应改作:
从事体育竞争情报,首先涉及培养与提高情报意识。
13. 【翻译错误；标点符号错误；行文不规范；衍字】"普拉霍莱德"的译音与原文差距太大,应改作"普拉达拉德"。两处括号里外国人名的缩略号不应该写成间隔号,应改作(C. K. Pradalad)和(G. Hamel)。"发表的"应改作"发表";"的一文"应改作"一文"。英文文章标题按规范应该译出,改作"发表《公司的核心竞争力》(The Core Competence of Corporation)一文"。

358

14.【叙事不清;逻辑关系混乱】全句存在多处衍字、脱字、标点符号错误、量词错误、遣词错误,应改作:
它们都建立在对抗、竞争的基础上,围绕如何寻求与维持竞争优势这一主题展开研究。竞争优势是贯穿以上各种理论发展的一条核心主线,也构成了上述理论的共同契合点。各种理论之间有着一定的亲缘关系,或是从属,或是交叉,或是平行。

15.【表述错误】句子应改作:
其中尤其因为竞技体育在竞争中的激烈性,使"竞技体育竞争情报"成为"体育竞争情报研究"的核心。

16.【错别字;关联词错误】"应用的"应改作"应用得"。"也就在体育竞赛中赢得了先机"应改作"就越能在体育竞赛中赢得先机"。

17.【同义反复;遣词错误】"内在本领与本身实力"两者是同一意思,应该简述为"本身实力"。"对体育比赛成绩带来"应改作"给体育比赛成绩带来"。

18.【量词错误;标点符号错误】"几个……大事记"应改作"几种……大事记"。句中三处提到《西双版纳报》都缺失书名号。应改作"如《西双版纳报》社编委会为纪念《西双版纳报》创刊50年所编写的《〈西双版纳报〉50年回眸(1957—2007)》"。为使句子更简洁,可改作:"如《西双版纳报》社编委会为纪念该报创刊50年所编写的《〈西双版纳报〉50年回眸(1957—2007)》"。

19.【错别字】"筚朗道"应改作"筚朗叨"。

20.【遣词错误】"中华帝国"应改作"中央政府"。"今中国傣族地区"应改作"傣族地区"。"大幅增强"应改作"大大增强"。

21.【表述错误;错别字】"傣族原为有名无姓"应改作"傣族人原先有名无姓"。"娶僧名"应改作"取僧名"。

22.【概念错误;衍字】"靠近内陆"应改作"靠近中原地区"。"早期有受"应改作"早期受"。

23.【表述错误】"经济学家曾说"这类表述属于不准确,即不具体。应改作"曾经有一位经济学家说过"。

24.【遣词错误】"同在对开四版出报"应改作"用对开四版出报"。

25.【表述错误】"为什么在广播报道和评论客观公正他选择了说不准"应改作"在'广播报道和评论客观公正'一栏上他选择了'说不准'"。

26.【脱字;概念错误】"处于鼎盛时期《召树屯》,不仅多次出访到新加坡"应改作"处于鼎盛期的《召树屯》不仅多次出访,到新加坡"。"地方、部队、农场、农村"四个概念分类不准确,"农场、农村"属于"地方"。应改作"地方和部队",或改作"部队、农场、农村"。

27.【语序错误;名称错误】"多位党和国家领导人"宜改作"党和国家多位领导人"。"日本王子"应改作"日本皇子"。

28.【错别字】"创世之处"应改作"创世之初"。

29.【翻译错误】"勃艮第的菲利普公爵(Philip the Good)"应改作"勃艮第的好菲利普公爵(Philip the Good)"。

30.【错别字】"马扎尔人"应改作"马札尔人"。

31. 【错别字;脱字】"已姻"应改作"已婚"。"但汉姆生无所谓"应改作"汉姆生觉得无所谓"。

32. 【翻译错误】"蓬皮杜夫人"应改作通译的"蓬巴杜尔夫人"。"我们之后,洪水滔天"的译法不如通译的"我死后哪怕洪水滔天"更准确。

33. 【标点符号错误】"先祖"后面应该加顿号。"贤相"后面逗号应改作分号。"华侨"后面逗号应改作分号。"苏祖鹤"后面逗号应该删去。

34. 【遣词错误;知识性错误】"分居的理由"应改作"分道扬镳的理由"。"社会现实主义"应改作"社会主义现实主义"。"社会现实主义"是欧美描写与批评社会现实的文学创作倾向;"社会主义现实主义"是苏联时期的文学理论主张与创作实践。

35. 【翻译错误】"荷兰教士堪皮斯"应改作通译"荷兰教士(坎普滕的)托马斯"。Kempis是地名。可参见《英汉大词典》词条 Thomas à Kempis。

36. 【名称错误;错别字】驾驭马车的人不称"司机",而称"马车夫"。"头也不抬的"应改作"头也不抬地"。

37. 【概念错误】"皇后"应改作"王后"。国王的妻子称"王后",皇帝的妻子才称"皇后"。"王""皇"不分,是常见错误。

38. 【遣词错误】"自寻短路"应改作"自寻短见"。"短路"是电学名词。

39. 【书名脱字】《学论》应改作《逻辑哲学论》。维特根斯坦的代表作,不应该过分简化,造成含意不明。

40. 【遣词错误】根据全句意思,"激进一些的学者"应改作"偏激的学者"。"民族解放"应改作"民族独立"。

41. 【概念错误】"情节"应改作"情结"。系常见错误。

42. 【关联词错误】此句应该是关联句,却缺失关联词。"成果丰硕"应改作"却成果丰硕"。

43. 【表述错误】"潜回英国,召集人马叛乱回国"应改作"潜回英国,召集人马,举行叛乱"。

44. 【遣词错误】"夹道欢迎"应改作"夹道欢送"。

45. 【错别字】"消复"应改作"消夏"。

46. 【错别字】"资源的乞丐"应改作"自愿的乞丐"。

47. 【人名错误;概念错误;标点符号错误】"列维·布留尔"应改作"列维-布留尔",中间是连字符,不是间隔号。"等原始民族"应改作"等地的原始民族"。"具有生物时间感"后面逗号应改作分号。

48. 【知识性错误】《再次雷峰塔倒掉》应改作《再论雷峰塔的倒掉》。"勃兰兑斯的诗"应改作"勃兰兑斯的话"。

49. 【人名错误】"卡之琳"应改作"卞之琳"。

50. 【知识性错误】就托尔斯泰而言,他在1978至1979年的中国学术界被重新评价,谈不上"瞬间的崛起"。宜删去这五个字。"西方现代派"应改作"西方现代派思潮"。"西方现代派"不是发生在中国的文学运动,只是当时中国学术界受西方现代派思潮的影响。西方现代派冲击托尔斯泰的现象发生在20世纪初,以俄国未来主义一派为代表。最后一句"托尔斯泰瞬间的崛起受到西方现代派的猛烈冲击"应改作"中国的托尔斯泰研究受到西方现代派思潮的影响"。

51. 【词序错误;脱字;衍字】"托尔斯泰创作内在的复杂性"应改作"托尔斯泰创作的内在复杂性"。"他的思想从"应改作"他的思想被从"。"不抵抗的"应改作"不抵抗"。

52. 【错别字;史实错误】"延安鲁敢"应改作"延安鲁艺"。1941年延安革命队伍中的女性崇尚革命,既不会、也不可能、更没有条件去效仿安娜·卡列尼娜的沙皇俄国贵妇人服饰。句中应删去"甚至在服饰上也竞相效仿"。

53. 【史实错误】超现实主义和存在主义是在20世纪上半期兴起的,不是在"19世纪晚期"。句中应改作:
受时代局限,他对19世纪晚期兴起的自然主义、象征主义和20世纪上半叶兴起的超现实主义、存在主义等西方文学诸流派评价不高。

54. 【知识性错误】"英国诗人虎特(作者不可考)的诗《缝衣曲》"一说,并非"不可考"。"虎特"今译"托马斯·胡德(Thomas Hood)"。《缝衣曲》今译《衬衫之歌》(The Song of the Shirt)。皆有资料可查。可参见《辞海》"胡"字下的条目"胡德"。

55. 【脱字】"徐"应作"徐訏、"。("訏"音 xū,应作简体字,但电脑 word 字库里只有繁体,没有简体。)

56. 【引文错误】句中"一起破产了"应改作"一起破了产"。"达到社会主义"应改作"到达社会主义"。"达到阶级的消灭"应改作"到达阶级的消灭"。

57. 【脱字】"印度的中国形象"应改作"印度人眼里的中国形象"。

58. 【遣词冗赘;错别字】"国际之间"应改作"国家之间"。"际"就是"之间"。"国际之间"用词重叠。"显示距离拉近"应改作"现实距离拉近"。

59. 【词序错误】句中两处"中国研究"应改作"研究中国"。时下的写作中,将动宾词组里的"动词+宾语"误写成"宾语+动词",常生歧义。系常见错误。

60. 【错别字;叙事错误】句首"社会学家或人类学家帕姬莎"应改作"社会学和人类学家帕姬莎",或"社会学家、人类学家帕姬莎"。"对广阔的世界"应改作"对其他地方的广阔世界"。

61. 【概念错误】"印度的两种完全不同的中国形象"应改作"印度人眼里两种完全不同的中国形象"。"肯定与否定"应改作"被肯定与被否定"。

62. 【表述错误】"拙著"是谦辞,用于称自己的著作。前面再加上"我的",构成错误表述。若选择使用"拙著",则删去"我的"二字。

63. 【脱字】"但大印第安"应改作"但大印第安人"。

64. 【错别字】"创造了两部小说"应改作"创作了两部小说"。

65. 【脱字】"历史的重构"应改作"对历史的重构"。时下又不少写作者在引进西方概念后,不注意汉语表述的规范性,造成叙事错误。句中颠倒了关系,应改作:
这本身就意味着在再现民族、国家的历史与文化中的性别观念时颠覆了神话和传说,因此必将带来对历史的重构。

66. 【错别字】"不饱眼福"应改作"大饱眼福"。

67. 【错别字】"金项奖"应改作"金像奖"。

68. 【翻译错误】《萨特·雷萨图斯》应改作《旧衣新裁》。卡莱尔的名作,原文是 Sartor Resartus,不是人名。

69. 【衍字;概念错误】"酒鬼的伙夫"应改作"酒鬼火夫"。"速率变得可怖"应改作"速度变得可怖"。"司机和伙夫"应改作"司机和火夫"。"甩出车厢"应改作"甩出火车头"。此段文字描述的是火车头里发生的故事。"火夫"是在锅炉房或火车头上烧火的工人;"伙夫"是在厨房(伙房)里挑水、烧火、煮饭的人。

70. 【错别字】这里讲述的是矛盾《子夜》里的故事。"冯媚卿"应改作"冯眉卿"。

71. 【错别字】"稠衣"应改作"绸衣"。

72. 【错别字】"惜曾为妓"应改作"昔曾为妓"。"现在则下海伴舞"应改作"现在做舞女"。先做妓女,就已经"下海"了,再做舞女,说是"现在则下海"未免时序出错。

73. 【错别字】句末的"凶象"应改作"凶相"。

74. 【错别字】"与家庭分裂出去"应改作"从家庭分裂出去"。

75. 【知识性错误】"维维恩·W·NG(Vivien W NG)"应改作"维维恩·W·恩格(Vivien W NG)"。《千金药方》应改作《千金要方》。

76. 【错别字】"彼得戈勒"应改作"彼得格勒"或"彼得堡"。

77. 【概念错误】"并受到殷勤款待"应改作"并殷勤款待他"。

78. 【错别字】"一字一吨"应改作"一字一顿"。

79. 【关联词错误;错别字】"不单单是……,而是……"应改作"不单单是……,而且也是……"。"人侵"应改作"入侵"。

80. 【概念错误】"克服汉语和方言的干扰"应改作"克服汉语普通话和方言发音的干扰"。

81. 【关联词错误;错别字】"他继续"应改作"他也还继续"。"一些列"应改作"一系列"。

82. 【错别字;脱字】"收到伪证的指控"应改作"受到伪证的指控"。"他的所有指控"应改作"对他的所有指控"。

83. 【遣词错误】"初期发展期"应改作"最初发展期"。

84. 【句式错误】"不像,比如说,康拉德·韦特身上的……"应改作"不像康拉德·韦特那样,身上的……"。

85. 【概念错误;遣词错误】"遗产和环境"应改作"遗传和环境"。"非常讽刺的"应改作"非常有讽刺性的"。

86. 【语序错误;句读错误;错别字】"一次议会调查的结论是"应改作"议会的一次调查结论是"。"反应"应改作"反映"。"富有帝国特征反应帝国价值"应改作"富有帝国特征、反映帝国价值"。

87. 【表述错误】"大概有七十四部"的表示法是错误的,精确的数字不应该被说成"大概"。"美国仍然是大头"属于叙事不清。全句应改作:
在法国,本土电影产量略微高于英国,有 74 部法国影片,占据 12.7% 的市场份额。在美国,本土影片仍然占大头,有 368 部美国影片,占据 63.3% 的市场份额。

88. 【翻译错误;标点符号错误】根据括号里的英文 Mark,应该译作《佐罗的标记》。Zorro 后面应该用逗号,不应该用分号。

第十九单元

89. 【语序错误;关联词错误】"喜欢冒险的动作类女主角(action-adventure)"应改作"喜欢冒险的动作类(action-adventure)女主角"。"一种是……,一类是……"应改作"一种是……,另一种是……"。

90. 【遣词冗赘;遣词不当】"面临着额外的社会动荡"应改作"还面临着社会动荡"。重复使用"以及"一词。全句应改作:
    法国、意大利和德国还面临着社会动荡、政治骚乱、严重的通货膨胀,还有蔓延欧洲的流行病。比起战争来,这种流行病杀死的欧洲人更多。

91. 【错别字】"涉入"应改作"涉足"。

92. 【翻译错误;标点符号错误】《天涯路》未译出 Home 一词,应改作《天涯归路》。Home 的后面应该用逗号,不应该用分号。

93. 【翻译错误】《婴儿热》应改作《婴儿潮》。

94. 【翻译错误】《越南的历史》应改作《越南:电视片记录的一部历史》。

95. 【标点符号错误】"大量投资州立大学"后面应该用逗号,不应该用句号。

96. 【翻译错误;史实错误】"加州大学"是一个不确切的概念。美国加利福尼亚州既有"加利福尼亚大学",也有"加利福尼亚州立大学",此句中提到克拉克·科尔教授,其学校应该是"加利福尼亚大学"。(Clark Kerr,1911~2003)美国教育家,倡导教育改革,曾任加利福尼亚大学的校长。)"1 500多年以前"应改作"1 500多年以来"。1 500年前世界上没有大学,一般认为,第一所大学(博洛尼亚大学)建于公元1088年,距今926年。一说世界上最古老的大学是卡鲁因大学(位于摩洛哥的非斯城),创建于公元859年,距今一千一百多年。

97. 【译名错误】"圣多玛斯"应改作"圣托马斯"。括号里生卒年月用数字表达即可,不必加上一个"年"字。

98. 【知识性错误】"大不列颠共和国"应改作"大不列颠及北爱尔兰联合王国"。简称英国。英国的政制是君主立宪的王国,不是"共和国"。

99. 【名称错误;脱字】"雅典学院"应改作"雅典的学园"。"中心"应改作"画面中心"。

100. 【遣词冗赘】"而至于"应改作"而"。"则必将"应改作"必将"。"效应史"应改作"效应"。句子应改作:
    而蕴含在其中的那些哲学问题,必将在这一定义的此后效应中逐渐展现出来。

第二十单元

1. 【翻译错误;量词不当】根据括号里的英文,"公共意识"应改作"公共良知"。conscience 意为"良心,道德心";而与"意识"对应的英文单词是 consciousness。"一个好大学"宜改作"一所好大学"。
2. 【语序颠倒;脱字】"勃兰兑斯批评该怎样学习"应改作"怎样学习勃兰兑斯的批评"。"若干刊物与知识精英为线索"应改作"以若干刊物与知识精英为线索"。
3. 【语序颠倒】"早期欧洲的中国接受"应改作"早期欧洲对中国的接受"。
4. 【错别字;语序颠倒】"罗柯柯文化"应改作通译的"洛可可文化"。"中国摹仿"应改作"摹仿中国",或"模仿中国"。
5. 【标点符号错误;知识性错误】"一部红楼梦"应改作"一部《红楼梦》"。"在那样封闭锁国、混沌未开的时代里"应改作"在那样封闭锁国的时代里"。即使处于封闭锁国状态,中国仍然是文明国家,绝对不是"混沌未开"。
6. 【概念错误;标点符号错误】"完成了自己文坛地位的"应改作"完成了确立自己文坛地位的"。句中的分号应改作逗号。
7. 【语序颠倒】"歌德接受"应改作"接受歌德"。
8. 【简繁体不一致;书名错误】"獵人"的"獵"字应该简化成"猎"。《二十世纪文学之主潮》应改作《十九世纪文学之主潮》。
9. 【错别字】句末"乃辩明真假"应改作"乃辨明真假"。
10. 【衍字;标点符号错误】根据作品中的情节,"杜丽娘将在梦境中渴望爱情"应改作"杜丽娘渴望爱情"。"由梦生情"后面的顿号应改作逗号。
11. 【句式错误;遣词错误;标点符号错误】"尤其在经历了曾有过'程门立雪'经验的中国现代学者如陈寅恪等人"这一句中,"经历了"和"曾有过"语意重复。"买椟还珠"和"开放式胸怀"不是一回事,应该删去"开放式胸怀的"六个字。"陈寅恪等人"后面逗号应改作句号。全句应改作:
    但就总体而言,德国汉学的学术水平显然不被中国学人认同,尤其是曾有过"程门立雪"经验的中国现代学者如陈寅恪等人。除了其中可能带有的"买椟还珠"式的毛病之外,我们要追问的是,德国汉学本身是否存在一定程度的问题?
12. 【遣词错误】"为副系"应改作"为辅修",或"为副修"。
13. 【遣词错误;衍字】"宏宏大著"系杜撰词。"而其《中国哲学史》的宏宏大著"应改作"而其大作《中国哲学史》"。"开辟为"应改作"开辟"。

14. 【错别字;遣词冗赘】"表现的"应改作"表现得"。"兰克史学的影响对他们是最有影响的"应改作"兰克史学对他们是最有影响的"。

15. 【概念错误;衍字;句读错误】"历史家"是个错误概念,应改作"历史学家",或"编年史家"。"对我们多少是有些熟悉的"应该删去"对"字,改作"我们多少是有些熟悉的"。"中国的历史学"后面应该删去逗号。

16. 【错别字】"考镜"应改作"考证"。

17. 【衍字】"任其汉学教授"应改作"任汉学教授"。

18. 【错别字】"主要是"应改作"主要在"。

19. 【错别字;衍字】"有多重力量"应改作"由多种力量"。"所达成"应改作"达成"。"单纯的归因于某种力量而已"应改作"单纯归因于某种力量"。

20. 【衍字;错别字】"1932年年初"应改作"1932年初"。"考辩"应改作"考辨"。

21. 【错别字】"看清了"应改作"看轻了"。

22. 【遣词错误;句读错误;错别字】"对于"应改作"对"。"甚至于"应改作"甚至"。"薄弱的"应改作"薄弱得"。"对于中国文化本身,漠然不知"应改作"对中国文化本身漠然不知"。"甚至于阅读汉文的能力,往往薄弱的可怜"应改作"甚至连阅读汉文的能力也往往薄弱得可怜"。

23. 【遣词冗赘;关联词不当】"融通各科的融通气象"应改作"融通各科的气象"。"而显然更有"应改作"但更主要的是有"。

24. 【脱字】"倾向于"应改作"倾向于认为"。

25. 【遣词错误;句式错误;衍字】"居于世界牛首"应改作"执世界牛耳"。"而美国汉学经由(广义概念,涵盖中国学)费正清之开辟"应改作"美国汉学(在广义概念上涵盖"中国学")经由费正清之开辟"。"而傲然"应改作"傲然"。"屹立于世界汉学之冠首"应改作"站在世界汉学之前列"。全句应改作:

至少法国汉学界再也不能如伯希时代那样执世界牛耳,这已是不争的事实。而美国汉学(在广义概念上涵盖"中国学")经由费正清之开辟,傲然站在世界汉学之前列,这也是学术史的基本现象。

26. 【句读错误;遣词冗赘】句首的第一个逗号应该删去。"德国汉学尚还远不能"应改作"德国汉学还远不能"。"尚""还"两字意义重叠。

27. 【脱字】"三分天下"应改作"提出'三分天下'"。

28. 【标点符号错误】"何其辉煌?"应改作"何其辉煌!""何其"是感叹词,不是疑问词。

29. 【遣词错误】"遥遥直上"应改作"扶摇直上"。"她的"两字系衍字。

30. 【句式错误】"材料是每个研究者运用的自由,而且每人都有自己的长处不同"应改作"每个研究者都有运用材料的自由,而且每个人都有自己的不同长处"。第二处逗号宜改作句号。

31. 【错别字;脱字】"替我们时代进程的'历史记录'"应改作"替我们的时代进程做'历史记录'"。"但他又一定"应改作"但他的记录又一定"。"我们故此需要互证,作家和作家之间的互证"应改作"所以就需要互证,即作家和作家之间的互证"。

32.【叙事错误】"社会本身也是由金字塔构成的"应改作"社会本身也是一种金字塔式的结构"。

33.【代词错误;遣词不当】"他的实在价值"应改作"它的实用价值"。"他所要研究的对象"应改作"它所要研究的对象"。主语是"一种学问",代词不可以用"他"。"观察探究"应改作"观察和探究"。

34.【衍字;叙事错误】"当参加"应改作"参加"。句末说,作者"乘飞机"将一幅画送到华侨新村的老师"府邸"。莫非苏老师在华侨新村的家里修建了飞机场,否则作者如何降落在那里? 应当删去"当即乘飞机"五字。

35.【错别字】"妍蚩"应改作"妍媸"。"蚩"意为"愚笨";"媸"意为"面貌丑陋",与"妍"相对。

36.【标点符号错误】"易经的思维"应改作"《易经》的思维"。

37.【错别字】"变异的"应改作"变异得"。

38.【脱字】"芬兰—乌戈尔语"应改作"学习芬兰—乌戈尔语"。

39.【遣词错误】"宏宏十卷"应改作"皇皇十卷"。

40.【错别字;叙事错误】"列的较少"应改作"列得较少"。"对后人是非常有益的工作"应改作"对后人会非常有益"。

41.【遣词错误】"限止之处"应改作"局限之处"。

42.【概念错误;遣词冗赘】"涉及到"应改作"涉及"。系常见错误。"所以当然"应改作"所以"。

43.【脱字;错别字】"但如果没读书的"应改作"但如果没读过这两部书的"。"想当然的"应改作"想当然地"。

44.【错别字】"风险犹大"应改作"风险尤大"。

45.【错别字】"过程这种"应改作"过程之中"。

46.【句式错误】句子应改作:

同样,余华在德语文学界被接受,这也是值得深入探究的。

47.【知识性错误】"向中共的新四军第五军进攻"应改作"突然袭击新四军军部及其皖南部队"。

48.【概念错误;句式错误】"各种中国现代文学史"应改作"各种中国现代文学史著作"。滥用"所"字。全句应改作:

这种说法由五四新文学家提出,后来被各种中国现代文学史著作认同,现在成为各种"中国现代文学"和"现代汉语"教材使用的历史叙述。

49.【遣词错误】"则认为"应改作"则指出"。

50.【知识性错误;错别字】《威尼斯商人》里的人物是"夏洛克";而"阿巴公"(一译"阿巴贡")是莫里哀《吝啬鬼》里的主人公。"哪艘船"应改作"那艘船"。

51.【脱字】"许多意大利艺术家"应改作"同许多意大利艺术家"。

52.【事实错误】句中所述违背历史事实。"逮捕了鸦片贩子"是因为鸦片毒害中国人的生命,破坏中国的经济和财政,并不是"没钱买鸦片"。

53.【知识性错误】这是古希腊哲学家亚里士多德的话。

54.【知识性错误】"哈佛子弟"应改作"哈佛弟子"。"子弟"意味亲属关系;"弟子"意即"学生"。

55.【错别字;量词错误】"出生牛犊"应改作"初生牛犊"。"一个……宪法"应改作"一部……宪法"。

56.【错别字】"三军统率"应改作"三军统帅"。

57.【遣词错误】"血源"应改作"血缘"。"血源"指医院用血的来源。"血缘"指血亲关系。

58.【错别字】"忠情"应改作"钟情"。

59.【知识性错误】彗星是一种天体,不是"一颗"星。作者错把"流星"说成"彗星"。句中"一颗彗星,拖着美丽的彗尾"应改作"一颗流星,拖着发光的尾巴"。

60.【衍字;错别字】"笃信天主教徒"应改作"笃信天主教"。"就往教堂里跑"应改作"总往教堂里跑"。如果说"没事",后面可接"就往教堂里跑",但句中用的是"有事没事",则应该是"总往教堂里跑"。

61.【语序颠倒】"恩富斯特"应改作"富恩特斯"(Fuentes)。

62.【标点符号错误】"祭奠仪式人祭"应改作"祭祀仪式——人祭"。

63.【遣词错误】"不辞万里"应改作"不远万里"。如果用"不辞"来搭配词组,则应该是"不辞辛苦"。

64.【遣词错误】"黄昏西下的时候"应改作"黄昏的时候",或改作"夕阳西下的时候"。

65.【错别字】"大块朵颐"应改作"大快朵颐"。

66.【错别字;遣词错误】"但从餐饮业"应改作"单从餐饮业"。"吆来喝去""前倨后恭"都是贬义词,在此句中都用错了。应改作"大声吆喝""恭恭敬敬"。

67.【语序错误】"孟买就要超过上海了"应改作"上海就要超过孟买了"。

68.【错别字;遣词错误】"读书破白卷"应改作"读书破万卷"。"历史著名的评论员"应改作"一些著名的评论员"。

69.【遣词错误】"社会发展潮流的"应改作"社会发展潮流中"。

70.【史实错误】"60年代"应改作"50年代"。

71.【衍字】"场杨柳"应改作"杨柳"。

72.【错别字;脱字;标点符号错误】"坏"应改作"怀"。"坏之所吐"应改作"怀之所欲吐"。引文句子完整,因此句末的句号位置应该在后引号之前。

73.【名称错误】"黄包车司机"应改作"黄包车夫"。

74.【衍字】"也亲自参加"应改作"参加"。

75.【代词错误】"他"应改作"它"。主语是"评论工作"。

76.【人名错字】"丁匙良"应改作"丁韪良"。

77.【错别字】"不辩"应改作"不辨"。"椒麦"应改作"菽麦"。

78.【遣词错误;概念错误】"不避个人安危"应改作"不顾个人安危"。"抗战以后"应改作"抗战开始以后"。

79.【错别字】"后撤之师"应改作"后车之师"。或改作"前车之覆,……后车之鉴"。

80.【引文错误】"天下不足畏"应改作"天变不足畏"。"思维定式"应改作"思维定势"。

81. 【标点符号错误;名称错误;句读错误】《今日谈》应改作"今日谈"。《未晚报》应改作"未晚谈"。"而上海《新民晚报》的《未晚报》专栏,由林放执笔直至90年代初期因作者过世才停办"应改作"而上海《新民晚报》的"未晚谈"专栏由林放执笔,直至90年代初期因作者过世才停办"。

82. 【概念错误;句读错误】"球员"后面的逗号应该删去。"到本国"应改作"到别国"。"俱乐部里面"应改作"俱乐部"。句子应改作:
    也就是说,我们发现有越来越多的球员离开自己的国家,到别国的俱乐部去踢球。

83. 【错别字】"轻漫历史"应改作"轻慢历史"。

84. 【脱字;衍字】"任何社会的性质是由"应改作"任何社会的性质都是由"。"既然近代中国"应改作"近代中国"。"与中华民族矛盾"应改作"与中华民族的矛盾"。

85. 【名称错误】"康熙盛世"应改作"康乾盛世"。此乃基本历史知识。

86. 【名称错误】"活膛抢"应改作"滑膛枪"。

87. 【遣词冗赘】"催生了中国民族资本主义的诞生"应改作"催生了中国民族资本主义"。

88. 【数字表达法错误】"10几个"应改作"十几个"。约数的规范表达法。

89. 【人名错字】"张子洞"应改作"张之洞"。

90. 【概念错误;句读错误】"帝国主义之间"应改作"帝国主义国家之间"。后半句应该删去中间破句的逗号。

91. 【史实错误】"从日本撤军"应改作"从朝鲜撤军"。

92. 【史实错误】"在历史上首次提出'变法'的口号"应改作"在近代历史上首次提出'变法'的口号"。

93. 【表述错误】"义和团运动从产生的那一天起,就存在着两种不同的评价"应改作"从义和团运动产生的那一天起,对它就存在着两种不同的评价"。

94. 【句读错误】"1913年7月江西都督李烈钧,被迫在湖口起兵讨袁"应改作"1913年7月,江西都督李烈钧被迫在湖口起兵讨袁"。删去破句的逗号。

95. 【表述错误】"背后为英美和日本不同帝国主义所控制"应改作"背后由英美和日本等帝国主义国家分别控制"。

96. 【句式错误】句子应改作:
    这样,中国政坛上就形成了以黎元洪为代表的总统府和以段祺瑞为代表的国务院(即"府"、"院")之间的矛盾与对立。

97. 【词序错误;衍字;句读错误】"敢于放手的卖国罪行"应改作"敢于放手卖国的罪行"。"时任的日本的内阁总理"应改作"时任日本内阁总理的"。句中应删去第二个逗号。句子应改作:
    段祺瑞敢于放手卖国的罪行,直让时任日本内阁总理的寺内正毅高兴得自夸任内政绩远超前任首相大隈重信。

98. 【表述错误】"取消大元帅制为七总裁制"应改作"取消大元帅制,改为七总裁制"。

99. 【标点符号错误】"左派"二字不应加引号。

100. 【知识性错误;句读错误;标点符号混乱】新四军成立时的建制是"4个支队",不是"4个大队"。全句应改作：

同年8月25日，共产党领导的红军改变为国民革命军第八路军，朱德任总指挥，彭德怀任副总指挥，下辖115师（林彪、聂荣臻）、120师（贺龙、肖克）、129师（刘伯承、徐向前）。10月，国共两党又达成协议，把共产党领导的南方八省游击队改编为新四军（国民革命军新编第四军），叶挺为军长，项英为副军长，下辖4个支队，1万余人。

第二十一单元

1. 【标点符号错误;表述错误】"阻止在临沂"后面的分号应改作逗号。"并形成"应改作"中国军队形成"。
2. 【表述错误】句中数字表述错误,"65 000 万"和"26 000 万"用了"万"字,夸大了一万倍。应改作"六万五千余人""二万六千余人"。否则如句中表述,则是"6 亿 5 000 万"和"2 亿 6 000 万",错误太大了。
3. 【遣词错误】"党政军级领导"是错误表述,"党政军"不是一"级",应改作"党政军领导",或"党政军高级领导"。
4. 【标点符号错误;脱字;数字表述错误】句中的两个分号应改作顿号。"10 几人"应改作"十几人"。"新四军留守干部 10 几人"应改作"杀害新四军留守干部十几人"。
5. 【脱字】"占领意大利全境"应改作"盟军占领意大利全境"。
6. 【句读错误;名称错误;标点符号错误;衍字;遣词冗赘】"鸦片战争以来"应改作"鸦片战争以后"。"中国开始沦为"应改作"中国沦为"。"苦难的中国人民"后面的逗号应该删除。"资本——帝国主义列强"应改作"帝国主义列强"。"则长期停滞"应改作"长期停滞"。"处于落后的不发达状态"应改作"处于落后状态"。"中国革命的胜利"后面的逗号应该删除。全句应改作:
   自 1840 年鸦片战争以后,中国沦为半殖民地半封建社会。从此,苦难的中国人民外遭帝国主义列强的长期侵略,内受封建主义的剥削、压迫,过着饥寒交迫、受尽屈辱的奴隶般生活。中国社会长期停滞,处于落后状态。中国革命的胜利打碎了束缚中国发展的枷锁,为中华民族的伟大复兴创造了条件。
7. 【句读错误;衍字】"新民主主义革命"后面的逗号应该删除。主语和谓语之间不应该断开。"诚如一位历史学家金冲及"应改作"诚如历史学家金冲及"。
8. 【句读错误;遣词错误】"新民主主义革命的胜利"后面应该删去逗号。"其他各阶级阶层的人民"后面应该删去逗号。主语与谓语之间不应该随便断开。"人们之间互称"应改作"人们互称"。"之间"与"互"重叠。
9. 【名称错误;遣词错误】"十月社会主义"应改作"十月革命",或"十月社会主义革命"。"以来"应改作"之后"。
10. 【表述冗赘】"因素"一词重叠。"革命"一词重叠。句子应改作:
    革命的成败,除了客观因素外,主要是由革命政党的路线、方针、政策的正确与否决定的。

11. 【遣词错误】"他深刻地转向"应改作"他沉溺于研究形而上学"。
12. 【概念错误】"科学分类"应改作"学科分类"。"规范科学"应改作"规范学科"。"成为其应用"应改作"成为其应用学科"。
13. 【遣词错误；遣词冗赘】"真理"应改作"真",带引号。"真"可解释为同"性质"有关,而"真理"同"判断"有关,它本身不是一种"性质"。"在实际实践中"应改作"在实践中"。
14. 【表述错误】"信念是对行动的一种倾向"应改作"信念倾向于行动"。
15. 【概念翻译错误；句读错误】根据括号里的英文,"独断论者"应改作"教条主义"。"实在作为整体"后面应该加逗号。"精神共同体"后面应该加逗号。全句应改作:
皮尔士反对教条主义(dogmatism):对于有限的意识主体来说,实在作为整体,本质上是不可知的,即便是作为认知过程主体的精神共同体,在任何一个时间点上同样无法获得确定的认识。
16. 【错别字；衍字】"想像"应改作"想象"。"理查德三世"宜改作通译的"理查三世"。
17. 【遣词冗赘；句读错误；衍字；概念错误】"那种"与"那么"冗复。"则"为衍字。"实用论"应改作"实用主义式的"。全句应改作:
而"真"也就是使我们的信念成为知识的那种性质,因为"真"作为一种性质,也就是前述的"有根据的可断定性",这是杜威对于"真"的实用主义式发展。
18. 【表述错误】"也即真的实用论"应改作"亦即实用论的'真'"。
19. 【表述不当】句子应改作:
所以,"真即在于有用"作为实用主义关于"真"的基本主张,也正是他们提出的对"真"的检验标准。
20. 【脱字；概念错误；句式不当】"皮尔士坚持"应改作"皮尔士坚持认为"。"爱因斯坦的(特殊)相对论"应改作"爱因斯坦的(狭义)相对论"。全句应改作:
他进一步相信皮尔士的看法是正确的——皮尔士坚持认为这种观点与经典牛顿物理学相容,甚至也与爱因斯坦的(狭义)相对论相容,进而肯定也与新的量子理论相容。这也意味着皮尔士的观点具有更大的包容性。
21. 【遣词不当】"南巡讲话"应改作"南方谈话"。
22. 【错别字】"对治"应改作"对峙"。
23. 【脱字】"顾准的思想"应改作"对顾准的思想"。
24. 【概念错误】"市场型高学科"应改作"市场型学科"。
25. 【句式错误；概念错误】"从实践进程"应改作"在实践过程中"。"从科学发展观"应改作"科学发展观"。"学习性政党"应改作"学习型政党"。
26. 【句式错误】句子应改作:
鉴于这一状况,需要哲学界通过学术理论创新去发现和揭示第三次思想解放运动及其意义。
27. 【标点符号错误】《岳村政治转型期中国乡村政治结构的变迁》应改作《岳村政治——转型期中国乡村政治结构的变迁》。
28. 【错别字】"与奈斯比特全著"应改作"与奈斯比特合著"。

29. 【错别字】"暴出"应改作"爆出"。
30. 【错别字】"重要的多"应改作"重要得多"。
31. 【衍字;遣词冗赘;错别字】"诉诸于"应改作"诉诸"。"诉诸"相当于"诉之于"。"司空见惯的熟悉的东西"应改作"司空见惯的东西"。"以便受到"应改作"以便收到"。
32. 【错别字】"手法的老道"应改作"手法的老到"。系常见错误。
33. 【错别字】"醒察"应改作"省察"。"信仰是的"应改作"信仰上的"。
34. 【错别字】"诗人的创造"应改作"诗人的创作"。"批评功夫"应改作"批评工夫"。将"工夫"错写成"功夫"系常见错误。
35. 【错别字;衍字】"论为"应改作"沦为"。"贯道载道的工具"应改作"载道的工具"。
36. 【错别字;衍字】"应证"应改作"印证"。"甚至技巧性"应改作"技巧性",这里不应该使用"甚至"二字。"思想性、批判性、严肃性"三者与"技巧性"之间是并列关系,若要保留"甚至"二字,则应该删去前面的顿号。
37. 【年份表述错误】生卒年月中"约"和"?"不能同时使用。根据《辞海》,应改作"(Thucydides,约前460—约前400)"。
38. 【错别字】"毫无理由的"应改作"毫无理由地"。"玩弄于鼓掌"应改作"玩弄于股掌"。
39. 【错别字】"以至"应改作"以致"。系常见错误。
40. 【语序错误;遣词错误】"弱小的国家利益"应改作"弱小国家的利益"。"祸水东渡"应改作"祸水东引"。
41. 【叙事错误】"很少或者根本没有女性作家能够成功"中,"很少"和"根本没有"是矛盾叙事。应改作"很少有女性作家能够成功"。
42. 【遣词错误;遣词冗赘】两处"便是"前后冗复。"蔚为关注"应改作"非常关注"。句子应改作:
    莎士比亚是对人性非常关注的戏剧家,《麦》剧便是明证之一。
43. 【标点符号错误;遣词错误;句读错误】"从战场上"应改作"在战场上"。"凯旋而归"系常见错误。"旋"即"归"。句子应改作:
    在战场上英勇作战、胜利而归的麦克白对王权的野心,在剧中第一次出场、第一句话里便可见一斑。
44. 【遣词错误】"将加冕"应改作"将被加冕"。"大喜望外"应改作"大喜过望",或"喜出望外"。"恐怖"应改作"恐惧"。句子应改作:
    然而,在荒野上被女巫告知自己将被加冕为"考特爵士"、并继而被加冕为"苏格兰王"之后,麦克白的大喜过望很快就被无意识中的恐惧取代了。
45. 【脱字】"同样靠不住的"应改作"当做同样靠不住的"。
46. 【错别字】"宣称到"应改作"宣称道"。
47. 【遣词冗赘】"曾就……曾如此"前后冗复,应该删去其中一个"曾"字。
48. 【错别字】"娇云"应改作"妖云"。
49. 【错别字;表述不当】"残死"应改作"惨死"。在表述时,应该是人名在先,代词在后。为了表述得清楚些,句子应改作:

这一次,麦克白只杀死了麦克德夫的家人,而麦克德夫的逃脱给麦克白最后的悲剧惨死埋下了伏笔。

50. 【错别字】"大胆地"应改作"大胆的"。或删去"地"字。
51. 【错别字】"慰籍"应改作"慰藉"。
52. 【错别字】"神秘不测"应改作"神秘莫测"。"虚无缥渺"应改作"虚无缥缈"。
53. 【表述错误】"他要把她丢了就穷困无告"应改作"他要是抛弃她,她就会穷困无告"。
54. 【错别字】"不符存在"应改作"不复存在"。
55. 【概念错误;脱字】"奥康纳研究家"应改作"奥康纳研究专家"。"明显增加"应改作"也明显增加"。
56. 【脱字】"富学术价值"应改作"富有学术价值"。
57. 【脱字】"该作"应改作"该著作"。
58. 【知识性错误】"跨越21世纪的今天"是错误表述。21世纪才开始十几年,如何是"跨越"了?应改作"跨世纪的今天"。
59. 【句读错误;概念错误】"奥秘与常情"后面应该加逗号。"超验视像,"的逗号应该在后引号的后面。"对读者"应改作"让读者"。
60. 【错别字】"日产生活"应改作"日常生活"。"参考资源"应改作"参考资料"。
61. 【错别字;衍字】"依恃"应改作"依恃"。"对传统批评中"应改作"传统批评"。
62. 【语法错误】此标题遣词错误,表述混乱。应改作"中国学英语者与母语是英语者之间的礼貌语言对比研究"。
63. 【概念错误;标点符号错误】"决定"应改作"确定"。"最得体最合适的"应改作"最得体、最合适的"。
64. 【错别字】"炯然"应改作"迥然"。"对等的"应改作"对等地"。
65. 【遣词冗赘;标点符号错误】"何为可接受"后面应该加顿号。"反复重复"应改作"反复练习"。
66. 【关联词错误】"词典创新才能稳固占有市场"应改作"词典只有创新才能稳固占有市场"。
67. 【知识性错误】"带着黑猫穿过马路"应改作"看见黑猫穿过马路"。
68. 【衍字;脱字】"他援引了他自己"应改作"他援引了自己"。"科学的"应改作"科学家的"。
69. 【遣词冗赘;标点符号错误】"我们发现我们"应改作"我们"。"两、三个小时"应改作"两三个小时"。
70. 【错别字】"呆多久"应改作"待多久"。
71. 【事实错误】在历史上,苏联军队只有政治委员,共产党的军队里不可能有随军牧师。苏联解体后,俄罗斯军方才同东正教合作。所以,这里所说不符合事实。句中"苏联军队"应改作"俄罗斯军队"。
72. 【年份错误】毛泽东题字"向雷锋同志学习"发表的时间是1963年3月5日,不是"1962年"。

73. 【句式错误】"尼克松总统,第一位访问中华人民共和国的美国总统宣布只有一个中国"应改作"尼克松总统——第一位访问中华人民共和国的美国总统——宣布只有一个中国"。

74. 【史实错误】"日本统治着中国"应改作"日本侵占了中国的一部分领土"。

75. 【概念错误;错别字】"精通苏联事物"应改作"精通对苏联事务"。

76. 【史实错误】中国人民解放军在1955年实行军衔制,1966年取消,80年代恢复军衔制。"表示级别的徽章"应改作"军阶标志"。

77. 【知识性错误】朱德的题词是"锻炼身体,才能为革命多做些工作"。

78. 【名称错误】"装配工"应改作"装备员"。装备员是美国军队里负责军用装备的专职人员。

79. 【叙事错误;错别字;遣词错误】"核事故是对核能危险性的一个警告"系错误表述,正确的表述应该是"核事故是核能危险性对人类的一个警告",或"核事故是关于核能危险性的一种警告"。"收到了"应改作"受到了"。"较高水平的辐射"应改作"较高程度的辐射"。

80. 【语序不当】全句应改作:

减少压力等于增加合作;减少压力等于增加理解;压力少了,就更能接受别人的意见;减少压力,就会缓减冲突。

81. 【史实错误】"因为参加锻炼的人吃药免费"的说法毫无根据。(在"医改"之前,亦即在"公费医疗"时代,享受"公费医疗"的人,即在"全民所有制"单位工作的人,包括退休以后,个人承担全部医药费的10%,向单位报销90%,与是否参加体育锻炼无关。)此句的修改方案应该是删去"那些不出来锻炼而后来生了病的人得自己花钱治疗。因为参加锻炼的人吃药免费,这就激励着人们要保持健康,不然就要自己承担看病的费用"。

82. 【语法错误】"其本身早已完全历史化了"句中的"其本身"指的不知是"中国文学家"还是"神话"。应改作"神话本身早已完全历史化了"。"成了真正的历史人物"主语如果是前面的"其本身"("中国文学家"或"神话"),则也是错误的,应改作"神话人物成了真正的历史人物"。句子或应改作:

中国的文学家在采用神话时,让神话人物历史化,变成历史人物,而中国的历史学家们也努力把神话作为历史来解释。

83. 【表述错误】"令人不免有因袭之嫌"应改作"令人不免感到有因袭之嫌"。

84. 【知识性错误】《西游记》故事里猪八戒被招亲的地方是"高老庄",不是"高家庄"。"高家庄"是家喻户晓的电影故事片《地道战》里的村庄名。作者当是混淆了这两者。

85. 【衍字;标点符号错误】"30年代中期至40年代中期内"中的"内"系赘字,应该删去。"有影响有代表性"宜改作"有影响、有代表性"。

86. 【错别字】"孕育"应改作"隐喻"。同音错字。

87. 【遣词错误】"当代"应改作"同时代"。事情发生在20世纪30年代和40年代,距今80年左右,不应该说成"当代"。"(三、四十年代)"宜改作规范的表达法"(30年代、40年代)"。

88. 【代词错误】"她"应改作"他"。卞之琳不是女性。
89. 【遣词错误；错别字】"创造一个情人的具体观念"中的"观念"应改作"概念"。"赋以其"应改作"赋予其"。
90. 【概念错误】"进化论"应改作"进化论者"。"人种论"应改作"人种论者"。
91. 【史实错误；衍字】伏尔泰的《中国孤儿》(1755)讲述成吉思汗的故事，与"满洲人"无关，应该删去"满洲人"三字。"蒙古人"和"中国人"的概念也不准确，应改作"蒙古族人"和"汉族人"。破折号后的"即"应该删除。
92. 【错别字】"移桔为枳"应改作"移橘为枳"。最后的句号宜移至引号后面。
93. 【概念错误】"翻译词典"应改作"翻阅词典"。
94. 【遣词错误】"严格规定期限的时间"应改作"严格划分时间界线"。"出版问世"属于同义反复，应该表述为"出版"，或"问世"，不重叠使用。
95. 【遣词错误】"岁月的增长"应改作"岁月流逝"。
96. 【同义反复】"千万切忌"里的"千万"和"切"是同一个概念，此处重复使用。应该删去"千万"二字。
97. 【遣词错误】"欧洲中心论"是确实存在的，应该删去"所谓"二字。
98. 【遣词错误】"至今"应改作"至于"。
99. 【语序错误】"'中国学派'构成的基础"应改作"'中国学派'的构成基础"。
100. 【遣词错误】"说明了一个真理"应改作"说明了一个事实"。所述的并非"真理"，而是"事实"。

第二十二单元

1. 【语法错误;叙事不当】究其全句意思,是在讲"研究论著"中的类别情况,但是句子写成了绕口令。其中将"文学"同"文学研究"混淆在一起,造成句意不清楚。全句应改作:
在研究"外国文学影响中国文学"的论著中,大部分论文研究外国文学对中国现代文学的影响。

2. 【句式错误;脱字】"是扩大"应改作"是在扩大"。"第二个十年(1927—1937),这十年是扩大与世界文学的联系中前进的"应改作"第二个十年(1927—1937)是在扩大与世界文学的联系中前进的"。

3. 【叙事错误】"写了《十四行诗集》等"应改作"写过十四行诗"。因为说的是"冯至等人",所以不应该只列出一本书的书名。而如果只说冯至一人,那么应该删去"等人",而他的作品书名是《十四行集》,中间没有"诗"字。句子应改作:
第五阶段(40年代),冯至受西方影响,写了《十四行集》。其他受影响的还有艾青、何其芳、田间等人。

4. 【语法错误;语序错误】"20年代的小说""创造社和浅草社""他们"叙述同一件事情,先是表述为文学体裁,接着表述为文学团体,再接着表述为人,这样的错位造成叙事不合理。既然以"20年代的小说"作为叙事对象,那么后面应改作"其中包括创造社和浅草社作家的作品,它们……"。"主题哲理"应改作"哲理主题"。"在探索表现手法是"应改作"在探索表现手法方面"。全句应改作:
应锦襄着重对现代派影响中国20年代小说的状况作了分析,其中包括创造社和浅草社作家们的作品。这些作品除了在哲理主题方面具有共同性外,在探索表现手法方面着重于揭示人物内心,尤其喜欢用心理分析与内心独白的手法。

5. 【遣词冗赘;脱字】"这篇《尼采与中国现代文学》一文"的说法中,"这篇"与"一文"冗复,应该删去其一。"认为是"应改作"被认为是"。

6. 【句法错误】全句应改作:
文章认为厨川白村对鲁迅的影响总体上是积极的,但也指出鲁迅对厨川白村理论中的某些唯心成分缺少批判。

7. 【表述错误】"深厚挚爱的人民爱"应改作"深厚真挚的对人民之爱",或"对人民深厚真挚的爱"。

8. 【关联词错误;概念错误;句式错误】前面用了"即使",后面缺失关联词。"形而上学"应改作"形而上"。句子应改作:

这一理论即使脱离了上述形而上的前提,也依然可以成立。
9. 【句式错误;标点符号错误;遣词错误】全句应改作:
因此,弗雷格的论证中并没有说"真"是不可定义的,但是他对任何可以接受的"真"之定义设置了限制,然而对这些限制却需要作出仔细说明。
10. 【句式错误】"真谓词是为某种语言,即所谓的对象语言,进行定义的"应改作"真谓词是为所谓的对象语言作定义的"。
11. 【英文姓氏拼写错误;句读错误】Pand 应改作 Pound。第一个逗号应该删去。
12. 【句式错误;遣词不当】"文评"应改作"文学评论"。句中对破折号的使用方法是错误的,造成表述不清。全句应改作:
如能将中国文评的形象感发(即诗的精神)的心态同西方文评的理论分析(即哲学分析)的心态结合起来,那么一定可以相得益彰,使文学批评上升到美学的高度。
13. 【错别字】"功夫"应改作"工夫"。"来之于"宜改作"来自"。
14. 【叙事错误】"偏重于感性"和"充满了理性主义精神"说法矛盾。应该将"充满了"改作"却又不乏"。"它的偏重于感性的美学理论,充满了理性主义精神与艺术辩证色彩"应改作"它的美学理论偏重于感性,却又不乏理性主义精神与艺术辩证色彩"。
15. 【句式错误;脱字】"研究自然科学中"应改作"从研究自然科学中"。"将……规律观察自然世界"应改作"将……规律用于观察自然世界"。句子应改作:
歌德将自己从研究自然科学中概括出来的规律用于观察自然界,并将其引申到观察人生与文学艺术。
16. 【遣词冗赘】"具有历史意义的新的历史篇章"应改作"具有历史意义的新篇章"。
17. 【遣词冗赘;遣词错误】"目的旨在"的说法中"目的"和"旨在"词义重叠,应改作"旨在",删去"目的"。"它学科"应改作"其他学科"。
18. 【遣词错误】"权利"应改作"资格"。
19. 【概念错误】"科学"应改作"学科"。
20. 【遣词冗赘】"学科理论"四字前后冗复。句末"科学合理的学科理论体系"应改作"科学合理的体系"。
21. 【标点符号错误;概念错误;遣词错误】《中国文学在日本》的书名号应改作引号。"系列著作与论文"应改作"著作与论文",删"系列"二字。《屠格涅夫与中国》的书名号应改作引号。"某××"应改作"某某某"或"×××"。
22. 【表述错误;概念错误】"而对文学言"应改作"对文学而言"。"加大……交流"应改作"加强……交流"。"国际间"应改作"国际"。
23. 【概念错误;错别字】"同一平面下"应改作"同一平面上"。"俾使"应改作"使"。"俾"是文言字,意即"使";"俾使"组合在一起变成了"使使",故应删去"俾"字。"健康有序的发展"应改作"健康有序地发展"。状语。
24. 【句式错误;概念错误】"中国(台港地区除外)"的说法易生歧义,应改作"中国大陆地区"。"方式作为附录"应改作"以附录方式"。全句应改作:
关于 1985 年至 1990 年中国大陆地区比较文学的发展情况,作者辑录有关文献和重要论著,以附录方式予以反映。

25. 【语序错误;句读错误;衍字】句子应改作:
中国真正的外国文学(包括外国文化)翻译始于印度佛教传入中土。

26. 【句读错误;遣词错误;错别字】"从后汉桓、灵经东晋南北朝隋唐到宋元"应改作"从后汉桓、灵,经东晋、南北朝、隋唐,到宋元"。"约194人"应改作"共194人"。准确到个位数的数字不应该使用"约"字。"佛教语典"应改作"佛教经典"。

27. 【遣词错误;史实错误】"遇到了包括中国朝野上下在内的防范抵制"应改作"遇到了中国朝野上下的防范和抵制"。所谓"中国的传统封建帝制,一向对外来国家和民族的文化采取闭关锁国政策"是错误的,"帝制时代"指从秦始皇到末代皇帝的漫长时段,尽管清代一度实行闭关锁国政策,但是闭关锁国不是中国帝制时代的一向政策。明代礼部尚书徐光启于1603年入天主教,师从利玛窦,学习西方科学技术,并且引进中国社会。基督教于元、明、清三代持续传入中国。佛教早在汉朝就传入中国。对此句的修改方案,因其全部属于史实错误,应该全删。

28. 【遣词冗赘】"介绍引用《伊索寓言》"应改作"介绍《伊索寓言》"。"在中国的影响传播"应改作"在中国的影响"。

29. 【遣词冗赘】"欧洲西方"应改作"欧洲"。

30. 【遣词冗赘】"了解东方中国"应改作"了解中国"。或改作"了解东方、了解中国"。

31. 【遣词不当】"洞开了中国人的眼界"应改作"开阔了中国人的眼界"。"长期处于闭锁状态下的中国人"这一说法不符合历史事实,系作者不了解中外文化交流史所致。句子应改作:
明清时期的上述中西文化接触与交流,洞开了中国人的眼界,使他们透过这无形的窗户,看到了户外的五彩景象。

32. 【知识性错误】根据《辞海》的准确记载,应改作"原名槐寿,字启明,晚年改名遐寿"。

33. 【衍字】"原籍福建长乐人"应改作"原籍福建长乐"。"原籍江苏苏州人"应改作"原籍江苏苏州"。或删去"原籍"二字,改作"福建长乐人"、"江苏苏州人"。

34. 【遣词冗赘;遣词不当】"出版问世"应改作"出版",或改作"问世"。"以20世纪一百年内出版问世的比较文学著作为范围(1901—2000年)"既已明确指出"20世纪一百年",则"(1901—2000)"为画蛇添足,应该删去。"内涵"应改作"内容"。

35. 【脱字】"论述探讨"应改作"论述和探讨"。句子本意表达的不是对"探讨"的"论述",故不应该处理为动宾结构。这一类差错一般不被认为是差错,但从语法角度来说是错误的。

36. 【脱字】"起源形成过程"应改作"起源与形成过程"。

37. 【脱字】"古典理论"应改作"对古典理论"。"诠释解析"应改作"诠释与解析"。

38. 【遣词错误;标点符号错误】"一部集体编者"应改作"一部集体编著作品"。"作家学者"应改作"作家、学者"。

39. 【知识性错误;标点符号错误】"佛克玛·蚁布思"应改作"佛克玛、蚁布思"。佛克玛和蚁布思是两个人,同为比较文学著名学者。全句应改作:

90年代已出版的有《文本人类学》([爱尔兰]泰特罗著)、《中国叙事学》([美]蒲安迪著)、《文化研究与文化参与》([荷兰]佛克玛、蚁布思著)、《文化类同与文化利用》([美]史景迁著)、《后现代主义与文化理论》([美]杰姆逊著)等。

40. 【遣词错误】"拓转于"应改作"拓展于"。"放在"应改作"站在"。
41. 【错别字】《中外文化与文化》应改作《中外文学与文化》。
42. 【脱字;遣词错误】"本书饶有兴味"应改作"本书使人饶有兴味"。"纵深和深广"应改作"纵深和宽广"。
43. 【遣词错误;脱字】"欧洲、南北美洲等国"应改作"欧洲、南北美洲各国";后半句"特别是"改作"特别是为"。
44. 【概念错误】"也都是公务员"应改作"也都是公职人员"。"公务员"指在国家行政机关任职的干部编制工作人员,系现时名称,在计划经济体制时代只称"工作人员"或"国家干部"。即使在当今,媒体的管理人员也还不是"公务员"。
45. 【错别字;脱字】"举办代表大会"应改作"举行代表大会"。"数以千万"应改作"数以千万计"。
46. 【表达不规范;错别字】"人均 GDP"应改作"人均国内生产总值(GDP)"。"4,283 美元"应改作"4 283 美元"。"国币货币基金组织"应改作"国际货币基金组织"。"7,518 美元"应改作"7 518 美元"。
47. 【知识性错误】句中的说法与事实不符。应该删去"且唯一"三字。
48. 【知识性错误】"22 个省"应改作"23 个省"。中华人民共和国有 23 个省,其中包括台湾,如果漏计,不仅是知识性错误,也是政治性错误。
49. 【知识性错误】"停止、禁止和关闭文化活动或传播物"应改作"停止、禁止和关闭违法和违规的文化活动或传播物"。
50. 【错别字】"与 2008 年"应改作"于 2008 年"。
51. 【概念错误;数字表达不规范;句式错误】"一万多种媒体"应改作"一万多家媒体单位"。"2,000"应改作"2 000",但为与前面保持一致,应该表述为"两千多家"。"2,000 多种通过互联网来实现"应改作"有两千多家是互联网媒体"。
52. 【数字表达不规范;脱字】"9,000"应改作"9 000"。"为每月 3,000 元"应改作"为人均每月 3 000 元"。
53. 【概念错误】"自由化"应改作"市场化"。
54. 【数字表达不规范;脱字】"3,101"应改作"3 101"。"1,400"应改作"1 400"。"16 万"脱量词,应改作"16 万名"。"400 万"脱量词,应改作"400 万份"。
55. 【知识性错误】该机构名称是"中国著作权使用报酬收转中心"。"版权收费和分配"应改作"著作权使用费接收和转付"。
56. 【遣词冗赘;脱字】"积极致力于"应改作"致力于"。"致力"本身就是积极行为,不必再加上"积极"二字。"旨在"应改作"旨在使"。
57. 【数字表达不规范;脱字】"12,000"应改作"12 000"。"卡拉 OK"应改作"卡拉 OK 歌厅"。

58.【标点符号错误;错别字】"MSCS"后面应该是逗号,不应该用分号。"非赢利性"应改作"非营利性"。

59.【句读错误;错别字】句中的逗号应该删去。"恰谈"应改作"洽谈"。

60.【遣词冗赘】"其他形式的娱乐形式"应改作"其他娱乐形式"。

61.【标点符号错误】全句应改作:
有了这样的计划,唱片公司将会利用其他形式(广告和在线内容服务)使自己的收入来源多样化。

62.【知识性错误】"越剧(上海)"应改作"越剧(上海、浙江)"。

63.【标点符号错误】表达数字范围的标点符号不应该用连字符"-",应该用连接号"—"或波纹号"～"。

64.【知识性错误】"电影、艺术和戏剧"应改作"电影和戏剧"。"艺术"是总称,不应该夹杂在具体艺术门类中。

65.【遣词错误;表述错误】"累计"应改作"积累"。"必须以一个企业的成员身份在企业中"应改作"必须以一个企业成员的身份"。全句应改作:
我告诉自己,需要不断积累对中国企业的认识。我对自己讲,去企业的时候一定不要以顾问和专家的身份去,必须以一个企业成员的身份,才能了解这家企业到底在发生什么,其中能够真正发挥作用的东西到底是什么。

66.【标点符号错误;遣词错误】"1931—1937年间"应改作"1931～1937年间"。"发展了中国电影的黄金时代"应改作"创造出中国电影的黄金时代"。

67.【遣词错误;概念错误】"更为强大"应改作"更强的"。"提供语义学"应改作"提供语义"。全句应改作:
因此,语义学若要进展,通常必然使用比对象语言更强的、为对象语言提供语义的元语言。

68.【句式错误;逻辑模糊】句子应改作:
在"真"的类型理论中所考虑的公理,只允许人们证明,是哪些讲述真理的句子不包含真谓词。

69.【句法错误】句子应改作:
由于利润有限,所以制片人趋于保守,不敢尝试新的模式,他们只重复那些经过观众考验而取得成功的模式。

70.【遣词错误】句子应改作:
唯一涉及原子语句的"真"的公理是上述公理1。

71.【数字表述不当】句子中所述的影片拍摄数都是很小的数字,完全应该使用精确的数字,究竟是12部还是13部?究竟是3部还是4部?应该是数得清的,而不应该是约数。就此句作为独立叙事的句子而言,宜改作"13部"和"4部"。

72.【叙事不当;概念错误】按常理,电影片应该是先审查,后发行。"所有的观众和年龄段"应改作"所有年龄段的观众"。

73.【语法错误】"也很难理解"应改作"也很难使人理解"。句子应改作:

同样,商业和休闲场所要播放背景音乐,必须持有许可证,并支付音乐作品使用费,这一规定也很难获得一些人的理解。

74. 【知识性错误】"上千年极度自我封闭历史发展"的说法不符合历史事实。应该删去"带有上千年极度自我封闭历史发展所形成的根深蒂固的文化特征和内涵"。

75. 【脱字】"高昂研发工作"应改作"成本高昂的研发工作"。

76. 【句读错误;遣词错误】第一个逗号位置错误。"所确定的具有"应改作"具有"。"高或中高经济水平"应改作"上等或中上经济水平"。句子应改作:
而这些企业的服务对象,都是得益于现行社会政治和经济监管制度的、具有上等或中上经济水平的社会阶层。

77. 【遣词错误】"随着社会、庙会的兴起"应改作"随着会社、庙会的兴起"。能同"庙会"相提并论的应该是"会社",而不是"社会"。

78. 【遣词冗赘;句式错误】全句应改作:
城市的空间结构发生了重大变化,大街小巷的交通网络逐渐形成,居民众多的小巷不再相互隔离,而是直通大街。

79. 【标点符号错误;错别字】"瞅鞠"应改作"蹴鞠"。全句应改作:
作者详细记录了当年临安的诸多会社组织:文有西湖诗社,武有射弓踏弩社,更有富室郎君、风流子弟与闲人习喜的蹴鞠、打球、射水弩社。

80. 【错别字;标点符号错误】"上至皇帝"应改作"上自皇帝"。"大臣"二字后面顿号应改作逗号。"乞与"应改作"乞丐"。

81. 【遣词冗赘;概念错误】全句有多处错误,应改作:
宋代经济性会社包括互助会社、行会等商业团体。在城市中,民间流行会社,各行业除了参与宗教社邑活动外,还按行会组织各类会社,参与传统的会社、赛会、庙会的各项活动。

82. 【概念错误】"在杂剧表现的公共场合"应改作"在表演杂剧的公共场合"。

83. 【错别字;标点符号错误】"辐湊并集"应改作"辐辏并集"。"初哗临安"应改作"初跸临安"。"商贾辐揍"应改作"商贾辐辏"。全句应改作:
绍兴二十六年(1156),起居舍人凌景夏奏称:"西北人以驻跸之地,辐辏并集,数倍土著。"著名文学家陆游也说:"大驾初跸临安,故都及四方士民商贾辐辏。"时有"西北士夫,多在钱塘"之说。

84. 【引文脱字】"云天青万里开"脱一字,应改作"云白天青万里开"。

85. 【表述错误;标点符号错误】句中"祖父四岁"是错误表述,造成歧义。作品名称应该使用书名号。句中第一个逗号应改作句号。全句应改作:
陈敬容童年的启蒙主要来自祖父。在她4岁时,祖父便教她读《三字经》《孝经》《论语》和唐诗,但却禁止她读任何闲书。

86. 【错别字】"尽辩"应改作"尽辨"。

87. 【错别字】"珍羞味"应改作"珍馐味"。

88. 【错别字】"仅浙江绍兴山阴"应改作"今浙江绍兴"。

381

89.【错别字】"宗规"应改作"族规"。"范围类"应改作"范围内"。

90.【错别字】"9 世纪末枝 10 世纪初"应改作"9 世纪末至 10 世纪初"。

91.【遣词错误;叙事冗赘;句读错误】"的形成"应改作"产生"。两处"之间的"属于赘语。"而且也为"应改作"而且也同"。全句应改作:
这对当时的社会风气产生了很大的影响,在辽朝的中后期不仅加剧了等级差别,激化了等级矛盾,而且也同后来契丹族建立的辽朝的灭亡与分裂存在着千丝万缕的联系。

92.【遣词冗赘】"但是就整个西夏民族的主体党项族来讲,党项族的守旧心理和保守心理造就了其崇尚旧俗的习惯"应改作"但是就整个西夏民族的主体党项族而言,守旧心理和保守心理造就了其崇尚旧俗的习惯"。

93.【错别字;语言逻辑错误,语法错误】"十分不开的"应改作"是分不开的"。句子前后逻辑关系颠倒。全句应改作:
当然,这和西夏普通民众认可他们的统治者及其王室成员是分不开的,这种认可增强了西夏国内各民族的凝聚力。

94.【遣词冗赘;概念错误】"在西夏国内民族地位最高的民族莫过于番族"应改作"在西夏国内,地位最高的民族莫过于番族"。"统治阶级民族"应改作"占统治地位的民族"。

95.【句式错误】句子应改作:
这种"婚姻由前世定"的说法是一种无形的束缚,不利于人们自主择婚。

96.【概念错误】"等价观念"应改作"等级观念"。唐至宋的历史年份是:唐(618～907)、五代(907～960)、宋(960～1279),所以,要么是"唐以后",要么是"宋以后";"唐宋以后"的说法不够确切。

97.【表述错误;脱字】"61 章"应改作"第 61 章"。"今甘肃省张掖县的风俗"应改作"今甘肃省张掖县当时的风俗"。

98.【错别字】"媒约之言"应改作"媒妁之言"。

99.【错别字】"妆奋"应改作"妆奁"。"奁"音 lián。

100.【叙事错误】"已在法律中对抢婚行为予以惩治和处罚"应改作"已在法律中规定对抢婚行为予以惩治。

第二十三单元

1. 【错别字】"返辽"应改作"反辽"。
2. 【错别字】"地址汉化"应改作"抵制汉化"。同音错字,系输入文字时的失误造成。
3. 【遣词错误】"交居"应改作"混居"。
4. 【脱字】"对女真人思想影响后"应改作"对女真人产生思想影响后"。
5. 【遣词错误;遣词冗赘】"抱走孛儿贴"应改作"抢走孛儿贴"。"1206年,蒙古杰出的首领铁木真以蒙古为国号,建立了大蒙古国"一句中,"蒙古"一词出现三次,前后冗复,宜删去其一,改作"1206年,杰出的首领铁木真以'蒙古'为国号,建立了大蒙古国。"
6. 【遣词错误;句式错误】"皮毛"应改作"毛皮"。"往往会配套的服装"应改作"往往会同服装配套"。
7. 【脱字】"按照男方民族的举行婚礼"应改作"按照男方民族的习俗举行婚礼"。
8. 【错别字】"家庭事物"应改作"家庭事务"。
9. 【错别字;概念错误】"偏狭"应改作"褊狭"。"褊"音 biǎn。"少数民族与中国"应改作"少数民族与汉族"。
10. 【脱字】"促使人们价值观念的极大变化"应改作"促使人们的价值观念发生极大变化"。
11. 【句式错误;脱字;错别字】"苟禄偷安"应改作"苟且偷安"。句子应改作:
    朝廷官员卖国求荣、苟且偷安、搜刮百姓、贪污受贿的现象比比皆是。
12. 【遣词错误】"天心民意"应改作"天意民心"。
13. 【遣词错误】"置重建功立业"应改作"注重建功立业"。
14. 【遣词错误,衍字;标点符号错误】"重振"应改作"重整"。"新生的封建政权"应改作"新王朝的封建政权"。全句应改作:
    唐末、五代颓废的士风,败坏的道德风尚,向继此衰世而生的赵宋王朝提出了整饬封建伦常的历史任务,以便重整被唐末、五代兵戎毁堕的社会秩序、意识形态,光大先秦儒家的道德理性规范,维护和巩固新王朝的封建政权。
15. 【标点符号错误;遣词冗赘】"诚实诚信"应改作"诚实、诚信"。"视其为是"应改作"视其为"。
16. 【标点符号错误;叙事错误】"新旧交替赓续创新"应改作"新旧交替、赓续创新"。"凝聚着激烈的冲突与矛盾的并存"应该删去句末的"的并存"三字,改作"凝聚着激烈的冲突与矛盾"。
17. 【错别字】"梦魇"应改作"梦魇"。

18. 【概念错误；句读不当】"辽夏金元游牧民族及后来的蒙古族势力"这一表述中，"元"与"蒙古族"重叠，应删去"元"字，改作"辽夏金游牧民族和后来的蒙古族势力"。改正后，单句53字，只在句末标句号，属于句读不当，宜在"轮番撞击"后面加逗号。

    时下的句读错误主要有两大类，一类是在句子中间不应停顿之处乱加逗号，另一类是使用超长的句子，即所谓"欧化长句"，尤其是在翻译作品中。

19. 【脱字】"称为"应改作"被称为"。
20. 【遣词冗赘；脱字】"因为正是因为"应改作"正是因为"。"理学伦理体系形成和发展"应改作"理学伦理体系的形成和发展"。
21. 【脱字】句子应改作：

    可见"理"乃天地万物得以存在的依托。

22. 【遣词错误】"比较高度一致"是错误说法。准确的表述，要么是"比较一致"，要么是"高度一致"。这两个概念不可混淆在一起。
23. 【句读错误；脱字；衍字】"礼者谓有理也"后面应该有逗号。"繁琐而复杂"应改作"繁琐而复杂的"。"具体化展现"应改作"具体展现"。
24. 【错别字】"北宋微宗"应改作"北宋徽宗"。
25. 【遣词错误；脱字】"人们的认识不同"应改作"人们的说法不同"。"郑玄为作注"应改作"郑玄为之作注"。
26. 【衍字；标点符号错误】全句应改作：

    岳飞的悲剧产生于封建专制社会。"忠君报国"与"忠国报国"之间的利益与矛盾是根本冲突的，"爱国"与"忠君"往往让人不知如何适从。

27. 【错别字】"信务"应改作"信条"。
28. 【遣词错误；标点符号错误】"弥漫于"应改作"弥漫着"。"普遍的民风崇尚"应改作"普遍风尚"。"杨家将抵辽"应改作"杨家将抗辽"。"抵御外族保卫家乡"应改作"抵御外族、保卫家乡"。
29. 【遣词错误】遣词错误"亡于胡人之手"应改作"亡于游牧民族之手"。于今而言，不应该像过去那样称少数民族为"胡人"。
30. 【概念错误；知识性错误；脱字】"入主中国"应改作"入主中原"。"在九流中倒数第二"应改作"被排在第九等"，即"九儒十丐"说法。"为人不齿"应改作"为人所不齿的"。
31. 【遣词错误】"得以高标和风化于世"应改作"得以高扬和风行于世"。
32. 【表述不规范；脱字】"诚如(Bendix)指出"应改作"诚如本迪克斯(Bendix)指出"。"他们的组织权"应改作"使他们的组织权"。
33. 【英文单词拼写错误；知识性错误】Comonwealth 一词中脱字母 m，应改作 Commonwealth。Commonwealth 在这里不译成"联邦"。美国的"联邦"概念是 Federal。这句句子中的 Commonwealth 是指费城所在的宾夕法尼亚州，因此，"联邦诉普立斯"应改作"宾州诉普立斯"。"联邦鞋匠协会"应改作"宾州鞋匠公会"，即州一级的行业公会。
34. 【错别字；文字表述不规范】"滨州"应改作"宾州"。"John Gibson"应改作"约翰·吉布森(John Gibson)"。

35. 【译名不全】根据括号里的英文,《克莱顿法》应改作《克莱顿反托拉斯法》。
36. 【知识性错误】"中国共产党劳动组合书记处"应改作"中国劳动组合书记部"。
37. 【史实错误】"顾正红被洋雇主殴打致死"应改作"顾正红被日本工厂主枪杀"。
38. 【脱字】"发古之幽情"应改作"发思古之幽情"。
39. 【英文大小写错误】Centralized Global Market 不是专有名词,单词首字母应该小写。
40. 【概念错误;衍字】句中列出日本、韩国、中国台湾,所以"发展型国家"应改作"发展型国家和地区"。"东亚地区的国家一些经济体"应改作"东亚地区一些经济体"。
41. 【错别字】"两级之间"应改作"两极之间"。
42. 【错别字】"结语"应改作"结余"。
43. 【数字表达不规范】"2.805 2"应改作"2.8052"。根据规范,小数点后面的数字不空格。
44. 【人名错字】"王芝详"应改作"王芝祥"。
45. 【概念错误】"丢官不干"应改作"弃官不干"。
46. 【错别字】"菜疏"应改作"菜蔬"。
47. 【知识性错误】"一二·八"应改作"一·二八"。1932年1月28日,侵华日军进攻上海。
48. 【遣词错误;叙事错误】句子的叙事是十分错误的。应改作:
   此后,抵抗日寇入侵的斗争为高涨的工人运动注入了新的活力。
49. 【衍字;表述错误】"十余次的"应改作"十余次"。"企业、市场、政府和社会等四篇"应改作"分为企业、市场、政府和社会等四个部分"。
50. 【错别字】"过份"应改作"过分"。
51. 【错别字】"说到底的"应改作"说到低的"。
52. 【表述错误】句子应改作:
   我认为,这是老子又一个前无古人、后无来者的哲学史上重大突破。
53. 【遣词错误;标点符号错误】句中两处"一条黑地走下去"应改作"一条道走到黑"。句中的分号应改作句号。
54. 【遣词错误;遣词冗赘】"期望"应改作"意料"。"处女航"意指第一次出航,再加"第一次"是多余的。句子应改作:
   结果大大出乎人们的意料,处女航行驶到半路,船就沉没了,而且沉得如此干脆利落。
55. 【脱字;标点符号错误;数字表达法错误;名称错误】"总负责麦克缪尔"应改作"总负责人麦克·缪尔"。"20几年"应改作"二十几年"。"坦泰尼克"应改作"泰坦尼克"。第一个逗号应该移到"指出"的后面。
56. 【脱字】"'无'则视而不见"应改作"对'无'则视而不见"。
57. 【叙事不当】应该删去迷信说法"所以是风水宝地"。句子应改作:
   "冲"不是指一般的平原,而是特指"山谷包围中的平原"。韶山因为这种地形,所以叫"韶山冲"。
58. 【表述错误】"表明上看上美国经济很强大"应改作"从表面上看,美国经济很强大"。
59. 【错别字】"回复"应改作"恢复"。

60. 【脱字】"道不同不相谋"应改作"道不同不相为谋"。
61. 【标点符号错误】"任何事物"后面的顿号应改作逗号。"一、二次"应改作"一二次",或"一两次"。
62. 【遣词错误】"根据"应改作"概括"。
63. 【遣词错误】"即使"应改作"既是"。
64. 【脱字】"没有追求没有一切"应改作"没有追求便没有一切"。
65. 【衍字】"能耍赖掉"应改作"能耍赖"。
66. 【知识性错误】笼统地说"西方人"如何如何,是错的,不符合事实。西方(欧美各国)追求奢侈生活的大有人在。"西方人现在强调"应改作"西方现在有人强调"才符合事实。
67. 【句读错误;成语错字】句中的逗号应该删去。"愤世弃俗"应改作"愤世嫉俗"。
68. 【遣词错误】"半抱琵琶半遮面"应改作"犹抱琵琶半遮面"。
69. 【标点符号错误;错别字】"约翰纳什"应改作"约翰·纳什"。"约翰诺伊曼"应改作"约翰·诺伊曼"。"卡尔高斯"应改作"卡尔·高斯"。"代书基本定理"应改作"代数基本定理"。
70. 【引文错误】句子应改作:
    "蓦然回首,那人却在,灯火阑珊处。"
71. 【逻辑错误】句意表达混乱,前后缺乏逻辑联系。应该删去后半部分。改作:
    知识是"第二性"的,是"第二推动力"。知识纯粹只是一种工具。
72. 【表述错误】"因其本身就是不科学、不真理"应改作"因其本身就不科学,不是真理"。
73. 【脱字】"在证明体现的"应改作"在证明中体现的"。
74. 【知识性错误】"先天下之忧而忧,后天下之乐而乐"是宋代文学家范仲淹的名句(语出《岳阳楼记》),不是柳宗元写的。这两句话是散文句,不是诗句。
75. 【知识性错误】"中世纪之前"应改作"中世纪结束之前"。"人都是"应改作"人被说成是"。"和"应改作"或"。全句应改作:
    西方中世纪结束之前,人被说成是"神"的产物。"上帝"创造了人,因此人必须绝对服从上帝,一切以"神"或"上帝"的意志为转移。
76. 【知识性错误】"神的婢女"应改作"神学的婢女"。"哲学、哲学家"后面应该有第二个破折号。
77. 【关联词错误;表述错误】句子应改作:
    看到不说,那是"不负责任";看到了,说了,即使无法实现,也叫"尽到责任"。
78. 【知识性错误】句中乱引乱说。辛弃疾《登京口北固亭有怀》:"千古兴亡多少事,悠悠,不尽长江滚滚流。"与"打遍天下无敌手"搭不上关系。以"秦始皇""打遍天下无敌手"作为例子,同老子思想中的辩证思维也毫无关系。句子应该大幅度删节,改作:
    老子认为事物都由矛盾体组成,矛盾对立统一的两个方面相互依存,不存在极端情况。
79. 【遣词错误】两处"怎么样"应改作"什么样"。
80. 【遣词错误;标点符号错误】"草木一春"应改作"草木一秋"。句子应改作:
    人生一世,草木一秋。除了人有意识、农作物没有意识之外,人和农作物的一生实际上没啥两样。

81. 【知识性错误】句中引用例子不当。《鲁滨逊漂流记》中,那个荒岛上起初只有鲁滨逊一人,但后来除了鲁滨逊之外,还有"星期五"等人。应该删去"除了鲁滨逊流落的荒岛"。
82. 【引文错误】引用鲁迅的话,引文错误。应该是"用自己的手拔着头发,要离开地球"。
83. 【表述错误】"高尚道德的人是不讲道德的"这一句由于表述错误而造成严重误解,似乎说道德高尚的人没有道德。应改作"道德高尚的人不自恃有德",或"道德高尚的人不在口头上大讲道德"。
84. 【脱字】"他辩证思想"应改作"他用辩证思想"。
85. 【概念错误】"空想主义"应改作"空想主义者"。
86. 【遣词错误】"心潮起伏和群情荡漾"应改作"心血来潮"。
87. 【表述错误】"是一门根本就不是,也不能成为学问的学问"应改作"根本就不是学问,也不可能成为学问"。
88. 【知识性错误】"性相近,习相远"出自《三字经》,不是孔子说的。全句应改作:《三字经》里"性相近,习相远"这句话与老子所说的"道生之而德畜之,物形之而势成之"具有异曲同工之妙。
89. 【错别字;标点符号错误】"说的越是华丽动听;恰恰证明,用它来遮羞的东西越是丑恶无比"应改作"说得越是华丽动听,恰恰证明用它来遮羞的东西越是丑恶无比"。
90. 【遣词错误】"多大的道德"应改作"多高的道德"。
91. 【引文错误】"朱门狗肉臭"应改作"朱门酒肉臭"。
92. 【概念错误;脱字;表述错误】"就职宣言"应改作"就职宣誓"。"我授权"应改作"我经授权"。"最初几届总统是没有的,后来才加上去的"应改作"在最初几届总统的就职宣誓中是没有的,是后来才加上去的"。
93. 【数字表达错误】"3、40%"应改作"30%到40%"。
94. 【遣词错误】"公共性。"应改作"即'公共性',"。句号改逗号。"公开自己是什么梦"应改作"公开自己有什么梦"。
95. 【错别字】"正确的""独到的""有效的"应改作"正确地""独到地""有效地"。
96. 【错别字】"物欲恒流"应改作"物欲横流"。
97. 【脱字】"这与我们日常生活中"应改作"这与我们对日常生活中"。
98. 【错别字】"人贵有自知自明"应改作"人贵有自知之明"。
99. 【概念错误;错别字】"一枚铜板的两个方面"应改作"一枚铜板的两面"。"既是"应改作"即是"。
100. 【句读错误;引文错误】"第十三章老子"应改作"第十三章,老子"。"有身与有身"应改作"有身与无身"。

第二十四单元

1. 【史实错误;句式不当】苏格拉底被判死刑后,是以喝毒药的方式处死的,不是"被烧死"的。语句组织不通顺。全句应改作:
   古希腊哲学家苏格拉底的思想远远超越普通人的认识,结果被雅典的三名公民起诉。民众认为他思想极端,"毒害青年"。经五百人陪审团两次投票,第一次判定他有罪,第二次判处他死刑,最后他被以喝毒药的方式处死。
2. 【叙事冗赘】"认识到这点写下五千文之后"应改作"在写下五千字之后",删去"认识到这点"五字。
3. 【知识性错误】"孙子"和"孙武"是同一个人。孙子本名"孙武"。句中应该删去其一。
4. 【遣词错误】"广泛运动"应改作"广泛运用"。
5. 【名称错误;标点符号错误】"上海纪实频道"应改作"上海电视台纪实频道"。后引号位置错。全句应改作:
   上海电视台纪实频道有一句宣传语,叫做"历史不能假设"。如果希特勒知道最终失败,他还会发动战争吗?
6. 【遣词错误】"'二战'胜利70周年"应改作"世界反法西斯战争胜利70周年"。或改作"第二次世界大战结束70周年"。
7. 【引文错误】"一将功名万骨枯"应改作"一将功成万骨枯"。成语。语出唐朝曹松《己亥岁诗》:"凭君莫话封侯事,一将功成万骨枯。"
8. 【史实错误】句中将历史事实说反了,应该是"越王勾践最终战胜吴王夫差"。
9. 【叙事错误】全句应改作:
   根据资料记载,《道德经》在唐代翻译成梵文,传播到西亚。自十六世纪西方传教士来中国之后,《道德经》开始影响西方人的思维。
10. 【标点符号错误;遣词错误;表述错误】"源源不断"后面应该用逗号。"蓄意待发"应改作"蓄势待发"。"空间之下"应改作"空间里"。
11. 【引文错误】引文应改作"鸡犬之声相闻,民至老死,不相往来"。或者将全句改作:
    在生活中,人们常说"鸡犬之声相闻,老死不相往来"。这句话原出自《道德经》第八十章:"鸡犬之声相闻,民至老死,不相往来。"
12. 【语序错误;脱字;引文错误】"后面"二字应该移到引文前面。"前面"应改作"而前面"。"邻里相望"应改作"邻邦相望"。
13. 【遣词错误】"隔岸相望"应改作"对比起来"。一个时代同另一个时代作比较,不应该用空间概念的"隔岸相望"。

14. 【概念错误】"西瓜皮滑到哪里是哪里"应改作"脚踏西瓜皮,滑到哪里是哪里"。这句俗语说的是脚踩在西瓜皮上,人滑到哪里是哪里,而不是西瓜皮自己在滑。

15. 【英文单词拼写错误;叙事句式错误】"Diseace"应改作"Disease"。"不久报告中 22 岁旧金山和纽约布朗克斯区的两个病人相继死去"应改作"不久,报告中旧金山和纽约布朗克斯区的两个 22 岁病人相继死去"。

16. 【遣词错误;标点符号错误】"浸淫"应改作"侵淫"。"为不生病的"应改作"这是不生病的"。逗号和分号使用错误而且混乱。全句应改作:

这一时期,每个人的"灵与肉"、"魂与魄"都天然地处于"抱一"与"无离"的完美境界,从而获得与生俱来的免疫能力。寒暑无法侵淫,病毒无法袭扰,这是不生病的"圣人之治"和"无为而治"。

17. 【概念错误】"赤子一样的身心"应改作"赤子一样的心"。

18. 【衍字;引文失误】"马克思说在"应改作"马克思在"。句末"还要大、还要多"应改作"还要多、还要大"。

19. 【叙事错误;脱字】叙事罔顾语法。"吃第一只因为肚子饿"应改作"吃第一只时,因为肚子饿"。"粗茶淡饭都是香的"应改作"因为在饥饿时,粗茶淡饭都是香的"。"第三只面包肚子已经饱了"应改作"吃第三只面包时,肚子已经饱了"。

20. 【错别字】"痰气"应改作"氮气"。

21. 【量词错误】"一支手表"应改作"一只手表"。

22. 【错别字】"成才量"应改作"成材量"。

23. 【叙事错误】句子叙事颠倒,造成事实错误。应改作:

据我在这方面极为有限的知识,美国以退休和"边缘"群体为主的人口主要集中在新英格兰和中西部地区。

24. 【叙事错误】句子不完整。"关注和了解"应改作"因为他们需要关注和了解"。

25. 【概念错误;标点符号错误;脱字】"美籍德国哲学家"应改作"德裔美国哲学家"。"埃利希弗洛姆"应改作"埃利希·弗洛姆"。"从来没有今天这样"应改作"从来没有像今天这样"。

26. 【句式错误】句子写得七零八落。应改作:

老子已经不再是一个"个人",不再是一个名字;老子是推动未来的能动力量,他比任何现代人都更加具有现代意义,他比任何生命、比许许多多生命都更加具有生命的活力。

27. 【叙事错误】"道德固然变得像中国旧时代女人的裹脚布一样臭不可闻了"属于观点偏激,应改作"道德被忽略"。"人的主体性固然也隐没不彰了,并且本体论也变成了毫无意义的多余之物"应改作"人的主体性隐没不彰,本体论变成毫无意义的多余之物"。

28. 【引文错误;遣词错误】"批判的武器不如武器的批判"应改作"批判的武器不能代替武器的批判",这是马克思的话。"但行动才能改造世界"应改作"只有行动才能改变世界"。

29. 【英文单词错误】John 漏了一个字母,应改作 Johns。

30. 【概念错误】"历史通俗小说"应改作"通俗历史小说"。
31. 【叙事错误】作者写这句句子时没有做一次加法，括号内数字相加为84人，与所述"82名"不相符。根据所查到的资料，句子应改作：
当时令美国政府倍感棘手的是随"普韦布洛号"一起被扣留的有82名美国人，另有1人已死亡。
32. 【叙事错误】叙事方式包含着叙事立场。此句的叙事立场不对。全句应改作：
1972年2月21日，美国总统尼克松应邀闪电式地访问了中国。在1950年的朝鲜战争中，中国和美国有过正面交锋。战后因为西方冷战体制的存在，中国遭遇西方的封锁。现在，随着尼克松的访问，中国的大门终于打开了。
33. 【叙事错误】句中叙事罔顾史实。1949年之后，不是中国紧闭大门，而是美国敌视和封锁中国。因此，"尼克松一方面打开了中国紧闭的大门"应改作"尼克松一方面打开了向中国紧闭的大门"。
34. 【翻译错误；句式不当】根据括号里的英文，应该译作《绿皮书》。句中叙事不清，"倡导排斥资本主义和共产主义的伊斯兰式社会主义"应改作"倡导既排斥资本主义、又排斥共产主义的伊斯兰式社会主义"。
35. 【错别字】"著真文字"应改作"著作文字"。"编集文集"宜改作"编辑文集"。
36. 【遣词冗赘；标点符号错误】"从句子然后过渡到"应改作"从句子过渡到"。"把握真"应改作"把握'真'"。
37. 【遣词错误】日本军队战败后，是"投降"，不是"受降"。
38. 【遣词错误】"侦察笔记"应改作"侦查笔记"。"侦察"是军事用语；刑事查案用"侦查"。
39. 【人名外文拼写错误；人名漏译】"Gttdiener"漏了字母o，应改作"Gottdiener"。"Thrift"一名应该按规范译出中文，改作"思利夫特（Thrift）"。
40. 【词序错误】"'后技术'社会（post-technologique）机制"应改作"'后技术'（post-technologique）社会机制"。括号内外文应该紧跟对应的中文。
41. 【错别字】"使得他"应改作"使得它"。
42. 【表述错误】"我们是人本论"应改作"我们的人本论认为"。
43. 【标点符号错误；错误字】括号前的逗号应放在括号后。"反映"应改作"反应"。"刺激-反映模式"应改作"刺激——反应模式"，使用连接号，不用连字符。
44. 【标点符号错误】"当代批判-权力"应改作"当代批判——权力"。
45. 【错别字】"他的"应改作"它的"。
46. 【国名译错】"澳大利亚"应改作"奥地利"。波兰在东欧，澳大利亚在大洋洲，地缘上搭不着边。
47. 【遣词冗赘】"也早已有了在城市化影响下有了"应改作"也早已在城市化影响下有了"。
48. 【标点符号错误；错别字；遣词错误；句式错误】"社会压力"后面不应该用句号，应改作逗号。"得要延续"应改作"得到延续"。"压制"应改作"抑制"。"把常规的分配危机进行了最大限度的压制"应改作"最大限度地抑制了常规的分配危机"。
49. 【概念错误】"社会主义资本家"应改作"民营企业家"。

50. 【概念错误】"知识全体"应改作"知识总体"。

51. 【衍字;遣词错误】"本布罗代尔"应改作"布罗代尔"。"发展线条"应改作"发展路线"。

52. 【量词错误;表述不清】"两个历史"应改作"两种历史"。"一个"应改作"一种"。"另一个"应改作"另一种"。"两种阶段"应改作"两个阶段"。句子应改作：
首先，在我们的分析和叙述中，有两种需要区分的"历史"和两个需要区分的"阶段"。这两种历史，一种是由不同国家组成的"世界大历史线索"，另一种是"单一民族国家自身的历史线索"。两个阶段分别是"人类历史线索的组成阶段"和"国家自身发展线索的阶段"。

53. 【知识性错误】此人名叫"宣铁吾"，不是"宣吾铁"。当时不叫"淞沪警备区"，而叫"淞沪警备司令部"，隶属"淞沪杭警备司令部"。

54. 【语法错误】"逻辑真理当它是一种真理的时候"应改作"当逻辑真理是一种真理的时候"。

55. 【知识性错误】"历代统治者都不能"应改作"历代统治者都不可能"。

56. 【错别字】"过程总"应改作"过程中"。

57. 【遣词错误】"民国以来"应改作"民国时期"。在叙事用词中，"以来"用于指事情延续到现在，用在此句中明显是错误的。

58. 【地名错误】此处所述是上海原南市区一条街的路名，南市区只有"老硝皮弄"，不是"屑皮弄"。

59. 【表达不规范】"《分建南汇县志》坛庙"应改作"《分建南汇县志·坛庙》"。

60. 【错别字】"之法11个月的工资"应改作"只发11个月工资"。

61. 【遣词错误】"进行影响"应改作"产生影响"。

62. 【遣词不当】"最早的学生"应改作"最早的学生之一"。

63. 【标点符号错误】《再评东荪君的'又一教训'》应改作《再评东荪君的"又一教训"》。使用引号时，按规范应该先使用双引号。

64. 【量词错误;概念错误】"这个杂志"应改作"这份杂志"。"亲华阴谋"应改作"侵华阴谋"。一字之差，不仅是个概念问题，而且也构成政治性问题。

65. 【错别字】"坚决不难"应改作"坚决不准"。此系近形错字，常常出现在用五笔字型输入法输入文字时。

66. 【标点符号错误】作品名称应该使用书名号：《孔雀胆》。

67. 【脱字;标点符号错误;句式错误】"着急"应改作"着急找"。全句应改作：
根据此文记载，5月29日晚10时半，国民党政府上海市长吴国桢着急找上海市各专科以上学校校长谈话，他在会上宣布，当夜要在全市逮捕学生中的"共党分子"。

68. 【句式错误;遣词错误】"最近的一次非法移民大游行"应改作"在最近的一次非法移民大游行中"。"沉默矗立"应改作"沉默伫立"。"矗立"用于高山或高大的建筑物，或指伟人的高大形象。此处说的是一些"合法移民"，应改作"伫立"。"矗"音 chù；"伫"音 zhù。

69. 【人名错字】"王蘧常"应改作"王蘧常"。"蘧"音 jù；"蘧"音 qú。

70.【遣词错误;知识性错误】第一句中应该删去"发展"二字。"就有"应改作"就开始了"。"南洋公学院"应改作"南洋公学"。"19 世纪"应改作"20 世纪"。

71.【知识性错误】金山区在上海的"西南角",不是"东南角"。

72.【引文错误】"旧时堂榭门前燕"应改作"旧时王谢堂前燕"。语出刘禹锡诗《乌衣巷》。

73.【错别字】"铁未消"应改作"铁未销"。语出杜牧诗《赤壁》。

74.【错别字】"笔耕不缀"("缀"音 zhuì)应改作"笔耕不辍"("辍"音 chuò)。

75.【错别字】"挤身"应改作"跻身"。

76.【错别字;数字写法不一致】"布辐"应改作"布幅"。"3 尺 4 寸"和"二尺二寸"这两个数字写法不一致,应该统一于其中的一种。

77.【错别字;标点符号错误;句法错误】"夜语时"应改作"夜雨时"。"深深地"应改作"深深的"。标点符号不规范,应改作:
李商隐的"君问归期未有期,巴山夜雨涨秋池,何当共剪西窗烛,却话巴山夜雨时"(《夜雨寄北》)描写了一种深深的思念之情。

78.【错别字】"占据这"应改作"占据着"。"涉及"应改作"设计"。

79.【错别字】"短期暴力"应改作"短期暴利"。

80.【错别字】"双浆"应改作"双桨"。

81.【引文错字;脱字】"反对派"应改作"反动派"。"以美为首"应改作"以美国为首"。

82.【错别字;脱字;句式不当】"思维"应改作"思维能力"。"诉"应改作"的"。句子应改作:
介绍与训练数学技巧,对引发、开拓和深化学生的思维能力有十分重要的意义。

83.【错别字】《夜乱贴》应改作《丧乱帖》。"及其"应改作"极其"。

84.【叙事错误;句式错误】"拔阮弄音,是其不二的表现"应改作"善弹琵琶"(可参见《辞海》"阮咸"条)。"之一的"应改作"之一"。"阮咸"后面应该删去逗号。(句中"拔阮"本应该是"拨阮"。)句子应改作:
西晋"竹林七贤"之一阮咸旷放不拘礼法,善弹琵琶。

85.【错别字;脱字;叙事不清】"普立策先生"应改作"普利策先生"。"设立"应改作"设立的"。"比例最大"所指不明。或应指明"奖项""得奖人数"之类具体概念。

86.【错别字】《云南印象》应改作《云南映象》。"像脚鼓"应改作"象脚鼓"。"婀娜地"应改作"婀娜的"。

87.【错别字】"过度"应改作"过渡"。

88.【脱字;错别字】"复旦大学 100 周年的"应改作"纪念复旦大学建校 100 周年的"。"图文并貌"应改作"图文并茂"。

89.【错别字;概念错误】"不慎"应改作"不甚"。"语法语句"应该分别叙述作"语法不甚准确,语句不甚通顺"。

90.【错别字】"扦格"("扦"音 qiān)应改作"扞格"。扞格:互相抵触。"扞"音 hàn。

91.【脱字;错别字】"几百万"应改作"几百万元"。"财务"应改作"财物"。

92.【错别字】"亲力亲为"应改作"亲历亲为"。

93.【错别字】"震动"应改作"振动"。

94. 【错别字】"母丘俭"应改作"毋丘俭"。"毋"音 wú。
95. 【引文错误】《山水及自然风景的欣赏》应改作《山水等自然景物的欣赏》。《故都之秋》应改作《故都的秋》。
96. 【引文错误】《兰亭序集》应改作《兰亭集序》。
97. 【引文错误;句式不当】《官场现行记》应改作《官场现形记》。句法有问题,可改为:清末小说家李宝嘉是谴责小说的代表作家,政治倾向接近改良派,作品有《文明小史》、《官场现行记》、《庚子国变弹词》等,暴露清廷官吏的昏庸腐败。
98. 【引文错误;遣词错误;句式不当】"胡天八月即风雪"应改作"胡天八月即飞雪"。"风掣红旗动不翻"应改作"风掣红旗冻不翻"。"奇丽风情"应改作"奇丽风景"。句式应改作:唐代诗人岑参《白雪歌送武判官归京》中的诗句描写了边塞的奇丽风情:"北风卷地白草折,胡天八月即飞雪。忽如一夜春风来,千树万树梨花开。""纷纷暮雪下辕门,风掣红旗冻不翻。"
99. 【引文错误;脱字】"银屏"应改作"银瓶"。"当心画"应改作"当心划"。"是"应改作"这是"。
100. 【文学作品名称错误】《李娃娃》应改作《李娃传》。

第二十五单元

1. 【人名错字;引文错误;脱字】"王藉"应改作"王籍"。《若耶溪》应改作《入若耶溪》。"是"应改作"这是"。
2. 【错别字;概念错误】"并附有"应改作"都附有"。"即有操作性"应改作"既有可操作性"。
3. 【脱字;概念错误;错别字】"交通大学"应改作"上海交通大学"(以区别于"西安交通大学"和"北方交通大学")。"车很多"应改作"公交线路很多"。"闽新线"应改作"闵新线",这是在上海的闵行区,不是在福建。
4. 【标点符号错误;错别字】"高手"后面应该用句号。"图门路"应改作"图们路"。
5. 【概念错误】"其实质不是"应改作"其实质都是"。
6. 【错别字】"泥鲫须"应改作"泥鳅须"。
7. 【错别字】"无休止的"应改作"无休止地"。"利害"应改作"厉害"。
8. 【错别字】"惭惶熬人"应改作"惭惶煞人"。
9. 【标点符号错误;错别字】"有黄瓜、有番茄、有豆角,"应改作"有黄瓜,有番茄,有豆角,"。"复盆子"应改作"覆盆子"。
10. 【错别字】"普通二车"应改作"普通二年"。
11. 【错别字;标点符号错误】"竟陵"应改作"竟陵"。"文学流派"后面句号应改作逗号。
12. 【错别字】《浣沙记》应改作《浣纱记》。
13. 【知识性错误】"亚洲国家"应改作"亚洲国家与地区"。
14. 【错别字】"浪浪上口"应改作"琅琅上口"。
15. 【错别字】"俩人"应改作"两人"。"变素"应改作"变数"。
16. 【地名错字】"大宝礁"应改作"大堡礁"。
17. 【引文错字】"空乏其力"应改作"空乏其身"。语出《孟子》
18. 【引文错字】"是唯实"应改作"只唯实"。
19. 【错别字】"雪撬"应改作"雪橇"。
20. 【错别字】"叠现"应改作"迭现"。
21. 【错别字】"全身贯注"应改作"全神贯注"。
22. 【引文错字】"金不可镂"应改作"金石可镂"。
23. 【错别字】"绝不会"应改作"决不会"。"冒然"应改作"贸然"。
24. 【成语错误】"差强人意"意思是"大体上还能让人满意",用在此句中,明显同句意相反。

应改作"不如人意"。此成语常被用错。

25. 【引文错字】"横看成林"应改作"横看成岭"。"只缘生在"应改作"只缘身在"。系苏轼诗《题西林壁》。

26. 【叙事错误】"他们所穿的是"应改作"以前他们曾经穿"。

27. 【知识性错误；人名错字】"苏洵"应改作"苏洵"。句中列举的八人姓名中，"欧阳洵"不应在"唐宋八大家"之列。将"柳宗元"归在宋代是错误的。漏了"曾巩"。应改作"唐代的韩愈、柳宗元，宋代的欧阳修、王安石、曾巩、苏洵、苏轼、苏辙"。

28. 【标点符号错误；姓名错字；知识性错误】引号内应作"左联五烈士"，不应该只作"左联"。"胡亦频"应改作"胡也频"。"殷夫"和"白莽"不是两个人（殷夫，原名徐柏庭，又名徐祖华，笔名一署白莽）。"左联五烈士"是"李求实、柔石、胡也频、冯铿、殷夫"。

29. 【关联词错误】句中"既然……，所以……"应改作"既然……，那么……"。

30. 【遣词错误】"超过千元以上"应改作"超过千元"，或"达到千元以上"。

31. 【表述错误】"少"不能用"倍"。应改作"只有正常值的四分之一"。

32. 【逻辑错误】"如果违反操作规程，就会造成生产事故"是一种普遍性的假设，而"这次事故"是特指，两者不构成必然的逻辑联系。句中"一定是"应改作"可能是"。

33. 【句读错误】"牛、马不如"应改作"牛马不如"。

34. 【标点符号错误】陈述句不应该使用问号。句子应改作
他不得不认真思考企业的生产为什么会滑坡，怎样才能扩大产品的销路。

35. 【常识错误】"呼吸……海水"是错误表述。应该删去句末"和海水"三字。

36. 【概念错误】"古典文学"包括"唐代的诗歌"，两者不是并列概念。句子应改作：
我非常喜爱中国古典文学，尤其喜欢唐代的诗歌。

37. 【叙事错误】句中指事不明，使之有理解歧义；究竟是"10个培训班"的学员，还是10个"培训班的学员"？句子应改作：
昨天，培训班里有10个学员参观了天安门城楼。
或改作：
昨天，10个培训班的学员都去参观了天安门城楼。

38. 【错别字】"都已成为"应改作"都以成为"。

39. 【表述错误】句中误置否定词，结果双重否定违反了句子的本意。"对后代没有影响"应改作"对后代的影响"。

40. 【表述错误】句中由于不了解成语"首当其冲"（意思是首先受到攻击或遭遇灾难）的含义和用法，所以造成表述错误。应该将"首当其冲"工作"冲在前面"。

41. 【遣词错误】"耻辱"应改作"侮辱"。

42. 【衍字】"50多位矿工们"应该删去"们"字，改作"50多位矿工"。此系文字基础知识，不应出错。

43. 【表述错误】此句中"他们呼吁"属于代词的使用错误。前句中"他们"指游客，但是发出呼吁的不是他们；而"媒体"和"有些动物园"的代词不可以使用"他们"。所以"他们呼吁"应该明确地表述为"报道中还呼吁"。句子应改作：

有媒体报道:有些动物园向游客出售活鸡,让他们抛给猛兽活活吃掉。报道中还呼吁"制止这种残忍的游戏"。

44.【标点符号错误;脱字;遣词错误】《法国画展》应改作"法国画展"。"6月10"应改作"6月10日"。"截至"应改作"截止",或改作"结束"。

45.【标点符号错误;遣词错误】"《宪法》赋予"应改作"宪法赋予"。"权力"应改作"权利"。

46.【脱字;数字表述错误】"五、六日"应改作"五日、六日"。"七、八十棵树"应改作"七八十棵树"。

47.【遣词错误】"山光水色"应改作"水光山色"。"千余只……鹿群"应改作"千余只……鹿"。

48.【句读错误;语法错误】第一个逗号应该删去,主语与谓语不应该断开。后半句缺主语,应该补上"观众",或"媒体",或"有关方面",等等。

49.【遣词错误】"无限瞻仰"应改作"无限敬仰"。

50.【史实错误】"二月革命"应改作"二次革命"。

51.【遣词错误】"综合势力"应改作"综合实力"。

52.【概念错误】"肝癌"应改作"肝脏"。"心血管病和肝肿瘤为上海市临床医学中心"应改作"心血管科和肝肿瘤科是上海市临床医学中心"。

53.【遣词错误】"以致"一词在连接分句中用在后一分句的开头,表示由于上述原因而造成的结果,多指不好的结果或说话人不希望的结果,所以在此句中是用错的。系常见错误。"以致鲁迅"应改作"所以鲁迅"。

54.【遣词错误】句中使用了错误的形容词。"富裕的土地"应改作"富余的土地",或"肥沃的土地",视实际意思而定。

55.【错别字】"长于"应改作"长子"。

56.【遣词错误】"颠倒"应改作"倾倒"。

57.【错别字;遣词错误】"象"应改作"像"。"注望"应改作"注视"。

58.【遣词冗赘;脱字】"富含蛋白质丰富的"应改作"富含蛋白质的"。"维生素丰富的"应改作"含维生素丰富的"。

59.【遣词不当】"容易使"应改作"必定使"。"容易引起"应改作"容易患"。

60.【错别字】"呜叫"应改作"鸣叫"。

61.【错别字;叙事错误】"松驰"应改作"松弛"。用"平静"和"兴奋"来同时形容一种状态是矛盾的,根据句意,宜删去"平静"一词。

62.【关联词错误】"不能完全……,是要……"应改作"不能只……,同时还要……"。

63.【遣词冗赘】句中两处"讨论它"三字冗复。应该删去前一个。

64.【衍字;错别字】"倡导的如"应改作"倡导如"。"称为自然"应改作"成为自然"。

65.【引文错误】《天宫书》应改作《天官书》。"月变省形"应改作"月变省刑"。"过渡乃占"应改作"过度乃占"。

66.【错别字;标点符号错误】"自立于单于"应改作"自立为单于"。"东击东湖"应改作"东击东胡"。"白羊"后面句号应改作逗号。"曷昆"应改作"鬲昆"。"鬲"音gé。

67.【遣词错误】"放置"应改作"仿制"。
68.【引文错误】"法有所是"应改作"法有所失"。
69.【叙事不当】句子应改作：
在对该遗址的考古发掘中，发现两件从未见过的陶品。
70.【引文错误】"圣世滋丁"应改作"盛世滋丁"。
71.【标点符号错误】《解放宣言》后面句号应改作逗号。
72.【概念错误；句式错误】"加尔文教"应改作"加尔文教派"，系基督教的一个派别。句读方式错误。这是一句欧化病句。句子应改作：
最终以牧师退出、成全詹姆斯和玛丽的方式，重申了加尔文教派的人性化改革将产生实际效果。
73.【知识性错误】"加利福尼亚"不是城市名称，是州名，不应该列入"都市"一类，应删去。
74.【概念错误】"美国大陆的距离"应改作"美国大陆各地之间的距离"。
75.【叙事错误】句子应改作：
而爱伦·坡笔下那些身处城市的"人群中的人"却永远孤独。
76.【文字表达方式不规范；错别字】"通过Sackett DL、Feinstein AR 和 Fletcher RH 等的努力"应改作"通过萨克特（D. L. Sackett）、费恩斯坦（A. R. Feinstein）和弗莱彻（R. H. Fletcher）等人的努力"。"创造性的"应改作"创造性地"。"几医学统计学"应改作"及医学统计学"。"有机的"应改作"有机地"。
77.【句读不当；表达逻辑错误】句子应改作：
低温作用于全身，可致全身过冷。持续性全身体温过低，可导致代谢及需氧过低，维护生命的重要器官的功能受到抑制，直至引起死亡。
78.【遣词错误】"对光发射"应改作"对光反射"。"社区溶入性"应改作"融入社区的能力"。
79.【概念错误；药名错字】"躁动的药物"应改作"医治躁动症的药物"。"苯二氮卓类"应改作"苯二氮䓬类"。
80.【脱字】末句"对任何年龄段都构成危险"应改作"这些因素对任何年龄段的患者都构成危险"。
81.【句读错误；语序错误】"关节挛缩者"后面应加逗号。"纤维组织的回缩"后面逗号应改作句号。"夹板或石膏的形式和角度也相应的调整"应改作"相应地调整夹板和石膏的形式和角度"。
82.【句读错误；错别字；脱字】"下墙"应改作"下端"。"斜向外上"应改作"斜向外，向上"。句子应改作：
此外，可将体操棒斜置背后，患手握下端，健手握上端，并斜向外，向上做推拉动作。
83.【错别字】"整个的"应改作"整个地"，或"整体"。
84.【遣词错误】面积的区分不是"程度"。"面积的程度"应改作"面积的大小"。或将"滑移面积的程度"改作"滑移的程度"。
85.【脱字；句读错误】"较长的缓解"应改作"较长时间的缓解"。"一些执业医师就注射苯达到较长时间缓解疼痛之目的"应改作"一些执业医师就注射苯，以达到较长时间缓解疼痛之目的"。

86. 【概念错误】"在重量上"应改作"在质量上"。计量单位规范名词。
87. 【衍字；叙事冗赘】"涉及到"应改作"涉及"。"及"与"到"系同义反复。在一个短句里，"转运"一词出现三次，显得冗赘。句子应改作：
   这种转运机制主要涉及内源性化合物（例如葡萄糖和氨基酸）的转运。
88. 【脱字；逻辑错误】"进行访谈的初步分析"应改作"对访谈做初步分析"。末句不合逻辑。"便可使访谈变得比较容易"应改作"便可使访谈变得更有效"。
89. 【叙事重复】在列举的各种理论中，"零增长人口理论"先后出现了两次，应该删去其一。
90. 【叙事错误】全句应改作：
   做人口预测，需要用到寿命表中的有关参数。只要不是无限制发展的事件，都可以运用寿命表法，这样就可以极大地开发寿命表方法在人口研究中的应用。
91. 【叙事错误】句子中间一段存在严重语病。全句应改作：
   要搞清楚咨询内容的实质，对需要咨询的问题做出正确的分类，以便真正解决问题。
92. 【叙事错误；错别字】"人只有在不平等的情况下才会感到幸福"这一说法违背常识，"才会感到幸福"应改作"才会感到什么是幸福"。"生病是"应改作"生病时"。
93. 【脱字】句中两处脱字，造成叙事不当。"社会联系的构成将通过一个过程来联接"应改作"认为社会关系的构成要通过一个过程联接"。"个人根据同样的逻辑与他自己竞争"应改作"而个人根据同样的逻辑与自己竞争"。
94. 【概念错误；脱字】"诗人"和"作家"在逻辑上不是并列概念，"作家"的范畴包括小说家、诗人、散文作家、戏剧作家，等等。因此，"法国诗人、作家，"应改作"法国诗人，小说家。"（因为雷蒙·鲁塞尔的创作包括诗歌和小说。）"去世原因不明，是自杀或服用毒品过量"应改作"去世原因不明，不知是自杀还是服用毒品过量"。
95. 【年份写错】"小说在1942年出版"应改作"小说在1842年出版"。
96. 【逻辑错误】句中因果关系不合逻辑，应改作：
   在20世纪20年代，雷蒙·格诺听过流亡法国的俄国哲学家科耶夫（Alexandre Kojève, 1902—1968）讲授黑格尔的《精神现象学》。当时这部论著尚未译成法文，但是在法国对梅洛-庞蒂、阿隆等一代哲学家产生了很大的影响。
97. 【引文错字】"于昭于天"应改作"於昭于天"。"於"音 wū。
98. 【表述错误】"两部他个人传记的评论"应改作"对他的两部传记的评论"。
99. 【关联词错误；表述错误】"既没有……，还有着……"的词组搭配是错误的。全句应改作：然而哥白尼的学说既没有提高精确性，也还有着无法解释的、和日常现象的明显冲突。
100. 【语序错误】"这只缓缓需转动"应改作"这只需缓缓转动"。

第二十六单元

1. 【知识性错误】《中庸》、《大学》都不是孔子的著作。《中庸》,子思作。《大学》,曾参作。"成人之道"应改作"成仁之道"。根据句中所述内容,应改作:
《礼记·大学》篇中说,成就齐家治国平天下目标的成仁之道在善于学习。
2. 【遣词错误;错别字】"却"应改作"也"。"积极倡导着"应改作"积极倡导者"。
3. 【错别字】句首"置重"应改作"注重"。
4. 【概念错误】"君主以及统治者"将"君主"与"统治者"分作两个概念,是错误的。应删"以及统治者"五字。或删去"君主以及"四字。
5. 【错别字】"附与"应改作"赋予"。
6. 【错别字】"裁剪"应改作"裁减"。
7. 【错别字】"再为贬官外任"应改作"再被贬官外任"。
8. 【错别字】"开窗放粮"应改作"开仓放粮"。
9. 【错别字;叙事错误】"谣变"应改作"瑶变"(指瑶族民众起义)。末句脱主语。全句应改作:
惠宗元统二年(1334年)三月,广西瑶变复起,杀同知元帅吉列思,掠库物。朝廷遣右丞相脱鲁迷失将兵讨之。
10. 【错别字】"担负者"应改作"担负着"。
11. 【错别字;标点符号错误】"两只队伍"应改作"两支队伍"。"是当时最强大"应改作"在当时最强大"。"最广泛的"后面逗号应改作句号。"只要原因之一"应改作"主要原因之一"。
12. 【错别字】"有力的条件"应改作"有利的条件"。
13. 【错别字;概念错误】"死生有命"应改作"生死由命"。"天命观"应改作"宿命观"。
14. 【遣词错误】"使"应改作"而"。
15. 【错别字】"第一此"应改作"第一次"。
16. 【遣词错误;句式错误】"关于改革红利"应改作"关于改革的红利"。"分析红利和"应改作"分配红利时"。最后一句应改作"至于这句口号的出处,则似乎知者甚少"。
17. 【概念错误】"建等级制度"应改作"封建制度"。"立为皇后"应改作"立为王后"。"皇""王"混淆,系常见错误。
18. 【句读不当;概念错误】"蒙古人"应改作"蒙古统治者"。"元朝统治者实行民族等级制度反映了蒙古人对汉族的歧视"应改作"元朝统治者实行民族等级制度,反映了蒙古统

399

治者对汉族的歧视"。

19. 【错别字】"演抑不住"应改作"掩抑不住"。
20. 【概念错误】"收复"应改作"收伏"。
21. 【叙事不当】"梁红玉击鼓阻金兵"应改作"梁红玉击鼓,激励宋军阻击金兵"。
22. 【错别字;关联词错误;衍字】"亦或是"应改作"抑或"。"还是"应改作"或是"。"统治着"应改作"统治者"。"都是尊重有加"应改作"都尊重有加"。全句应改作:
    岳飞的道德人格,不特受到宋代许多民众的拥护。即便是入侵大宋的金政权,抑或由蒙古人建立的元王朝,或是由满族建立的清王朝,对岳飞的人格也都尊崇有加。
23. 【知识性错误】"鼎立"用于三者关系,宋、金只是双方,故"鼎立时期"应改作"对峙时期"。
24. 【知识性错误】"己末"应改作"己未"。事关"天干""地支"知识。
25. 【知识性错误】历史年号写错。"保祐"应改作"宝祐"。
26. 【人名错字】秦王嬴政,不是"赢"字。
27. 【错别字】"进去"应改作"进取"。
28. 【错别字;句子表述错误】"士风姜靡"应改作"士风委靡"。"竞逐名利"应改作"竞逐名利"。文字与标点符号组合方式有误。全句应改作:
    尤其是在南宋后期,朝政腐败,士风委靡。多数士大夫平时竞逐名利,临难则但求保全身家性命,非降即走,上下解体,祸国殃民。而他却临危受命,坚守气节,力主抗元。这种为民族利益而抗战到底、舍身取义,杀身成仁的决心,表现出浩然正气和高尚的爱国主义情操,成为当时的一面旗帜。
29. 【遣词冗赘】"自身封建化进程的发展"应改作"自身的封建化进程"。有了"进程"二字,"发展"二字就是多余的。"融入到汉族之中"应改作"融入汉族"。
30. 【遣词冗赘】"三史都总裁官"应改作"都总裁官"。"力主张"应改作"力主"。
31. 【表述错误】"去到析津"宜改作"到析津去"。"这种感觉让他焕然一新"应改作"这让他有一种焕然一新的感觉"。
32. 【标点符号错误】"送给店中小二"后面逗号应改作句号。"小二受而不吃"后面逗号应改作句号。
33. 【错别字】"战时频仍"应改作"战事频仍"。
34. 【错别字】"醇厚之风"应改作"淳厚之风"。
35. 【错别字】"繁荣劳人"应改作"繁荣劳作"。
36. 【遣词错误;概念错误】"随着……"和"使得……"不构成关联。两者只能用一个。"贫贱无定势"应改作"贫富无定势"。
37. 【表述错误】"以农业经济为主要地位"应改作"以农业经济为主"。
38. 【句读错误;脱字】句子应改作:
    按商人经营的规模划分,宋、元商人又可分为大商人、中等商人和小商贩。
39. 【衍字】"由集市而发展而来"多了一个"而"字,应改作"由集市发展而来"。
40. 【遣词冗赘】"有名称见于记载的有20多个"中,前后重复用了"有"字。应改作"名称见于记载的有 20 多个"。

41. 【概念错误】"开宝 7 月"叙事不清。开宝共有 9 年,句中未表明是哪一年。或应是"开宝 7 年"。

42. 【标点符号错误;错别字】"东京开封"应改作"东京(开封)"。"约站"应改作"约占"。

43. 【遣词错误;错别字】"朴鲁质厚"系生造语词,应改作"质朴"。"着也正是"应改作"这也正是"。

44. 【句读错误;句式错误】"服式服色"应改作"服式、服色"。"到北宋中后期,就日益不受束缚"应改作"到北宋中后期,服饰渐渐不受束缚"。

45. 【概念错误】"商人"应改作"商人角色"。"文学剧场"应改作"戏剧场景"。全句应改作:这一点也充分说明商业文化已深深影响了元杂剧的创作,商人角色堂而皇之地走进戏剧场景,争得了自己的一席之地。

46. 【表述错误】"人们轻商价值观的实现了根本转变"句子成分结构错乱,应改作"人们的轻商价值观有了根本转变"。

47. 【表述不规范;年份写错】"W. Lily"应改作"利莱(W. Lily)"。"1948 年"应改作"1648 年"。说的是 17 世纪的事情,年份却写成 20 世纪,误差 300 年,这种粗枝大叶造成的错误,日见增多。

48. 【衍字】"十余年间后"是错误表述,应改作"十余年后"。"其间"两字亦是衍字。

49. 【概念错误】"社会张力"应改作"社会势力"。滥用名词也是当今写作中的一大毛病,此句的作者未弄清楚"张力"的意思,就随便使用了。

50. 【表述错误】"甚成社会流行风"应改作"甚至成为社会流行风气"。

51. 【句法错误】句子应改作:
因此,应当转变对工商的态度。

52. 【表述错误】"(公元前 1000—前 1100 年)"的表达方式是错误的。公元前的连续年份表达应该是大数在前,小数在后。应改作"(公元前 1100—前 1000 年)"。

53. 【遣词错误】"超似寻常"应改作"超乎寻常"。

54. 【标点符号错误;错别字】"眩富心理"应改作"炫富心理"。前一句的引文前使用冒号,引文应该使用引号,以便同不是引文的后续文字区分开来。宜改作:
张籍《江南贾客词》中说:"江南贾客祈神福,一旦成家起神屋。"

55. 【遣词错误;标点符号错误】"交通孔道"应改作"交通要道"。"草市——镇市——区域经济中心"应改作"草市—镇市—区域经济中心",改破折号为连接号。

56. 【句读不当;遣词错误】"宋朝廷正式下令允许商人只要缴税,就可以到处开设店铺"应改作"宋朝廷正式下令允许商人只要缴税,就可以到处开设店铺"。"调整空间和时间的分布"的说法属于概念使用不当,装腔作势地奢用术语。应改作"调整营业场所和营业时间"。

57. 【句读不当;表述错误】"肯定性"应改作"积极"。也属于概念使用不当,装腔作势地奢用术语。"撬动了……杠杆"属于动宾词组搭配错误。全句应改作:
初成的市民阶层以其对利益的积极追求,赋予道德生活以新的涵义,从而成为撬动传统道德生活发展革新的新杠杆。

58. 【表述不当;标点符号错误;引文错误】"以马克思之语就是"应改作"借用马克思的话来说"。冒号应改作逗号。引文"一切等级的与停滞的消失了,一切神圣的被亵渎了"应改作"一切固定的东西都烟消云散了,一切神圣的东西都被亵渎了"。引文"人们终于被迫用冷静的眼光来注视他们的生活地位和他们的相互关系"应改作"人们终于不得不用冷静的眼光来看他们的生活地位、他们的相互关系"。(语出《共产党宣言》)引文必须同原著核对,这是写作的原则,也是编辑工作的原则。

59. 【错别字;标点符号错误】"傣禄"应改作"俸禄"。"又可通过傣禄,赏赐及其他投机,违法行为得到大量财富"应改作"又可通过俸禄、赏赐和其他投机、违法行为得到大量财富"。

60. 【衍字】"宋代时"应改作"宋代"。

61. 【遣词冗赘】"并尤以"应改作"尤以",删去重叠的"并"字。

62. 【衍字】"并以奢侈来进行炫耀"应改作"并以奢侈来炫耀",删去滥用的"进行"二字。

63. 【错别字】"娼忧"应改作"娼优"。

64. 【遣词错误】"宋室王朝"应改作"宋王朝"。"许多文官大臣、思想家"应改作"许多官员、思想家"。"自求之道"应改作"自救之道"。

65. 【错别字】"机构臃仲"应改作"机构臃肿"。

66. 【句式错误】句子应改作:
应该说,王安石对当时形势的判断与此前范仲淹和程颐的判断大致相同。

67. 【遣词错误】"核心内核"遣词冗赘,应改作"核心内容"。

68. 【遣词错误】"使"应改作"造成"。

69. 【标点符号错误】句子应改作:
孔子在回答冉有之问"既庶矣,又何加焉"时说:"富之。"

70. 【遣词冗赘;错别字】"改革进程的展开"应改作"改革的进程"。"洁责"应改作"诘责"。

71. 【知识性错误】"黄桥兵变"应改作"陈桥兵变"。

72. 【遣词错误】"每个机关"应改作"各个机关"。

73. 【错别字】"或本宫"应改作"或本官"。

74. 【错别字】"有转运使"应改作"由转运使"。"有三司"应改作"由三司"。

75. 【脱字】"一定的提高"应改作"有一定的提高"。

76. 【成语错字】"萎糜不振"应改作"萎靡不振"。

77. 【错别字】"痈肿不堪"应改作"臃肿不堪"。

78. 【遣词错误】"身陷囹囵"应改作"身陷囹圄"。

79. 【脱字】"修身治国平天下"应改作"修身齐家治国平天下"。

80. 【错别字;标点符号错误】"既已开始"应改作"即已开始"。"皇权-官僚政治"宜改作"皇权—官僚政治",改连字符为连接号。

81. 【脱字;概念错误】"探讨"应改作"在探讨"。"战乱不已的结果"应改作"战乱不已的原因"。

82. 【错别字】"任途"应改作"仕途"。
83. 【错别字】"参加政事"应改作"参知政事"。"二府大臣"应改作"两府大臣"。
84. 【遣词错误】"践履"应改作"践行",或改作"履行"。"践"即"履行,实行"。"履"在此处也指"实践,实行"。"践履"二字意思重复。
85. 【知识性错误;句读错误】"地主阶级各个阶层"应改作"地主阶级和各个阶层"。"知识分子"后面逗号应该删去。
86. 【脱字;标点符号错误】"招募的职业水平精湛"应改作"招募的水军士兵职业水平精湛"。"水平精湛"后面逗号应改作句号。
87. 【标点符号错误;遣词错误】"政出多门"后面的分号应改作逗号。"互相掣肋"应改作"互相掣肘",后面逗号应改作句号。
88. 【错别字;标点符号错误】"过度赢弱"应改作"过度羸弱"。句中的逗号和句号使用混乱,有三处错误。全句应改作:
    宋代之中央集权虽有助消除军事割据,然矫枉过正,造成地方之过度羸弱。地方官吏事事听命于中央,施政不能自主。税收又尽归于中央,故地方贫弱,无从建设,一旦有事很难应变。
89. 【错别字;叙事不当;标点符号错误】"屡败千金"应改作"屡败于金"。"终于为蒙元所灭"应改作"最后又被元朝取代"。"重之轻武"应改作"重文轻武"。"此实乃强干弱枝,重之轻武国策之最大流弊"与句中前半部分叙事没有逻辑必然关系。"此实乃"的表述中,"此"与"乃"冗复。"强干弱枝"四字不明所指("干"是什么?"枝"又指什么?)。全句宜改作:
    后来南宋偏安一隅,屡败于金,最后又被元朝取代。究其原因,在于重文轻武的国策。
90. 【遣词错误;叙事错误】"以攻击对方人品为目标"应改作"以攻击对方人品为手段"。"一竿子彻底否认打死"是一种十分错误的表述。只需"一棍子打死"五字即可清楚地表达完整的意思。
91. 【句读错误;遣词错误】"比单纯强调缩减财政开支的议论,前进了一步"属于不当断句,中间逗号应该删去。"比范仲淹等人的变法主张也大大提高了"应改作"比范仲淹等人的变法主张也高明得多"。
92. 【错别字】"史"应改作"吏"。
93. 【句读错误;脱字】"吏治"后面应该增字并断句。句末脱"有关"二字。全句应改作:
    "熙宁变法"引起的政争和党争,与当时宋朝面临着士风、吏治有关,也与"理财"应该以何者为先、如何协调并进的问题有关。
94. 【标点符号错误;脱字;错别字】句子应改作:
    范纯仁是范仲淹的儿子,与司马光又是姻亲。他认为新法只要去掉那些太过分的变革措施,"徐徐经理,乃为得计"。
95. 【错别字】"同学与"应改作"同学于"。
96. 【遣词错误】"直到"应改作"知道"。
97. 【错别字】"与国事之争相伴随"应改作"与国是之争相伴随",与句首一致。

98.【脱字】"昌等役"应改作"颖昌等役"。

99.【表述错误;标点符号错误】"至绍兴五六年"应改作"至绍兴五年到六年"。括号里破折号"——"应改作连接号"—"。

100.【概念错误】"各色人等"包括了前面所列四种人,故不应同前面四种人简单并列。句子应改作:

无数军人、官吏、僧侣、商人和其他各色人等的远方见闻,又有利于进一步修撰地方志。

第二十七单元

1. 【遣词错误】"财政状况"应改作"经济状况"。"财政"指国家财政,个人有"财"无"政"。
2. 【引文错字】"为百万师"应改作"为百世师"。
3. 【脱字;概念错误】"阴阳等人"应改作"阴阳家等人"。"阴阳人"应改作"阴阳家"。"忽必烈和医、僧、道、阴阳等人一起搜访儒士"应改作"忽必烈像搜访医、僧、道、阴阳家一样搜访儒士"。
4. 【句法错误;概念错误】叙事有歧义。应改作:
   蒙古贵族将"汉人"置于"南人"之上来对待,就是缘于这种简单的政治基准。
   或改作:
   比起对待"南人",蒙古贵族略为优待"汉人",就是缘于这种简单的政治基准。
5. 【遣词错误】"用不着会"应改作"用不着去"。
6. 【错别字】"上官"应改作"土官"。"付长官"应改作"副长官"。"其上人"应改作"其土人"。
7. 【衍字;遣词错误】"较为消极的"应改作"较为消极"。"不同志局限于"应改作"不是局限于"。
8. 【脱字;句读错误】"细致而精微"应改作"使细致而精微"。"架构成形"后面应该加逗号。"蠹立"应改作"树立"。"而称于"应改作"而见称于"。全句应改作:
   其中又以着意于知性反省、造微于心性义理,使细致而精微的理学架构成形,并且为其后中华民族的道德生活树立起趋向航标,而见称于我国思想史。
9. 【概念错误;关联词错误】"自唐中期以来进行的"应改作"自唐中期开始的"。"以来"指"延续至今",属于叙事错误。"不仅是……,同时是……"应改作"不仅是……,同时也是……"。
10. 【错别字;遣词错误】"达官贵族"应改作"达官贵人"。"互相追逐"应改作"竞相追逐"。
11. 【错别字;句式不当】"已达到"应改作"以达到"。全句应改作:
    出于复兴儒家的需要,从义理上阐发儒家道统,从思想上剖析释道理论,以达到排斥佛老的目的,就成为排佛、老斗争的重点。
12. 【错别字】"届感悦"应改作"皆感悦"。
13. 【标点符号错误】《宋史。道学传》应改作《宋史·道学传》。
14. 【表述不规范;错别字】"(1017—1073年)"应改作"(1017—1073)",表达生卒年份,若使用括号,不用"年"字。"(金湖南道县)"应改作"(今湖南道县)"。

405

15. 【错别字】"座石铭"应改作"座右铭"。
16. 【概念错误】"影响最大的哲学家"应改作"影响最大的儒家哲学家"。事涉中国哲学史知识。
17. 【错别字】"存无理"应改作"存天理"。
18. 【简繁体不一致;错别字】"黃幹"应改作"黄干"。"唐"应改作"汤"。
19. 【语法错误;句式错误】"理论阐发"应改作"阐发理论"。"涉及道统追述的问题"应改作"追述道统"。"以求对自己的理论体系需求历史权威方面的支持"应改作"以求自己的理论体系取得历史学界权威的支持"。全句应改作:
  此后诸儒出于阐发理论的需要,大多会追述道统,以求自己的理论体系取得历史学界权威的支持。
20. 【衍字】"无意义仕途"应改作"无意仕途"。
21. 【遣词错误】"裘马轻肥"应改作"肥马轻裘",或"轻裘肥马"。成语。
22. 【错别字;叙事错误】"戊已"应改作"戊巳"。"媒娉"应改作"媒聘"。引文中并未提到"交媾",此处应改作引文中的"合欢"。
23. 【错别字】"洒落胸襟"应改作"洒脱胸襟"。
24. 【错别字】"约事人的行为"应改作"约束人的行为"。
25. 【姓名错字;脱字;标点符号错误】"程灏"应改作"程颢"。"把义利问题提到很高的高度"前脱主语"他";后面逗号应改作句号。
26. 【概念错误】"理解人性论的"应改作"理解人性的"。
27. 【脱字;衍字;遣词错误】"发展完备极致"应改作"发展完备并且达到极致""进入人们的日常生活中"应该删去最后一个"中"字,因为前面已经用了"进入","中"字就是多余的。"人民"应改作"人们"。
28. 【错别字】"及问弟子"应改作"及门弟子"。
29. 【错别字】"干余人"应改作"千余人"。
30. 【错别字】"具在"应改作"俱在"。
31. 【遣词错误;衍字】"人数之多"应改作"人数众多"。"其数量是相当可观"衍一"是"字,应改作"其数量相当可观"。
32. 【遣词错误】"这一批士大夫阶层"应改作"这一批士大夫"。
33. 【错别字;句式错误;衍字】"有意识的"应改作"有意识地"。"渗入到民众的日常生活中"应改作"渗入民众的日常生活"。全句应改作:
  同样也在有意识地维护和宣传其认同的传统伦理道德观念原则,使之逐渐渗入民众的日常生活。
34. 【遣词冗赘】句中两个"为何"重叠,应删去后一个。
35. 【成语错字;表述错误】"喜于乐见"应改作"喜闻乐见"。"进行理学伦理的世俗化"应改作"使理学伦理通俗化"。
36. 【错别字;脱字;遣词错误】"宗规"应改作"族规"。"范围类"应改作"范围内"。"国家法律不可替代"应改作"国家法律无法替代"。

37. 【错别字】"选拔教师"应改作"选拔教师"。
38. 【错别字;遣词冗赘】"一至"应改作"一直"。"选拨"应改作"选拔"。"加以实行"应改作"实行"。
39. 【错别字;遣词错误】"相溶共生"应改作"相融共生"。"广大"是形容词,不作动词使用,应改作"发扬"。
40. 【错别字】"对经意的重视"应改作"对经义的重视"。
41. 【错别字;标点符号错误】"已经管射到当时"应改作"已经关涉当时"。"民生,国策"应改作"民生、国策"。"民遇水旱而刘望、兵无以抵蛮夷之军"应改作"民遇水旱而流亡,兵无以抵蛮夷之军"。(此系熙宁九年殿试策论题目,见《宋会要辑稿·第一百十册·选举七》。)
42. 【错别字】"通过可靠选拔到"应改作"通过科考选拔到"。
43. 【错别字】"袍芴"应改作"袍笏"。"笏"音 hù,古代臣子朝见君主时手中拿的狭长记事板。"芴"音 wù,一种一年生草本植物,或指一种有机化合物。
44. 【衍字】"考试人员面向社会"应改作"考试面向社会"。
45. 【错别字】"修身行己"应改作"修身律己"。
46. 【错别字】"公正型"应改作"公正性"。"公平意识的行成"应改作"公平意识的形成"。
47. 【错别字】"铜鼓科举入仕"应改作"通过科举入仕"。"封建统治者得"应改作"封建统治者的"。
48. 【错别字;句式不当】"吴曹"应改作"吾曹"。"士大夫无耻至此已极"应改作"士大夫之无耻,至此已极"。
49. 【错别字】"余续"应改作"余绪"。
50. 【遣词冗赘】"第一本"和"处女作"重叠,应删去其一。
51. 【错别字】"华而不适"应改作"华而不实"。
52. 【错别字;衍字】"王宫贵胄"应改作"王公贵胄"。"被统治阶级所垄断"应改作"被统治阶级垄断"。
53. 【错别字;脱字】"斗莒之性"应改作"斗筲之性"。"筲"音 shāo,竹制圆形容器。
54. 【错别字】"流传以广"应改作"流传已广"。
55. 【遣词冗赘;错别字】"教育基本原则"应改作"基本原则"。"进行了教详细的"应改作"作了比较详细的"。
56. 【错别字;概念错误】"修身只要"应改作"修身指要"。"小学生"应改作"私塾学生"。
57. 【书名错字】《急救篇》应改作《急就篇》。
58. 【引文错误】"师之堕"应改作"师之惰"。"不容素"应改作"不容紊"。
59. 【错别字】"任务的激励"应改作"人物的激励"。
60. 【错别字】"遵祟"应改作"尊崇",或"遵从"。
61. 【遣词错误】"实现了孔子所说的"应改作"体现了孔子所说的"。
62. 【标点符号错误;简繁体字不统一】"写道"后面应加冒号。五个繁体字"猶、閒、竊、補、闕"应改作简体字"犹、间、窃、补、阙"。"间"(闲)通"间"。

63. 【错别字】"经文文艺"应改作"经文文义"。
64. 【错别字】"氛围"应改作"分为"。
65. 【遣词冗赘;语序错误】"论及到了"应改作"论及"。"仁义表现"应改作"表现仁义"。
66. 【人名错字】"王禹偶"应改作"王禹偁"。"偁"音 chēng。
67. 【错别字】"编入史策"应改作"编入史册"。
68. 【遣词错误】"重新扶正倾之宋室"应改作"重新匡扶宋室"。
69. 【数字表达规范;衍字】"约公元前二千二、三百年"是不准确的纪年表达,应改作"约公元前 2300 年"。"商汤至西周间时期"应改作"商汤至西周时期"。
70. 【错别字】"这位道教"应改作"这为道教"。
71. 【遣词错误】"新兴道教"应改作"振兴道教"。吕纯阳不是道教的创始人,故不能说道教是他"新兴"的。
72. 【错别字】"流行与社会"应改作"流行于社会"。
73. 【引文错字;标点符号错误】"通缉让"应改作"通揖让"。"言谈歌出用谦和"后面逗号应改作句号。
74. 【表述错误;错别字】"劝阻其少杀戮"意思说反了,应改作"劝其少杀戮"。"与水火之中"应改作"于水火之中"。
75. 【错别字】"朝轻暮楚"应改作"朝秦暮楚"。
76. 【错别字】"后头至尾"应改作"从头至尾"。"反覆"应改作"反复"。
77. 【标点符号错误;语法错误】《诗经击鼓》应改作《诗经·击鼓》。"是最美好的爱情理想"脱主语,应改作"这是最美好的爱情理想"。
78. 【错别字;表述错误】"成份"应改作"成分"。"象蜜一样的甜蜜"应改作"像蜜一样甜蜜"。"象水一样的清澈"应改作"像水一样清澈"。
79. 【错别字】"扩大自己势利"应改作"扩大自己势力"。
80. 【错别字】"歌儿"应改作"歌妓"。
81. 【概念错误】"人类文学中永恒的主题"应改作"文学创作中的永恒主题"。
82. 【遣词错误;错别字;标点符号错误】"清白"应改作"规矩"。"嘱咐到"应改作"嘱咐道"。句末的句号应该在后引号的前面。
83. 【错别字】"求得时"应改作"求的是"。
84. 【错别字】"活生生拆算"应改作"活生生拆散"。
85. 【知识性错误】"张倩女和张生"应改作"张倩女和王文举"。
86. 【表述错误;知识性错误】"数千年前以降"应改作"在数千年时间里"。"我国封建社会"应改作"我国社会"。
87. 【遣词错误】"一身"应改作"一生"。
88. 【错别字;叙事错误】"衣服于"应改作"依附于"。句中所谓"女子不参加生产劳动"的说法,笼统而不加限定词,不符合历史事实。
89. 【错别字】"已近消逝"应改作"几近消逝",或改作"已近消逝"。
90. 【遣词错误】"女性们"应改作"女性"。

91. 【错别字;标点符号错误】"常食藜藿至食"应改作"常食藜藿之食"。"白乘"应改作"百乘"。"南游于楚从车白乘"应改作"南游于楚,从车百乘"。
92. 【错别字】"桔"应改作"橘"。按规范,"桔"音 jié(桔梗,桔梗),不是"橘"的简化字。
93. 【遣词错误】"浓冬"应改作"隆冬"。
94. 【关联词错误,语序错误】"不要仅为自己终身谋划,还为子孙后代考虑"应改作"不仅要为自己谋划终身,还要为子孙后代考虑"。
95. 【错别字】"无站"应改作"无玷"。
96. 【错别字】"盗所凯觎"应改作"盗所觊觎"。
97. 【错别字;引文脱字】"大茔"应改作"大茔"。"非吾子孙也"应改作"非吾子吾孙也"。
98. 【标点符号错误;错别字】"爱国尚义之风"后面逗号应改作句号。"推亦忧"应改作"退亦犹"。
99. 【脱字;错别字;叙事错误】"不但"应改作"不但怀有"。"及其注重"应改作"极其注重"。句中所述,笼统地、一概而论地说宋朝中期士大夫道德品质高尚,不符合历史事实。
100. 【表述错误;标点符号错误】"南宋御史"应改作"南宋一位御史"。"较为清晰"后面的逗号应改作冒号。

第二十八单元

1. 【人名脱字】"今人刘咸"应改作"今人刘咸炘"（见句末引文出处）。
2. 【错别字；人名脱字】"奸佞"应改作"奸佞"。"韩胄"应改作"韩侂胄"。
3. 【语序错误；叙事错误】"一些统治阶级和学者"应改作"统治阶级和一些学者"。"从主流伦理道德等方面强化了官员道德的意义和价值，发展了自周公以来敬德保民的伦理道德传统"应改作"从主流伦理道德等方面强调官员道德的意义和价值，强调自周公以来敬德保民的伦理道德传统"。仅有论述和著作，并不等于"强化了"和"发展了"。
4. 【错别字】"凤兴夜寐"应改作"夙兴夜寐"。
5. 【错别字】"明捷"应改作"敏捷"。
6. 【标点符号错误；概念错误；句式错误】"人民期待清官"后面逗号应改作句号。"元杂曲"应改作"元杂剧"。全句应改作：
   到了元代，政治黑暗，人民期待清官。元杂剧有大量包公戏流传。保存下来剧本完整的清官断案戏有十六七种，其中演包公断案的就有十一种之多。
7. 【书名错字】《卖布遥》应改作《卖布谣》。
8. 【成语错字】"无如其右"应改作"无出其右"。
9. 【遣词冗赘】"原来"与"本"意思重叠。"原来本用于"应改作"原来用于"，或"原本用于"。
10. 【错别字】"往来行使"应改作"往来行驶"。
11. 【遣词错误】按旧时计量单位，一斤不是"相当于"十六两。应该表述为"一斤合十六两"，或"十六两为一斤"。
12. 【错别字】"舍利而去义"应改作"舍利而取义"。
13. 【错别字】"在经过"应改作"再经过"。
14. 【遣词错误；句式不当】"官府继续粮食"应改作"官府急需粮食"。全句应改作：
    一些不义商人为了阻止百姓把粮食卖给政府，故意在官府收购粮食时估低价格，同时自己乘机以高于政府的价格收购百姓的粮食，等到官府急需粮食时，再高价卖给政府。
15. 【句式错误；标点符号错误】"都出生于进士"应改作"都是进士出身"。全句应改作：
    宋代始有"儒医"之称，例如宋代进士出身的朱肱、许叔微，元代初为理学家的朱震亨、曾任儒学教授的戴启从等。
16. 【错别字】"仁受观"应改作"仁爱观"。
17. 【概念错误】"辩证治疗"应改作"辨证施治"。"辩证"是哲学术语，"辨证"是中医术语。

18. 【错别字】"竟然"应改作"竟然"。
19. 【错别字】"魁宝"应改作"瑰宝"。
20. 【错别字】"后世治疗温病"应改作"后世治疗瘟病"。
21. 【人名错字】"豫材先生"应改作"豫才先生"。鲁迅原名周树人,字豫才。
22. 【遣词错误】"稍作休息即刻北上"中"稍作休息"与"即刻"是矛盾的。应改作"稍作休息,即北上"。
23. 【遣词冗赘】"不仅仅只是"中,"仅仅"与"只"重叠,应改作"不仅仅是"或"不只是"。
24. 【知识性错误;遣词冗赘】"骄傲使人落后"不是"古语",所以"古语云"应改作"常言道"。"所有的成绩一切都不足以"中"所有"与"一切"重叠,应改作"所有的成绩都不足以"。
25. 【错别字】"直抒胸意"应改作"直抒胸臆"。
26. 【错别字】"兵旗推演"应改作"兵棋推演"。
27. 【知识性错误;表述不当】句中所表达的知识是混乱的,将荷马史诗与古希腊悲剧混淆,既恋父又弑父,概念错误。全句应改作:
善恶相对,圣徒与魔鬼并存,这在西方文学作品中有很充分的表现,例如古希腊悲剧作家索福克勒斯作品中的恋母情结而终于弑父题材,唐璜身上的墨菲斯特影子,僧侣们的阴暗心理,等等。
28. 【书名错字;表述不当;句式错误】《儒林外传》应改作《儒林外史》。全句应改作:
相对于"法制社会"、"经济社会"而言,西方人称中国社会为"道德社会"。但是后世之人误读古训,一味地讲道德,将儒学强调得过分了,于是就压抑人性,甚至企图"灭人欲",这就有了"心学"的微弱反抗,也就有了《儒林外史》中的现世众生相。
29. 【错别字】"蒙打蒙撞"应改作"莽打莽撞"。
30. 【史实错误】工业革命在18世纪60年代开始于英国,至今大致250年。启蒙运动发生于18世纪的法国,起始于18世纪20年代,至今约300年。据此,全句应改作:
记住,从西欧开始的西方现代化或工业化已经经历了250年的历史,若从它的启蒙时期算起,大约有300年。
31. 【叙事错误;脱字】"一个名医医死的病人一定比普通医生医死的多得多"中"医死的病人"的说法是错误的。病人的死亡不是"医死"的。应改作"在一个名医那里,由于疾病难以医治而死亡的病人一定比在普通医生那里多"。"进做相关的分析"应改作"进一步做相关的分析"。"会发现很简单"应改作"会发现原因很简单"。
32. 【史实错误】"黑死病"发生在1347年,距今670年,不是"500年前"。由于"黑死病"而死亡的人数占当时欧洲人口总数的30%左右,不是"一半"。
33. 【遣词冗赘】句中重叠使用"表达"一词。"提供了新的表达方式"应改作"提供了新的方式"。
34. 【错别字】"古老的像人类历史一样"应改作"古老得像人类历史一样"。
35. 【衍字;错别字;量词错误】"也因此"应改作"因此"。"研究和关照"应改作"研究和观照"。"一个顺理成章的事情"应改作"一件顺理成章的事情"。
36. 【遣词错误】"整个国人的期待"应改作"全体国人的期待"。

37.【遣词错误】"一些单枪匹马地独自探索"应改作"一些单枪匹马式的独自探索"。
38.【概念错误】"这个词汇"应改作"这个词"。此系常见错误。
39.【错别字;遣词错误】"已仅有"应改作"已经有"。"重大的转移"应改作"重大的改变"。"范式"只会"改变",或"转变",而不会"转移"。
40.【语法错误;标点符号错误;叙事冗赘】"尤其对先锋小说影响重大"应改作"它对先锋小说的影响尤其重大",句号应改作逗号。"出现了虚拟叙事、自我颠覆、双重叙事等叙事新颖的叙事手法"应删去冗赘部分,改作"出现了虚拟叙事、自我颠覆、双重叙事等新颖手法"。
41.【句法错误】句子前后缺少关联。该断句处未断句。缺失句子成分。全句应改作:
社会学叙事研究把叙事看成是一系列社会行为,即叙事的产生、发展和认知,尤其显著的是它同社会领域的联系和它所揭示的社会生活规律。
42.【遣词错误;脱字】"人际间互动"应改作"人际互动"。"涉及有声语言的话语分析"应改作"涉及对有声语言的话语分析"。"对广播电视体育解说的叙事学研究来说"应改作"这对广播电视体育解说的叙事学研究来说"。
43.【表述错误】"一场正在进行的体育比赛开始了"中,对一场体育比赛,先说它"正在进行",后说它"开始了",岂有先"进行"后"开始"的道理?句中应该删去"正在进行的"五字。
44.【概念错误】"对叙事作品结果分析"应改作"对叙事作品结构做分析"。
45.【表述错误;遣词冗赘】"指出一个时代、一种体裁地研究"应改作"他指出,根据一个时代、一种体裁来研究"。"使归纳法的方法成为不可能"应改作"使归纳法成为不可能"。
46.【语序错误;翻译错误】括号位置应该紧接在被说明文字之后。句中对文学术语的翻译都是错误的;此句中所说的都同小说的叙事结构相关。"完成型结构(performative)、契约型结构(contractual)和离合型结构(disjunctive)"应改作"表述行为型(performative)结构、收缩型(contractual)结构和转折型(disjunctive)结构"。
47.【语序错误;遣词错误】"经典叙事学的基本理论"应改作"经典的叙事学基本理论"。"坚实的理论源泉"应改作"可靠的理论源泉"。
48.【脱字;句式错误】"频率审视"应改作"频率的审视"。句子结构中的语法关系未能表达清楚。全句应改作:
对行为话语层面的叙事研究,其理论价值主要体现在:在对叙事时间的理论认识方面,审视和运用时距、时序和频率;在叙事空间问题上,主要表现在认识"叙事习惯如何养成和得到促进"和"如何调控和掌握叙事节奏"。
49.【遣词错误】"开创性研究依赖"应改作"开创性研究以来"。"称为是"宜改作"称为"。
50.【成语错误】"剔罗爬块"既错语序,又错字。应改作"爬罗剔抉"。
51.【遣词错误;遣词冗赘】"第一部分:为导论"应改作"第一部分:导论"。句子不长,却繁复使用"研究"一词达6次,其中4处可省略,使句子简洁,改作:
第一部分:导论。主要阐述本研究的目的和意义、采用的方法,评述前人的研究成果,提出要解决的重点、难点、创新点。

52. 【年份错误】"1943年"应改作"1843年"。

53. 【遣词错误】"最终是"应改作"最终由于"。

54. 【年份错误；句式错误】"1974年"应改作"1874年"。全句应改作：
在美查办报期间发生的很多新闻事件中，《申报》都能挺身而出，为中国人说话，为下层百姓说话。1874年日本入侵中国台湾，《申报》对此除了详尽报道外，其评论都是站在中国人立场上的。

55. 【错别字】"接受之后"应改作"接手之后"。

56. 【错别字；叙事错误】"不兼容于"应改作"不见容于"。"败也《申报》"的说法是错误的，因为史量才被害一事不能说是"败也《申报》"。由于全句除句末之外，中间只使用逗号，导致叙事层次混乱，意思不清楚。全句宜改作：
史量才经营《申报》获得了巨大的利润和名望，但是不见容于当时的国民党当局。1932年，史量才对《申报》进行改革，积极宣传抗日，要求停止内战，受到蒋介石嫉恨，于1934年被国民党军统特务阴谋杀害。

57. 【史实错误；标点符号错误；句式错误】"1937年12月"应改作"1937年11月12日"。"为抗日计《申报》将机器设备运抵武汉和香港"应改作"为抗日计，《申报》于12月将机器设备运抵武汉和香港"。"于1938年分别出版的《申报》分为汉口版和香港版"应改作"1938年，《申报》分为汉口版和香港版分别出版"。全句应改作：
1937年11月12日，上海沦陷。为抗日计，《申报》于12月将机器设备运抵武汉和香港。1938年，《申报》分为汉口版和香港版分别出版。

58. 【错别字；标点符号错误】"式与"应改作"是与"。"仅仅"应改作"紧紧"。句中的逗号应改作句号。

59. 【年份错误；句式不当】1863年是"同治二年"，不是"同治六年"。句子应改作：
1863年（同治二年），英国人就组织了海关足球队和英美烟草足球队的比赛。

60. 【病句】"通过办学校和引进体育组织成为早期上海体育发展的两个重要契机"是个病句，应该删去"通过"二字。

61. 【遣词错误；遣词冗赘】"相继"宜改作"先后"。"运动大会"宜改作"两次运动会"。"逐渐在青年人中逐步建立起来"中"逐渐"与"逐步"冗复，应删去其一。

62. 【遣词冗赘】"中国人才能被准许能够进入观摩"中，"才能""能够"重复，应改作"中国人才被准许进入观摩"。

63. 【遣词冗赘】"筹办建"应改作"筹办"，或"筹建"。

64. 【脱字】"这些"应改作"这些人"。"日本的访学之经历"应改作"赴日本的访学经历"。

65. 【叙事错误】北魏朝的年份是385—534，从公元385年起算，至今应该是一千六百年，而不是句中的"六百年"。

66. 【叙事错误】美国的"新英格兰"是其最东北的一个地区，包括六个州：缅因、佛蒙特、新罕布什尔、马萨诸塞、罗德岛、康涅狄格。句中"新英格兰等六个州"应该删去"等"字，改作"新英格兰六个州"。

67. 【遣词冗赘】"波士顿下的降雪量"应改作"波士顿的降雪量"。

68. 【脱字】"对雪的浪漫主义"应改作"从对雪的浪漫主义"。

69. 【错别字】"巴儿像"应改作"巴儿相"。"像"一般用于指"肖像"之类,这里指一副像哈巴狗一样的谄媚相。

70. 【脱字;错别字】"到英格兰"应改作"到新英格兰"。"英格兰"在英国。此处讲述的是美国东北部的"新英格兰"(New England)地区。"座落"应改作"坐落"。

71. 【概念错误】"有些阶层比另外一些民族更平等"的概念错误在于将"阶层"同"民族"相比。应改作"有些阶层比另外一些阶层更平等",或"有些民族比另外一些民族更平等"。

72. 【错别字】"光脱脱"应改作"光秃秃"。

73. 【知识性错误】"像牛吃蟹,连肉带骨头活吞下咽"的说法不对。蟹无骨,只有壳。应改作"像牛吃蟹,连肉带壳活吞下咽"。

74. 【叙事错误;句读错误】"十几米开外"只能算是"近处",不是"很远处";说"很远处",应改作"几十米开外"。"水底的暗流"后面应该删去逗号。

75. 【成语错误】"日月穿梭"宜改作"日月如梭",即常言的"光阴似箭,日月如梭"。"地荒天老"应改作"地老天荒",或"天荒地老"。不应该随便改动成语的语序。

76. 【叙事错误】句中叙述了一桩绝对不可能的事情。"从出生时候起"应改作"从记事的时候起",或"从懂事的时候起",或"我从小就知道"。人在出生时,对外界事物尚未形成意识,还没有"知道"的能力。

77. 【知识性错误】上海的户口本,一个家庭只有一本,而且经常要使用,不可能随插队落户的知识青年带去外地农村。插队落户时带去的是上海户籍所在地的公安局派出所开具的一纸"户口转移证明",不是"户口本"。

78. 【概念错误】句中"旧瓶装新酒"将意思说反了,应改作"新瓶装旧酒"。

79. 【语法错误】后句缺主语。"不啻为"应改作"这不啻为"。

80. 【表述错误】"自人类文明以来"应改作"自有人类文明以来"。

81. 【概念错误】"居世界中心"说法不妥,应该删去,因为从地理概念上说,世界上没有哪一个国家可以说自己是"居世界中心"。中国人口的"千亿以上"是明显失误,应改作"十亿以上"。"占全人类四分之三"属于数字计算错误,应改作"约五分之一"。(根据联合国人口司 2016 年 10 月 26 日统计数字,全世界人口 72.6291 亿;中国人口是 14.0537 亿,占全世界人口 19.35%,不到五分之一。)

82. 【年份错误】"1969 年"应改作"1966 年"。"文化大革命"初期,毛泽东主席在北京天安门广场六次接见红卫兵的时间是在 1966 年 8 月 18 日(第一次)至 11 月 26 日(第六次)。

83. 【概念错误】"学生为考试而教"应改作"学生为考试而学"。

84. 【错别字】"他的文笔朴实"应改作"她的文笔朴实"。代词性别写错,亦是常见错误。

85. 【遣词错误】"我抬着几箱镜框"应改作"我搬着几箱镜框"。一个人只能"搬",两人才能"抬"。"几箱镜框"的说法也很可疑,似应作"几个镜框"。

86. 【史实错误】"1900 年"应改作"1911 年"。

87. 【脱字;概念错误】"古人方位的认识"应改作"古人对方位的认识"。中国古代没有"地球"的概念,只有"天圆地方"的说法,故"地球"应改作"大地"。

88. 【错别字;概念错误】"消呛水"应改作"硝镪水"。硫酸的俗称。"求爱不成"的对方应该是"一个女青年",用"女友"不妥。"女友"一般指恋爱关系中的女方。

89. 【错别字】"干部一腔"应改作"千部一腔"。

90. 【遣词错误】"作文教育"应改作"作文教学"。

91. 【句读错误】"梁启超的学生费孝通的老师"应改作"梁启超的学生,费孝通的老师",否则可以歧读。

92. 【句读错误】"最近在《教育参考》看到一篇徐平利的文章很有启发"应改作"最近在《教育参考》看到一篇徐平利的文章,很有启发"。"启发"后面的逗号应改作句号。

93. 【引文错误】第一句引文应改作:
"我们的教育方针,应该使受教育者在德育、智育、体育几方面都得到发展,成为有社会主义觉悟、有文化的劳动者。"
第二句引文中有语序错误,"劳动生产"应改作"生产劳动"。

94. 【遣词错误;标点符号错误】"开一个座谈会"应改作"召开一个座谈会",因为是召集别人来参加的座谈会,不是领导自己开座谈会。"参加了"后面逗号应改作句号。

95. 【叙事错误】"致残致死"应改作"致残",删去"致死"。因为后半句说到"投诉",如果"致死"了,如何再"投诉"?句中应该删去"甚或致残致死",因为是在陈述已经发生的事,所以用"甚或"(甚至可能)引出的叙事是不能成立的。

96. 【表述错误】"竹简上的几十斤重的《周易》"应改作"几十斤重的竹简《周易》"。"重"的是竹简,不是《周易》。

97. 【概念错误;引文错误】"山歌"应改作"民歌"。引文脱句,应改作:"天上没有玉皇,地上没有龙王。我就是玉皇,我就是龙王。喝令三山五岳开道,我来了。"(原载郭沫若、周扬编《红旗歌谣》,1958年出版,后收入小学语文课本。)"山歌"是一种民歌,多在山野或娱乐时唱,曲调爽朗质朴,节奏自由,内容主要反映劳动和爱情。"民歌"是民间口头创作并在流传中不断经过集体加工的诗歌、歌曲。引文明显属于"民歌"。关于这两种概念的区别,可参见《辞海》的详细解释。

98. 【叙事错误】"舍利子"是很小的颗粒,从中不可能提取"塔"。应改作"从中提取到舍利子的雷峰塔国宝文物金涂塔将不再打开"。

99. 【错别字】"混呛水"应改作"混腔势"。一说来自英文 chance(机会),但这只是推测。沪语"混腔势"意指装模作样糊弄过关,与"装腔作势"意思相近。若用北方话来解释,则是"糊弄"。"掏浆糊"应改作"捣糨糊"。"掏"应改作"捣"。沪语"捣糨糊"大致从1993年前后流行至今。"捣"意指乱戳、乱搅。曾有沪上名人言:"捣糨糊也是要有水平的,要捣得上面不结盖,当中不结块,下面不搭(粘)底。"可见明显应该是"捣"字,而不是"掏",也不是"淘"。

100. 【错别字;叙事错误】"比他"应改作"比她"。"比他更年轻更老的老人"是一种奇怪的表述,属于明显的知识性错误,应改作"比她更老的老人"。

第二十九单元

1. 【人名翻译错误】"海帝尧西"应改作"丰臣秀吉"。Hideyoshi 是日文名字的罗马化音译,转译成汉语时,应该查明译法,不可随意乱译。
2. 【史实错误】笼统地说中国古时候的妇女生活在"深闺"中,这不符合事实。大部分劳动妇女不可能过这种生活。有条件生活在深闺中的是少数官宦或富商家庭的妇女。但即使如此,也并非在所有的时代。
3. 【人名错字】"林捕"应改作"林逋"。
4. 【错别字】"文字怨"应改作"文字狱"。"饶圈子"应改作"绕圈子"。
5. 【错别字】句中两处"权利"应改作"权力"。此系常见错误。
6. 【错别字】"精道"应改作"精到"。
7. 【遣词错误】"学富八斗"应改作"学富五车"。即"学富五车,才高八斗"。
8. 【书名错误;人名翻译不当】《查特莱的情人》应改作《查泰莱夫人的情人》。"戴奥真尼斯"应改作通译的"第欧根尼"。
9. 【错别字】"掏出金子"应改作"淘出金子"。常言为"淘旧书"、"淘金",故应该是"淘"字。此句中是比喻说法。
10. 【遣词冗赘】"中"字重叠。"这些公国中的其中一个"应改作"这些公国中的一个",删去"其中"二字。
11. 【译名错误】"蒙特哥内罗"应改作"蒙特内哥罗",实际上也是语序错误。或译作"黑山"。
12. 【错别字】四字成语错二字。"无所不催"应改作"无坚不摧"。
13. 【标点符号错误;概念错误】"塞尔维亚-克罗地亚"中的连字符"-"应改作连接号"—"。句中说亚历山大"王",则"皇室"应改作"王室"。
14. 【概念错误】"许多布德瓦人民"应改作"许多布德瓦人"。
15. 【知识性错误】"埃及艳后"应改作"埃及女王"。
16. 【遣词错误】句中叙述的是"刺绣",不是缝制衣服,因此,"缝制 700 针"应改作"绣 700 针"。
17. 【人名脱字】"五世孙陆费"应改作"五世孙陆费逵"。
18. 【知识性错误】"从纳粹获得解放"应更精确地改作"从纳粹的统治下获得解放"。"以及摘自'Tito'的引文"应改作"以及铁托语录"。(铁托:南斯拉夫总统,南斯拉夫共产主义者联盟主席。)

19. 【概念错误】"尼古拉皇宫"应改作"尼古拉王宫"。
20. 【译名错字】《唐吉坷德》中的"坷"应改作"诃"(音 hē,但又不少人将其错读成 kē)。宜改作通译"堂吉诃德"。(可参见《辞海》。)
21. 【译名不当;错别字】"乔治·萧伯纳"应改作"乔治·伯纳·萧",或按约定俗成的译法"萧伯纳"。"月亮之"应改作"月亮上"。
22. 【错别字】"轻嗫"应改作"轻嘬"。"嗫"音 niè(嗫嚅,nièrú);"嘬"音 zuō(用嘴吸吮)。
23. 【年份错误】"1958 年"应改作"1957 年"。
24. 【句式错误】整句句子有 165 个汉字,外加 4 个年份,从头到尾只用了一个句号。其间标点符号错误 6 处,关联词错误 1 处。句子应作如下修改:
    由此出发,她发现革命虽与常态生活相异,但并不排斥日常生活,反而可视作日常生活的组成部分。革命文学虽然可能与讲述日常生活的文学相异,但与文学表现人及人性这一基本命题并不相悖。假如我们以这样的"革命世俗观"来重新考察和讨论 1942—1965 年文学的具体情形,那么,当代文学变迁史可说是一部文学"世俗性"失而复得、得而复失或得失胶着的浮沉进退史,这也是革命世俗性与 1942—1965 年中国文学的内在关联性。
25. 【遣词错误;叙事冗赘;错别字】"不遗余力"用在此句中不妥。"随手拿起电话,拨通数个电话"属于叙事繁复。"芸芸"用在此处也是赘词。句子应改作:
    及至后来有了关键的面试机会,先生更是热心帮助,随手拨通数个电话,多方请托、交代。
26. 【标点符号错误】句中 3 处"或是"前顿号应删去。或删去"或是"二字,使更紧凑:
    人生的面貌本身是混杂的、灰色的、斑驳陆离的;人的情绪有时是高亢的、健康的、振奋的,有时则是低迷的、病态的、消沉的;人性有时是超越的、崇高的、舍我的。人性更多的时候是贴着世俗生活行走的。
27. 【遣词错误】"是他早期至情文学理论的重要作品"中的"至情文学理论"一语不可理解,况且句中说的是小说创作,不是文学理论,应该删去这六个字。
28. 【年份错误;遣词错误;语序错误】"1965 年"应改作"1966 年"。"文化大规模"应改作"文化大革命"。"四旧"名称的顺序应该是"旧思想、旧文化、旧风俗、旧习惯"。句子应改作:
    1966 年的"无产阶级文化大革命"提出"破四旧":破除旧思想、旧文化、旧风俗、旧习惯。
29. 【遣词错误】"亟亟以求"应改作"孜孜以求"。
30. 【标点符号错误】书名都应该标书名号:《禅与道概论》、《静坐修道与长生不老》、《论语别裁》、《定慧初修》。
31. 【遣词错误】"国仇"一词用错,此词用于针对外国入侵者。句子应改作:
    《红岩》中江姐的阶级仇恨与家庭仇恨是无法分离的。(小说中,江姐的丈夫死于国民党反动派之手。)
32. 【错别字;遣词冗赘】"两级性"应改作"两极性"。"之后"与"然后"重叠。句子应改作:
    这两部小说有高度相似的情节:将有产者和无产者两类人物作两极性划分,然后将矛盾发展为你死我活的残酷斗争。

33. 【叙事错误】"人民化"应改作"公有化"。"进而"二字属于赘语,应该删去。全句应改作:

革命在经济上的最终目的是要通过生产资料的公有化,实现社会主义乃至共产主义的远大理想。

34. 【遣词不当;概念错误】"此类问题"宜改作"一类问题"。"社会矛盾与人性冲突"是文学创作的"主题",不是"动力"。句子应改作:

然而,社会矛盾与人性冲突一类问题构成了小说的创作主题。

35. 【叙事错误】"四个导入因素"后面的括号里却是五个,应改作"五个导入因素"。"八个因素"应改作"九个因素"。

36. 【遣词错误】"较差思维"应改作"交叉思维"。

37. 【叙事错误;遣词错误】"作为……"应改作"作为受……"。"侵染"应改作"浸染"。"能够在……"应改作"能够以……"。

38. 【叙事错误;遣词错误;标点符号错误】"常听说先生家是住华侨公寓,也去拜访过"一句叙事不合理。要么说"常听说先生家是住华侨公寓,但从未去拜访过",或"先生家住华侨公寓,我去拜访过",但在此句中应该是后者。"影响最深"应改作想"印象最深"。"纱窗飘拂"应改作"窗纱飘拂"。有两处逗号应改作句号。全句应改作:

先生家住华侨公寓,我去拜访过。印象最深的是先生与师母年轻时的合影大照片,黑白的,恩爱画面,犹如电影里的老照片,很有诗意。而坐在先生家靠窗的沙发上,白色窗纱飘拂,很是温馨。

39. 【错别字;知识性错误】"化"应改作"话"。此句的作者欠缺文学理论的基本常识。西方文学理论中的"悲剧"概念不是仅指悲苦的分离,而且主要带有"悲壮"的含义。外国作家也并不是不写大团圆的结局,相反却有不少作品采用大团圆结局的写法,例如童话故事的结局"他们从此过着幸福的生活";简·奥斯丁长篇小说《傲慢与偏见》的喜结良缘结尾;莎士比亚剧本《皆大欢喜》《威尼斯商人》的故事结局,等等。对这类句子的唯一修改方案是将整句删去。

40. 【遣词冗赘】"当时前身称为上海海运学院"是错误陈述,应改作"当时称为上海海运学院",或"前身是上海海运学院"。句中应该删去"前身"二字。

41. 【概念错误;事实错误】"出生于"应改作"出身于"。此句评论的是小说《烈火金刚》,根据小说情节,何志武是林丽的哥哥,不是"兄弟"("兄弟"在同辈人排行中具体指"弟弟")。

42. 【标点符号错误】句中第一个逗号应改作句号。"我和白玫的爱情"应改作"'我'和白玫的爱情"。"我"字加引号。

43. 【人名错字;遣词冗赘;知识性错误】"刘绍堂"应改作"刘绍棠"。"不仅只是"应改作"不只是"。"小说《我怎样写〈新式杖犁〉》"应改作"小说《新式杖犁》"。全句应改作:

《我怎样写〈新式杖犁〉》是作家刘绍棠关于小说《新式杖犁》答复读者的一段"创作谈"。这段"创作谈"的目的不只是试图表明他的阶级倾向,更重要的是以此表明他对农民与农村的亲近立场与态度。
44. 【遣词冗赘】"从而形成对事物形成"应改作"从而形成对事物的"。
45. 【遣词冗赘】"三十多岁的中年男人男主人公"冗复得无以复加,应改作"三十多岁的男主人公"。
46. 【遣词错误】"边疆地区"应改作"周边国家"。
47. 【脱字】句中3处脱字,造成3处语法错误。"孙犁老师"应改作"孙犁的老师"。"要求"应改作"他要求"。"习作古文,均得佳评"之前应该加上主语"孙犁"。句子应改作:
高中时期,孙犁的老师是一位举人,他要求学生用文言文作文,孙犁"习作古文,均得佳评"。
48. 【错别字;句式错误】"余风尤烈"应改作"余风犹烈"。句中缺失关联词。应改作:
解放初,虽然战争时期的余风尤烈,但是进城以后,我还是写了不少东西。
49. 【概念错误;英文拼写错误】"通用的词汇"应改作"通用词"。Ustrial 应改作 Industrial。全句应改作:
最迟到 19 世纪 30 年代,the masses(大众)变成了一个普通的通用词,这个词与 industrial revolution(工业革命)的关系似乎是明显的。
50. 【表述错误;成语错误;标点符号错误】"鞭擗近里"应改作"鞭辟入里"。"对历史鞭擗近里"应改作"观察历史鞭辟入里"。"他的故事"后面逗号应该删去。
51. 【观点错误】此句由于关联词错误而造成观点错误。应该将"不是……,而是……"改作"不只是……,而且还有……"。
52. 【引文错字】"天道园园"应改作"天道圆圆"。
53. 【成语错字】"言必行"应改作"言必信"。
54. 【叙事错误】句子应改作:
举例来说,古希腊哲学家提出"以太"这个概念,老子则说"无名,天地之始"。
55. 【错别字】"黄昏人青"应改作"黄昏人静"。
56. 【遣词冗赘】"第一本"与"处女作"重叠。"苏雪林的第一本文学创作处女作"应改作"苏雪林的处女作"。
57. 【错别字】"掩饰不住笑的"应改作"掩饰不住笑地"。
58. 【概念错误;错别字】"附线"应改作"副线"。"嘻闹生活"应改作"喧闹生活"。
59. 【句读错误;衍字】"被美国政府嫁祸于抢劫杀人罪被捕入狱并判了死刑"应改作"被美国政府嫁祸,以抢劫杀人罪被捕,并判了死刑"。"波及到"应改作"波及",但准确地说,应该是"蔓延到"。
60. 【错别字】"他读得"应改作"他读的"。"契可夫"应改作"契诃夫"。
61. 【错别字】"招的"应改作"招得"。
62. 【遣词错误】"理想报复"应改作"理想抱负"。"那"宜改作"那里"。
63. 【知识性错误】姚雪垠应该归属"历史小说家",而不是"文学史家"。
64. 【错别字】"唏虚"应改作"唏嘘",或"欷歔"。
65. 【错别字】"费了翻周折"应改作"费了番周折"。

66. 【翻译不当】"他们"二字重复,系典型的"死译"。译文应改作"他们已经得到了回报"。
67. 【表述不当】滥用"进行"二字。"并对他人进行影响"宜改作"并且施加影响"。
68. 【概念错误;叙事错误】"人所过的"应改作"哲人所过的"。"人生之一"应改作"人生",删去"之一"。但就句子意欲表述的意思来看,句子应改作:
一般认为,在他的一生中,他是著述最多的哲人之一。
69. 【句式错误】句子应改作:
但毫无疑问,我们得到了一种体系。
70. 【错别字;遣词错误】"结合的"应改作"结合得"。"精密"应改作"紧密"。
71. 【错别字】"严厉地"应改作"严厉的"。或视后半句为句式错误,改作"严厉地批判这种现实"。
72. 【错别字】"自言自语的"应改作"自言自语地"。作状语。
73. 【错别字】"快乐的多"应改作"快乐得多"。作补语。
74. 【错别字】"愉快的"应改作"愉快地"。作状语。
75. 【错别字】"商务仓"应改作"商务舱"。
76. 【遣词冗赘】"仅只看到"应改作"只看到"。
77. 【句式错误】全句应改作:
选择这篇扩展阅读资料是否妥当尚可斟酌,但是通观全篇,使人感到有些叙述在概念方面有点混乱。——这一点纯属个人看法,不作判断错对的依据。
78. 【语法错误;标点符号错误】主语混乱,不知作者想表述的究竟是"我"还是"她"。句子似可改作:
她是一个生命。生命的愿望是生存。在生命的中途,她愿意活着。
79. 【错别字】"领坐"应改作"邻座"。
80. 【语法错误;遣词错误】前面的"他们"和后面的"他"不一致。"通人"系杜撰词。"他是通人"应改作"他们是通才"。
81. 【错别字】"其间"应改作"期间"。
82. 【错别字】"各国事物"应改作"各国事务"。
83. 【衍字】《礼记·礼运篇》应改作《礼记·礼运》。
84. 【遣词错误】"一身奋斗"应改作"一生奋斗"。
85. 【概念错误】"阶级斗争的消灭"应改作"阶级的消灭"。
86. 【叙事重复】"讲伦理"3字出现了两次,应该删去其一。
87. 【引文错误;标点符号错误】"柱同直"应改作"柱则直"。"多则得"应改作"少则得"。"少则惑"应改作"多则惑"。句末的句号位置应该在后引号前面。
88. 【引文脱字】"有六"应改作"危道有六",脱"危道"二字。"二曰祸福随"应改作"二曰祸福随善恶",脱"善恶"二字。
89. 【错别字】"今日"应改作"今曰"。曰日二字,字形酷似,但常见将"曰"错写成"日"。
90. 【引文错字】"国家熹音湛湎"应改作"国家憙音湛湎"。("熹":光明,炽热。"憙":同"喜"。)

91. 【引文错字】"许之谋愚"应改作"诈之谋愚"。
92. 【引文错字】"下野战"应改作"不野战"。
93. 【脱字】"历史现实"应改作"历史和现实"。
94. 【脱字;遣词冗赘】"东西之间"应改作"东部与西部之间"。"不同代际之间的差距"中"际"与"之间"重叠,应改作"不同代际的差距"。
95. 【概念错误】"行话"应改作"流行的说法"。"行话"指各行业为适应自身需要而创造和使用的专用词语,但句中所引者明显不是。
96. 【语序错误】"传统往往是断裂性的政治逻辑"应改作"往往是断裂性的传统政治逻辑"。
97. 【遣词错误】"合解"应改作"合力"。"合解"系杜撰词。
98. 【遣词错误】"两大问题"应改作"两大主题"。
99. 【衍字;语序错误】"成为了"应改作"成为",或"成了"。"现代政治形态建立的"应改作"建立现代政治形态的"。(主谓结构与动宾结构两者表述的意思是不一样的,往往差异很大。)
100. 【概念错误】"婆罗门教的神只"应改作"婆罗门教的神祇"。"有些神只"应改作"有些神"。

第三十单元

1. 【史实错误】"同年召开的"应改作"1956年召开的"。斯大林于1953年去世；苏共二十大于1956年召开，赫鲁晓夫在大会上做"秘密报告"，开始了"非斯大林化"。

2. 【史实错误】别林斯基死于1848年，而《钢铁是怎样炼成的》发表于1935年。别林斯基不可能评论在他死后87年才出版的小说。假如将此句中别林斯基的话作为今天写作的引用语，则应改变句式。但从内容来说，要从《钢铁是怎样炼成的》的主题中和叙事中寻找这样的"悲剧性"，则属文不对题。同小说作者尼古拉·奥斯特洛夫斯基的创作意图相悖。句子可改作：
   社会主义现实主义典范之作《钢铁是怎样炼成的》中的主题，用别林斯基的话来说，在于"个人自发的喜好与责任感之间的冲突及人的天性与其命运赋予他的位置之间的矛盾"。

3. 【知识性错误】句中的括号里对"三突出"的解释是不准确的。应改作"在所有人物中突出正面人物；在正面人物中突出英雄人物；在英雄人物中突出主要的英雄人物"。叙事之前，应该弄清楚叙事对象的准确史料。

4. 【知识性错误】《孤岛浴血战》应改作《瓜岛浴血战》。瓜岛（瓜达尔卡纳尔岛）不是孤岛，是所罗门群岛的一部分。

5. 【概念错误；叙事错误】"千余军队"应改作"千余士兵"。"尽遭覆灭"与"只有数人逃归"互相矛盾。全句应改作：
   其中一路汉军在郅成遭到强烈抵抗，千余士兵，除了数人逃归大本营之外，尽遭覆灭。

6. 【语序错误】"最小的儿子赵婕妤生的刘弗陵"应改作"赵婕妤生的最小的儿子刘弗陵"。

7. 【引文错误】"历代都行秦政治"错二字，应改作"百代都行秦政法"。语出毛泽东诗《七律·读〈封建论〉，呈郭老》。

8. 【遣词错误；句式不当】"至于"应改作"从……到……"。句子应改作：
   由于生产力水平低下，从周王朝到秦、汉两朝都无从接触，更不了解遥远的世界。

9. 【叙事错误；标点符号错误】"但韩信手中也有一点小把柄"应改作"但韩信也有一点小把柄在刘邦手中"。全句应改作：
   显然这是刘邦要拿他开刀的借口。但韩信也有一点小把柄在刘邦手中。当年项羽麾下有一员大将，名叫钟离昧，破楚之后，刘邦索之甚急。钟离昧是韩信的朋友，韩信当了楚王，就把钟离昧保护起来。

10. 【错别字】"人彖"应改作"人彘"。"彘"音zhì。

11. 【名称错误】"年轻的诸侯王"应改作"年轻的代王刘恒"。"诸侯王"是统称,而有名有姓之人的头衔应该是特定的、具体的。刘恒被封为"代王",领句中所述的"代地"。
12. 【观点严重错误】后一句"偷情和野合的狂放情欲乃女人之创造历史的有力武器"太出格,纯属胡说,应该删去。
13. 【概念错误】"辰年吃卯年粮"的意思与句意相反。辰(龙)年在后,卯(兔)年在前,今年吃去年的粮,不是"亏空",而是"富裕"。应改作"寅吃卯粮"才对。
14. 【脱字;字形错误;错别字】"时"应改作"时有"。"鸠行告鸟面"应改作"鸠形鹄面",句中将"鹄"这一个字错拆成"告鸟"两个字。"欺人"应改作"其人"。
15. 【遣词错误】"叉代宗教"应改作"×代宗教"。
16. 【标点符号错误;知识性错误】第一个句号的位置应该在前面的后引号之前。后一句引文应改作"佛祖领进门,修行在自身",这才是佛教的说法。
17. 【错别字;表述错误】"那一天"应改作"哪一天"。"'脱口而出'成为知识"应改作"就会成为能'脱口而出'的知识"。
18. 【遣词冗赘】"没有丝毫没变"中,"没有"和"没变"重叠,双重否定,反而造成意思相反的结果,应删去"没有"二字,改作"丝毫没变"。或改作"没有丝毫改变"。
19. 【标点符号错误】句中顿号属于错误使用,应删。
20. 【引文错字】以上引文(包括标点符号)错误达11处之多。应该是:
"按照辩证唯物论的观点看来,矛盾存在于一切客观事物和主观思维的过程中,矛盾贯串于一切过程的始终,这是矛盾的普遍性和绝对性。矛盾着的事物及其每一个侧面各有其特点,这是矛盾的特殊性和相对性。矛盾着的事物依照一定的条件有同一性,因此能够共居于一个统一体中,又能够转化到相反的方面去,……"
21. 【句式错误】《华盛顿邮报》后面逗号应该删去。"反映"应改作"都反映"。
22. 【遣词错误】"可谓"应改作"何为"。
23. 【标点符号错误】《正蒙。太和》应改作《正蒙·太和》。
24. 【遣词错误】"贯彻"应改作"贯串"。
25. 【表述错误】句子应改作:
整个世界就是一个由"有"的世界与"无"的世界组成的的对立统一体。
26. 【句读错误】"道德学与伦理学,不是一回事"中间错误使用逗号,应该删去。
27. 【错别字】"有目的的"应改作"有目的地"。状语。
28. 【引文错字】"玄妙之门"应改作"众妙之门"。语出老子《道德经》。
29. 【错别字】"有矛盾组成"应改作"由矛盾组成"。系常见错误。
30. 【成语错字;遣词冗赘】"艰辛万苦"应改作"千辛万苦"。"转化"与"转变"同义,应该删去其一。句子应改作:
一路千辛万苦下来,最后说不清、说不出的智慧终于转变成了知识。
31. 【标点符号错误】句中两个逗号应该删去,分号应改作逗号:
唯物主义认为思维与存在两者统一于物质,唯心主义则认为思维与存在两者统一于思维。

第二部分 参考答案

32. 【叙事错误】句中对"帝"字的解释是错误的。"帝"应该是"最高的天神"和"皇帝"的意思（见《辞海》第六版第365页）。

33. 【概念错误】"公元后"的说法是错误的，应该删去"后"字，改作"公元"。

34. 【引文错字】"泉源溪间"应改作"泉源溪涧"。

35. 【姓名错字】"马季长"应改作"马季常"。马季常：马良，字季常。"马氏五常，白眉最良。"典出《三国志·马良传》。

36. 【遣词错误】"第一院长"应改作"院长"，或"第一任院长"。"招生"应改作"学生"。

37. 【表述错误】此句子语法错误，表述不清。应改作：
    多余的水分通过机体的各种排泄方式排出。

38. 【表述错误】此句子语法错误，表述不清。应改作：
    激光的上述特性使其具有新的力学内容。

39. 【翻译错误】括号里的译文不仅是对英语原句的错误理解，而且翻译得很可笑。应改作：
    有你的手臂抱着，我会坐得很稳。

40. 【表述不当】译文错误。应改作：
    你还没有胖得跑不到谷仓那儿。

41. 【遣词冗赘；表述不当】"我的这本拙著"中的"我"和"拙"冗复。"付梓"和"出版"是同一意思，叠用属于冗赘。（与此相同的还有"凯旋归来""亲眼目睹"等，都系常见错误。）"使"字使用不当，往往造成语法错误。句子应改作：
    现在，拙著就要付梓了，我在感到欣慰的同时又有几分惴惴不安。

42. 【地名错字】"杨泾浜"应改作"洋泾浜"。洋泾浜：原是上海的一条河浜，位于从前的公共租界和法租界之间，后来填没，成为道路，即今天的延安东路。

43. 【遣词错误】既是"全文"，就不是"摘录"；如是"摘录"，就不是"全文"。句中的"摘录"应改作"照录"。

44. 【语序颠倒；错别字】"兰士禄·颠地原业主向华民奚尚德"应改作"兰士禄·颠地向原业主华民奚尚德"。"座落"应改作"坐落"。

45. 【语序颠倒；句式不当】"是便"应改作"便是"。句式亦可改进如下，以使表述清晰：
    在西人的众多活动中，和盛宣怀竞争最激烈的，便是华俄道胜银行欲组建中俄银行，还有海关税务司赫德欲组建中英银行。

46. 【遣词错误】"势力"应改作"势利"。系常见错误。

47. 【遣词冗赘；脱字；数字表述不规范】"将近"和"约"不可重叠使用。"1,800"应改作"1 800"，千分撇改作空格。数字后面脱量词"名"。句子应改作：
    该机构拒绝为将近1 800名华裔学生提供额外的英语教学。

48. 【成语错字】"纵横杯葛"应改作"纵横捭阖"。细究起来，"就开始了不断地内斗"也不甚准确，宜改作以下表述方式："就开始了不断的内斗"，或"就开始不断地内斗"。

49. 【表述冗赘】"但他不止一次而是两次地创造了经济奇迹"中的"不止一次而是"纯属废话。"两次地"应改作"两次"，即"但他两次创造了经济奇迹"。

424

50. 【遣词不当；句式不当】"中日战争"应改作"日本侵华战争"。全句应改作：
    日本侵华战争爆发，中国物资严重缺乏，国民政府派上海金融家、"资源委员会"委员陈光甫赴美洽谈易货借款方式。
51. 【遣词错误】"不乏为"应改作"不失为"。
52. 【脱字】"既要社会主义国家"应改作"既要靠社会主义国家"。"也要发达国家"应改作"也要靠发达国家"。
53. 【史实错误】"在华沙"应改作"在日内瓦"。
54. 【叙事错误】句中列举的23种职业，其中大部分不是句子所要叙述的"新兴职业"，应该删去。句子宜改作：
    如今，新兴的职业，如电算师、导购师、按摩师、造型师、资产评估师、私人教师、私人保安、私人保姆、家政服务、病房陪护……大力发展起来，其规模与影响也越来越大，成为社会职业成员的重要组成部分。
55. 【遣词错误】"简历"应改作"建立"。
56. 【引文脱字】"奋不顾身的斗志"应改作"奋不顾身的无产阶级斗志"。
57. 【知识性错误】"钢琴伴唱《红灯记》"不在八个样板戏之列。第八个应该是"交响音乐《沙家浜》"。
58. 【错别字】"当期的"应改作"当时的"。
59. 【表述错误】对准确到个位数的数字，不应该用"约""近"等用于约数的限定词。句子应改作：
    经过统计，发现前缀和后缀加起来一共有337个。
60. 【遣词冗赘】"表达"一词前后冗复。句子应改作：
    这些派生词往往表达比原来的词更为复杂的意义。
61. 【白话文解释错误】应改作"于是扔掉弓，自己反绑"。
62. 【表述错误】句子应改作：
    他们的农具中没有扁担。
63. 【知识性错误】"第五任"的说法在此句中是错误的，应改作"第五位"。句子应改作：
    西奥多·罗斯福是第五位由于在任总统死亡而宣誓就职的总统。
64. 【语法错误；表述不当】全句应改作：
    我刚到圣路易时，得识陶氏夫妇。那时他们创业犹新，艰苦经营。后来他们在业界打响，越干越兴旺，为华人起了显著的示范作用。
65. 【叙事错误】此处所述内容错误。可参见《辞海》"二乔"条。(1)小乔是周瑜之妻；小乔的姐姐大乔不是孙权之妻，而是孙权之兄孙策之妻。(2)周瑜娶小乔，同是否保证对孙权的忠心无关。
66. 【错别字】"鹧鸪天"应改作"鹧鸪天"。词牌名。
67. 【知识性错误】此句所述，属于历史知识错误。古希腊罗马是奴隶制社会，中世纪1000年由教权统治，根本没有"天赋人权"。文艺复兴时期也没有人提出过"天赋人权"。此概念是在18世纪提出的。

68. 【引文错字】"骑兵团和"应改作"骑兵团的"。一字之差,句子就变得不可理解。

69. 【句读错误;错别字;标点符号错误】"行动的指南"后面应该加逗号。"使我们"应改作"是我们"。"一付"应改作"一副"。"滤色镜"后面逗号应改作句号。全句应改作:
我们每一个人都是在一定文化中成长起来的,文化是我们心灵的软件,是指导我们行动的指南,是我们戴着的一副滤色镜。要完全摆脱我们在社会化过程中获得的各种观念和看法是不可能的。

70. 【脱字;概念错误;衍字;标点符号错误】"艾萨克·西莫夫"应改作"艾萨克·阿西莫夫"。"美籍犹太人"应改作"犹太裔美国人"。"为20世纪"应改作"20世纪"。"艾西莫夫科幻杂志"应改作《阿西莫夫科幻杂志》。全句应改作:
艾萨克·阿西莫夫(Isaac Asimov,1920~1992),犹太裔美国人,20世纪顶尖的科幻小说家之一,曾获代表科幻界最高荣誉的"雨果奖"和"星云终身成就大师奖"。以他的名字为号召的《阿西莫夫科幻杂志》是美国当今数一数二的科幻文学重镇。

71. 【译名错误;错别字;表述不规范;知识性错误】"考珀尼克"应改作今通译"哥白尼"。"萨拉油"应改作"色拉油"。"《Works》"应改作"《著作集》(Works)"。"克莱尔"应改作"查尔斯"。"发现了"应改作"创立了"。"行动主义的心理学派"应改作"行为主义心理学派"。

72. 【名称错误】"世界科教文组织"应改作"联合国教科文组织"。

73. 【标点符号错误】"G20峰会"应该使用引号,不应该使用书名号。

74. 【知识性错误】主语与宾语颠倒,将法律规定说反了。应改作:
第22条的上述限制,针对的是出版者、表演者、录音录像制品制作者和广播电视播放者非法占有著作权所有人权利的情况。

75. 【数字表述错误】演出4 000场,观众90 000人,计算下来,平均每场演出的观众只有22人。必定是数据错误。

76. 【叙事错误】邓小平并不是在1978年这一年里"两度下台,后再上台",应改作"1978年后,邓小平复出"。"太平洋对岸的亿万中国人民无不震惊"的说法是在捏造事实。句子应改作"太平洋对岸的亿万中国人民也感到非常兴奋"。

77. 【概念错误】"拉美"不是一个国家,所以句中"两国经济关系"应改作"双方经济关系"。

78. 【脱字】句中脱一"是"字。句子应改作:
在不少国家,工资和物价是挂钩的。

79. 【衍字】句中滥用不必要的"进行"二字,应该删去。句子应改作:
在工作时,米开朗琪罗不得不仰卧着绘画。或"仰卧着作画"。

80. 【遣词错误】"城际之间"的"际"与"之间"重叠,应该删去"之间"二字。

81. 【知识性错误】在第二次世界大战期间,意大利和德国、日本结盟,称"轴心国"。而"同盟国"由中、苏、美、英、法等国组成。名称不应混淆。

82. 【错别字】"忘言之交"应改作"忘年之交"。

83. 【概念错误】"具有"应改作"拥有"。

84. 【遣词错误】"入云梢"应改作"入云霄"。

85. 【知识性错误】"磕了 22 多个响头"数字单位脱一"万"字。应改作"磕了 22 万多个响头"。否则成笑话。按三步磕一个头计算,那么磕 22 个头只需 66 步,那就意味着从河北保定到山西五台山(约 400 千米)只需走 66 步。"22 多个"的表述是错误的。22 是个明确的小数字,不可能跟一个"多"字。而如果按 22 万×3 来计算,则是 66 万步,才比较合理。

86. 【概念错误】"八卦阵"应改作"八卦图"。

87. 【翻译错误】译文应改作:
某个时代或某个国家的决策会使另一个时代或另一个国家的人感到疑惑。

88. 【翻译错误】句首"气候"应改作"气候区"(the zones)。

89. 【表述错误】句子结构错误,表述不清。应改作:
俄国共济会在思想上的西化倾向,以及试图在俄国实现民主制度,与俄国当时的专制制度之间产生了根本矛盾,这种矛盾直接导致了 20 世纪初俄国的政治冲突。

90. 【遣词错误】"理会"应改作"理念"。

91. 【表述错误】计算和表述明显错误。从 2 到 20,应改作"增加了 9 倍"。或表述作"增加到 10 倍"。

92. 【遣词错误】"情节"应改作"情结"。系常见错误。

93. 【遣词冗赘;量词错误;表述不当】"孤独的人们"应改作"孤独的人"。"任何一个思想"应改作"任何一种新思想"。"而我们由于这种进步所获得的所有东西,都被我们所歪曲了"应改作"而我们从这种进步中获得的一切,都被我们歪曲了"。

94. 【表述错误】"达到了 25 岁"应改作"降低到 25 岁"。

95. 【脱字】"拉斯普廷"应改作"拉斯普廷是"。

96. 【概念错误】"泰皇"应改作"泰王"。(泰国是王国政制,最高统治者称"国王",即括号里英文 King。)

97. 【错别字】"札实"应改作"扎实"。

98. 【逻辑错误】此句由于译文表述错误而造成逻辑错误。应改作:
中国的历史是在中国人中产生的思想观念,但不是一切中国人的思想观念。

99. 【错别字】"自组死"应改作"自缢死"。

100. 【句式错误】句子表述的模棱两可,即可理解为苏珊死了,也可理解为她的丈夫死了。这种句子类若旧时街头"算命"的骗子使用的语言,例如"爹在娘先死",可作两种解释。句子应改作:
苏珊见到丈夫后,当夜就死了。

图书在版编目(CIP)数据

文字纠错3000例/林骧华编著. —上海:复旦大学出版社,2017.9
复旦大学出版专业教材系列
ISBN 978-7-309-13250-2

Ⅰ.文… Ⅱ.林… Ⅲ.文字编辑-改正(编辑)-高等学校-教材 Ⅳ.G232.2

中国版本图书馆 CIP 数据核字(2017)第 222795 号

文字纠错3000例
林骧华 编著
责任编辑/唐 敏

复旦大学出版社有限公司出版发行
上海市国权路 579 号 邮编:200433
网址:fupnet@fudanpress.com http://www.fudanpress.com
门市零售:86-21-65642857 团体订购:86-21-65118853
外埠邮购:86-21-65109143 出版部电话:86-21-65642845
常熟市华顺印刷有限公司

开本 787×1092 1/16 印张 27.25 字数 598 千
2017 年 9 月第 1 版第 1 次印刷

ISBN 978-7-309-13250-2/G·1763
定价:45.00 元

如有印装质量问题,请向复旦大学出版社有限公司出版部调换。
版权所有 侵权必究